W0248895

Les Maquis de la Libération

1942-1944

DU MÊME AUTEUR
CHEZ LE MÊME ÉDITEUR

Collection rouge et blanche

LA GRANDE HISTOIRE DE LA SECONDE GUERRE MONDIALE
10 volumes

1. De Munich à Dunkerque (Septembre 1938/Juin 1940)
2. De l'Armistice à la guerre du désert (Juin 1940/Juin 1941)
3. De l'invasion de l'URSS à Pearl Harbor (Juin 1941/Décembre 1941)
4. Des premières victoires du Japon à Stalingrad et El-Alamein (Déc. 1941/Nov. 1942)
5. Du débarquement allié en AFN à l'invasion de l'Italie (Novembre 1942/Octobre 1943)
6. 6 juin 1944 : le jour J. Genèse, déroulement, conséquences (Octobre 1943/Juillet 1944)
7. De la reconquête des Philippines à la bataille des Ardennes (Juillet 1944/Décembre 1944)
8. De l'assaut final contre le Japon à la capitulation du IIIe Reich (Janvier 1945/Mai 1945)
9. De la décomposition du IIIe Reich à Hiroshima et à la chute du Japon (Mai 1945/Sept. 1945)
10. Du procès Laval au Jugement de Nuremberg (Septembre 1945/Octobre 1946).

Également disponible en deux tomes, collection « Multipages »

•

LA GUERRE D'ALGÉRIE
Genèse et engrenage d'une tragédie
(Ouvrage couronné par l'Académie française)
Un livre se situant au premier rang des témoignages historiques.

•

LA CONQUÊTE DE L'ALGÉRIE
Les germes de la discorde
1830-1871

•

HISTOIRE DE L'ALGÉRIE
Des origines à nos jours

•

LA FRANCE COLONIALE
1. La Gloire de l'Empire
2. Retour à l'Hexagone

•

42, RUE DE LA SANTÉ
Une prison politique – 1867-1968.

•

HISTOIRE DE L'ARMÉE FRANÇAISE
Des milices royales à l'armée de métier.

•

HISTOIRE DE LA LÉGION
De 1831 à nos jours.

Hors collection

L'AFFAIRE SI SALAH
Un récit-témoignage vécu sur la guerre d'Algérie.

•

PAS MÊME UN CAILLOU
Pages écrites au printemps 1962 en Algérie dans la passion du moment.

PIERRE MONTAGNON

Les Maquis de la Libération

1942-1944

Pygmalion
Gérard Watelet
Paris

Sur simple demande adressée aux
Éditions Pygmalion/Gérard Watelet, 70, avenue de Breteuil, 75007 Paris,
vous recevrez gratuitement notre catalogue
qui vous tiendra au courant de nos dernières publications.

© 2000 Éditions Pygmalion/Gérard Watelet à Paris
ISBN 2-85704-621-9

Le Code de la propriété intellectuelle n'autorisant, aux termes de l'article L. 122-5 (2° et 3° a), d'une part, que les « copies ou reproductions strictement réservées à l'usage privé du copiste et non destinées à une utilisation collective » et, d'autre part, que les analyses et les courtes citations dans un but d'exemple et d'illustration, « toute représentation ou reproduction intégrale ou partielle faite sans le consentement de l'auteur ou de ses ayants droit ou ayants cause est illicite » (art. L. 122-4).

Cette représentation ou reproduction, par quelque procédé que ce soit, constituerait donc une contrefaçon sanctionnée par les articles L. 335-2 et suivants du Code de la propriété intellectuelle.

Abréviations

AEF	Afrique équatoriale française
AFN	Afrique française du Nord
AM	Automitrailleuse
AMGOT	Allied Military Government for Occupied Territory
AOF	Afrique occidentale française
AS	Armée secrète
BBC	British Broadcasting Corporation
BCA	Bataillon de chasseurs alpins
BCP	Bataillon de chasseurs à pied (ou portés)
BCRA	Bureau central de Renseignement et d'Action
BCRAM	Bureau central de Renseignement et d'Action militaire
BLE	Bataillon de Légion étrangère
BOA	Bureau des opérations aériennes
CA	Corps d'armée
CDL	Comités départementaux de la Libération
CDM	Conservation du matériel
CEF	Corps expéditionnaire français en Italie
CFL	Corps franc de la Libération
CFLN	Comité français de Libération nationale
CFMN	Corps franc de la Montagne-Noire
CFP	Corps franc Pommiès
CNR	Conseil national de la Résistance
COMAC	Commission militaire d'action
COMIDAC	Commission militaire d'action
CR	Compte rendu
DLA	Division légère d'Auvergne
DB	Division blindée
DCA	Défense contre avions
DFL	Division française libre
DGSS	Direction générale des services spéciaux
DI	Division d'infanterie
DIA	Division d'infanterie algérienne
DM	Délégué militaire
DMR	Délégué militaire régional
DZ	Dropping zone
FFC	Forces françaises combattantes
FFI	Forces françaises de l'Intérieur
FFL	Forces françaises libres
FM	Fusil-mitrailleur
FTP	Francs-tireurs et partisans
GA	Groupe d'armées
GEP	Groupement d'escadrons portés
GIE	Groupement de l'Indre-est
GMR	Groupe mobile de réserve
GPRF	Gouvernement provisoire de la République française
JMO	Journal de marche et opérations
LVF	Légion des volontaires français contre le bolchevisme
MAS	Manufacture d'armes de Saint-Etienne
MG	Maschinengehwer
MOI	Main-d'Œuvre immigrée
MUR	Mouvements unis de Résistance

OCM	Organisation civile et militaire
OCMJ	Organisation civile et militaire des jeunes
OGS	American Operational Groups
OKW	OberKommando der Wehrmacht (commandement en chef des forces armées)
OMA	Organisation métropolitaine de l'armée
ORA	Organisation de Résistance de l'armée
OSS	Office of Strategic Service
OVRA	Organizazione di Vigilanza e di Repressione dell'Antifascismo
PC	Parti communiste
PC	Poste de commandement
PCE	Parti communiste espagnol
PD	Panzer division
PM	Pistolet-mitrailleur
RA	Régiment d'artillerie
RFM	Régiment de fusiliers marins
RI	Régiment d'infanterie
RIA	Régiment d'infanterie alpine
RIC	Régiment d'infanterie coloniale
RICM	Régiment d'infanterie coloniale du Maroc
RMLE	Régiment de marche de la Légion étrangère
RMT	Régiment de marche du Tchad
RTA	Régiment de tirailleurs algériens
SAS	Special Air Service
SFHQ	Special Forces Headquarters
SHAEF	Supreme Headquarter of Allied Expedionary Forces
SO	Special Operation
SOAM	Service des opérations aériennes et maritimes
SOE	Special Operations Executive
SOL	Service d'ordre légionnaire
SR	Service de renseignements
SS	Schutzstaffel (échelon de protection)
STO	Service du Travail obligatoire
TD	Tank Destroyer
UNE	Union nationale espagnole
VL	Voiture légère

Avant-propos

Relater l'histoire des maquis de la Libération n'est pas tâche aisée, car les difficultés sont multiples. Et tout d'abord, suivant la célèbre formule de Foch : « De quoi s'agit-il ? »

L'histoire des maquis n'est pas celle de la Résistance. De la Résistance, les maquis ne sont qu'une composante. Ils correspondent aux éléments armés, des bois, des montagnes, des campagnes, rassemblés pour lutter contre l'occupant et ses comparses. Il ne s'agit donc pas des mouvements, des réseaux, des groupes francs urbains, même s'ils en sont souvent l'émanation. Cette histoire des maquis n'est pas non plus celle des FFI, même si elle s'y intègre. Des épisodes comme par exemple la libération de Paris ne seront pas évoqués. Il ne faut pas s'en étonner : les combattants parisiens des FFI étaient des citadins. Ils n'étaient pas des maquisards au sens habituel du terme.

*

Le langage populaire n'ignore pas l'expression « prendre le maquis », avec sa fragrance de maquis corse, de Prosper Mérimée et de Mateo Falcone.

L'insoumis part chercher refuge dans l'épais tapis de la broussaille méditerranéenne. Bruyères et lentisques le mettront à l'abri des poursuites. Bien habile qui le repérera. Seuls ses amis sauront où le situer pour lui apporter aide et subsistance.

Un maquis, au sens initial du terme, n'est que l'extension de cette notion de refuge. Des hommes traqués se regroupent en des secteurs géographiques que la nature complice rend difficilement accessibles. Ils s'y trouvent à l'abri des poursuites adverses et forment dès lors un maquis.

Un authentique maquis dépasse cette stricte notion, passive, de refuge. Il n'est pas uniquement un havre rassemblant des individus s'efforçant d'échapper à l'ennemi. Il représente un groupe de combattants instruits, équipés, encadrés, réunis dans une zone refuge. Il doit en jaillir pour porter des coups à l'adversaire. Un vrai maquis se présente en troupe, clandestine, à effectifs fonction des circonstances et destinée à se battre.

Le maquisard, suivant les conventions internationales de l'époque, n'est pas un soldat régulier. Il n'est qu'un franc-tireur. Il est exposé à être traité comme tel, passible en cas de capture du peloton d'exécution.

*

Les difficultés pour rapporter l'Histoire des maquis français de 1943-1944 sont multiples, a-t-il été signalé précédemment. Elles se découvrent effectivement très vite.

Les maquis n'ont pas d'unité. Chacun d'eux présente sa spécificité par ses origines, son environnement, son encadrement, son importance. Même leur finalité, à priori point de convergence, peut prêter à débat. Est-elle uniquement la volonté de participer à la libération du pays ?

Les archives font très souvent défaut. Phénomène obligatoire, étant donné les conditions de la lutte. La clandestinité, la sécurité imposaient des règles strictes. Difficile, voire impossible, de tenir un journal des marches et opérations, comme il est de règle dans une unité de l'armée régulière en campagne. Les responsables de maquis songeaient-ils même aux historiens futurs ? Ils avaient d'autres soucis. Des archives allemandes qui auraient pu être des sources précieuses de renseignements ont disparu dans le chaos de la fin de la guerre.

Les témoignages, les mémoires sont à exploiter avec prudence. L'objectivité historique n'est pas toujours au rendez-vous. Le passé est souvent déformé, de bonne foi ou non. Des bilans, des comptes rendus sont orientés, amplifiés à des fins partisanes.

Le sujet lui-même est sensible. La légende s'en est emparée et a souvent idéalisé les maquisards et leurs combats. Elle maltraite une partie de la réalité. Les maquis, comme toutes les institutions humaines, ont eu leurs hauts et leurs bas. Il y eut des héros et des faibles. A côté de sacrifices héroïques, il y eut l'inexpérience et le désordre. Quelques maquis se drapent d'une auréole sulfureuse. Ils se sont vu attribuer des exactions, des méfaits s'assimilant au grand banditisme. Ils se sont vu prêter des desseins politiques au profit d'une idéologie peu démocratique. Qu'en fut-il exactement ?

L'Histoire elle-même n'est pas exempte d'erreurs. Elle braque volontiers son regard sur certains hauts lieux – Glières, Vercors, Mont-Mouchet – mais occulte des actions militaires hautement positives. L'ouverture de la route des Alpes, les redditions de Castres ou de la colonne Elster, des combats plus modestes comme Estivareilles ou L'Isle-Jourdain, pour n'en citer que deux, n'ont pas la place qu'ils méritent au regard des résultats obtenus. Que dire, au passage, des chiffres et bilans aussi fantaisistes qu'excessifs, avancés non sans arrière-pensées ?

Rapporter en un seul ouvrage ce que furent les maquis de la Libération ne permet pas de tout rapporter. Il y eut tant de maquis, tant de faits d'armes heureux ou malheureux. Parler des uns, ne pas citer les autres, semble répondre à un choix fondé sur un jugement, alors qu'il n'en est rien. Des maquis ne sont pas évoqués, par simple manque d'informations et de précisions. Parce que leurs chefs furent trop modestes et se turent. Parce que personne, en leurs rangs, ne prit la plume pour narrer le passé. L'auteur ne peut que ressentir un sentiment d'injustice devant ses silences. Il sait parfaitement que des anciens, à juste titre, sont en droit de s'offusquer : « *Pourquoi ne pas avoir parlé de nous ?* »

Une étude implique, en final, d'essayer de dresser un bilan, autre sujet difficile par excellence. Combien étaient-ils, ces maquisards de la Libération ? A quelles tendances appartenaient-ils ? Quelle fut leur efficience réelle ? Cette comptabilité est délicate. Elle est rendue encore plus complexe pour une autre raison : Résistance de tous types et maquis s'entremêlent, ne simplifiant pas le débat.

Toutes ces embûches sont sérieuses. Elles imposent à l'historien la modestie. Il ne saurait prétendre à la vérité absolue. Il s'expose aux coups pour erreurs, oublis, exagérations, voire propos « politiquement incorrects ».

Ces soucis de parcours n'enlèvent rien à la grandeur et à l'intérêt du sujet. Si de nombreux ouvrages évoquent tel ou tel maquis, aucun travail ne s'est efforcé d'apporter une vue d'ensemble limitée aux seuls maquis. Ces derniers, en dépit des controverses qui peuvent parfois les entourer, appartiennent à l'Histoire générale de la Résistance.

24 000 maquisards sont tombés pour le pays. Ce chiffre mérite le respect. Il incite à mieux connaître ceux qui, dans les années 1943-1944, ont tout abandonné pour « monter au maquis ».

C'est volontairement que l'auteur a choisi de ne pas s'appesantir longuement sur les querelles de personnes et les rivalités politiques. Elles ont existé et perturbé l'activité des maquis. Le « maquisard de base » voulait les ignorer, même s'il en subissait les contrecoups. Pour lui primaient son quotidien et son combat contre le « Boche ». Ce sont ces aspects militaires et humains qui ont été préférés.

L'auteur, fils d'un médaillé de la Résistance et trop jeune à l'époque, n'a pas partagé la vie des maquis de la Libération. La destinée l'a vu cependant durant quelque temps connaître l'existence de maquisard. De cette expérience, il garde le souvenir des heures difficiles et dangereuses. Il a pu mesurer l'énergie et le courage nécessaires pour mener une existence de proscrit. Son travail se voudra donc aussi un tribut rendu à ses aînés qui ont refusé de subir afin de libérer la France du nazisme.

Chapitre Premier

L'AUBE DE LA LUTTE ARMÉE

La France, au printemps 1940, connaît la plus humiliante défaite de son histoire. Son armée, sur le souvenir de 14-18, était regardée comme la première du monde. En six semaines, elle est terrassée. Le 25 juin, l'armistice met fin à une déroute qui a amené la Wehrmacht aux portes de Bordeaux, Lyon et Limoges.

Rançon immédiate du désastre, le pays est scindé en deux, voire en quatre. La zone occupée par les Allemands, avec Paris, recouvre les trois cinquièmes du territoire national. L'Alsace-Lorraine est annexée. Le Nord est regardé comme zone interdite. Ne demeure qu'une zone sud, dite libre, fief du gouvernement du maréchal Pétain installé à Vichy. En principe également, sous réserve de commissions de contrôle germano-italiennes en AFN, l'empire colonial échappe à la tutelle de l'ennemi.

Le 10 juillet, par 569 voix contre 80 et 17 abstentions, le Parlement accorde à Philippe Pétain pratiquement tous les pouvoirs. L'Etat français remplace la IIIe République, jugée responsable de tous les maux. L'heure est à la Révolution nationale pour relever les ruines et bâtir une France nouvelle. Travail, Famille, Patrie s'affirment les maîtres mots du nouveau régime. Les Français emboîtent le pas. 40 millions de pétainistes, écrira très justement un historien.

Dans le concert approbateur et laudatif qui monte vers le vainqueur de Verdun, les voix discordantes sont encore peu nombreuses. Charles de Gaulle a fait entendre la sienne dès le 18 juin. Quelques-uns commencent à lui donner raison. En Angleterre même se constitue une petite force avec les premiers ralliés à la France Libre. L'AEF, fin août, bascule dans la « dissidence ». Dans les lointains territoires du Pacifique, se met sur pied le futur « Bataillon du Pacifique » du colonel Broche. Fin 1940, le camp « gaulliste » est une réalité bien vivante, même si militairement elle demeure modeste. En métropole, eu égard à l'ambiance générale, à l'incertitude sur l'issue du conflit, aux risques encourus, la phalange initiale de ceux qu'on appellera les Résistants est encore plus ténue. Pourtant, l'avenir se bâtira autour d'eux : Renault, dit Rémy, Blocq-Mascart, les colonels Touny et Heurteaux en zone occupée, le colonel Groussard, le commandant Loustaunau-Lacau, François de Menthon, Emmanuel d'Astier, Jean Lévy, et surtout le capitaine Frenay en zone libre. Henri Frenay, ancien saint-cyrien, bien aidé par une poignée de camarades – le commandant Guedon sur Paris, le lieutenant Chevance à Marseille, le capitaine Aubry à Lyon –, tisse la trame de ce qui deviendra Combat. Frenay a une formule prémonitoire :

> « Nous devons organiser nos formations de telle sorte que les Anglais puissent nous considérer bientôt comme des paras déjà à terre. »

En 1941 et 1942, ce type de combat auquel il fait allusion est prématuré. Les futurs grands réseaux et mouvements de Résistance – Combat, OCM, Franc-Tireur, Libération – se donnent dans l'immédiat pour mission le renseignement au profit des Alliés [1] et la propagande anti-allemande et anti-Vichy. Les propos de Philippe Pétain, après sa rencontre à Montoire avec le Führer (24 octobre 1940), précipitent sur ce dernier point la rupture. D'anciens fidèles du Maréchal refusent d'accepter une politique préconisant un engagement sur la voie de la collaboration avec l'Allemagne, l'ennemi d'hier et d'avant-hier, de surcroît occupant de la majeure partie de la Patrie.

Outre ce noyau croissant d'opposants, existe chez les militaires un fort courant. S'il n'est pas antipétainiste, il est foncièrement germanophobe. Plus d'un, à l'instar de Weygand, le commandant en chef de juin 1940, rêve de revanche. L'armistice n'autorise qu'une armée de 100 000 hommes, repliée en zone libre. Sous le couvert du général

1. Soit pratiquement la Grande-Bretagne. Les Etats-Unis n'entrent dans la guerre qu'en décembre 1941. Voir plus bas.

Picquendar, chef d'état-major de l'armée et de son adjoint, le général Verneau, le commandant Mollard s'efforce de camoufler le maximum d'armement et d'équipement dans la perspective d'autres lendemains. Un service baptisé « CDM » (conservation du matériel) a été mis sur pied. Dans les huit divisions militaires, une direction d'agence organise stockage, camouflage, entretien.

Seront ainsi camouflées au 1er avril 1941 :

- 65 000 armes individuelles ;
- 10 000 armes collectives ;
- 150 000 grenades ;
- 400 bouches à feu dont 55 canons de 75 ;
- 1 000 tonnes de munitions d'infanterie.

Les responsables de ces opérations de camouflage espèrent ainsi pouvoir disposer, le jour venu, d'un potentiel non négligeable. L'avenir, hélas, sur ce point les décevra.

Dans ses *Mémoires*, Charles de Gaulle écrira :

> « ... Les premiers actes de Résistance étaient venus des militaires. Des officiers appartenant aux états-majors de l'Armée et des régions soustrayaient du matériel aux conventions d'armistice. Le SR continuait d'appliquer dans l'ombre des mesures de contre-espionnage et, par intervalles, transmettait aux Anglais des informations. Sous l'action des généraux Frère, Delestraint, Verneau, Bloch-Dassault, Durrmeyer, et en utilisant les amicales des corps de troupe, des mesures de mobilisation avaient été préparées. Parmi les moniteurs de chantiers de jeunesse, qui comptaient nombre d'anciens militaires, beaucoup s'entraînaient et entraînaient les autres en vue de prendre les armes. Dans ce qui restait d'unités constituées, presque tous les officiers, les gradés, les soldats ne cachaient pas leur espérance de retourner au combat. »

De Gaulle fait allusion aux Chantiers de Jeunesse. L'armistice interdit le traditionnel service militaire. Pour y suppléer, les Chantiers, sous l'impulsion du général de La Porte du Theil [1], tendent à apporter aux garçons de vingt ans une formation qui à défaut d'être militaire se veut nationale. L'accent porte sur l'entraînement physique et les valeurs patriotiques. Les Chantiers, à partir de 1943, seront une pépinière de maquisards.

---

1. Le général de La Porte du Theil sera arrêté et déporté par les Allemands en 1944.

Dans cette phase initiale, les communistes sont en marge. Ils restent tributaires du pacte germano-soviétique du 23 août 1939. Pour eux, l'Allemagne, alliée de l'Union soviétique, est un pays ami. Vichy qui a prolongé à leur encontre les mesures édictées par le gouvernement Daladier en septembre 1939, est l'ennemi. Seules quelques individualités, Tillon, Lecœur, Guingouin, amorcent un autre combat. Guingouin, instituteur limousin recherché pour activité communiste prohibée, se targuera par la suite d'avoir été le « premier maquisard de France ». Le titre est peut-être excessif, bien qu'il corresponde à un certain type de clandestinité. Guingouin se terre dans la campagne, de ferme en cahute de fortune. Pour ses camarades parisiens, il n'est encore que le « fou qui vit dans les bois ».

*

Le 22 juin 1941 marque l'un des premiers grands tournants de la Seconde Guerre mondiale. Le Führer lance ses troupes dans l'immensité russe et crée un second front où il s'épuisera.

Evidemment, au second semestre de 1941, il est difficile de préjuger de l'avenir, tant les avances de la Wehrmacht à l'Est paraissent décisives. Du moins l'Angleterre n'est-elle plus seule. Pearl Harbor, le 7 décembre, enclenche, malgré les succès japonais en Extrême-Orient, un autre élément capital : les Etats-Unis, à leur tour, entrent dans le conflit.

En France, ces événements extérieurs ne sont pas sans incidences. Les communistes, obéissant aux ordres de Staline, passent à l'action. Attentats, sabotages s'en prennent à l'occupant, au prix d'une répression sanglante contre les otages.

L'opinion publique est encore fluctuante. En zone nord, les sentiments sont clairs. Ils s'affirment de plus en plus contre une présence allemande aussi voyante que pesante. Un tel rejet ne signifie pas engagement. En zone sud, la population est moins sensibilisée. Les trois couleurs flottent à peu près librement. Dans l'ensemble, si le nom de De Gaulle est maintenant connu, il est loin de recueillir une adhésion massive. La confiance envers Pétain ne s'effrite que lentement. Pour beaucoup, le vieux maréchal (85 ans) continue d'incarner la France.

Dans ce contexte d'incertitude militaire et de flou politique, les vrais résistants, fin 1941 et en 1942, ne sont toujours qu'une très faible minorité. Si cette Résistance reste encore modeste et limitée aux meilleurs, elle a dans l'ombre pris structure. De Gaulle a désigné un délégué général pour la zone libre, mission qu'il a confiée à l'ancien préfet Jean Moulin. Sur le terrain, Frenay a mis sur pied une organisation territoriale. La zone libre a été découpée en six régions, calquées sur celles de l'administration de Vichy :

- R1 : Alpes Lyon (10 départements) ;
- R2 : Provence Marseille (7 départements) ;
- R3 : Languedoc Montpellier (6 départements) ;
- R4 : Toulouse (9 départements) ;
- R5 : Limousin Limoges (9 départements) ;
- R6 : Auvergne Clermont-Ferrand (5 départements).

Ce découpage se généralisera et subsistera jusqu'à la Libération. Celui de la zone nord apparaîtra ultérieurement.

En outre, même si tout est loin d'être parfait, les résistants se sentent moins seuls. En dépit des risques de l'entreprise, des contacts s'établissent entre Londres, la France Libre et la métropole. Les nuits de pleine lune, de petits Lysander, décollant d'Angleterre, acheminent courrier et passagers [1]. Des liaisons interviennent aussi par la Suisse ou la voie maritime. Quelques parachutages d'armes ont été effectués. Ces apports, si réduits soient-ils, confortent les énergies.

Il y a plus. L'effort unitaire d'organisation se manifeste au plan paramilitaire, signe de l'évolution des possibilités de la Résistance. En octobre 1942, les chefs de Libération (d'Astier) et de Combat (Frenay) se mettent d'accord avec l'état-major gaulliste à Londres pour coordonner l'action militaire de leurs mouvements. L'AS, l'Armée secrète, est née dans son principe. Le général Delestraint, « Vidal », a accepté d'en prendre le commandement avec le plein assentiment de De Gaulle qui le connaît et l'estime. Cette AS, avant le jour J, doit se consacrer aux destructions et sabotages. Après le jour J, elle doit passer à la guérilla. Mais quand interviendra ce jour J, synonyme du déclenchement des combats en métropole ?

A côté des maillons de l'AS, des mouvements et des réseaux, cohabite, non sans concurrence, l'infrastructure communiste. Celle-ci, sous le sigle « Front national », possède sa hiérarchie, ses groupes et filières propres.

Les FTPF – Francs-tireurs et Partisans français, allusion directe aux francs-tireurs français de 1870 et aux « partisans » soviétiques, combattants de la guérilla – en sont le bras séculier. Leur formation et dénomination remontent à l'hiver 1941-1942 [2]. Ils sont censés

---

1. Le premier poser de Lysander a lieu le 4 septembre 1941 dans la champagne berrichonne, à une quinzaine de kilomètres de Châteauroux (le Westland Lysander n'a besoin que d'une piste de fortune de 280 mètres).

2. Le terme FTP apparaît officiellement dans *L'Humanité* clandestine du 3 avril 1942.

amalgamer tous les groupes armés communistes. Charles Tillon, l'ancien mutin de la mer Noire et des Brigades internationales, devenu député d'Aubervilliers, s'en est vu confier la direction. Il veut en faire un « mouvement militaire de masse » rapidement opérationnel. Car, pour le PC, les coups doivent être portés sans attendre contre l'occupant. Une telle politique va à l'encontre des directives de De Gaulle, qui, comme la majorité de la Résistance, en juge le coût prohibitif. Les attentats individuels, prônés et pratiqués par les militants communistes, contre des officiers ou des soldats allemands, se payent de lourdes représailles.

Par-delà les modalités exactes de son action, cette Résistance métropolitaine œuvre dans des conditions de plus en plus difficiles et périlleuses. Surtout en zone occupée. La Gestapo s'est installée en force et a trouvé des complicités (l'Abwehr également, elle l'a même précédée) [1].

Tortures, déportations, exécutions attendent ceux qui tombent entre ses mains. En zone libre, les risques sont moins élevés. La Gestapo ne dispose que d'antennes officieuses et ne peut agir librement. La Résistance bénéficie de sympathies, de complicités dans l'armée, dans l'administration. Cette situation n'empêche pas les arrestations, les internements, la participation policière à la lutte contre les gaullistes et les communistes.

Pour aider cette Résistance naissante et intervenir en métropole, la France Libre a mis sur pied un organisme qui restera attaché à l'action clandestine française de la Seconde Guerre mondiale : le BCRA, héritier du 2e Bureau puis du SR gaulliste, voit le jour le 17 janvier 1942 sous le nom de BCRAM, Bureau central de Renseignement et d'Action militaire. Avec ses cinq sections (commandement, renseignement, action militaire, contre-espionnage, questions techniques), bientôt suivies de trois autres (évasion, études et coordination, documentation et diffusion), il devient vite, sous la main du commandant puis colonel Passy, un véritable Etat dans l'Etat, point de passage obligé de toutes les actions en direction de la métropole. L'adjonction d'une section politique courant 1942 [2] lui fait modifier légèrement son sigle, son cadre s'élargissant. Il s'appelle simplement le BCRA.

Les gaullistes ou présumés tels, car tous les résistants sont loin de l'être, rencontrent d'autant plus de difficultés que les positions en

1. Service de renseignements de l'état-major allemand, placé sous les ordres du célèbre amiral Canaris. Ses méthodes étaient généralement plus subtiles et moins brutales que celles de la Gestapo.

2. Et d'autres bureaux : AFN, AOF.

face se durcissent. Le clan des collaborateurs, persuadés de la victoire finale de l'Allemagne, ne manque pas de soutien. Le 18 avril 1942, Pierre Laval devient chef du gouvernement, fonction qu'il cumule avec celles de ministre secrétaire d'Etat à l'Intérieur, aux Affaires étrangères, à l'Information. Le 22 juin, il n'hésite pas à affirmer à la radio :

> « Je souhaite la victoire de l'Allemagne, car sans elle bientôt le communisme s'installera partout en Europe. »

C'est là énoncer sans ambiguïté une politique. Son entourage gouvernemental partage souvent ses vues, à commencer par le général Bridoux, secrétaire d'Etat à la Guerre. Et 1944 verra arriver au pouvoir des individus farouchement accrochés aux basques de l'Allemagne : Henriot, Déat, Darnand, de Brinon...

Le 30 août 1940, Pétain avait institué la Légion des Combattants, destinée à regrouper sous sa férule et dans un même mouvement tous les anciens combattants. L'inspiration patriotique initiale ne tarde pas à dériver, conduisant nombre à s'éloigner. En 1941, les plus engagés sur la pente d'un fascisme à la française se mobilisent dans le Service d'ordre légionnaire. Ce SOL, qui se veut le fer de lance de la Légion, est investi publiquement à Nice, le 22 février 1942.

Son homme fort, Darnand, l'ancien cagoulard, fait fustiger par les 2 000 militants présents « la dissidence gaulliste, le bolchevisme, la lèpre juive, la franc-maçonnerie païenne... ». Le ton est plus que donné. Il se reflète dans le sixième couplet du *Chant des Cohortes* :

> « *SOL, faisons la France pure.*
> *Bolcheviks, francs-maçons ennemis,*
> *Israël, ignoble pourriture,*
> *Ecœurée, la France vous vomit.* »

Cet état d'esprit conduit tout droit, au titre de l'anticommunisme et de l'antisémitisme, à la collaboration active avec l'Allemagne et à la répression contre tous ceux qui la récusent. En zone sud et au sein de la Légion, le SOL tend à se transformer en police politique. Il comprendrait 30 000 membres dont 12 000 actifs organisés en « trentaines », « centaines » et cohortes. A moyen terme, il engendrera la Milice.

En zone occupée, où la Légion n'a pu être organisée, pas de SOL. En revanche, les partis ouvertement fascisants et pro-allemands peuvent se donner libre cours. Leurs chefs, dont plus d'un, comme Déat, Doriot ou Bucard, sont des transfuges du socialisme ou du communisme, militent ouvertement en faveur de l'Allemagne. Leur virulence verbale finira par peser dans l'action des pouvoirs publics vichystes contre la Résistance.

*

Durant les années 1941-1942, la clandestinité s'impose comme planche de salut à bien des résistants. Autant par nécessité de garder les contacts que par souci de meilleur anonymat, elle se vit presque toujours dans les grandes agglomérations. Le refuge en milieu rural offre moins de discrétion. Aussi est-il rare et provisoire. Quant aux maquis, ils ne sont toujours pas d'actualité, même si des responsables de mouvements de Résistance y pensent sérieusement. Les supposés maquisards, style Guingouin, sont exception. Poursuivis pour activités illicites ou refus de répondre à une convocation du Service du travail [1], ils ont, isolément ou par petits groupes de deux ou trois, cherché refuge dans des fermes retirées. Leur ambition première, dans l'immédiat, vise à éviter l'arrestation.

*

Les Français n'en prennent pas conscience sur-le-champ. Ecrasés par le quotidien, il leur est difficile de se projeter de l'avant. Et pourtant ! Le 8 novembre 1942, un nouvel horizon se dessine pour eux dans la Seconde Guerre mondiale.

Même s'il y avait eu Koufra et Bir-Hakeim, hauts lieux de combats de soldats français contre des Italiens ou des Allemands, l'armistice du 25 juin 1940 restait globalement respecté. Certains Français faisaient même bonne figure, on l'a vu, à l'ancien adversaire. Et ce n'était pas seulement par application du célèbre proverbe arabe : « La main que tu ne peux couper, baise-la. » Le débarquement anglo-américain du 8 novembre sur les côtes algériennes et marocaines remet brutalement en cause armistice et statu quo. Après quelques jours d'atermoiements, l'AFN et l'AOF se rallient au camp des Alliés. L'amiral Darlan, dauphin désigné du Maréchal [2], prend la tête de ce qui se présente comme une nouvelle dissidence. Mais d'une tout autre envergure que celle des Français Libres. L'Armée d'Afrique, avec ses gros bataillons, reprend les armes avec enthousiasme. Français et Allemands se retrouvent face à face en Tunisie.

Désormais, plus d'équivoque. Les Français d'outre-mer sont à nouveau en guerre contre l'Axe. Ils incitent leurs compatriotes métropolitains à se joindre à eux. La libération du pays passe par la victoire des Alliés. Pour un patriote, il n'est plus à rechercher un quelconque compromis avec l'Allemagne.

---

1. Voir plus bas.
2. Présent fortuitement à Alger.

La riposte était préparée de longue date. Dans sa directive n° 19, du 10 décembre 1940, Hitler avait planifié l'occupation globale de la France (Opération Attila). Cette éventualité avait été étudiée à Vichy. L'état-major de l'armée avait prévu une défense sur les principaux axes de pénétration : vallées du Rhône et de la Garonne.

Une telle défense ne peut s'inscrire que dans la perspective d'un combat retardateur, pour permettre l'exécution d'un événement majeur : en l'occurrence, un débarquement allié sur les côtes méditerranéennes. Le débarquement et l'intervention à son profit de l'armée de l'armistice étaient l'idée de manœuvre du général Giraud, évadé de la forteresse de Koenigstein en avril 1942. Rejoignant Gibraltar puis Alger les 8 et 9 novembre, Giraud aura la désillusion de constater qu'un débarquement dans le sud de la métropole n'est pas envisagé, faute de moyens. La petite armée de l'armistice, en zone sud, est seule, livrée à elle-même.

Pour agir, celle-ci, comme toute armée qui se respecte, doit en recevoir l'ordre de ses chefs. Les généraux Verneau et Revers, les deux patrons de l'armée de l'armistice, sont prêts à prendre leurs responsabilités. Mais Bridoux, leur supérieur hiérarchique, en tant que secrétaire d'Etat à la Guerre, s'y oppose formellement. Le PC clandestin de Verneau, installé près de Vichy, doit être démonté. Les unités, mises en alerte, sont contraintes de regagner leurs casernes.

Le 11 novembre, à 4 heures du matin, les premiers éléments de la Wehrmacht franchissent la ligne de démarcation, avec 24 heures de retard sur les informations des SR français. Hitler, par ce report en un jour symbolique, a-t-il voulu effacer Rethondes ?

Partout les généraux en place obtempèrent aux ordres de Bridoux. Les troupes ne bougent pas. Il n'est qu'une exception notable : à Montpellier, le général de Lattre, commandant la 16e division militaire, décide de sauver l'honneur. Il n'est pas suivi. Ses chefs de corps obéissent au ministre. Le 12, à 6 heures, l'équipée personnelle de De Lattre est terminée. Le rebelle part entre deux gendarmes. Ce sursaut sauvera la fortune du futur commandant de la 1re armée.

Quinze jours plus tard, apprenant l'annonce du désarmement de l'armée de l'armistice, le général Laffargue à Grenoble aura lui aussi un geste de révolte. Isolé, tout comme de Lattre, il n'insistera pas.

La stricte discipline a prévalu. Une résistance, il est vrai, eût été suicidaire. Que pouvaient 90 000 hommes, mal armés, sans aviation ni blindés ? Mais l'armée française, déjà stigmatisée pour sa défaite en 1940, ne sort pas grandie de ce triste épisode. Plus tristement encore, la Royale, le 27 novembre, connaît un autre sort malheureux. Rivée aux quais de Toulon sur ordre formel de son chef, l'amiral de Laborde, elle se saborde sans gloire. Seuls quelques sous-marins échappent au désastre. « 232 000 tonnes transformées en parc à moules », écriront à juste titre de mauvais plaisants. Ces 232 000 tonnes, force réelle, pouvaient tenter de s'esquiver et avaient les moyens de combattre. Un demi-siècle après l'événement, ce sabordage, privant la marine française des meilleurs de ses bâtiments pour lutter contre le nazisme, garde un goût de cendres.

Fin novembre, sur ordre de Hitler, l'armée de l'armistice est démobilisée. L'état-major de l'armée est dissous le 4 décembre. Ne demeurent plus que la police, la gendarmerie et la garde mobile. Au début de 1943, le gouvernement Laval créera, avec l'assentiment allemand, le 1er régiment de France.

Avant le 8 novembre 1942, l'Etat français disposait encore de deux solides atouts : la flotte, l'empire. Mi-novembre, il est complètement démuni. Il n'est plus qu'un Etat fantoche, à la traîne de l'occupant qui lui impose ses volontés. Cependant l'occupation de la zone libre [1], la disparition de la petite armée de l'armistice ont pour la Résistance des conséquences durables :

– Tout s'est clarifié. La fiction Vichy s'est envolée. Même si envers et contre tout Pétain garde personnellement une part de sa popularité, Laval et son gouvernement se présentent en laquais de l'ennemi. La Résistance peut clamer haut et fort son hostilité à un régime synonyme de collaboration avec le nazisme. Sa voix est beaucoup mieux entendue et comprise notamment en zone sud. Elle peut même tendre vers une certaine unité. En février 1943, trois grands mouvements : Combat, Franc-Tireur, Libération, fusionneront pour donner les MUR, les Mouvements unis de Résistance. L'AS, leur enfant, sortira renforcée de cet accord entre les chefs historiques de la Résistance intérieure.

– Les notions de zones occupée et libre disparaissent. Paradoxalement, la suppression de la ligne de démarcation qui en découle facilite le travail et l'unité des résistants. Franchir cette fameuse ligne représentait un obstacle dangereux. Désormais, les chefs ou les agents peuvent circuler à peu près librement de Toulouse ou Lyon à Paris. Contrepartie de cette facilité, le relatif sanctuaire de la zone sud n'existe plus. La Gestapo est omniprésente.

– La suppression de l'armée de l'armistice libère des hommes et des cadres. Des officiers, des sous-officiers sont disponibles.

Cette dissolution officielle de l'armée entraîne, dès le mois de

1. Les départements alpins sont occupés par les Italiens.

décembre 1942, la création de l'ORA, Organisation de Résistance de l'Armée [1], dont le général Frère prend le commandement. Cette ORA, au départ, n'est pas foncièrement gaulliste. Elle le deviendra. Elle regarde de préférence du côté de Giraud qui se pare de son passé, de son évasion et d'un refus des joutes politiciennes.

Cette ORA, appelée à organiser et contrôler de nombreux maquis, fournira ainsi la troisième grande composante militaire de la Résistance, à côté des FTP et de l'AS. Ses détracteurs lui reprocheront un certain conservatisme de caste, une indulgence, pour ne pas écrire plus, envers Philippe Pétain. L'un des siens, lucide, écrira lors d'une mission à Alger en avril 1944 :

> « L'armée dissoute jouit d'un discrédit jamais égalé. On lui reproche d'avoir perdu la guerre, de s'être installée dans la défaite, d'y avoir pompeusement prôné des vertus qu'elle ne savait pas pratiquer et de s'être laissée prendre au lit à l'aube de ce jour de novembre où la flotte de Toulon, plus théâtralement sans doute, se sabordait. »

Si l'occupation de la zone sud procure, à court terme, des hommes à la Résistance, elle lui fait perdre un armement potentiel. Le CDM, on l'a vu, s'était livré à un vaste travail de camouflage. Les 9 et 10 novembre, persuadé que l'armée de l'armistice est appelée à se battre, en plusieurs endroits il ouvre ses stocks pour la renforcer. Désillusion catastrophique ! Les Allemands qui déferlent n'ont qu'à se servir. En d'autres cas, les jours suivants, les « receleurs » prennent peur. Des dépôts sont dénoncés ou volontairement détruits. Ces erreurs d'appréciation, ces défaillances coûtent cher. Des fusils, des armes automatiques, des munitions, des grenades sont perdus. Combien cet armement aurait été utile !

*

Dans ses *Mémoires de Résistance (La nuit finira)*, Frenay accusera des généraux, non sans arguments. Des chefs de haut rang ont manqué de cette vertu des temps difficiles chère à Charles de Gaulle : le caractère. Ils n'ont pas pris sur eux de donner des ordres qui auraient sauvé des stocks d'armement. Ils ont péché par sens exagéré de la discipline et refus des responsabilités. Peut-être, et même certainement,

---

1. Appelée initialement Organisation métropolitaine de l'Armée, entendant montrer par là qu'elle mène le combat sur le sol métropolitain à l'instar de l'autre fraction se battant outre-mer. Elle deviendra l'ORA en début de 1944, sigle qui persistera.

ont-ils craint de voir tomber ces armes en des mains qui ne seraient pas dans l'esprit d'une obédience fidèle à Philippe Pétain.

Tout cependant n'est pas négatif. Il est des exceptions heureuses. A Brive, au 41e RI, des FM, des munitions parviennent à sortir de la caserne. De même, à Saint-Amand, au 1er RI, 32 FM, 12 mitrailleuses s'éclipsent. A Châteauroux, au 8e cuirassiers, un lot est sauvegardé, etc. D'après les rescapés du CDM, un tiers du matériel camouflé aurait été perdu. Un autre tiers aurait servi à l'équipement des FFI avant le 15 août 1944. Le dernier tiers n'aurait été exploité qu'après la Libération. Le colonel Passy, chef du BCRA, confirme sensiblement ces chiffres dans ses propres *Mémoires*, précisant que ces armes ainsi préservées étaient généralement en mauvais état, ce qui s'explique par leurs conditions de stockage.

Le service du camouflage du matériel a payé sa contribution à la Résistance de 91 morts, 500 déportés, dont son chef le colonel Mollard, et de 200 internés.

Chapitre II

LA GENÈSE DES MAQUIS

A la fin du mois de novembre 1942, au moment de voir disparaître leurs régiments ou leurs bataillons, des chefs de corps ont rassemblé leurs hommes. Ils les ont exhortés à se tenir prêts et à préparer la revanche.

Cet appel ne tombe pas dans le vide. Bien des cadres gagnent l'AFN. Ils seront sur les champs de batailles d'Italie ou de France. D'autres optent pour la Résistance sur le sol métropolitain. Quelques-uns, très vite, donnent à leur action un aspect spécifiquement militaire. Ils prennent le maquis avec l'ambition de constituer des points d'ancrage de la lutte armée.

Cet élan patriotique n'est pas l'exclusive des anciens militaires. Des patriotes de toute origine prennent des initiatives identiques. Ils regroupent des compagnons en vue de se battre les armes à la main.

Presque simultanément, les exigences allemandes créent les conditions pour alimenter en hommes ces bastions en gestation. L'Allemagne a un besoin impérieux de bras pour son industrie de guerre. Elle n'en a plus sur son sol. Ses fils sont sous l'uniforme, quelque part en Europe orientale ou occidentale. Elle se retourne donc vers la main-d'œuvre dont elle peut disposer : prisonniers de guerre, travailleurs des pays qu'elle contrôle. La France n'est pas épargnée.

Durant quelque temps, il est fait appel aux volontaires. Les chiffres sont contestés. Ils varient de 40 000 à 71 000 Français, chômeurs pour beaucoup, ayant opté en 1941 pour aller travailler dans les usines allemandes. Ce n'est pas suffisant. Le mythe avancé par Vichy de la « Relève », un prisonnier libéré pour trois ouvriers partants, ne convainc pas. D'autant que les échos de la vie en Allemagne sont loin d'être encourageants : horaires de travail excessifs, nourriture et logement précaires, dangers liés aux bombardements alliés.

Sauckel, le grand maître de la main-d'œuvre allemande, se fait exigeant. Laval se plie. 250 000 travailleurs s'éloignent pour l'outre-Rhin au dernier trimestre 1942. Rares sont ceux qui s'en vont de bon gré. Le 1er trimestre 1943 donne encore 250 000 départs, presque tous imposés par l'administration française pour répondre aux demandes allemandes. Le processus s'aggrave encore. Pressé par Sauckel, Laval institue le 5 février 1943 le STO, le Service du Travail obligatoire [1]. Les jeunes gens nés entre le 1er janvier 1920 et le 30 novembre 1922 sont soumis à obligation de travail en Allemagne [2]. Le 21 février, les classes 40-41-42 sont appelées pour une durée en principe de deux ans. Les convocations établies par l'inspection du travail tombent :

> « J'ai l'honneur de vous faire connaître que la commission mixte franco-allemande, prévue pour prononcer les affectations des jeunes gens recensés au titre du Service du Travail obligatoire, vous a désigné pour aller travailler en Allemagne. En conséquence, suivant les instructions de la Feldkommandantur, j'ai l'honneur de vous inviter à bien vouloir vous présenter au bureau de placement allemand, rue..., le... pour y prendre connaissance des conditions de travail ainsi que des dates et heures de départ.
> Je vous précise que la non-exécution de votre part de cet ordre d'affectation est susceptible de peines prévues par la loi du 15 janvier 1943... »

Que faire ? Partir est aller servir la machine de guerre allemande, avec tous les risques inhérents. Se soustraire est tomber sous le coup de la loi [3] et être passible de peines lourdes : 3 à 5 ans de prison, 200 à

1. Ce STO avait été précédé de la loi du 4 septembre 1942, rendant les hommes de 18 à 50 ans et les femmes de 21 à 35 ans mobilisables pour un travail forcé.

2. Ou dans l'organisation Todt, effectuant des travaux comme les ouvrages du Mur de l'Atlantique.

3. Certaines catégories socioprofessionnelles y échappent : les sapeurs-pompiers, la défense passive, la SNCF, la police, les requis pour la garde des voies. Fonctionnaires, étudiants, cultivateurs bénéficieront durant quelque temps d'exemptions.

10 000 francs d'amende. Le choix n'est pas facile. La BBC, les tracts et journaux clandestins de la Résistance situent bien l'enjeu ·

> « Un homme qui part est un otage aux mains de l'ennemi.
> Un homme au maquis est un soldat contre l'ennemi.
> Si vous ne voulez pas subir les brimades et mourir sous les bombes anglaises, ne partez pas en Allemagne. »

Il faut trancher. Certains se résignent. D'autres, de plus en plus nombreux, se soustraient à la convocation. Ils s'éclipsent et formeront le lot croissant des réfractaires (sous-entendu, du STO).

Les chiffres sont explicites. En 1942, les ouvriers requis partaient. Au début de 1943, les départs sont encore nombreux. Puis voici que le processus grippe. Les récalcitrants augmentent. Le lot des réfractaires s'accroît dans des proportions considérables. La majorité de la jeunesse française, de toute origine, se soustrait à l'obligation qui lui est faite.

Ce renversement de tendance a une raison profonde. Après le débarquement allié en AFN, avec la capitulation allemande à Stalingrad, avec les coups que portent les bombardiers anglo-américains, les Français prennent conscience d'un revirement. Un an plus tôt, ils voyaient l'Allemagne triompher jusqu'à la fin des temps. Au début de 1943, ils perçoivent sa vulnérabilité. Elle risque de perdre la guerre. Le jour se profile au bout du tunnel qui s'annonçait sans fin. Se muer en réfractaire était un geste fou et à priori sans lendemain. Maintenant, il devient possible. La libération du pays, le départ des occupants avec la victoire des Alliés se muent en espérance raisonnée.

Un tel état d'esprit ne façonne pas encore obligatoirement des combattants. Les armées ennemies sont toujours présentes. L'affrontement, pratiquement à mains nues, n'est guère concevable. Le premier souci des réfractaires est d'abord de se cacher. Ensuite seulement, une fois armés, viendra le temps de combattre.

De cette situation, un témoin et acteur, le colonel Darnault, pourra écrire :

> « En 1943 et au début de 1944, au service maquis dont je faisais partie, le problème essentiel était de subsister, de tenir, et occasionnellement de se manifester au regard des Allemands ainsi que de la population environnante [1]. »

1. Lettre du colonel Darnault à Serge Ravanel du 22 mai 1980. Le colonel Darnault, alias colonel Durandal, fut responsable de l'école des maquis à l'été 1943, puis du secteur ouest FFI de la région R4 (Toulouse). Il commandait à ce titre le bataillon de Nérac.

Elan patriotique d'un côté. Refus de s'enferrer dans les rets du STO de l'autre. Les deux piliers du maquis sont là. Il est clair qu'en 1943 le refus de partir en Allemagne est le grand mobile incitant les jeunes à y monter. Ce que les Allemands avaient fomenté se retourne contre eux.

Les propos, si outranciers soient-ils, de Robert Brasillach à son ami Rebatet ne sont pas sans fondement :

> « Lorsque Sauckel demande à Laval 500 000 hommes, ceci fait 499 000 bandits dans les maquis. »

Autrement dit, les maquis sont fils du STO. La formule n'est pas absolue mais contient une part de vérité.

Ce phénomène maquis, à l'encontre d'autres, est appelé à drainer des masses importantes. Les Français Libres, au départ, ne comptaient que quelques milliers d'hommes ; la LVF, en Russie, à peine 3 000. Voici que des classes entières de la jeunesse française sont en cause. Cette implication explique l'ampleur que les maquis sont destinés à prendre, même si tous les réfractaires du STO ne s'en vont pas camper dans les bois ou dans la montagne. A une époque où les fichiers informatiques n'existent pas, il est encore possible d'arriver à s'évanouir en position semi-régulière à des centaines de kilomètres de son lieu habituel de résidence [1].

Sur les requis du second semestre 1942, il y a environ 40 000 défaillants. En revanche, au premier trimestre 1943, les quotas de Sauckel sont atteints. 250 000 partants pour 250 000 réclamés.

L'effondrement survient à partir d'avril. En cinq mois, du 1er avril au 31 août, on ne dénombre que 141 000 départs au lieu de 350 000. Soit un vide de 209 000 qui s'ajoutent aux 40 000 absents de 1942. 300 000 jeunes ont disparu sans laisser d'adresse... De quoi constituer une belle armée. A condition qu'ils soient en armes et sur les rangs.

A l'automne 1943, le rapport du responsable national maquis donne environ 25 000 maquisards (AS – FTP – ORA) armés, majoritairement en zone sud. A côté d'eux, une centaine de milliers d'hommes sont disponibles mais quasiment désarmés (hormis les groupes action). Faut-il rappeler que l'après-guerre ne ratifiera que 250 000 combattants volontaires de la Résistance ? Avoir été réfractaire du STO ne signifie pas avoir été résistant de manière active.

---

1. En avril 1943, par relations personnelles et en bénéficiant de complicités, le père de l'auteur parvient à faire rentrer son neveu, normalement domicilié à Paris, comme gardien de la paix au commissariat de police du Puy-en-Velay. Le jeune homme échappe ainsi au départ en Allemagne et peut dans son cadre professionnel participer activement à la Résistance.

En septembre 1943, les accords Speer-Bichelonne bouleverseront les données du STO. Speer, ministre de l'Armement allemand, plus subtil que Sauckel, négocie avec le secrétaire d'Etat français à la Production industrielle. 700 000 ouvriers seront maintenus dans les usines françaises, à condition que celles-ci travaillent à 80 % pour le Reich. Du coup, la contrainte du STO disparaît. Le recrutement du maquis se tarit. Il ne rejaillira qu'au printemps 1944, avec le débarquement en Normandie et l'ordre de levée en masse.

Quoi qu'il en soit, 300 000 jeunes Français, à la fin de 1943, sont en position d'illégalité. Ils représentent un beau vivier pour alimenter l'armée de l'ombre.

*

« Monter au maquis » pour lutter contre l'occupant ou échapper au STO est bien, mais où se situent-ils, ces maquis ? Dans les secteurs forestiers et surtout dans les massifs montagneux difficiles d'accès. La présence ennemie y est ténue. Elle se concentre dans les principales agglomérations et laisse des zones incontrôlées. Alpes, Pyrénées, Massif central, Jura ont ainsi vocation à servir de points d'amarrage aux éléments qui se mettent en place. Avec l'imminence de la Libération, le facteur de refuge géographique naturel s'estompera. La France de 1944 ne ressemble pas à celle de l'an 2000. Si elle dispose d'un bon réseau routier, sa campagne, en dehors des étendues planes comme la Beauce, reste encore le domaine des petites routes sinueuses, des chemins creux, d'un paysage coupé où le remembrement n'est pas intervenu. La Wehrmacht dispose de moyens motorisés mais n'est plus très riche en avions et ne possède pas d'hélicoptères. Une guérilla de chouans est encore possible en maints endroits. D'où une éclosion de maquis locaux harcelant un adversaire soucieux d'abord de se garder et de repousser l'invasion alliée.

Où et quand se sont levés les premiers maquis ? Quels en furent les auteurs ? Des réponses formelles sont incertaines.

Un point est acquis. Les premiers maquis voient le jour à la fin de 1942 et au début de 1943 dans l'ex-zone libre [1]. Celle-ci offre déjà l'avantage de ses grands massifs, Alpes, Pyrénées, Massif central. La

1. Peut-on regarder comme un maquis le campement communiste installé au « Camp du Calvaire », près de Moret-sur-Loing, en juin 1942 ? Théoriquement non. Ce camp regroupant une dizaine de garçons et trois filles est un centre d'instruction provisoire. Son chef Maurice Le Berre sera arrêté en août, s'évadera, sera repris et déporté.

mainmise allemande ne se réalise que progressivement et laisse les départements alpins aux troupes italiennes. Des cadres militaires issus de l'armée de l'armistice sont immédiatement disponibles. Pour les réfractaires, y compris pour ceux de la région parisienne, tout concourt à privilégier le sud de la France. Qui a commencé ? Les groupes francs, les équipes de sabotage existent et se manifestent depuis des mois. Leurs membres, plus ou moins clandestins, ne sont pas des maquisards au vrai sens du terme. Ils vivent en ville ou dans les villages, se regroupant pour opérer. Les équipes communistes de la région parisienne en sont une illustration. Sur le fond, elles ne relèvent pas des maquis.

Georges Guingouin, dans cette Haute-Vienne et le nord de la Corrèze destinés à devenir son fief, compte indiscutablement parmi les précurseurs. En janvier 1943, il a regroupé quelques dizaines d'hommes dans la forêt de Châteauneuf, à 30 kilomètres au sud-est de Limoges. Son campement au lieudit « Les Trois-Chevaux » se cache au milieu des halliers, des vallées encaissées et des fourrés. En périphérie du site, les voies d'accès rarement goudronnées rendent l'approche lente et difficile.

A des centaines de kilomètres de là, au nord du lac d'Annecy, près du village de Thorens, des résistants locaux ont mobilisé des volontaires. Début mars 1943, ces derniers s'installent au chalet de l'Eaud, sur les contreforts du Parmelan. 28 réfractaires de la région de Grenoble les rejoignent en fin de mois. Le maquis de Thorens est né. Il est à l'origine de celui des Glières.

La Haute-Savoie a encore vu naître fin 1942 des rassemblements de quelques dizaines d'hommes : maquis des Dents de Lanfon, de la Croix-Fry à Manigod, d'Annemasse. En ce dernier point, ils seraient près de 70.

Le mouvement Combat met sur pied, sensiblement à la même époque, un petit groupe à Villard-Notre-Dame dans l'Oisans. Le cadre est celui d'un paysage de haute montagne. Il a l'avantage de voir l'ennemi surgir de loin. Aux places d'honneur apparaît aussi le Vercors. De longue date, des patriotes ont envisagé d'y créer un môle de résistance. L'arrivée de réfractaires cherchant refuge sur ce plateau isolé précipite l'organisation d'un véritable maquis aux environs de Méaudre, un peu au nord de Villard-de-Lans. Le renfort de militaires assure l'encadrement.

C'est encore une initiative personnelle qui en décembre 1942 crée un maquis au nord-est de Romans, dans la Drôme. A la dissolution de l'armée de l'armistice, le lieutenant Narcisse Geyer, du 11ᵉ cuirassiers (futur capitaine Thivollet, du Vercors), s'offre un peu de panache. Il quitte sa caserne lyonnaise avec son cheval, escorté de deux de ses hommes. Les semaines suivantes, il parvient à rassembler une quarantaine de cavaliers de son ancien escadron et s'implante près de Grand-Serres aux abords de la forêt de Thivollet. Il empruntera son pseudonyme à cette dernière.

En Haute-Normandie, au sud-est de Pont-Audemer, le fouillis du bocage recèle des fermes abandonnées, des masures retirées, d'anciennes carrières de marne aux interminables galeries souterraines. Dans ce décor propre à dissimuler de petites équipes, Robert Leblanc, cafetier-épicier de Saint-Etienne-l'Allier [1], lance au dernier semestre 1942 un embryon de maquis pour accueillir des réfractaires. Celui-ci deviendra le célèbre maquis Surcouf, opérant au sud et sud-est de l'estuaire de la Seine, dans le triangle Honfleur-Bernay-Jumièges. Son existence sera méritoire. Les Allemands fourmillent dans cette région proche des rivages face à la Grande-Bretagne.

En cette phase de démarrage, l'armement est partout rudimentaire et hétéroclite. Quelques pistolets et fusils de guerre ou de chasse. Les armes, en attendant les parachutages, seront à prendre chez l'ennemi.

Créer un maquis, durant l'hiver, en forêt et en altitude, relève d'un beau courage et d'une solide résolution (certains, à l'expérience, renonceront). Avant même d'affronter l'adversaire, il faut subsister et faire face aux rigueurs climatiques. Ces premiers maquis, qui ne bénéficient pas d'une assistance extérieure, ne sauraient donc s'installer totalement dans la verte nature. Ils choisissent des demeures, des bergeries, des centres de forestage, des chalets abandonnés à l'écart des axes et offrant des possibilités de repli. Leur ravitaillement provient des fermes environnantes, qui se montrent habituellement généreuses et accueillantes. Quant aux équipements de l'époque, ils n'assurent pas la protection de ceux d'aujourd'hui. La canadienne est le vêtement chaud le plus prisé mais tous n'en ont pas.

*

Si bien des brigades de gendarmerie ou des escadrons de gardes mobiles commencent à être infiltrés par la Résistance, l'outil policier, dans son ensemble, reste au service du gouvernement Laval. Il n'a pas encore pris conscience de son devoir (et de son intérêt). Les maquisards font figure de hors-la-loi. Le régime et ses chantres ne cessent de les traiter de « terroristes ». Obligatoirement, des esprits sont influencés.

---

1. Saint-Etienne-l'Allier se situe à 12 kilomètres au sud de Pont-Audemer.

Les forces de police ont eu leurs résistants, leurs héros, leurs martyrs durant la Seconde Guerre mondiale. Cela ne saurait être oublié. Néanmoins, il est également incontestable que la répression contre la Résistance et les maquis, de connivence avec les Allemands, passe en partie par elles. Des gendarmes signalent l'existence de maquis, arrêtent des agents de liaison. Des unités de gardes mobiles traquent les réfractaires. Avec les GMR, elles anticipent souvent les interventions de la Wehrmacht.

Les maquisards devront aussi bientôt compter avec de nouveaux venus : les miliciens. Le 31 janvier 1943 paraît au *Journal officiel* la loi n° 63 du 30 janvier portant création de la Milice :

> « Cette Milice française est composée de volontaires moralement prêts et physiquement aptes, non seulement à soutenir l'Etat nouveau par leur action, mais aussi à concourir au maintien de l'ordre. »

Concourir au maintien de l'ordre. La finalité du nouvel organisme, héritier direct du SOL, est clairement affichée. La Milice a vocation policière et ne s'en cachera pas. Son équipe de direction, dans son « Plan de redressement français » de septembre 1943, se donnera pour première mission d'épurer l'administration et de combattre énergiquement les ennemis de l'intérieur, « qui vivent en bandes militarisées et armées à la façon de brigands type Mandrin et qui ont pour complices passifs les neuf dixièmes de la population ». Les brigands type Mandrin, nul n'est dupe, ce sont les maquisards.

Pierre Laval s'est désigné chef en titre de la Milice. Il délègue ses pouvoirs à un secrétaire général responsable de l'administration et de la direction. Cette fonction est dévolue à Joseph Darnand, combattant valeureux et incontesté des deux guerres mondiales mais également extrémiste engagé. L'homme, un moment, a hésité sur le cap à prendre. Il a offert ses services. Mais il était trop tard. Son ralliement a été refusé. Ses antécédents sur la voie de la collaboration étaient trop chargés. Chef réel de la Milice, Darnand, ce « grand dévoyé de l'action » comme le définira de Gaulle, se montrera un adversaire sans complaisance de la Résistance et des maquis [1]. Sa Milice laissera derrière elle une traînée de sang.

Mouture plus musclée du SOL, elle naît en zone sud. Les Allemands ne l'accepteront en zone nord qu'en septembre 1943. Officiellement, elle annoncera 29 000 adhérents des deux sexes où tout se mêle : anciens combattants bardés de décorations, repris de justice,

---

1. Il sera fusillé après la Libération, le 10 octobre 1945.

jeunes gens de bonne famille désorientés, idéalistes égarés. Pour être admis, il faut :

– Etre français de naissance ;
– Ne pas être juif ;
– N'adhérer à aucune société secrète ;
– Etre volontaire ;
– Etre agréé par le chef départemental (de la Milice).

Si dans les ambitions de ses fondateurs intervient une notion de « redressement français », la fonction essentielle de cette Milice s'affirme le maintien de l'ordre. A cette fin est créée le 2 juin 1943 la Franc-Garde, où se retrouve l'esprit de base de la Milice :

> « Sélectionnés parmi les miliciens, les jeunes hommes âgés de 18 à 45 ans constitueront un corps d'élite appelé la Franc-Garde.
> Cette Franc-Garde sera composée de volontaires moralement prêts et physiquement aptes, non seulement à soutenir l'Etat nouveau par leur action, mais encore à le défendre contre ses agresseurs, à l'intérieur comme à l'extérieur.
> Pour créer l'esprit de corps, pour obtenir une discipline très stricte et pour montrer à tous que la Milice est une organisation n'ayant rien à cacher, pour forcer enfin ceux qui le portent à se manifester sans crainte, les francs-gardes porteront un uniforme...
> Cette Franc-Garde, constituée en unités hiérarchisées, instruites techniquement, préparées au combat, sera toujours prête à assurer le maintien de l'ordre.
> Le repérage des foyers de propagande adverse, la recherche et la poursuite des meneurs de forces hostiles, la répression des menées et des manifestations antigouvernementales seront les activités habituelles de la Franc-Garde. »

Cette Franc-Garde alignera théoriquement 5 000 hommes [1], plus vraisemblablement quelques centaines, veste et pantalon bleu marine, chemise kaki, cravate noire, béret orné du Gamma, le sigle de la Milice. En octobre 1943, après bien des tergiversations, les Allemands autoriseront de prélever sur les stocks de l'armée de l'armistice de quoi les armer. Les francs-gardes disposeront alors de fusils MAS 36, de FM 24-29 et également de mitraillettes Sten anglaises récupérées. Cet armement léger ne valorisera guère une troupe qui comptera plus d'affreux tortionnaires que d'authentiques guerriers.

---

1 Organisés comme la Milice en dizaines, trentaines, centaines et cohortes.

Chapitre III

ROMANS-PETIT ET LES MAQUIS DE L'AIN

Dans cette genèse des maquis, un département, l'Ain, fait figure de modèle. Il le doit à la valeur de ses maquisards et, en premier lieu, à la personnalité d'un homme : le capitaine aviateur Romans-Petit, fait Compagnon de la Libération en mai 1945 avec la citation suivante :

> « Magnifique officier n'ayant jamais cessé la lutte contre l'ennemi, a été un des pionniers des "Maquis" où il vit depuis 1941.
> Par son exemple, par son courage et par le don total de sa personne, a su provoquer et entretenir la flamme chez tous les gars des camps se trouvant sous son autorité.
> N'a d'autre ambition que de libérer son pays de l'oppression.
> Est une des figures les plus pures de la Résistance française. »

Henri Petit voit le jour en 1897. En juillet 1915, il s'engage pour la durée de la guerre. Durant plusieurs mois, il se bat dans les rangs d'un bataillon de chasseurs. Cité, il est nommé caporal puis sergent. Volontaire pour l'aviation, il est affecté à une escadrille de bombardement et termine la guerre sous-lieutenant. Rendu à la vie civile, il retourne à ses études. Licencié en droit, il fait carrière dans un groupe de presse.

Capitaine aviateur de réserve, chevalier de la Légion d'honneur, il est mobilisé en 1938 et en 1939. La défaite le laisse meurtri. Il envisage de rejoindre la Grande-Bretagne, mais sa tentative échoue. Ayant alors opté pour la Résistance intérieure, il appartient à plusieurs réseaux de renseignements.

A l'automne 1942, il parcourt les collines du Forez, région dont il est originaire. Il essaie de trouver des fermes pour héberger les jeunes menacés par le travail obligatoire en Allemagne. Mal reçu par les paysans, il s'oriente vers le département de l'Ain où des amis lui ouvrent des portes.

Dans ce département, la Résistance a pris corps très tôt. Est-ce dû à l'exemple et à l'élan donnés par le général de corps d'armée Delestraint ? Spécialiste et ardent partisan des blindés (il eut pour subordonné et disciple Charles de Gaulle), le général Delestraint s'est retiré à Bourg-en-Bresse après l'armistice. Le futur chef de l'AS [1] y lance un vif appel à ses camarades militaires et à ses compatriotes, les incitant à résister pour assurer « la résurrection et la Libération de la France sans laquelle il ne peut y avoir de bonheur pour nous ».

L'Ain s'affirme rapidement un fief de la Résistance. Sa situation géographique l'avantage. Il est proche de Lyon, grande métropole de la Résistance. Ses montagnes offrent de solides refuges. Les grands mouvements de Résistance – Combat, Libération, Franc-Tireur – s'y développent et diffusent largement leurs journaux. Quelques parachutages d'armes et d'agents ont lieu pour le compte du SOE.

Petit, devenu Romans (il restera sous le nom de Romans-Petit), arrive dans l'Ain en novembre 1942. Du potentiel existe. Bientôt nommé chef militaire de l'AS naissante, en raison de son engagement depuis 1940 et de son expérience d'officier et de combattant, il lui appartiendra de la fédérer et de l'exploiter [2].

*

Département essentiellement agricole, l'Ain est scindé en deux par la rivière qui lui donne son nom. A l'ouest, Dombes et Bresse aux molles ondulations coupées par de nombreux étangs s'opposent à la partie orientale où le relief s'élève par étages. Bugey, Valromey, pays de Geix appartiennent au Jura. Les sommets peuvent atteindre et dépasser 1 500 mètres.

---

1. Arrêté le 9 juin 1943, il sera assassiné à Dachau le 19 avril 1945. La promotion de Saint-Cyr 1988-1991 porte son nom.
2. Il sera ensuite nommé chef départemental FFI.

C'est sous l'épais manteau forestier de cette portion montagneuse que Romans-Petit organisera et implantera ses maquis. A partir de là, il frappera dans les plaines occidentales (où s'installeront ensuite de petits maquis). Les voies de communications seront ses cibles privilégiées pour contrarier les mouvements de l'occupant sur l'axe Lyon-Belfort.

Romans-Petit aurait pu s'orienter vers d'autres formes de Résistance. Soldat dans l'âme, il estime venue l'heure de lutter les armes à la main.

*

On parlera des maquis de l'Ain. Il serait tout aussi justifié de parler des maquis de Romans-Petit, leur fondateur et leur organisateur. Il leur a d'emblée fixé des règles qui leur donnent leur spécificité :

> « Nous bâtissons une doctrine dont voici les points essentiels : les chefs de camp, choisis en raison de l'autorité naturelle qu'ils ont déjà sur leurs camarades de leur âge, de leurs connaissances militaires, seront tous formés à la même école de cadres. Chaque camp constituera une unité et ne comprendra qu'une soixantaine d'hommes.
> Cet effectif est indispensable pour l'organisation rationnelle du service de garde, du ravitaillement, de l'instruction... Les demeures ne pourront être utilisées que si elles sont environnées de bois. »

Conscient de la faiblesse intrinsèque de ceux qu'il appelle « les petits » [1] – inexpérience, manque d'armement –, Romans-Petit réfute au départ la formule qui sera funeste à bien des maquis. Pas de gros rassemblements. Un large éparpillement sur le terrain.

Pratiquement, les camps regroupent une unité mobile n'excédant pas soixante hommes. Ils possèdent entre eux une liaison permanente mais doivent se situer géographiquement à un minimum de deux heures de marche les uns des autres. Les emplacements choisis doivent offrir des possibilités de décrochage rapide et sûr (en principe dans les bois). Des consignes précises soulignent la tactique à suivre pour la lutte elle-même : refuser l'affrontement ; conduire une action rapide et brutale suivie d'un repli immédiat et discret.

Romans-Petit parle de camps. A l'hiver 1942-1943, il n'en est pas

1. Il pourrait effectivement être leur père. En 1942, il a 45 ans mais n'hésite pas à partager la vie rude du maquisard.

encore là. Comme en Savoie, les maquisards cherchent abri dans des fermes ou des granges isolées. Les camps viendront ensuite, en 1943 : camps du Chougeat, de Chavannes, du Mont, des Combrettes, de Morez, du Pré-Carré, des Plans, du Corlier, de Cize, des Granges...

Une semblable organisation a besoin de chefs au caractère bien trempé. Romans-Petit les trouve chez des résistants : Henri Deschamps [1], « Ravignan », les Chavant [2], Marcel Demia, ou de jeunes officiers d'active : Girousse, « Chabot », Perrotot, « Montréal », de Lassus Saint-Genies, qui fera ses premières armes dans l'Ain avant de partir commander les FFI de la Drôme. Pour compléter, une école de cadres s'installe aux Gorges, près de Montgriffon. Les éléments les plus aptes au commandement des camps et des groupes y sont envoyés.

La sécurité ne cesse d'être une exigence formelle. Soucieux des vies humaines qui lui sont confiées, Romans-Petit y attache une importance particulière. Au début de 1943, ses maquisards s'élèvent à environ 200. Ils assurent l'ossature des camps organisés par les fidèles de la première heure. Ceux-là ont été soigneusement « triés sur le volet », mais l'afflux de volontaires, avec le STO, impose des contrôles rigoureux. La Gestapo, la Milice s'efforcent partout d'infiltrer des « mouchards » dans la Résistance et dans les maquis. Pour y parer, un centre de triage est organisé au-dessus de Nantua. Les nouveaux arrivants sont soigneusement interrogés et mis à l'épreuve avant d'être incorporés et affectés dans un camp.

Tous ces maquisards, éparpillés dans la montagne, sont à ravitailler. A Saint-Rambert-en-Bugey, Romans-Petit crée un comité de soutien. Un réseau d'amis reçoit mission de renseigner, recruter et collecter les dons en espèces et en nature. L'argent, les vivres réunis assurent les premiers besoins. Avec le temps viendront les bons de réquisition (qui seront ensuite parfaitement honorés). Il est aussi à se vêtir et à s'équiper. A cet effet, Romans-Petit monte deux opérations spectaculaires.

Vichy a implanté à Artemare, au nord de Belley, un vaste dépôt d'intendance destiné aux Chantiers de Jeunesse. Romans-Petit y possède des introductions. Le 10 septembre 1943, en pleine nuit, ses hommes investissent l'endroit. Les fils des communications ont été coupés. Les postes de garde sont neutralisés sans un coup de feu. Les portes d'accès aux bâtiments sont rapidement ouvertes. Des camions pénètrent dans

1. Qui a lancé Franc-Tireur dans l'Ain. Avec Girousse et Perrotot, il sera l'un des trois grands adjoints de Romans-Petit

2. Il y a deux Chavant, Jean et Marius. A ne pas confondre avec Chavant Eugène, futur chef civil du Vercors.

la cour. Vêtements, chaussures, toiles de tente, sacs à dos, gamelles, couvertures s'entassent dans les bennes. Discrètement, le convoi quitte les lieux et chaque véhicule, avec son équipe de protection, éclate vers son point de destination.

Quelques jours plus tard, le 28 septembre, Romans-Petit récidive. Le coup est plus audacieux car beaucoup plus risqué. L'intendance militaire de l'Ain, située au chef-lieu dans Bourg-en-Bresse même, est visée [1]. Non loin, stationnent des Allemands et des miliciens. Girousse, l'un des lieutenants de Romans-Petit, pénètre dans la place et repère la topographie des locaux, s'assurant la connivence d'un gardien. L'opération se déroule vers minuit, dans des conditions identiques à celles d'Artemare, à une différence près : elle rassemble beaucoup plus de monde, afin d'opérer plus vite. En vingt minutes, deux cents paires de bras manipulent 45 tonnes de vivres (riz, farine, chocolat, café, conserves). Un record de vitesse ! L'évacuation s'effectue sans dommages.

Le maquisard de l'Ain pourra se vêtir et s'équiper à peu près correctement.

L'impact de ces coups de main parfaitement conduits et réalisés auréole les maquisards et leur chef. Il ne peut qu'accroître le réseau de complicités que Romans-Petit a eu l'intelligence de nouer dans tous les milieux : administration, agents des PTT, gendarmerie (le capitaine de gendarmerie Verchère sera arrêté et déporté). Ce tissu de sympathisants et de militants vivant dans la légalité apporte aux maquis une contribution essentielle à leur vie et à leur survie. Que de fois un appel téléphonique signale le passage d'une colonne allemande !

Quant à l'armement, il dépend avant tout des parachutages. La plupart des caches de l'armée de l'armistice ont été découvertes et saisies. La renommée des maquis de l'Ain conduit au parachutage d'une mission interalliée. Ses membres, qui joueront par la suite un rôle important en Haute-Savoie, l'Anglais Heslop, « Xavier », le Français Rosenthal, « Cantinier », assurent une liaison constante avec Londres. Les parachutages qu'ils déclenchent amènent explosifs et armement indispensables (PM, FM, bazookas).

Fort de son audience personnelle, Romans-Petit pourra même intervenir au profit de son homologue du Haut-Jura, Jean Duhail,

---

1. Si l'armée de l'armistice a été dissoute, tout n'a pas disparu. Demeurent des structures diverses (organismes liquidateurs, dépôts de maintenance, etc.). Il est à subvenir aux besoins des éléments militaires toujours en activité : gendarmerie, gardes mobiles, pompiers de Paris, 1er régiment de France, etc. Cette présence explique l'existence de dépôts d'intendance.

« Vallin » [1], afin de lui obtenir de l'armement. Une bonne coordination entre les deux départements favorise les opérations menées dans la région et tout d'abord les sabotages. Le bilan du matériel ferroviaire mis hors d'usage sera impressionnant. Au moment du débarquement en Normandie, 90 locomotives seront détruites en 48 heures, dans les dépôts de Bourg-en-Bresse et Ambérieu-en-Bugey, plaques tournantes des relations avec l'Allemagne, l'Italie, le Nord et le Midi de la France. Ces objectifs avaient été désignés comme prioritaires par Londres.

Ces maquis qui sabotent, harcèlent, tendent des embuscades meurtrières, inquiètent et inquiéteront les Allemands. Jusqu'à la Libération, les maquis de l'Ain subiront des attaques ennemies. L'offensive de juillet 1944 leur coûtera 80 tués. Toutes ces réactions allemandes confirmeront Romans-Petit dans la rectitude de ses décisions originelles : éviter les grands affrontements, respecter les consignes de guérilla, changer fréquemment l'emplacement des cantonnements, ne pas dépasser 80 hommes par camp, déclencher une opération de diversion lorsqu'une attaque est signalée contre une position amie, conserver constamment ses possibilités de mobilité.

Après la guerre, plus d'un historien ou critique opposera les méthodes Romans-Petit à celles ayant conduit à Saint-Marcel, aux Glières, au Mont-Mouchet, au Vercors. Ils feront ressortir la pertinence des vues de l'un et les erreurs des autres. Incontestablement, Romans-Petit a conduit intelligemment son combat. Il fait figure de grand chef maquisard.

Cet éloge mérité n'autorise pas pour autant à décrier ses pairs plongés dans des conditions absolument différentes. On le constatera. Les responsables de ces « maquis mobilisateurs » aux destinées tragiques eurent surtout un tort : s'efforcer d'exécuter les ordres reçus. Ce n'est pas diminuer les mérites de Romans-Petit que de mentionner qu'il ne fut pas placé dans une situation identique.

*

Le recrutement des maquisards de l'Ain provient essentiellement des enfants de la région, phénomène normal. Il n'exclut pas un contingent de « Parisiens », terme assez large [2]... Il n'est pas rare de découvrir également des étrangers de toutes origines : Italiens, Espagnols

1. L'officier d'active Jean Duhail sera arrêté en avril 1944. Torturé, il sera abattu sans avoir parlé.
2. On constatera une moyenne de 10 % de non régionaux dans les divers maquis, mais ce n'est qu'une moyenne.

ou autres [1] résidant en France pour raisons politiques ou économiques. A leurs côtés, apparaissent aussi des déserteurs de la Wehrmacht recrutés ou incorporés de force dans toute l'Europe occupée (cas des Alsaciens).

C'est ainsi que le 15 avril 1943 un jeune Polonais de 22 ans, Alexis Cierniewski, est contraint d'endosser l'uniforme de Feldgrau. A l'été 1943, il débarque à Bourg-en-Bresse avec l'unité à laquelle il a été affecté. Le 10 octobre, une filière de la Résistance lui permet, avec quelques autres compatriotes, de rejoindre Romans-Petit. Il partagera durant près d'un an la vie des maquis de l'Ain. Il y sera nommé caporal-chef et sérieusement blessé en septembre 1944.

Après la guerre, Cierniewski, devenu Français, a narré son aventure de maquisard de l'Ain. Il fut, entre autres, du défilé d'Oyonnax le 11 novembre 1943. Par-delà les combats, il garde d'abord le souvenir de son chef rencontré à plusieurs reprises. De cet officier simple et chaleureux, sachant encourager et stimuler, il écrit : « Je dois dire que je lui obéissais avec reconnaissance. »

L'une des raisons profondes de l'ampleur et des succès des maquis de l'Ain n'est-elle pas d'abord à rechercher chez ce capitaine aviateur [2] qui savait imposer à ses hommes une discipline librement consentie ?

*

Cierniewski se souvient encore d'un grand moment. Le 10 juin 1944, comme tous ses camarades, il reçoit un brassard tricolore à croix de Lorraine. Il eut ce jour-là le sentiment d'être devenu un soldat à part entière des FFI.

Ce brassard, tous les maquisards sont appelés à le porter. Dans l'esprit de ses auteurs, il doit servir de signe de reconnaissance et assurer une certaine sauvegarde devant l'ennemi en cas de capture. Le combattant des maquis, reconnaissable à son brassard qui lui tient lieu d'uniforme, n'est pas un franc-tireur. Il appartient à une armée régulière même si elle est clandestine. Vœu pieux ! Les Allemands refusent ce statut. Ils ne le montreront que trop.

*

Les maquis offrent un havre aux réfractaires, aux patriotes traqués, aux transfuges comme Cierniewski, et aussi aux aviateurs alliés. Dans

1. Des maquis recevront des Allemands antinazis ayant fui leur pays avant 1939.
2. Il sera promu colonel et disparaîtra grand officier de la Légion d'honneur.

la nuit du 2 au 3 novembre 1943, l'équipage d'un appareil de la Royal Canadian Air Force doit sauter en parachute au-dessus de la France. Le sergent Albert Spencer, d'Ottawa, se retrouve quelque part dans le Berry. Après bien des péripéties et 500 kilomètres à pied, il finit par aboutir chez Romans-Petit. Il pourrait passer en Suisse. La guerre alors serait finie pour lui [1]. Il choisit de rester. Pour ses nouveaux camarades français, il devient « Canada ».

De décembre 1943 à l'été 1944, affecté au départ au camp Verduraz, il sera de tous les combats et de tous les coups de main du groupement Girousse. Anglophone, lors des parachutages il guidera les avions alliés à l'aide d'un appareil radio britannique. Il sera de surcroît, rapporte Romans-Petit, un merveilleux élément de gaieté, par ses facéties et son inénarrable accent. Après la guerre, Spencer, « Canada », sera très fier d'être décoré par son ancien chef.

Des « Canada », les camps de Romans-Petit en hébergeront plusieurs.

*

A la veille de la Libération, les maquis de l'Ain, sous l'autorité de Romans-Petit, regrouperont 5 500 hommes armés, encadrés et instruits. Quelle est leur couleur, autant qu'il soit possible d'employer cette expression ?

Leur chef, officier de réserve, est avant tout un patriote. Il se soucie peu d'étiquette politique. Ses premiers maquis relèvent de l'AS. Il associera à son action aussi bien les FTP que les trappistes du monastère de la Trappe des Dombes. Maquis AS, maquis FTP apparus en Bresse, dans les Dombes et le secteur d'Oyonnax, compagnie ORA, tous se rangent derrière le chef incontesté du département.

Cette unité se répercute largement. Les rapports de Romans-Petit sont les meilleurs possibles avec ses supérieurs directs : le colonel Chambonnet, « Didier », chef régional FFI, et Alban-Vistel, chef des MUR à Lyon et futur successeur de Chambonnet [2]. Au-dessous, les trois grands lieutenants, Girousse, Perrotot, Deschamps, forment une équipe soudée derrière son patron. Tout concourt au but fixé par Romans-Petit : se préparer et livrer combat.

---

1. Dans son cas, les conventions internationales prévoient l'internement pendant la durée des hostilités.

2. Romans-Petit n'aura de problèmes, après la Libération, qu'avec le commissaire de la République de Lyon, Yves Farge, très proche du PC (ceci expliquant sans doute cela).

Chapitre IV

ORGANISATION ET DIVERGENCES

Les maquis de l'Ain créés et organisés par Romans-Petit sont l'illustration de ce que peut réaliser un chef intelligent et courageux. Fort heureusement, l'Ain n'est pas le seul département à posséder des maquis offrant consistance. Au printemps de 1943, beaucoup sont encore embryonnaires mais existent. On a vu les premiers se lever durant l'hiver 1942-1943.

L'AS estime disposer de 300 maquisards dans le Jura, autant dans l'Ain, la Saône-et-Loire. Elle en annonce 200 dans l'Ardèche, quelques dizaines dans le Gard. Les maquis des Alpes sont plus fournis, notamment dans le Vercors. Les deux camps originels de la ferme d'Ambel et des baraques au Saut de la Trinité, qui en février regroupaient 83 hommes, sont renforcés de trois camps supplémentaires, C3, C4, C5. En Auvergne, des réfractaires se sont organisés dans des fermes ou des maisons abandonnées. La masure de Lespinasse, sur la commune de Pulverières, à 20 kilomètres au nord-ouest de Clermont-Ferrand, dans la chaîne des Puys, devient le berceau du futur 1er corps franc d'Auvergne qui aura l'occasion de faire parler de lui [1]. Le maquis

1. Ce corps franc d'Auvergne a été lancé par Coulaudon, « Gaspard », Huguet,

de Chambois, qui lui aussi gagnera notoriété, n'est pas loin. Dans l'un de ces maquis du Puy-de-Dôme se trouve même un aviateur canadien, Peter Demytruck, dont le bombardier a été abattu au retour d'une mission sur Stuttgart. Demytruck a choisi de rester en France pour lutter auprès de ceux qui l'ont recueilli. Demytruck, Pierre le Canadien pour ses compagnons, sera tué au combat le 9 décembre 1943.

Au hameau de l'Estibe, dans les environs de Villefranche-de-Rouergue, s'installent en mai une quinzaine d'étudiants qui choisissent de donner à leur maquis un nom à haute valeur symbolique : Bir-Hakeim. Bir-Hakeim, qui connaîtra par la suite un destin tragique, est validé en juin par le Service national maquis de l'AS.

Les FTP sont surtout implantés dans le Limousin appelé à devenir en quelque sorte le fief de Georges Guingouin. Leurs trentaines se localisent dans les forêts de Cussac ou de Châteauneuf, avec dans ce dernier site le camp des « Trois-chevaux ». Les hommes ont creusé des abris souterrains pour échapper à l'observation aérienne. Un peu plus au sud, dans le Lot, au milieu d'une châtaigneraie, à quelques kilomètres de Figeac, un autre communiste, Robert Noireau (futur colonel « Georges »), s'est imposé comme le chef du maquis de La Pergue. Dans les circonstances exceptionnelles, les cœurs bien trempés se révèlent. « Georges » le confirme une fois de plus. Ses 25 réfractaires s'abritent dans une grange, vieille bâtisse en pierre au confort rudimentaire. De la paille étendue sur le sol, quelques couvertures assurent le couchage. Mais les locataires de La Pergue ne sont pas les seuls à vivre « à la dure ». Une vie rustique est le propre du maquisard.

Appartenir à un maquis FTP ne signifie pas et ne signifiera jamais obligatoirement être communiste. Charles Tillon est le premier à le reconnaître. Selon lui, en juillet 1944, les membres du parti ne dépassent pas 25 % du total des effectifs des FTP. Des réfractaires, des patriotes gagnent le maquis le plus proche de chez eux ou avec lequel ils ont pu avoir contact. La notion d'étiquette politique leur échappe. Le lieutenant Georges Marce, rescapé du 1er BEP de la RC/4 au Tonkin en octobre 1950, fait ses premières armes dans un maquis FTP proche de sa bonne ville de Valence.

« Prince », et Lucien Blanchet, tué le 27 juillet 1944. Avant les combats du Mont-Mouchet et de la Libération, il s'illustre dans de nombreux coups de main, véritables exploits de courage et d'ingéniosité :

– Enlèvement d'un stock d'essence à Authezat ;
– Interception et libération de trois prisonniers à Pontmort ;
– Evasion de trois maquisards internés à la prison de Clermont-Ferrand, etc.

Le 1er corps franc d'Auvergne a perdu 40 hommes sur 100 au combat ou en déportation.

Cas analogue avec le commandant Jolly, ex-officier d'active dans la Meuse. Ce glorieux soldat de 14-18 à la retraite, maire de sa commune, patriote, œuvre dans le bon sens. Dans son département rural, le communisme ne pèse pas. En avril 1944, le PC y « parachute » une douzaine des siens pour créer des maquis. L'environnement est favorable. Les nouveaux venus, originaires du Pas-de-Calais, s'appuient sur Jolly, soucieux avant tout de lutter contre l'ennemi. Les maquis des gens du Nord prendront de l'importance (500 hommes à la Libération). Le commandant Jolly deviendra le patron local des FTP et le chef d'état-major des FFI de la Meuse.

Les Marce, les Jolly seront nombreux. Plus d'un saint-cyrien se battra dans un maquis FTP. Le lieutenant Weil, ancien du 159e RI, est tué à la tête d'une compagnie de FTP dans l'Isère.

Cette situation n'est pas paradoxale. Bien des facteurs l'expliquent. La proximité déjà mentionnée du domicile. L'absence d'étiquette voyante. Les FTP se gardent d'afficher ouvertement leur couleur. Au contraire, ils ont tendance à la dissimuler soigneusement. C'est là une règle générale des communistes pour mieux se hisser aux postes de commandement. Plus encore, les FTP ont besoin de cadres. Ils possèdent des anciens des Brigades internationales. Ceux-là, outre leur courage indéniable, ont une expérience militaire mais ils sont relativement peu nombreux au maquis. Militants résolus, ils préfèrent l'action directe en secteur urbain où les cibles sont voyantes. Pour les FTP, dans ces conditions, il serait maladroit de brandir un drapeau rouge qui éloignerait des officiers ou des sous-officiers [1]. L'attentisme, plus ou moins prôné par les mouvements non communistes, est souvent mal perçu. Les maquisards les plus ardents brûlent de s'engager et d'en découdre. Certains groupes, devant ce désir d'action, se rallient à des maquis FTP. Il en est ainsi en plusieurs endroits pour des camps AS de Savoie. Celui de Praz devient le camp FTP « Savoie », celui du col de Bluffy, le détachement FTP « Maurice Coulomb ».

L'ORA, sous l'impulsion du commandant Vallette d'Osia, est particulièrement active en Savoie et Haute-Savoie. Chasseurs alpins du 6e BCA, cavaliers du 11e cuirassiers, et d'autres ont répondu présent à l'appel de leurs chefs, d'où l'existence de plusieurs maquis assez bien étoffés. Dans l'Isère, le lieutenant Geyer se prépare à quitter la forêt de Thivollet pour le Vercors. Dans le Sud-Ouest, sont mis en place plusieurs foyers de regroupements. Les maquis ORA sont généralement

1. En 1944, au 3e bataillon FTP du Lot, trois commandants de compagnie sur quatre sont des militaires de carrière.

bien armés et bien encadrés. Ils bénéficient de l'apport en hommes et matériel de l'ancienne armée de l'armistice.

Combien sont-ils de vrais maquisards au printemps 1943 ?

Des statistiques relativement fiables n'existent pas. Elles ne commenceront à apparaître qu'à la fin de 1943 avec une certaine unification de la Résistance (statistiques souvent gonflées pour accroître l'importance des chefs et obtenir un peu plus de matériel). Le 28 avril, lors d'une réunion avec les principaux chefs de la Résistance, le général Delestraint, de retour de Londres, se fixe pour objectif immédiat l'armement d'une première tranche de 50 000 hommes. Il sait donc que le potentiel présent paramilitaire (groupes action et maquis) est limité. La réalité des effectifs doit se situer autour de quelques milliers d'hommes (5 000 ? 7 000 ? 10 000 ?) qui commencent à mener une vraie vie de maquisards, ce qui ne signifie pas de combattants. Bien des hommes sont d'abord là pour se cacher. Beaucoup, même s'ils aspirent à se battre, ne possèdent pas d'armes. Du moins des maquis sont en place, principalement en zone sud. Certains ont également vu le jour en zone nord. En Bretagne, en Haute-Normandie.

Ces maquis sont appelés à se développer rapidement avec l'incidence croisante du STO. Ainsi, dans le Lot, sous obédience FTP, on compte 150 maquisards en août 1943, 600 en décembre, 2 500 le 6 juin 1944, près de 6 000 à la Libération. Progression identique dans le Haut-Jura. 100 en mars 1943, 500 le 6 juin 1944, 1 000 le 14 juillet, 8 000 à la Libération. On peut extrapoler au plan national.

Ces chiffres conduisent à deux constatations contradictoires. Les lendemains du débarquement en Normandie, l'approche de la Libération provoquent une certaine levée en masse. Celle-ci, toutefois, ne saurait faire illusion. Pour preuve, le Haut-Jura. 8 000 maquisards, en majorité ouvriers de la onzième heure, le jour de la libération, pour une population globale de 200 000 habitants. La Résistance, aux heures noires de tous les dangers, n'a rallié que les plus courageux, même si elle avait derrière elle l'assentiment de l'immense majorité des Français.

*

L'afflux des hommes « montant au maquis », à partir du printemps 1943, représente pour les chefs de la Résistance un phénomène majeur et imprévu. L'ampleur du mouvement surprend. Il élargit et bouleverse le champ des réseaux et des mouvements.

> « Une nouvelle forme de la lutte venait de naître spontanément... Aucun d'entre nous ne l'avait prévue »,

écrira honnêtement Frenay [1].

Au plan militaire (pour les opérations ponctuelles), la Résistance disposait de groupes de militants dont beaucoup n'étaient pas clandestins. La voici confrontée à une arrivée massive de jeunes offrant une opportunité à condition de les organiser, de les instruire et de les armer. L'organisation, l'instruction relèvent des responsables nationaux et locaux. L'armement, dans les circonstances présentes, passe presque obligatoirement par une large aide extérieure.

Les premières directives lancées découlent du sens pratique. Elles circulent de bouche à oreille, doublées par des tracts et des papillons collés dans les villes. Les candidats maquisards doivent savoir ce à quoi ils s'engagent et ce qu'ils ont à faire.

Les avis placardés sont explicites :

> « 1. Les hommes viennent au maquis pour se battre. Ils y vivront mal, d'une façon précaire, avec un ravitaillement difficile ; ils seront séparés de leurs familles d'une manière absolue, jusqu'à la fin des hostilités ; des sanctions seront prises contre ceux qui contreviendraient à ces règles ; on ne peut leur assurer aucune solde ; on s'efforcera de soutenir leurs familles, mais aucun engagement ne peut être pris à ce sujet ; toute correspondance est interdite.
> 2. Effets et objets à emporter : deux chemises, deux caleçons, deux paires de chaussettes de laine, un tricot, un cache-nez, un pull-over, une couverture de laine, une paire de chaussures de rechange, des lacets, fil, aiguilles, boutons de culottes, épingles de sûreté, savons, gamelle, couteau, cuiller, fourchette, quart, lampe de poche, boussole, arme si possible, éventuellement sac de couchage. Emporter sur soi un costume chaud, un béret, un imperméable, une bonne paire de chaussures cloutées.
> 3. Venir avec un état civil, même faux, mais parfaitement en règle, avec carte de travail pour franchir les barrages. Etre muni, en outre, des cartes de ravitaillement et feuilles de tickets. Ces dernières sont indispensables pour faciliter l'approvisionnement. »

1. *La nuit finira*, ouvr. cité, p. 276.

De telles consignes diffusées par l'AS ne peuvent trouver qu'un large assentiment dans les autres organisations. Le découpage territorial ne rencontre pas non plus de contestations.

Frenay avait mis sur pied en zone sud six grandes régions. Celles-ci sont en 1943 bien assises. Le général Delestraint, lors de son séjour à Londres en février et mars 1944, fait de même pour la zone nord [1]. L'ancienne zone occupée est découpée à son tour en six régions désignées, non plus par un chiffre, mais par une lettre :

A : Nord
B : Bordelais
C : Nord-Est – Alsace
D : Bourgogne – Franche-Comté
M – Bretagne – Normandie
P – Région parisienne

Les maquis évolueront dans ce cadre, qu'il soit R1, R2, R3, R4, R5, R6 au sud ou A, B, C, D, M, P au nord [2].

L'AS est censée regrouper les forces paramilitaires de tous bords sous la férule du général Delestraint. On verra que ce n'est là que façade.

La présence effective d'un chef intronisé par de Gaulle permet toutefois, au plan national, de mettre en place certaines structures. Pour dépasser le stade artisanal, le comité directeur des MUR crée au mois d'avril un Service national des maquis, chargé de « transformer les réfractaires en combattants ». L'avocat Michel Brault (« Jérôme ») en prend la direction avec pour adjoint Georges Rebattet (« Cheval »). Il installe son PC à Lyon, véritable plaque tournante de la Résistance, et dépêche des représentants auprès de chaque chef de région : Planiol à Toulouse, Villard à Montpellier, Raffin à Limoges...

Prolongeant le Service national maquis est également créé un comité d'action contre la déportation, confié le 14 juillet à Yves Farge. Cette mission, qui vise à empêcher les départs en Allemagne [3], destine le CAD à être le « fournisseur » par excellence des maquis. En principe ! Yves Farge lui donnera une autre orientation et se préoccupera avant tout de l'aspect stratégique du rôle des maquis.

En juillet est encore créé le Service de Santé national de la Résistance, dirigé par le professeur Vallery-Radot. Sa tâche est évidemment de s'occuper de tous les blessés, dont ceux issus des maquis appelés

1. Découpage entériné par les FTP lors de la mission Passy en France en mars 1943.
2. Voir tableau en annexe.
3. Non seulement au titre du STO mais aussi sous toutes les formes de déportation.

à livrer de véritables batailles rangées. Pour héberger et soigner, il passera par le relais de domiciles particuliers, de cliniques privées, et de membres du corps médical.

Des équipes sanitaires installeront aussi des infirmeries de fortune dans les camps.

Ces maquis soulèvent un problème d'encadrement. Dans leur finalité ils ont vocation militaire. Ils réclament donc des professionnels pour les instruire et les mener au feu. Face à cette exigence, les maquis feront ainsi toujours bon accueil aux gens de métier se retrouvant dans leurs rangs par le jeu des circonstances.

Plus généralement, devant ce besoin en cadres, quelle est la réaction des officiers d'active, notamment ceux de l'armée de terre ? Ils sont théoriquement mieux préparés que leurs camarades de l'armée de l'air ou de la marine à ce type de combat.

En 1939, l'armée de terre comprenait 35 000 officiers. En novembre 1942, 24 000 d'entre eux se situent hors du territoire métropolitain. 12 000 patientent dans les oflags, quelque part en Allemagne. Les 12 000 autres sont outre-mer : 1 000 chez les FFL, 5 000 à l'Armée d'Afrique, 6 000 dans les troupes coloniales. Ils encadreront les armées de la Libération (1re armée, 2e DB, parachutistes, commandos).

Demeurent dans l'hexagone environ 11 000 officiers : 4 000 appartiennent à l'armée de l'armistice, 2 000 ont été intégrés dans les corps civils. 4 800 ont été placés en congé d'armistice et se sont orientés vers une activité professionnelle civile.

La dissolution de l'armée de l'armistice, fin novembre 1942, crée une situation aussi nouvelle qu'inédite. Le corps des officiers est censé disparaître en métropole. Que vont devenir les intéressés ?

Un millier d'entre eux, de par leur âge, sont condamnés à la retraite dans les deux années à venir. 1 500 franchissent les Pyrénées, passent en Espagne et rejoignent les troupes combattantes. 4 000 s'engagent dans la Résistance à des titres divers. 4 500 s'abstiendront ou ne rejoindront que trop tard pour que la mention de résistant leur soit accordée.

Sur les 4 000 résistants, 2 500 rejoindront les maquis (AS – ORA – FTP). Ils y donneront de grands noms : Morel, Anjot, « Stéphane », Huet, Pommiès, Fayard, Bertrand, Zeller, Le Ray, Geyer, Bulle, Garcie... Il est certain que cet engagement en faveur de la Résistance et des maquis les a placés devant un cas de conscience. Où est le devoir ? L'ombre de Pétain reste forte chez les cadres militaires. « Peut-on être plus Français que lui ? » énonçaient des slogans publicitaires en 1940. Cette propagande n'a pas été sans impact. Se dégager du mythe du « Vainqueur de Verdun » exigera du temps. De son côté, le « rebelle » Charles de Gaulle est loin d'entraîner toutes les adhésions. Mers el-Kébir, Dakar, le Levant ont laissé des traces. Giraud, avec sa silhouette de soldat pur et dur, a une autre aura en 1942-1943.

Toujours au plan politique, certaines sirènes, à la longue, portent. Les maquis sont présentés par le régime comme un repaire de « communistes » et de « terroristes ». L'officier d'active ne penche pas vers le drapeau rouge. Il se voit mal dans la peau d'un révolutionnaire ou d'un tueur à gages à la sauvette, souvent formes nouvelles du combat clandestin. Il y est bien mal préparé. Dans les écoles militaires, on lui a surtout appris à refaire la guerre de 14-18. De la subversion, de la guérilla, de l'action psychologique, il ignore tout.

Ces préalables expliquent ce qui sera généralement constaté. Les officiers d'active ont tendance à rejoindre les maquis, où ils retrouvent une structure d'accueil sensiblement identique à celle qu'ils connaissent, avec sa hiérarchie, sa camaraderie.

Ils le font encore mieux lorsqu'un ancien chef de corps, un de Reyniès, un Bertrand, un Vigan-Braquet, prend l'initiative de reconstituer son unité dans la clandestinité et de la préparer à reprendre les armes. Il obtient plus aisément l'adhésion de ses anciens cadres, officiers et sous-officiers. C'est là une vieille tradition de la Grande Muette. Le soldat suit ses chefs et a besoin de recevoir des ordres.

Les « maquis militaires » type CFP, Vercors, 1er RI seront bien lotis. Le CFP bénéficiera d'un encadrement exceptionnel : 159 officiers d'active, 113 officiers de réserve. Presque tous les commandements importants sont tenus par des officiers d'active. Dans l'ensemble, les commandants de compagnie et chefs de sections ont reçu une formation militaire. Cet encadrement justifie la rigueur de la présentation du CFP, des maquis alpins (et d'autres) au moment de la Libération. Leur tenue impressionnera et donnera l'image d'une véritable armée (contrastant avec certains laisser-aller).

Le CFP possède un encadrement, sur plus du tiers, à base de réservistes. Si ce pourcentage est exceptionnel, il rend compte d'une contribution conséquente de la Réserve. De nombreux chefs maquisards viennent de ses rangs. Romans-Petit est capitaine de réserve de l'armée de l'air ; Chenailler, « Morice », capitaine de frégate de réserve de la Royale ; Archer, le chef du bataillon Lafayette au Mont-Mouchet, est maréchal-des-logis de réserve. Maurice Parisot, fondateur du bataillon d'Armagnac, est capitaine de réserve, Fernand Mignaton, chef du bataillon Indre-est, de même... Au-dessous d'eux, bien d'autres sont de même origine. Chevallier, du maquis de Vabre, lieutenant de réserve, etc. Les exemples pourraient être multipliés.

A l'instar de ce qui s'était produit en 14-18, les cadres d'active décimés, la réserve a tenu une place de choix dans l'ossature des maquis.

Le maquis de Varennes, en Haute-Marne, donne une assez bonne image de cette mobilisation de la réserve :

Commandant militaire : Dufait (capitaine d'active) ;
Organisation matérielle : Girardot (sous-officier de réserve) ;
Transports : Jeanneret (sous-officier de réserve) ;
Sabotages : Mouillet (sous-officier de réserve du génie).
1re compagnie : Emond (lieutenant d'active) ;
- 1re section : Bellouard (sous-officier de réserve) ;
- 2e section : Raymond (sous-officier de carrière) ;
- 3e section : Jeannesson (sous-officier de réserve).

2e compagnie : Deschamps (lieutenant de réserve) ;
- 1re section : Vautrin (aspirant de réserve) ;
- 2e section : Bontemps (sous-officier de carrière) ;
- 3e section : Drouot (sous-officier de réserve).

3e compagnie : Poitevin (adjudant de carrière) ;
- 1re section : Martin (sous-officier de réserve) ;
- 2e section : Charnot (aspirant de réserve).

Constatations : deux officiers d'active seulement pour un petit bataillon ; un adjudant doit commander une compagnie ; les réservistes occupent des postes clés.

Il serait dangereux d'extrapoler au plan national le cas de Varennes. Tous les maquis ne lui ressemblent pas. Si ceux de l'ORA sont bien pourvus en cadres ayant une formation militaire, ceux de l'AS le sont moins, ceux des FTP rarement.

Bien des maquis délaissés par l'active ou la réserve auront le sentiment d'un manque. Les civils promus par la force des choses à des responsabilités militaires reprocheront à l'armée française de ne pas leur avoir fourni les professionnels dont leurs troupes avaient besoin. Les galons qu'ils arboreront seront à leurs yeux pleinement justifiés, sanctions légitimes d'une carence d'un côté, d'un engagement risqué d'un autre.

L'après-Libération découvrira avec les « résistants de septembre » les « naphtalinards », les cadres d'active restés passifs aux heures difficiles. Ils se présenteront dans les subdivisions dans l'espoir de se dédouaner. Certains rejoindront la 1re armée. D'autres devront attendre l'Indochine ou gagner définitivement le secteur civil.

Pour excuser les défaillances, il a été avancé la discipline traditionnelle, le serment prêté au chef de l'Etat, l'anticommunisme même. Certes. On ne saurait pour autant omettre que la route n'était pas sans périls. Il n'est pas donné à tous d'avoir la trempe d'un Morel ou d'un Anjot. Le choix du métier des armes aurait dû toutefois inciter à marcher dans le sillage de ces preux.

Les absents ont oublié la formule si expressive du capitaine Joseph Estoup : « Pour nous officiers, le patriotisme, c'est notre bleu de chauffe. »

*

Pour remédier à ce problème d'encadrement, une autre solution possible passe par la formation. Romans-Petit sur ce point a montré la voie. Fidèle de Frenay, le lieutenant Robert Soulage est chargé d'organiser des écoles de cadres du maquis. Il en existera ainsi plusieurs, dans l'Isère, le Forez, le Périgord, le Berry... Les meilleurs éléments, appelés à conduire leurs camarades, viendront s'y instruire durant quelques semaines à l'art de la guérilla. On ne saurait omettre dans ce domaine le travail des agents du SOE pour former les spécialistes – saboteurs, radio, etc. [1] S'y adjoindront à l'été 1944 les équipes Jedburg, qui auront beaucoup plus mission de mener les maquisards au combat.

*

Ces hommes, disséminés dans la nature, en groupes plus ou moins importants, ont tous le même impératif : se procurer de la nourriture. Sans ravitaillement, impossible de durer. Sur ce sujet, il n'y a pas à se leurrer. La « soupe » est un grand souci de la base. Le moral en est pour une large part tributaire. Réaction normale chez des garçons de vingt ans dont la vie en plein air aiguise les appétits.

Les grands mouvements de résistance s'efforcent de prendre en charge les maquis qui naissent et dont ils sont parfois à l'origine. Tout repose sur les responsables locaux. Une structure nationale serait trop vite repérée. Une hiérarchie civile se crée, maîtrisant la logistique, le regroupement des candidats, leur acheminement vers les maquis. Elle côtoie celle plus militaire qui tend à embrigader les réfractaires. Cette dualité peut engendrer des tensions. Qui commande vraiment ? De surcroît, les maquisards ne sont pas toujours d'humeur à se plier à une stricte discipline militaire. Réfractaires, oui. Soldats non, disent certains.

Les premiers maquis, à cause de ce besoin de subsistance, se sont implantés non loin de fermes. A la campagne, la main-d'œuvre est toujours précieuse d'autant que la France compte plus d'un million de prisonniers. La campagne manque de bras. Chaque fois que possible, les maquisards proposent les leurs. Ils sont payés en produits de la

1. Voir plus bas.

terre. Cette formule ne saurait être toujours suffisante. Les secours rassemblés par la Résistance environnante, des coups de main assurent le reste. Des camions avec des hommes en armes font irruption dans les villages ou les petites villes. Rapidement, ils font le plein [1].

La plupart du temps, les gendarmes se gardent d'intervenir. Le paiement s'effectue par bons de réquisition dûment signés ou, mieux, en espèces. Les chefs préfèrent la dernière formule [2]. Leurs maquisards ne se présentent pas en brigands de grand chemin. Il faut à tout prix éviter de heurter une population favorable mais soumise à un matraquage de propagande traitant les résistants de terroristes.

Ce souci constant amène à traquer les faux maquis. Il en est. Des malfrats profitent des circonstances. Armés, ils se mettent à leur compte et pillent au nom de la Résistance. Avec eux comme avec les agents de l'ennemi, pas question de faire preuve de laxisme. Leurs exactions sont susceptibles d'éloigner les honnêtes gens de la Résistance et, qui sait, de provoquer des dénonciations. Leur élimination est impitoyable.

Confronté à un problème de ce genre, Noireau, l'ancien chef du maquis de La Pergue devenu commandant régional du Lot, n'hésite pas à divulguer sa réaction :

> AVIS
>
> Les maires des communes du département sont informés qu'un faux maquis opérant pillages et vols sous l'étiquette du maquis a été anéanti.
>
> Les quatre hommes le composant ont été exécutés – le produit des vols remis à la mairie pour être restitué à leurs propriétaires. La population et les maires en particulier sont tenus de prévenir le chef du maquis le plus proche de leur commune de l'installation dans leur région de tout groupe suspect ainsi que des allées et venues de toute personne étrangère.

---

1. L'auteur, en culottes courtes à l'époque, se souvient d'avoir vécu en juillet 1944 une incursion riche en couleurs sur la minoterie de Brives-Charansac, dans la banlieue du Puy-en-Velay. Des coups de frein brusques. Des hommes en brassard tricolore qui se précipitent. « Ne bougez pas ! C'est le maquis ! » Des guetteurs qui veulent avoir l'air farouche se postent à l'entrée du pont sur la route d'accès. A la hâte, les sacs de farine s'entassent dans les camions. Les employés de la minoterie, requis ou complices, donnent la main. L'affaire ne dure qu'une quinzaine de minutes. Un coup de sifflet. Les vedettes se replient en courant. Des portières claquent. Les véhicules repartent dans une pétarade. La montagne voisine est le domaine du maquis. Le « Boche » ne s'y aventure qu'en force et rarement.

2. Fonds fournis par les services maquis de la Résistance, à moins qu'ils ne proviennent de « descentes » sur des trésoreries.

Il est rappelé que toute réquisition ne peut être effectuée que par un chef de maquis mandaté qui doit obligatoirement remettre un bon signé, portant détail de la réquisition ainsi que le nom du maquis bénéficiaire.

5 janvier 1944.

Le commandant régional Georges.

Diffusion :
Les Maires,
Les commandants de compagnie,
Tous les maquis.

Noireau, « Georges », n'a pas l'exclusive de la chasse à la criminalité de droit commun. En Haute-Savoie, un groupe dénommé « Police du Maquis » veille. Les petits délinquants sont remis à la gendarmerie. Ils écoperont de prison. Pour la « canaille », le châtiment est expéditif.

Cette vigilance n'interdira pas totalement vols et crimes sordides sans rapport avec la Résistance et la collaboration. On aura à y revenir [1].

Quelques formations relevant normalement de la Résistance ont aussi mauvaise réputation et ont laissé de fâcheux souvenirs. Au Petit-Bornand, en Haute-Savoie, le camp Liberté chérie du communiste Marcel Lamouille n'a pas bonne presse. La population aurait plus peur de Lamouille que des Allemands. L'AS s'en inquiète et envisage de le neutraliser. Finalement un accord au sommet évite le pire dans l'intérêt de tous. La lutte contre l'Allemand ne saurait écarter des combattants courageux, à condition qu'ils rentrent dans le rang. Cette équipe Lamouille, toutefois, laissera des traces. Elle connaîtra des développements judiciaires après la Libération. Dans le même style, une Brigade rouge, aux foulards couleur sang, en prend souvent à son aise. Il faudra la mettre au pas...

Il est des faux maquis. Il est aussi de faux maquisards. Les chefs doivent être tout aussi vigilants sur ce point, si ce n'est plus. Des agents de l'Abwehr, de la Gestapo ou de la Milice, qui ne manquent pas de cran il faut le reconnaître, tentent de s'infiltrer pour localiser les implantations. L'opération, de prime abord, semble relativement facile, sous couvert de vouloir échapper au STO ou de faire acte patriotique. Dans les premiers temps, la méfiance ne jouait pas. Peu à peu, l'expérience appelle la vigilance. Manifestement des dénonciations sont intervenues. L'ennemi a été renseigné. Tous les nouveaux

1. Voir chapitre 19, « Pages douteuses ».

venus sont dès lors systématiquement interrogés et mis à l'épreuve. Il n'est pas rare qu'une gendarmerie amie prête son concours en vérifiant discrètement les dires des arrivants.

Certains agents, parfois, se dévoilent stupidement. Par une carte de milicien conservée dans une poche, ou un autre indice tout aussi révélateur. La sanction tombe, impitoyable. Les maquis ne peuvent prendre le risque de garder un prisonnier dont l'évasion serait mortelle. Après avoir parlé, l'individu est rapidement exécuté.

Noireau – encore lui – est bien placé pour se méfier. Pendant plusieurs semaines, il a pour chauffeur un nommé Lucie, agent de la Gestapo de Cahors. Découvert, l'homme tente de s'enfuir mais est finalement abattu. Du coup, Noireau organise un « maquis de triage », où il fait intervenir plusieurs policiers de métier.

Les premiers maquisards disposaient d'un armement hétéroclite quand ils en avaient un : revolvers, fusils de chasse, fusils Lebel français ou Mauser allemands. Les stocks de l'armée de l'armistice ont fourni quelques fusils MAS 36, à la rigueur des FM 24-29, voire de vieilles mitrailleuses Hotchkiss. Le tout n'est pas très riche et souffre d'un manque de munitions. Impossible d'instruire correctement les arrivants, pour beaucoup dépourvus de formation militaire, et de livrer combat.

Ces armes, où les trouver ? Les prendre à mains nues à l'ennemi est plus facile à dire qu'à faire. Il n'est qu'un recours valable : les Alliés amis. Les Américains ont lancé l'imposante machine de guerre qui permettra le 6 juin 1944, mais ils sont face à tant de priorités : ils doivent équiper leurs propres troupes engagées dans le Pacifique, en Tunisie et bientôt en Italie. Ils ont à fournir leurs propres alliés. Staline ne cesse d'exiger de l'aide. Giraud présente ses besoins pour moderniser l'Armée d'Afrique. Quant à la France Libre, devenue la France Combattante, elle est pauvre et ne peut que servir de boîte aux lettres à destination des Britanniques. C'est donc vers Londres, qui a l'avantage de la proximité, que les chefs de la Résistance sont appelés à se tourner. Cette aide va passer par un nouveau venu, enfant de la guerre, le SOE.

Aussi imaginatif que visionnaire, Churchill a créé ce SOE en septembre 1940 (*Special Operation Executive*). Sabotage, instruction et armement des guérilleros sont les fonctions assignées au nouvel organisme. Son champ d'action est large, et le fougueux Premier ministre a ponctué sa naissance d'une formule choc : « Et maintenant, mettez le feu à l'Europe ! »

Ce SOE est donc destiné à travailler sur toute l'Europe (il sera particulièrement actif en Yougoslavie). Quatre de ses sections sont prévues intervenir en France. La plus notable sera celle baptisée F [1], dirigée à partir de l'été 1941 par le colonel Buckmaster, ancien cadre de Ford France.

Conçu par un citoyen britannique nommé Churchill, actionné par des sujets de Sa Majesté, ce SOE n'est pas là pour contrarier les intérêts du Royaume-Uni. Les conflits ne manqueront pas avec les Français Libres, très sourcilleux sur leurs propres prérogatives. Néanmoins le bilan sera bénéfique. Le colonel Passy écrira à ce sujet :

> « Son action [au SOE], si elle s'exerça dans un sens qui fut très souvent contraire au développement des Mouvements de Résistance ou en opposition avec les intérêts français, n'en fut pas moins, sur un plan militaire, indéniablement efficace, plus efficace même que celle que nous pûmes entreprendre de notre côté. »

Le SOE dispose effectivement de possibilités que le BCRA n'a pas. Sur le sol français, il fera intervenir 500 officiers (460 hommes, 40 femmes). 130 trouveront la mort. Ces agents parlent en principe parfaitement le français. Tous volontaires, ce sont incontestablement des personnes de qualité et de caractère. Ce sont là des vertus indispensables pour oser s'aventurer en France dès 1941. Les dix premiers arrivent en septembre, orientés vers le sabotage et le renseignement. Ce n'est qu'à partir de 1943 qu'ils se tourneront vers les maquis. La liaison radio directe qu'ils possèdent avec la Grande-Bretagne, les moyens matériels auxquels ils peuvent faire appel font d'eux des personnages d'importance. Beaucoup prennent vite du poids. Quelques-uns gagnent même une notoriété et une audience qui irriteront de Gaulle après la Libération. Ainsi Robert Landes, parachuté en Sologne le 2 novembre 1942, qui deviendra le fameux « Aristide », chef des FFI d'Aquitaine, ou le major Starr, futur « Hilaire », à Toulouse. Ces hommes obtiennent des résultats, par leur audace et leur intelligence. Naturellement, les maquis sous leur obédience sont privilégiés.

Pour amener à pied d'œuvre les gens du SOE et leur matériel, la RAF dispose de deux escadrilles : les 138 et 161, la 161 s'occupant plus particulièrement du transport des clandestins. Ces deux escadrilles disposent de petits Lysander, les « Lizzy » déjà aperçus, de bimoteurs Hudson capables d'enlever 12 passagers et une tonne de colis, et des bimoteurs Whitley MKV ou de quadrimoteurs Halifax MKI pour les parachutages. Les Halifax (une vingtaine) seront en service d'août 1940 à janvier 1944. Ils auront alors tendance à être remplacés par d'autres

1. La section RF s'occupe des agents secrets, EU/P des Polonais, DF des Français.

quadrimoteurs, les Stirling MK III, sensiblement de mêmes caractéristiques.

L'armement parachuté est conditionné dans des containers cylindriques de la taille d'un homme et d'un poids de 150 kilos une fois remplis. En 1943 et au début de 1944, il est, de par son fournisseur, presque exclusivement britannique : fusils Lee-Enfield calibre 303 [1], PM Sten Mark II, III ou IV, lance-roquettes PIAT [2] et grenades Mills ou Gammon. La mitraillette Sten Mark II [3], arme rudimentaire, démontable en trois parties rendant son transport aisé, sera l'arme par excellence du maquisard français [4]. Engin à culasse non calée, robuste mais manquant de dispositif de sécurité, son maniement est à surveiller. Un choc intempestif peut déclencher le mouvement de la culasse et une rafale imprévue.

Faute de mieux, cette Sten aura le mérite de fournir aux maquisards une arme de combat rapproché légère et maniable. Elle appartient à leur silhouette de combattant en béret, plus souvent en civil qu'en véritable tenue militaire. Tous les utilisateurs la préfèrent de loin au « Tommy Gun » américain, survenu par la suite. La mitraillette des gangsters de Chicago, redoutable par sa puissance d'arrêt [5], est excessivement lourde, surtout en y adjoignant le poids de ses chargeurs.

Dans l'attaque des convois ou des objectifs à incendier, la grenade « Gamon » sera un projectile apprécié. Bourrée dans sa robe inférieure d'une charge de plastic, elle se transforme en des mains expertes en une véritable petite bombe à percussion instantanée à l'impact [6].

Au total, avec l'apport américain du printemps et de l'été 1944, 418 000 armes ont été livrées à la Résistance française si l'on en croit les statistiques du SOE. Pour 47 % des PM, 30 % des fusils, 5 % des FM, 2 % des carabines, 1 % des antichars, le solde en revolvers ou pistolets [7].

Pour les maquisards, un parachutage d'armement est toujours un grand moment vécu avec enthousiasme et fébrilité. Ces containers,

---

1. Calibre 7, 7 m/m.
2. Projector Infantry, Anti-Tank. Lance-roquettes à charge creuse.
3. Sten Mark II – Poids à vide : 2 kg 950 – Longueur : 762 mm – Munitions : 9 m/m — Chargeur : 32 (théorique – pratique 28).
4. Il est significatif à ce sujet qu'au Monument national aux Maquis de France du Mont-Mouchet (Cantal), l'un des deux maquisards représentés le soit avec une Sten à la main.
5. Suite à son calibre : 11, 43 m/m.
6. A ne pas utiliser toutefois en sous-bois. La tresse lestée de plomb destinée à libérer la goupille du percuteur après le lancer est susceptible de s'accrocher à des branchages et de provoquer une explosion immédiate.
7. Smith et Wesson, Enfield britanniques, Colt américain.

qui oscillent sous les coupoles de leurs parachutes, sont le signe tangible qu'ils ne sont pas seuls. Des amis pensent à eux. Ils les aident. Grâce à eux, le maquis pourra se défendre et se battre.

Le parachutage, dans les débuts du moins, a lieu de nuit. Par la suite, la supériorité aérienne alliée autorisera des largages massifs de jour. Un organisme spécialisé, le SOAM (Service des opérations aériennes et maritimes [1]), est chargé de reconnaître et d'agréer les emplacements de largage. Pour être homologué, un terrain doit avoir au moins 400 mètres de long sur 300 de large et être bien dégagé, afin de récupérer et d'évacuer rapidement le matériel livré. Il doit également se situer assez loin d'obstacles géographiques et des concentrations ennemies, pour éviter des irruptions brutales. Il reçoit enfin un nom de code.

La BBC a transmis le message convenu. L'imagination se donne libre cours dans ces brefs signaux que les intéressés guettent durant des soirs. « Le gros Robert attend trois ans » ou « Ma petite sœur bat le beurre » : ce sera pour la nuit prochaine.

Dès la chute du jour, les équipes de balisage, de protection et de ramassage se mettent en place. L'attente commence. Parfois vaine. A cause d'un impondérable. Météo. DCA. Ennuis techniques. Erreur de navigation. Si tout se déroule correctement, le contact radio s'établit quelques minutes avant l'arrivée de l'avion. Celui-ci reconnaît le terrain par trois lampes blanches alignées au sol de 100 mètres en 100 mètres et l'identifie par une lampe rouge émettant en morse la lettre convenue. Puis il se place face au vent, à 180-200 kilomètres/heure et à une altitude de 500 à 600 pieds. A la verticale de la seconde lampe, il largue trois colis. Si besoin, il refait un autre passage avant de s'éloigner cap sur sa base de départ. Souvent, pour donner le change, il largue des tracts sur une ville voisine. Son incursion au-dessus du territoire français prend une justification. (L'idéal est d'intégrer cette mission dans le cadre d'un bombardement. Le cas ne se présente pas souvent. Les sites à bombarder sont rarement proches d'une zone de parachutage.)

Tous, au sol, ont suivi les évolutions du grand oiseau noir naviguant feux éteints, moteurs au ralenti. Dès l'ouverture des parachutes, chacun se précipite vers les points de chute. Les containers sont rapidement vidés. Des gazogènes poussifs éloignent la précieuse marchandise à moins qu'elle ne quitte les lieux à dos d'homme ou sur des carrioles de paysan. Les jours suivants, tout sera réparti ou stocké à l'abri. L'instruction prendra ses droits pour faire découvrir aux maquisards le fonctionnement et la mise en service de ces armes descendues par le chemin du Père Noël. Parfois les containers apportent, attention

1. SOAM puis BOA (Bureau des opérations aériennes, dépendant du BCRA).

généreuse, quelques cartouches de cigarettes. Ce genre de livraison n'a pas de prix en ces temps de disette.

Nourriture, armement sont les premiers et légitimes soucis des chefs. Ils veulent aussi donner à leurs troupes une silhouette de soldats. C'est là une nécessité à tous points de vue. Le moral se ressent d'un habit adapté à la fonction. Un homme qui revêt un uniforme militaire se sent déjà un soldat. La population ne peut être que sensible à la présentation. On le constatera à Oyonnax le 11 novembre 1943. Quant à l'ennemi, il doit découvrir qu'il a en face de lui des combattants réguliers, même s'ils appartiennent à une armée clandestine. En tenue militaire il est plus facile de les regarder autrement qu'en franc-tireur. La tragique réalité montrera la vanité d'une telle illusion.

Les premiers maquisards sont arrivés avec leurs propres nippes, rarement adaptées à leur nouvelle condition. Seuls les anciens militaires se présentent avec une tenue kaki (ou bleue pour les anciens chasseurs). Ces regroupements disparates de vêtements civils et de quelques uniformes ne présentent pas une allure guerrière. 1943 sera donc également une année d'équipement.

Des uniformes provenant de l'armée de l'armistice ou d'avant-guerre existent. Mais ils sont stockés dans des dépôts de l'ancienne intendance et situés dans des villes pourvues de garnisons allemandes. Difficile de s'en emparer.

En revanche, des tenues ont été confectionnées pour les Chantiers de Jeunesse ou Jeunesse et Montagne [1]. Vichy a voulu que les jeunes des Chantiers mènent une vie rustique. Leurs camps ont été établis en milieu rural. Ils sont souvent à portée de main des maquis. Dans l'Ain, Romans-Petit a montré l'exemple, ses homologues l'imitent. Des coups de main hardis enlèvent pantalons de drap, blousons, chandails, chaussures, etc. Razzier les Chantiers devient une institution. Peu à peu, les maquisards se retrouvent à peu près correctement et chaudement vêtus. Parfois, des jeunes emboîtent le pas de ceux qui viennent les dévaliser.

Ce recours n'a qu'un défaut. Le drap des Chantiers est d'un vert foncé assez éloigné du kaki traditionnel. En Languedoc-Roussillon, en janvier 1944, il sera en partie porté remède à cet écueil. Une usine à Saint-Jean-du-Gard, près d'Alès, fabrique des tenues kaki pour le 1er régiment de France, régiment toléré par les Allemands [2]. Avec la complicité de la direction de l'usine, une bonne partie des fabrications prend le chemin du maquis.

---

1. Organisme analogue aux Chantiers de Jeunesse dans les Alpes.
2. Voir plus bas.

*

La manne de l'armement livrée par les Alliés fait naturellement envie. Les chefs se disputent cette marchandise aussi précieuse que rare. Et l'on aborde là l'un des points délicats de la Résistance : les divergences – pour ne pas écrire plus – entre dirigeants. Les différends ne manquent pas, en particulier sur la politique à suivre. Les maquis n'y échappent pas.

Leurs modalités d'intervention s'inscrivent dans une vieille fracture déjà évoquée de la Résistance. Les uns prônent l'action immédiate. Les autres préfèrent se préparer et se réserver pour le jour J, jour du débarquement. Depuis Barbarossa, les communistes sont les grands tenants de la première formule, mais ils ne sont pas les seuls. Les arguments de chaque côté ne manquent pas.

A se manifester trop ouvertement, il ne sera pas possible de remplir la mission impartie au jour J. L'action débouchera sur une répression avant l'heure. Situant l'activité de l'AS, le général Delestraint, son patron, déclare en substance le 18 avril 1943 aux principaux chefs de la Résistance :

> « Cette armée, l'AS, doit être le noyau de l'armée française de demain. Elle doit se préparer à intervenir au jour J sur les objectifs désignés par l'état-major allié, mais elle doit éviter de se livrer actuellement à des attaques de personnel ou même de matériel ennemis, ce qui ne pourrait qu'inciter les Allemands à renforcer leur dispositif militaire en France et donc à entraver le débarquement. »

Delestraint raisonne en avril 1943. L'armée française, malgré Koufra, Bir-Hakeim et les combats qui se déroulent en Tunisie, lui semble à rebâtir. Il ne peut entrevoir l'Italie et le CEF, la Libération avec la 2e DB et la 1re armée. Les forces militaires françaises se reconstitueront dans son esprit autour de celles issues des maquis. (Ce sera vrai, mais en partie seulement.) Les maquis ne sauraient donc être décimés avant l'heure, d'autant que présentement ils manquent d'armement.

La pertinence des propos se heurte à une autre pertinence. Pour être efficaces le jour J, il est nécessaire de s'aguerrir dès aujourd'hui, donc de s'engager résolument dans la lutte. Se battre n'est-il pas le meilleur moyen de se trouver en position de force pour réclamer des armes aux Alliés ?

Le débat est souvent âpre. De Gaulle est amené à prendre parti. Le 23 octobre 1941, il avait condamné les attentats contre la Wehrmacht à cause des risques manifestes de représailles. En mission en France en mars 1943, le colonel Passy a pour instructions de freiner « l'action immédiate ».

Pourtant, la situation nouvelle créée en 1943 amène le chef de la France Combattante à évoluer. En janvier, le colonel Rémy a convoyé jusqu'à Londres Fernand Grenier, émissaire de la direction clandestine du Parti communiste. Les communistes se sont rangés officiellement sous la bannière de la France Combattante. Cette adhésion est plus qu'utile à de Gaulle dans sa rivalité avec Giraud. Elle le conduit à accepter en partie les vues de ses nouveaux partenaires. Le 21 mai, dans une instruction personnelle et secrète au général Delestraint, il indique qu'il admet « le principe de la nécessité de l'action immédiate ». Ce faisant, il ne donne pas seulement satisfaction au PC. Plus d'un au sein de la Résistance aspire à passer aux actes et à abandonner « l'attentisme ». L'action présente de surcroît pour les maquisards un gros avantage : elle contribue à fortifier leur moral que les ingrates servitudes quotidiennes [1], sans parler de la coupure avec le milieu familial, finissent par émousser.

Il est une autre pomme de discorde où l'on finira par s'accuser de tous les maux après les Glières et le Vercors : comment doivent être organisés les maquis ? Groupuscules dispersés ou gros bataillons ? Les premiers allient mobilité et sécurité. Les autres permettent d'envisager des unités aptes à constituer un corps de bataille susceptible de s'intégrer au plan d'ensemble le jour J. On les désignera sous le nom de « maquis mobilisateur ».

Nombreux chez les FTP ou à l'AS optent pour des éléments de 30 à 50 hommes, assez éloignés les uns des autres. Leur objectif est la guérilla, non la guerre conventionnelle. Comment leur donner tort eu égard à leur potentiel face à la puissance de la Wehrmacht ! La notice sommaire de l'AS sur le maquis du 27 avril 1943 répond à cette logique :

> « L'effectif prévu pour un maquis doit être de 30 à 50 hommes. En effet, il vaut mieux qu'il existe en France 500 maquis de 50 que 25 maquis de 1 000 hommes. »

Au 27 avril 1943, ce principe paraît incontestable. Les difficultés pratiques – campement, armement, nourriture – imposent presque toujours qu'il en soit ainsi. Les maquis de 1943 varient en général de 15 à 120 personnes. Cependant, à l'ORA, on préférerait les gros

1. Instruction, entretien de l'armement, lavage, gardes, etc. Et il faut vivre. Des photographies d'époque du maquis montrent les traditionnelles « corvées de peluche » des pommes de terre.

bataillons. Réflexe presque naturel chez des officiers d'active. La Résistance, pour beaucoup d'entre eux, trouve dans les maquis son expression normale. Ils sont des hommes du combat à visage découvert et aspirent à recréer leurs anciens corps, pour reprendre place et rang avec eux dans les engagements de l'armée française. Ainsi, le capitaine Costa de Beauregard [1] dans l'Indre avec le 17e BCP, le commandant Vallette d'Osia en Savoie avec le 27e BCA, etc.

Cette vision n'est pas obligatoirement la constitution immédiate d'un maquis. Beaucoup se livrent à un travail clandestin de préparation en vue de la mobilisation le jour J. D'ici là, ils se contentent de mettre en place les structures d'accueil.

Le 1er septembre 1943, Vallette d'Osia, devenu chef de l'AS en Haute-Savoie, écrit dans l'une de ses directives :

> « L'AS s'intégrera un jour dans l'ensemble des forces armées qui constituent l'Armée nationale de Libération dans les conditions en cours de règlement. L'AS rassemble dans ses rangs tous les combattants qui poursuivent le double but défini plus haut (libération du pays ; constitution des forces armées nécessaires au Comité national de libération d'Alger) de quelque bord qu'ils viennent ; à condition qu'ils reconnaissent comme gouvernement légal de la France le CFLN.
> Les unités de l'AS reçoivent des missions proportionnées aux moyens dont elles disposent et pour lesquelles elles ont le devoir de se préparer. Bien que devant normalement n'être mobilisées qu'au jour des combats pour la libération, elles peuvent recevoir des missions strictement limitées dans le temps et l'espace. Toutefois ces missions immédiates sont la règle pour certaines unités spécialisées : les corps francs. »

Soldat à double casquette (AS et ORA), Vallette d'Osia s'inscrit là dans la stricte orthodoxie AS-ORA, aussi bien dans les buts que dans les méthodes. Comment ne pas relever également l'allégeance au comité bicéphale Giraud-de Gaulle d'Alger ? La page Vichy est bien tournée pour les anciens de l'armée de l'armistice.

La perspective d'un corps de bataille à reconstituer ne saurait cependant conduire à imputer à l'ORA les grands rassemblements type Vercors ou Mont-Mouchet. On verra ce qu'il en est [2].

1. A ne pas confondre avec son homonyme du 6e BCA.
2. Voir chapitres 10-11.

Des conceptions stratégiques ou tactiques opposées ont un caractère quasi obligatoire. Tout conflit génère des solutions contraires. Les Première et Seconde Guerres mondiales le montrent constamment. Il n'est pas à s'en étonner. Les antagonismes politiques, les querelles de personnes interfèrent cependant plus qu'il ne devrait. La rivalité de Gaulle-Giraud rejaillit sur la Résistance intérieure et certaines de ses composantes. L'ORA, suspectée de fidélité à Giraud, subit un certain ostracisme. Il n'est pas rare d'entendre parler des « giraudistes » pour désigner un maquis ORA. Le différend Moulin-Frenay limite les apports financiers à l'AS, donc aux maquis. Tout cela sans insister sur le jeu personnel que mènent les communistes par-delà les apparences.

Ces antagonismes pèsent. Ils entravent les fournitures d'armes. Manifestement, en 1943, les Britanniques sont réservés. Ils ne tiennent guère à armer des résistants qu'ils ne contrôlent pas. Le BCRA est tout aussi sélectif.

Les mémoires des grands acteurs à cet égard sont significatifs. Qu'ils soient signés de Gaulle, Giraud, Soustelle, Passy, Tillon, Frenay ou autres ! Ils laissent percevoir les intrigues sourdes auxquelles se livrent les principaux protagonistes à Londres, Alger ou en métropole. Les ambitions se déchaînent. On sait maintenant que la guerre sera gagnée. L'important est de se placer pour l'après-Libération. Giraud, dans son ingénuité d'honnête soldat, n'a pas tout à fait tort d'écrire pour stigmatiser ses adversaires : « Pour ceux-là un seul but : le pouvoir ! »

Ce combat des chefs a malgré tout ses limites. La masse des résistants et des maquisards mène une lutte héroïque avec pour seules ambitions la libération de la patrie et un avenir meilleur. Les esprits sont loin des places à occuper ou des médailles à gagner. Pour l'heure, il est un autre impératif : subsister et l'emporter. Le maquisard qui voit l'hiver arriver sait que la pluie, le froid l'attendent. Il sait que, contre les intempéries, son frêle refuge perdu dans la forêt ou la montagne est à la merci d'une incursion en force des GMR, des gardes mobiles ou, pire encore, de la Milice ou de la Wehrmacht. Il devra se battre du faible au fort puis s'esquiver, bête traquée, pour essayer de gagner un autre abri tout aussi précaire. La vie au maquis se nourrit d'inconfort et de dangers. Il s'y joint fort heureusement la chaude complicité de la camaraderie. L'individu appartient à un groupe sur lequel il peut compter. Là est encore l'une des grandes forces des maquis, avec le prestige et l'allant des chefs.

Dépassant le cadre, le costume, l'armement, au niveau des hommes et des chefs un lien se forme. Bien peu en prennent conscience sur-le-champ. Les jeunes de France retrouvent au maquis le brassage traditionnel du service militaire. Ils sont venus de tous les horizons, ayant quitté la capitale, leur ville, leur village. Citadins, ruraux, ouvriers, employés, étudiants vivent et combattent côte à côte. Des intellectuels, par leur présence, rehaussent les échanges. Jean Prévost sera dans le Vercors, Hubert Beuve-Méry dans la Montagne-Noire. Les clivages politiques, sociaux, religieux s'estompent, comme jadis pour les Poilus dans les tranchées. Dans les maquis du Tarn sud, Dunoyer de Segonzac se félicitera de voir catholiques, protestants, israélites, incroyants fraternellement soudés.

Cette osmose du maquis renforce les rangs. Elle compense les faiblesses et les insuffisances. Cohésion, solidarité se découvrent au combat. Elles permettront l'amalgame futur au sein de l'armée venue d'outre-mer. Tous, alors, mèneront ensemble le combat à son terme.

Chapitre V

DOULOUREUSE ANNÉE : 1943

Ah qu'elle est difficile et ingrate pour la Résistance, cette année 1943 ! Le débarquement, avec l'espérance qu'il porte, s'annonce encore lointain. Pendant un temps, il fut espéré pour l'automne. Trompeuse illusion ! Malgré les succès alliés en Tunisie puis en Sicile, suivis de l'effondrement italien, il devient clair que rien n'est à attendre avant le printemps 1944. D'ici là, les résistants doivent tenir et survivre, en dépit de la répression.

Celle-ci ne cesse de se durcir. Depuis l'occupation de la zone sud, l'Allemand a pratiquement les mains libres sur l'intégralité du territoire métropolitain. En septembre 1943, il prend le contrôle des départements alpins, précédemment à charge des Italiens. Partout, les forces policières de Vichy et la Milice l'assistent largement. Les arrestations se multiplient et se succèdent.

– Le général Delestraint est arrêté le 9 juin à Paris. Il sera assassiné à Dachau le 19 avril 1945 par un SS.

– Le général Frère est arrêté le 12 juin [1]. Il mourra d'épuisement

1. Sont arrêtés presque conjointement ses adjoints, les généraux Olleris, Gilliot, Grandsart.

au camp du Struthof le 14 juin 1944 [1]. Son successeur, le général Verneau, sera capturé à son tour quelques mois plus tard et mourra à Buchenwald.

– Jean Moulin, devenu président du CNR, tombe aux mains de la Gestapo à Caluire le 21 juin et périra sous la torture sans avoir parlé.

Ces grands noms ne sauraient faire oublier les cadres et militants plus ou moins anonymes qui disparaissent tragiquement. Leur liste s'allonge chaque jour.

D'autres seront nommés pour remplacer les responsables ainsi éliminés. Le colonel Dejussieu-Pontcarral à la tête de l'AS, le général Revers à celle de l'ORA, Georges Bidault à celle du CNR. Une période préjudiciable de désorganisation et de flottement ne peut être évitée. La disparition des chefs est en outre souvent accompagnée de celle d'une partie de leurs états-majors. Tout un travail est à reprendre.

*

Les maquisards sont en bonne place dans ce triste état de la répression. Leurs blessés sont achevés. Leurs prisonniers sont torturés, exécutés ou déportés. Bien peu reviendront des camps de la mort.

Leur condition est d'autant plus cruelle qu'ils continuent d'être mal armés. Les parachutages, tout au long de 1943, s'effectuent avec parcimonie. Le maquisard paie les réticences des Alliés à armer des groupes qu'ils ne contrôlent pas ou regardent comme communistes ou gaullistes. Il subit là les retombées d'antagonismes politiques qu'il est bien loin de soupçonner. Les résistants qui effectuent une liaison sur Londres ou Alger sont choqués et peinés par le climat délétère qu'ils découvrent. Ils ont du mal à le comprendre et à l'accepter chez leurs compatriotes.

Cette toile de fond – répression, misère de l'armement, absence d'unité – n'interdit pas l'action. Si 1943 ne connaît pas l'éclat de 1944, avec le débarquement et les combats de la Libération, elle reste une année cruciale. Ce qui se réalisera par la suite s'élabore en 1943 dans ces mois de haut et de bas.

*

La traque des membres des mouvements, des réseaux ou des groupes francs relève généralement de l'opération policière à effectifs limités. Une descente de la Gestapo met en œuvre habituellement deux ou

1. La promotion de Saint-Cyr 1948-1950 porte son nom.

trois voitures et une demi-douzaine d'individus. Les miliciens, par contre, se déplacent en force. Une trentaine d'hommes au moins chaque fois.

La réduction des maquis conduit à des interventions totalement différentes. Les maquisards, même s'ils n'ont que des Sten ou quelques fusils, représentent des combattants susceptibles d'utiliser leurs armes et, surtout, le terrain qu'ils connaissent bien. Une opération contre eux prend un caractère militaire. Elle implique des centaines d'hommes : gendarmes, gardes mobiles, GMR, miliciens et bientôt Allemands devant les piètres résultats des premiers nommés. Les Italiens s'en mêlent également, jusqu'au mois de septembre 1943.

Les gardes mobiles, comme leurs collèges de la « Blanche » [1], appartiennent à la gendarmerie. Militaires, ils sont disciplinés. Cette vertu a des revers. Trop souvent pour le renom de leur corps, les gardes mobiles exécuteront servilement les ordres reçus. Ils tireront. Ils arrêteront. Ils fourniront des pelotons d'exécution. Beaucoup cependant sont patriotes. La désobéissance pour cause d'honneur se produira. Sur la fin, la garde aura largement tendance à se ranger du côté du vainqueur. (Peut-être pour se dédouaner de précédents comportements, diront certains...)

Les GMR sont là pour la solde. Ils ne sont guère enclins à prendre de mauvais coups. Cette prudence ne les empêchera pas de faire du mal, même si en final le commandement ne peut guère s'appuyer sur eux. Sur le fond, eu égard à la piètre valeur guerrière de la Milice et au retrait italien, la répression incombera essentiellement aux Allemands.

*

La relation des activités du maquis en 1943 se heurte à une difficulté. Dans le cadre général de la Résistance, lesquelles relèvent spécifiquement des maquis ?

Si certaines opérations, comme le défilé d'Oyonnax le 11 novembre [2], sont typiquement maquis, dans beaucoup d'autres, tout interfère. Un groupe franc peut être renforcé par une équipe de maquisards ou inversement. Ces mêmes maquisards s'appuient impérativement sur les résistants locaux. Sans ces derniers, pas de renseignements, pas de liaisons, pas de ravitaillement, pas de renforts...

Les événements rapportés ne peuvent prétendre rendre compte de

---

1. Gendarmerie départementale ou territoriale, à galons d'argent.

2. Encore que... A Oyonnax, la Résistance locale non clandestine joue un rôle actif dans la préparation.

l'intégralité de la vie des maquis. Ils n'en sont qu'un reflet. Tantôt il s'agit d'une opération menée par les forces de répression. Tantôt il s'agit d'un coup de main ou d'une embuscade lancés par les maquisards. La fortune varie. Succès et revers s'enchaînent. En n'oubliant pas que chaque fois des vies françaises sont en jeu.

*

Dans la nuit du 31 mars au 1er avril, les Italiens attaquent le camp C4 [1] du Vercors. L'alerte, donnée à temps, permet aux quarante maquisards de s'éclipser.

Le 17 avril, ces mêmes Italiens, coriaces, s'en prennent à nouveau à C4 réoccupé. Autre échec. En revanche, les assaillants sont plus heureux le 27 sur les camps C5 et C7. Trois maquisards sont faits prisonniers.

Le mois suivant, le 27 mai, un raid est lancé pour s'emparer d'un camion-citerne à Mens, dans l'Isère, en vue de récupérer du carburant pour le Vercors. Le commando tombe sur un barrage du bataillon italien Bolzano. 14 jeunes maquisards sont capturés. Une cascade d'arrestations s'ensuit.

Il est parfois des imprudences ou des risques excessifs. Un petit maquis s'est implanté non loin d'Arlanc, dans le Puy-de-Dôme. Une coexistence pacifique s'est instaurée avec la brigade de gendarmerie locale, non sans créer quelques dissensions. Les uns approuvent ce *statu quo* ; les autres préféreraient une position plus radicale sans crainte des « retombées ».

Le 9 juin, six personnes ayant été arrêtées, quelques maquisards décident de prendre d'assaut la gendarmerie d'Arlanc. Agressés, les gendarmes se défendent. Un maquisard est tué, plusieurs autres sont blessés ainsi que des gendarmes. Dès le lendemain, les GMR ratissent le secteur. Le bilan est lourd : 52 arrestations (il y aura 35 déportés). Seule une dizaine d'hommes réussissent à s'échapper. Il n'y a plus de maquis d'Arlanc. Beaucoup de petits maquis ainsi repérés seront décimés : maquis des Ardents, en septembre, dans l'Allier, maquis du bois de la Faux, encore dans le Puy-de-Dôme, le même mois, etc. Chaque fois la responsabilité de la répression incombe aux « forces de l'ordre » de Vichy.

Ainsi dans les drames des grottes de Barneville en Haute-Normandie. De jeunes maquisards FTP utilisent des grottes dans les méandres de

---

1. Le massif du Vercors recouvre 2 départements, Isère et Drôme. Les maquis de l'Isère, au nord, portent un numéro impair. Ceux de la Drôme, au sud, un numéro pair.

la Seine, en limite de l'Eure et de la Seine-Maritime. Elles leur servent de refuges et de bases de départ pour des sabotages de voies ferrées.

L'un de ces jeunes est interpellé fortuitement le 24 août par des policiers français alors qu'il se rendait à Rouen. Il est aussitôt remis à la Gestapo. Malmené, il craque et révèle le lieu où se terrent ses camarades. Allemands, GMR, miliciens lancent aussitôt une opération contre la grotte localisée dans un bois à quatre kilomètres de Bourg-Achard [1]. Deux maquisards sont tués. Les 13 autres sont faits prisonniers. Sept seront fusillés, 7 déportés (un ne reviendra pas). Un parviendra à s'évader. Le plus âgé avait 25 ans, les plus jeunes 19. Presque tous étaient des réfractaires du STO. L'un des deux tués était un déserteur autrichien antinazi qui s'était joint à eux.

Dans cette tragédie, la responsabilité de la police française est lourde. Arrestation d'un résistant. Remise de celui-ci à la Gestapo. Participation à la répression. Cette situation conduira à de sévères mises en garde, en particulier contre des gendarmeries.

En Haute-Vienne, des brigades manifestent un zèle intempestif. Début octobre, une équipe du Camp des Trois-Chevaux se glisse dans Châteauneuf. Elle placarde, au nom de la Résistance, des avertissements sans ambiguïté. Messieurs les Pandores sont invités à faire preuve de modération sous peine de... Dans le département, on sait que Guingouin, devenu le « préfet du maquis », ne plaisante pas.

Lequel Guingouin, entre-temps, a reçu assistance. Le 18 août, un Lancaster a largué 12 containers de 180 kilos près de Magnac-Bourg, au sud de Limoges. Le SOE a fait exécuter ce parachutage sans savoir qu'il parviendrait à un maquis FTP. Sinon, il aurait été annulé. Ainsi en sont encore les choses à l'été 1943.

Déjà le groupe de Magnac-Bourg, en liaison personnelle avec le SOE, avait obtenu du matériel et des explosifs qui ont permis aux partisans des Trois-Chevaux des coups heureux : destruction des chaudières de l'usine Wattelez de régénération du caoutchouc au Palais-sur-Vienne, coupure du câble souterrain Limoges-Clermont-Ferrand, etc. Les Allemands sont les premiers frappés par ces sabotages.

*

Il semblerait que l'automne apporte une accélération. Sans doute à cause du contexte général de la guerre et de l'affermissement des maquis. L'horizon s'éclaircit et se précise avec l'armistice italien, les

1. 10 kilomètres au sud-ouest de Rouen.

succès soviétiques, l'intensification des bombardements sur l'Allemagne. Au fil des semaines, les réfractaires, de leur côté, deviennent des combattants. Leur présence se fait sentir. Les « forces de l'ordre », les Allemands doivent tenir compte de cette présence devenue un danger.

Le 10 septembre, 400 Allemands attaquent le maquis Bir-Hakeim. Celui-ci a quitté la région de Villefranche-de-Rouergue, où s'est implantée une unité de SS, et s'est replié sur le plateau de Douch, dans l'Hérault, à quelques kilomètres à l'ouest de Bédarieux. Dans ces monts de l'Espinasse, à 1 000 mètres d'altitude, il se sent en sécurité. Trop ! Le brouillard permet aux attaquants de tromper les guetteurs. On se mitraille à courte distance, mais l'ennemi est bien pourvu en armes automatiques et mortiers. Après une heure de combat, sagement, le chef Jean de Roquemaurel ordonne de décrocher par un créneau encore libre. Sur 47 maquisards, Bir-Hakeim a eu 2 tués et perdu 4 prisonniers. Les malheureux seront fusillés à Toulouse le 11 novembre. Ebranlé par ce revers, le groupe regagne Toulouse dans un premier temps puis part se réorganiser dans les Pyrénées-Atlantiques. Le maquis Bir-Hakeim se déplacera beaucoup.

Les 15, 20 et 22 septembre, trois maquis charentais sont à leur tour attaqués : Brigueil [1] (85 hommes), forêt de Chambon (25 hommes), forêt de Meynieux (20 hommes). Depuis plusieurs semaines, ils s'en prenaient à des camions de la Wehrmacht ou à des agents de la Gestapo. Milice et GMR mènent l'affaire. Trop faibles pour tenir longtemps, les maquisards décrochent sans dommage. Comme il arrivera souvent, les Allemands reprennent l'opération à leur compte. Une fois encore, les maquis parviennent à se dégager avec seulement trois blessés. Mais le début de 1944 sera cruel en Charente.

Maquis en Charente, en Auvergne, en Savoie, dans le Limousin, etc. Maquis également dans les Pyrénées. Le 18 septembre, près du village de Pereille, à l'ouest de Lavelanet, un accrochage oppose le maquis du Bac-d'Ilhat à une patrouille allemande. Trois Allemands sont blessés mais le lieutenant FTP Achille Bochetto et son adjoint Alexis Audeau sont tués.

Septembre est vraiment un mauvais mois dans l'Ariège. Le 20, le maquis du massif de la Frau est décimé par un bataillon SS. Octobre n'est pas meilleur. Le maquis du hameau de Camarade (20 kilomètres au nord-ouest de Foix) est anéanti. Six maquisards sont brûlés vifs dans une grange.

---

1. Sud-est de Confolens.

A la même époque, le Sud-Ouest est ébranlé par une trahison qui laissera des traces : l'affaire Grandclément.

Sur les départements de la Gironde, de la Charente, de la Charente-Maritime, des Landes et sur une partie des Pyrénées-Atlantiques, l'OCM [1] est particulièrement active et bien implantée. Son chef régional est un nommé André Grandclément. Ancien officier de marine devenu assureur, fils d'amiral, maurrassien, Grandclément ne cache pas son hostilité foncière au communisme. Epaulé par Robert Landes [2], agent du SOE, il a mis sur pied une force clandestine importante et a pu approvisionner correctement ses troupes. Mais toutes les armes réceptionnées ne sont pas encore entre les mains des maquisards. Elles sont stockées et camouflées en vue d'armer de futurs groupes le jour J. Les lots ainsi éclatés comprendraient 2 000 Sten, des fusils, des FM Bren, des grenades. De quoi équiper plusieurs milliers d'hommes.

Le zèle des gendarmes et d'un commissaire de police bordelais amènent la Gestapo sur la piste de l'OCM. Plusieurs officiers sont arrêtés. Grandclément lui-même est interpellé, le 19 septembre, lors d'un déplacement à Paris.

Dhose, le responsable de la Gestapo à Bordeaux, n'ignore pas l'existence de stocks d'armes. Il veut absolument découvrir leurs caches. Contrairement aux habitudes des tortionnaires de sa maison, il opte pour la méthode douce. Grandclément, son épouse et 250 résistants sont entre ses mains. Il peut en arrêter 150 autres dont il connaît les identités et les adresses. Jouant au passage sur l'anticommunisme de Grandclément, il lui propose un marché : liberté pour tous contre les armes. Grandclément accepte. Il est libéré ainsi qu'une centaine de résistants [3]. En contrepartie, des tonnes d'armes tombent aux mains des Allemands. Grandclément sera abattu [4] le 28 juillet 1944 par Robert Landes pour trahison mais le mal est fait. Les maquis bordelais ont perdu des milliers d'armes. Ils auront du mal à s'en remettre.

Les dessous de cette affaire se répandent. Ils ne servent pas l'unité de la Résistance. A la même heure, plus d'un maquis implore de

---

1. Organisation civile et militaire, fondée, rappelons-le, en zone nord par les colonels Touny et Heurteaux. Cette origine explique leur implantation dans la partie du Sud-Ouest initialement occupée.

2. Citoyen britannique, même si son nom ne le laisse pas supposer (il a en fait la double nationalité franco-anglaise).

3. Chiffre contesté et allant de 82 à 250.

4. Entre-temps, après son arrestation en septembre 1943, il avait été remplacé par le général Faucher qui sera arrêté en janvier 1944 et déporté.

l'armement. Les FTP ont beau jeu de s'élever contre l'ostracisme qui les frappe alors que d'autres sont servis bien inutilement.

*

LA MISSION INTERALLIÉE

Les dirigeants alliés, les Français de Londres et d'Alger sont-ils bien conscients de la réalité des maquis ? Il est possible d'en douter. Pour eux, la Résistance intérieure s'assimile aux mouvements et aux réseaux, fournisseurs de renseignements ou auteurs d'attentats. Quant à la Résistance militaire, elle s'identifie, suivant les chefs, aux combattants de Bir-Hakeim ou à ceux de Tunisie.

Les combats de la libération de la Corse commencent à ouvrir les yeux sur le phénomène maquis. Les maquisards insulaires ont parfaitement tenu leur rôle [1], non négligeable. Simultanément des rumeurs se répandent à Londres. Des milliers et des milliers d'hommes seraient sous les armes dans les Alpes. Les chiffres les plus extravagants circulent.

Au cours de la nuit du 21 au 22 septembre, un Hudson dépose sur le terrain Junot, en Saône-et-Loire, à 10 kilomètres de Tournus, une mission interalliée baptisée Musc. Musc comprend un Britannique, un Américain et un Français, Jean Rosenthal (capitaine Cantinier). Rosenthal est un ancien FFL de Libye, gaulliste fidèle. Au nombre de ses responsabilités, l'équipe Musc doit se rendre compte de la situation exacte des maquis. Le colonel Buckmaster, patron du SOE britannique, veut savoir ce qu'il en est avant de livrer des armes.

Pendant une dizaine de jours, les trois émissaires visitent des camps de la région lyonnaise (R1) : un dans la Loire, trois dans le Vercors, un dans l'Isère, un dans l'Ain, deux dans le Jura, un en Savoie ainsi qu'une école de cadres. Cette tournée d'inspection qui n'ose avouer son nom est pour eux une surprise. Ils ont dans l'ensemble découvert des camps bien organisés, avec des hommes résolus même s'ils ne sont pas toujours correctement armés. Ils ont pu constater également qu'en R1, l'union était réalisée entre responsables de l'AS et « giraudistes » (ce dernier vocable est encore courant à l'automne 1943 pour désigner les membres de l'ORA). Cette unité est un peu à l'image des fusions réalisées à Alger depuis le 1er août 1943 entre les armées Giraud et de Gaulle. Mais ce qui est valable en R1 est loin de l'être partout. Quant aux FTP, même si des contacts existent avec l'AS et les MUR, ils persévèrent dans leur « bande à part ».

1. Voir plus bas, p. 80.

Rosenthal et son collègue britannique repartent pour Londres présenter leur rapport. Evidemment, ils réclament des armes en abondance. Les esprits ne sont pas encore mûrs mais une évolution en faveur des maquis s'amorce. Jusqu'alors, le SOE raisonnait explosifs et armes de poing en vue des attentats. Il apprend que des armes automatiques, des engins antichars, des mortiers légers sont nécessaires.

Fait exceptionnel, les deux émissaires n'effectuent qu'un aller et retour sur Londres. 48 heures après leur arrivée, ils repartent pour la France chargés d'encadrer les maquis. Leur mission, cette fois, débouche sur une équivoque. Sont-ils là pour instruire ou pour commander ? En tant que représentants de l'état-major interallié, ils paraissent qualifiés pour transmettre ou donner des ordres. Quels ordres ? Pour les Anglais, les maquis doivent gêner les Allemands. Pour de Gaulle et le BCRA, les fixer. Dans quel sens travailleront les agents de la mission Musc, venus se juxtaposer aux structures de commandement en place (ou à venir) ? Rosenthal, l'homme du BCRA, part pour la Haute-Savoie. Son action sera liée aux origines profondes du maquis des Glières.

*

L'ÉVASION DE LA PRISON DU PUY
(nuit du 1er au 2 octobre 1943)

« Sauver les copains ! » Quel résistant, quel maquisard ne sont pas prêts à tout tenter pour extraire des mains ennemies des camarades malchanceux ? Bien des efforts héroïques seront déployés dans ce sens : coups de main sur des prisons, embuscades sur des convois de prisonniers… Tous n'aboutiront pas. Certains se termineront tragiquement. Fort heureusement il est quelques beaux succès.

La prison du Puy-en-Velay compte, fin septembre 1943, 79 détenus politiques. L'un des gardiens, Albert Chapelle, appartient à la Résistance. Il sera le cheval de Troie introduit dans la place.

1er octobre, jour de rentrée scolaire à cette époque, les prisonniers sont discrètement prévenus. La belle est pour ce soir. La nuit tombée, Chapelle se glisse de cellule en cellule « A 11 heures, tenez-vous prêts ! » 11 heures. L'horloge de la détention tinte. Le gardien complice ouvre les portes des deux premières cellules et sans bruit guide leurs occupants dans les coursives. Les quatre GMR endormis du poste de garde sont rapidement maîtrisés, leurs mousquetons saisis. Puis les deux autres portes extérieures sont neutralisées sous la menace des armes.

Dehors, cinquante maquisards ceinturent la prison. Les lignes téléphoniques ont été coupées. Deux camions, une voiture stationnent à courte distance.

A l'intérieur, la sédition est maîtresse des lieux. Toutes les cellules des politiques se vident rapidement. La poterne dans la muraille d'enceinte est franchie sans un mot en file indienne. Quelques coups de lampe de reconnaissance. Les maquisards guident les évadés vers les véhicules. 79 prisonniers plus Chapelle prennent la clef des champs. Ils se scinderont en deux. Un premier groupe gagnera le camp Gabriel Péri dans le Puy-de-Dôme. Le second restera en Haute-Loire. A pied il se rendra à Gueyrières, au sud d'Yssingeaux. Sur les pentes du Meygal, aux forêts profondes, il s'installera dans de petites fermes abandonnées [1].

*

Les événements, heureux ou malheureux, se succèdent. Le Puy début octobre. Hélas, Saint-Alvère un mois plus tard.

Au mois de juin 1943, un petit maquis baptisé Mireille a été créé près du chef-lieu de canton de Saint-Alvère, à 20 kilomètres au nord-est de Bergerac, en Dordogne. Le cadre, boisé et vallonné à l'écart des grands axes, s'y prête. Mireille abrite principalement des réfractaires du STO. Durant tout l'été, il réussit plusieurs opérations payantes contre des dépôts d'essence et de vêtements. Cette activité finit par le faire repérer. Le 3 novembre, il est anéanti par les Allemands et les GMR.

*

OYONNAX
(11 novembre 1943)

A 500 kilomètres de là, Romans-Petit veut frapper un grand coup. Le chef départemental des maquis et de l'AS de l'Ain entend répliquer à la propagande du régime, qui ne cesse de présenter les patriotes comme des « hordes judéo-communistes », des « hors-la-loi », des assassins ou des brigands de grand chemin analogues à ceux des grandes compagnies. Pour bien montrer à la population et à l'ennemi que la Résistance est tout autre chose, qu'elle regroupe des combattants structurés et correctement armés, il choisit Oyonnax.

1. Les évadés sont chanceux. Un épais brouillard recouvre toute la région le lendemain matin. Il est très difficile pour les forces de l'ordre de lancer des reconnaissances ou des poursuites.

Oyonnax était avant la guerre une cité d'environ 12 000 habitants. Les réfugiés ont légèrement gonflé ce chiffre. Ce chef-lieu de canton, à 500 mètres d'altitude, n'a pas de garnison allemande. Son accès, en cette zone frontière et montagneuse, est relativement difficile. 50 kilomètres, d'une route tortueuse avec des passages délicats, la séparent de Bourg-en-Bresse, préfecture du département. A Nantua, ville la plus proche, le capitaine de gendarmerie travaille pour la Résistance. Sur place, le commissaire de police de même. Bref, il est possible de se manifester durant quelques heures à Oyonnax sans trop craindre une réaction immédiate.

Romans-Petit mûrit son dessein avec son carré de fidèles, sollicitant seulement le feu vert de son supérieur hiérarchique, le colonel Chambonnet (Didier) [1], chef régional de l'AS. Ses maquis, en novembre 1943, ont déjà du répondant : un bon encadrement, des hommes résolus, un armement convenable et susceptible de faire impression. Romans-Petit prévoit d'engager 280 maquisards.

Au matin du 11 novembre, les sections retenues embarquent dans 14 camions bâchés. Les tenues ont été soignées et uniformisées le plus possible : chaussures de montagne, pantalons de drap, blousons de cuir noir, chèche et pour tous béret basque. Les visages ont été rasés de près. Sur les itinéraires empruntés, les monuments aux morts sont fleuris. Des consignes ont circulé les jours précédents, invitant les maires à marquer l'armistice de la Victoire. Elles ont été suivies. L'arrivée à Oyonnax s'effectue sans incidents. La ville est coupée de l'extérieur. Envoyés en précurseurs sur deux camions, de petits détachements ont neutralisé les services publics : commissariat, gendarmerie, poste, mairie, caserne des pompiers. Les communications téléphoniques ont été sectionnées. D'autres groupes, aux ordres du lieutenant Bourret, contrôlent les accès d'Oyonnax.

En quelques secondes, les hommes débarquent des véhicules et se rassemblent devant le bureau de poste. Le défilé se forme, sections colonne par trois. Romans-Petit, qui pour l'occasion a revêtu son uniforme bleu foncé d'officier d'aviation, lance d'une voix forte :

> « Maquis de l'Ain, à mon commandement, garde à vous !
> En avant, marche ! »

Et la colonne se met en route. Des clairons donnent la cadence. Romans-Petit et les officiers de son état-major ouvrent la marche. Tous sont en tenue avec leurs décorations. Quelques éclaireurs, Sten à

1. Le colonel Chambonnet sera fusillé par les Allemands à Lyon, place Bellecour, le 27 juillet 1944.

la main, les précèdent. Derrière eux, le drapeau et sa garde en gants blancs. Puis les sections emmenées par leurs chefs.

La population a compris et se masse sur les trottoirs. Au passage de cette troupe qui avance d'un air martial au pas cadencé, des vivats, des applaudissements éclatent coupés de « Vive le maquis ! Vive de Gaulle ! ».

Le défilé, au terme d'un parcours que son chef avait reconnu personnellement, arrive devant le monument aux morts. Il se fige en silence. Romans-Petit s'avance et dépose au pied de la stèle une gerbe en forme de croix de Lorraine portant la mention : « Les vainqueurs de demain à ceux de 14-18. »

Sonnerie aux morts. Minute de recueillement avant que n'éclate une *Marseillaise* reprise par tous. L'émotion est à son comble. Plus d'un essuie des larmes. Oyonnax vit à l'heure française. *La Marseillaise* terminée, est entonné *Vous n'aurez pas l'Alsace et la Lorraine.*

Malgré la foule qui se presse et veut étreindre les gars du maquis, il ne saurait être question de s'attarder. Romans-Petit ordonne de rembarquer. Les camions s'éloignent avec leurs maquisards continuant de chanter *La Marseillaise.* Les derniers, les éléments de sécurité quittent les lieux tandis que les habitants regagnent leurs domiciles en commentant longuement l'événement.

Romans-Petit voulait frapper les esprits. Il a réussi. La population d'Oyonnax et des environs est convaincue. Le maquis existe. Il est puissant. Des officiers français l'encadrent. De tous côtés, il est fait écho de la manifestation d'Oyonnax. La BBC l'annonce. Des journaux alliés ne tarderont pas à publier des photographies transmises à Londres. De Gaulle adresse ses félicitations. *Le Franc-Tireur*, organe des MUR, en fait sa une :

> « A Oyonnax, le 11 novembre, les gars du maquis ont tenu la ville. »

Pour Vichy, ce défi ouvertement lancé est un affront. Les rapports officiels mentionnent « qu'un régiment du maquis, doté d'armes très puissantes, avait occupé Oyonnax ». Pour l'occupant, ce coup parfaitement réussi est la preuve qu'il doit compter avec cette Résistance qui ose se manifester ouvertement. Il apprend aussi que d'autres défilés identiques ont eu lieu à Thorens, à Saint-Jeoire en Haute-Savoie. En Haute-Loire, le maquis de Boussoulet (20 kilomètres à l'est du Puy) a déposé une gerbe au monument aux morts de 14-18. Les autorités municipales, les anciens combattants assistaient à la brève cérémonie.

A Villard-de-Lans (Isère), une gerbe, toujours au monument aux morts, est accompagnée d'un large panneau reproduisant une croix de Lorraine, des drapeaux américain, anglais, soviétique, français.

A Bourg-d'Oisans (Isère), une grande banderole dans la rue principale porte la mention : « Français, tu fus vainqueur. » Mais dans ces deux derniers cas, on peut s'interroger. Qui est à l'origine de ces initiatives ? La Résistance ou un maquis local ?

Chez les Alliés, les sceptiques sur le crédit à accorder aux combattants de l'intérieur sont ébranlés. L'affaire d'Oyonnax pèsera quelques semaines plus tard dans la décision de Churchill d'armer enfin correctement les maquisards français.

*

Une réaction était obligatoire. C'est pourquoi Romans-Petit n'avait pas voulu s'attarder dans Oyonnax et compromettre par trop la population. Le 18 novembre une colonne de 500 GMR déferle dans l'Ain avec mission de détruire les camps. Ceux de Cize et des Granges, plus particulièrement menacés, doivent être évacués.

Les GMR n'avaient pas tellement l'ambition, malgré tout, de faire parler la poudre. Le 13 décembre, les Allemands interviennent à leur tour. Des militants, des sympathisants, des innocents sont arrêtés et pour beaucoup déportés. Des accrochages se produisent. Mais le véritable orage éclatera en février 1944. Allemands et miliciens reviendront en force.

Romans-Petit n'a guère le temps de savourer son succès d'Oyonnax. Vallette d'Osia, le patron de l'AS de Haute-Savoie, est arrêté [1]. Un homme fort doit impérativement le remplacer dans ce département où les maquis ne cessent de prendre essor. Romans-Petit ajoute à son commandement celui des maquis et de l'AS de la Haute-Savoie, où il part prendre la relève de l'ancien commandant du 27e BCA.

*

Entre la Résistance et la Milice la guerre est déclarée de longue date. Les résistants s'efforcent de faire payer aux séides de Darnand arrestations et tortures des leurs. Au 20 novembre 1943, près de 30 miliciens sont tombés sous les balles de la Résistance et une vingtaine ont été blessés. En face, le chiffre des victimes est bien supérieur. Il est facile à la Milice de frapper.

---

1. Il parviendra à s'évader dans des conditions restées légendaires. Bien que menottes aux mains, il saute d'un train en marche en brisant une fenêtre et fausse compagnie à ses deux gardiens.

Le 21 novembre, vers 13 heures 45, trois miliciens finissent de déjeuner à l'hôtel du Midi de Thones : le chef départemental pour la Haute-Savoie, Jacquemin, son adjoint, et un comparse. Soudain la porte du restaurant s'ouvre brusquement. Quatre hommes masqués et en armes pénètrent dans la salle. A leur tête, le jeune lieutenant « Simon » (François Servant), du maquis de Thorens [1], célèbre pour ses audaces. Une rafale de Sten claque. Jacquemin et son adjoint s'effondrent, tués sur le coup. Le troisième milicien est sérieusement blessé.

Cette exécution été précédée d'une autre pour intimider les « forces de l'ordre ». Le 1er octobre, le capitaine de gendarmerie d'Annecy, par trop répressif envers les maquis, a été lui aussi abattu d'une rafale de PM.

Les miliciens répondent presque aussitôt à l'exécution de deux des leurs. Six habitants d'Annecy sont assassinés les jours suivants. L'un d'eux avait 77 ans. Deux seulement appartenaient à la Résistance. Les vengeances, à la Libération, ne sont pas sans explications.

*

L'ENLÈVEMENT DE LA STATUE DE LA FAYETTE
(nuit du 22 au 23 décembre)

Les maquis de Haute-Loire terminent l'année sur un coup d'éclat à fort retentissement au plan régional.

Les Allemands ont besoin de métaux. Ils font main basse sur toutes les statues autres qu'en pierre des hommes illustres, politiques, militaires, écrivains ou autres... Au Puy-en-Velay, La Fayette qui est un peu l'enfant du pays [2] fait figure de célébrité. Sa statue [3] s'élève en bonne place à l'extrémité du boulevard Saint-Louis, l'artère principale de la ville. Comme tant d'autres, déboulonnée de son socle, elle se prépare à prendre le chemin de la fonderie, au grand dam des habitants du Puy. Car, pour les Ponots, au-delà du vestige historique, cette statue de La Fayette a valeur de symbole. En ces temps d'occupation ennemie, elle marque l'amitié franco-américaine et la lutte pour la liberté.

Personne n'osait l'espérer. Pourtant, La Fayette va s'échapper et prendre le maquis. Dans la nuit du 22 au 23 décembre, 70 hommes

1. Simon, blessé par un garde mobile en janvier 1944, sera remis aux Allemands et disparaîtra, probablement assassiné. Il sera remplacé à la tête du maquis de Thorens par Louis Morel, ancien adjudant du 27e BCA.

2. Il est né à Chavaniac-La Fayette, à 25 kilomètres du Puy.

3. Bronze d'Hiolle (1883).

répartis en deux groupes s'infiltrent dans la capitale du Velay. Le premier assure la protection. Le second, à la force du poignet, hisse le général La Fayette dans un camion qui s'éloigne discrètement.

La garnison allemande de la caserne Romeuf dormait à moins de 500 mètres. Elle n'a ni vu ni entendu les gens du maquis. A l'abri dans une bergerie, La Fayette retrouvera son socle dans une ville en fête après la Libération [1].

*

L'année 1943, si longue soit-elle, n'a pas été inutile pour les maquis. Ils ont pris forme et se sont étoffés. Leur structure s'est précisée tout en se diversifiant.

Au début de 1944, un rapport de Michel Brault, le responsable national maquis de l'AS, éclaire sur cette situation. Il situe les éléments dont la Résistance dispose pour frapper :

– Les maquis fictifs constitués de « sédentaires ». Ces « sédentaires » sont des hommes qui continuent de mener leur vie familiale et professionnelle normale mais qui sont déjà organisés en sizaines, trentaines, centaines et bataillons. Une partie d'entre eux est armée. Brault estime ces effectifs à au moins 120 000 (10 000 par région).

– Les maquis réels. « On entend par là des réfractaires du STO ou des hommes de tous âges qui ont renoncé à la vie normale, soit qu'ils aient été poursuivis par les policiers français ou allemands, soit qu'ils aient recherché cette sorte d'exil dans leur propre pays. » Leur effectif, selon le rapport Brault, serait d'environ 48 000 (chiffre qui paraît fort).

Ce même rapport Brault ajoute : « Les maquis sont parfois réunis en groupes de camps distants de quelques kilomètres, le plus souvent répartis sur l'ensemble du département ; or il n'y a pas un département en France où il y ait plus de 1 500 hommes groupés en camps et pas un seul où il y ait moins de 120 hommes (sauf le Nord et le Pas-de-Calais). »

Cette dernière remarque émanant d'un responsable national est importante. Elle prouve que des maquis existent pratiquement sur l'intégralité de la France, que ce soit en zones nord ou sud. Les grands massifs montagneux n'en ont pas l'apanage. Des clandestins, même en petits détachements, œuvrent dans la nature un peu partout.

---

1. Un cas similaire se produira en Franche-Comté avec la statue du général Cler, camouflée plusieurs mois avant une nouvelle inauguration. On pourra lire sur le socle de pierre : « Cette statue a pris le maquis le 29 janvier 1944 et a été remise en place le 11 novembre 1944 ... »

Ainsi dans le Morbihan. Le maquis AS de Poulmain a été lancé en fin d'année près de Baud, dans les landes de Lanvaux, au nord-ouest de Vannes. Il compte au départ une vingtaine d'hommes. L'ORA dispose de quelques groupes composés de réfractaires et de résistants recherchés. Elle aurait huit compagnies mobilisables dont le personnel est resté chez lui. De petits maquis FTP remontent à l'été comme « Vaillant-Couturier » ou « Corentin Cariou » dans la région de Bubry, au nord-est de Lorient. Certains se livrent à des sabotages de voies ferrées.

Peut-on extrapoler et avancer que chaque département ressemble au Morbihan ? Non. Les conditions géographiques varient. L'action des hommes également. Dans le Morbihan, l'action du commandant de gendarmerie Guillaudot se fait sentir. Presque toutes les brigades suivent l'exemple de leur patron [1]. Il n'en est pas partout ainsi. On l'a vu, par exemple, en Haute-Savoie.

Le rapport Brault parle de « sédentaires » et de maquis. Cette différenciation très réelle n'est pas sans avantages. Les « sédentaires » représentent en quelque sorte la réserve mobilisable au jour J. Résistants, ils ont répondu présent. Ils connaissent leurs chefs, leurs points de regroupement, les consignes à appliquer. Leurs armes ont « été stockées prêtes à emploi » (pas toujours, car fin 1943 le problème de l'armement n'est pas résolu). Leur situation présente évite les problèmes d'hébergement, de nourriture. A bien des égards elle diminue les risques encore que ceux-ci ne soient pas à sous-estimer. Ces maquisards en puissance sont toujours à la merci de trahisons, de révélations sous la torture, de dénonciations. Dans la France occupée, les dernières ne manquent pas. Rivalités personnelles, sentimentales ou autres, questions d'intérêt, vieilles haines, etc., entraînent des lettres anonymes.

Aux deux grands volets de son service : « sédentaires » et maquis, Brault en ajoute un troisième : les groupes francs. Il écrit : « Ces unités sont formées, suivant les régions, soit par des sizaines spécialisées de sédentaires, soit par des hommes du maquis triés et entraînés de façon particulière. » Il évalue ces groupes francs à environ 5 000 hommes.

Cette référence aux groupes francs conduit à une observation. Malgré la volonté de cloisonnement liée aux impératifs de sécurité, il n'est pas de clivage absolu. Si les maquis vivent en marge, ils ne sont pas totalement coupés, loin de là, de la Résistance. Ils s'appuient sur elle pour leurs renseignements, leur ravitaillement, leurs liaisons, etc. Ils s'intègrent à l'occasion aux opérations à réaliser. Un groupe franc

1. Arrêté, déporté, le commandant Guillaudot, futur général, sera fait Compagnon de la Libération.

maquis va donner la main à une équipe de sédentaires pour réaliser un sabotage ou un coup de main. Et inversement.

*

La situation décrite par le rapport Brault correspond à l'AS. Celle chez les FTP et l'ORA y ressemble sensiblement. Chaque organisation possède ses maquis, ses sédentaires, ses groupes francs. Peut-être y a-t-il plus de groupes francs chez les FTP et plus de sédentaires à l'ORA. Volonté d'action immédiate chez les FTP. Tendance à se réserver pour le jour J à l'ORA. Très certainement, l'AS représente la force la plus importante et la mieux implantée.

Quelle conclusion apporter aux chiffres donnés par Brault pour l'AS ? L'apport FTP et ORA permet-il de les doubler ? Si les FTP sont sur l'ensemble du territoire, leurs effectifs sont excessivement variables. Quant à l'ORA, elle est surtout présente en zone sud (situation qui évoluera en 1944). Un point précis des maquis fin 1943 est difficile à avancer. A Alger, Jacques Soustelle [1], au vu des états qu'il reçoit, estime que 30 000 maquisards sont en place. On est là loin des 48 000 de Brault rien que pour l'AS.

Quoi qu'il en soit, d'ores et déjà le visage des maquis s'éclaire. Les uns participent directement à la lutte et sont appelés à le faire de plus en plus (les Glières en seront le témoignage en février-mars 1944). Les autres attendent le jour J et les ordres d'insurrection générale. Le 6 juin verra une explosion de forces soigneusement dissimulées qui n'aspiraient qu'à s'exprimer.

*

LA LIBÉRATION DE LA CORSE

Malgré leurs épreuves, les maquis, au terme de la rude année 1943, peuvent se targuer d'incontestables succès. Il y eut Oyonnax et son défilé à retentissement national. Il y a la Corse où le drapeau reflotte fièrement. Si dans l'île de Beauté les maquisards n'ont pas été les seuls acteurs, ils ont tenu mieux que des seconds rôles. Etroitement associés à l'armée d'Afrique de Giraud accourue à la rescousse, ils ont donné à leur terre le titre de premier département libéré de France [2].

1. Patron de la DGSS, créée le 27 novembre 1943 pour regrouper tous les services (gaullistes ou giraudistes) de renseignements, contre-espionnage et action dont le BCRA.

2. Premier département ? Remarque à nuancer. L'Algérie constitue trois départements français et elle est libre depuis novembre 1942.

« Prendre le maquis. » Les Corses connaissent l'expression. Mieux, ils l'appliquent, et pour la bonne cause. Tout au long de 1943, des groupes de patriotes, en langage insulaire, se sont disséminés dans la nature pour échapper aux poursuites et se préparer au combat. Car la Résistance, en Corse, est active malgré l'occupation italienne.

Son premier contact d'importance avec l'extérieur a été le capitaine Scamaroni, Français libre de juin 1940 et agent du BCRA. Arrêté en février par l'OVRA, la Gestapo italienne, Scamaroni s'est suicidé de crainte de parler sous la torture [1]. En avril 1943 est arrivé par sous-marin le capitaine Colonna d'Istria, délégué militaire du commandant en chef à Alger, le général Giraud. Colonna d'Istria, « Cesari », a travaillé en liaison étroite avec le Front national qui pratiquement, au-dessus des diverses tendances, coiffe la Résistance. Le sous-marin *Casabianca*, des parachutages ont introduit de l'armement, 8 000 mitraillettes et 1 200 fusils-mitrailleurs. De quoi armer environ 12 000 hommes. Les fusils de chasse d'origine ont pu être remisés. Certains maquis sont bien étoffés, comme celui monté par Colonna d'Istria dans la forêt domaniale de Valdu-Niellu, au sud-est de Calvi.

8 septembre 1943. L'Italie capitule. Le soir même, sitôt connue la nouvelle, la Corse gronde. L'espoir de libération, déçu le 8 novembre 1942, exalte les énergies et gonfle les cœurs. Que va-t-il se passer ? Y aura-t-il un débarquement ? Quelle attitude auront les 80 000 Italiens stationnés dans l'île ? Sur ce point, la lumière se fait très vite. Les soldats du Duce, aujourd'hui dictateur déchu, dissimulent mal vouloir avant tout « *andare a casa* », c'est-à-dire rentrer chez eux.

La situation créée amène les dirigeants du Front national à décider de déclencher l'insurrection, tandis que Colonna d'Istria, responsable militaire, somme le général Magli, le commandant en chef italien, de prendre parti. La réponse tombe sans attendre. Magli marche avec la Résistance. Mais il faut compter avec 10 000 Allemands basés sur la côte orientale, ainsi qu'avec la 90ᵉ Panzergrenadierdivision qui se replie de Sardaigne pour embarquer à Bastia, direction l'Italie.

Passant à l'action, les maquisards corses lancent des incursions vers l'est. Leur armement léger ne leur permet pas d'affronter facilement un adversaire pourvu de blindés. Sartène, Bonifacio, un moment occupés, doivent être abandonnés. La bataille s'engage dans la montagne pour contrer les Allemands qui, dans leur élan, font effort vers Ajaccio et Corte.

Le lieutenant Jacques de Peretti, un jeune officier en congé d'armistice, a regroupé autour de lui 400 maquisards. Pendant 48 heures,

1. Il a été fait Compagnon de la Libération à titre posthume.

il interdit le passage à hauteur de Levie [1] et stoppe une colonne débouchant de Porto-Vecchio. De même un peu partout, devant Ghisoni, au sud de Corte, La Barchetta à l'ouest de Bastia, à Quenza, Carbini, non loin de Levie, d'autres maquisards, se faufilant dans les collines et les montagnes qui les ont vus naître, mitraillent et retardent les détachements ennemis. Le temps ainsi gagné assurera le salut. Colonna d'Istria a pressé Giraud de les aider. Le bataillon de choc débarque à Ajaccio. Goumiers, tirailleurs suivent. Les maquisards ne sont plus seuls. Ils vont guider, renseigner les unités régulières et faire le coup de feu. En 27 jours, la Corse est libérée. En un mois de combats, les patriotes ont eu 170 tués et 300 blessés [2].

---

1. Levie, village martyr, recevra la croix de guerre avec palme.
2. Tués au combat et résistants exécutés par Italiens et Allemands.

Chapitre VI

AVANT LE 6 JUIN

1er JANVIER 1944

A Londres, Eisenhower prend le commandement de ce qui sera la gigantesque armada appelée à débarquer quelque part en Europe. Dans leurs campements parfois enneigés, les maquisards français n'ont pas possibilité d'avoir connaissance d'une telle nomination. Leurs moyens d'information sont limités. L'heure des transistors n'a pas encore sonné. La BBC ne peut s'écouter – avec prudence – que là où il y a de l'électricité et un récepteur. Encore se garde-t-elle bien d'annoncer l'entrée en fonction d'Eisenhower. Inutile de renseigner l'ennemi. Cependant les maquisards, à l'aube de 1944, osent espérer pour cette année nouvelle. Le débarquement attendu en vain en 1943 sera pour 1944. Tous les échos concordent.

A Alger, de Gaulle finit d'évincer Giraud. L'évadé de Koenigstein a dû abandonner la présidence du CFLN. Pour trois mois encore, il est toujours commandant en chef. En avril, il ne sera plus rien, poussé sans ménagements vers la sortie. L'homme du 18 Juin, de tous côtés, avance ses pions pour dominer la scène française quand viendra la Libération. Ce n'est pas si simple. Nombreux, à commencer par les communistes, n'entendent pas se laisser écarter.

En France, au début de l'automne 1943, Georges Bidault a remplacé l'héroïque Jean Moulin à la tête du CNR. Mais Jean Moulin n'était pas uniquement président du CNR. Membre du CFLN, il appartenait au gouvernement de la France Combattante. Il était également, et peut-être surtout, délégué général de Charles de Gaulle, avec mission d'unifier et conduire la Résistance intérieure. Ces titres, sa personnalité lui conféraient prestige et autorité. Son successeur n'a que l'investiture du CNR. Sa position est moins forte. Elle ouvre des brèches par où les communistes peuvent s'engouffrer dans la direction de la Résistance et par là modifier son visage.

De Gaulle, après un long intérim de Jacques Bingen, héros trop méconnu, comme délégué général, nomme le préfet Bollaert à ce poste essentiel. Bollaert arrêté, Parodi lui succède et tiendra jusqu'à la fin.

CNR. Délégué général. Il y a dualité. Qui commande quoi ?

Les gens du CNR, forts de leur position et de leurs propres risques encourus, estiment avoir vocation à diriger l'intégralité de la Résistance, Résistance militaire comprise. A cette fin, ils instituent une Commission militaire d'action, COMIDAC, très vite appelée simplement COMAC.

Ce COMAC a mission « d'organiser et de diriger l'action de toute la Résistance, c'est-à-dire :

– L'action immédiate sous toutes ses formes.

– L'action au jour J. »

Il comprend au départ Jean de Voguë, un cadre de Combat qui glisse vers le PC, Claude Bourdet, lui aussi de Combat, Chevance, dit « Bertin », fidèle de Frenay, qui en trois ans passera de lieutenant à général, Louis Mangin, fils du général et délégué militaire du CFLN. Le colonel Dejussieu, « Pontcarral », est chef d'état-major. Quant au général Revers, patron de l'ORA, il n'est pas admis. Par la suite, après d'âpres négociations, il se verra octroyer un strapontin de « conseiller technique ». Pourtant un accord AS-ORA a été signé en octobre 1943. L'ORA a reconnu l'autorité du CFLN présidé par Charles de Gaulle. Mais à l'ORA, le fait est notoire, on n'apprécie pas Moscou.

Ce COMAC première mouture est très largement une émanation de Combat et de l'AS. Quelques arrivées supplémentaires, des arrestations sur l'origine desquelles il est loisible de s'interroger [1], amènent des bouleversements. Bourdet arrêté est remplacé par Marcel Degliame, un communiste qui se garde bien de révéler la couleur de son chapeau. Le colonel Dejussieu est arrêté à son tour le 4 mai. Son

1. Le capitaine Guy, qui fut l'aide de camp de De Gaulle, lui prête à ce sujet des propos accusateurs.

poste devrait être occupé par le colonel Rebattet (« Cheval »), devenu responsable maquis à la place de Brault, parti pour Londres car jugé trop à droite. Rebattet étant du même bord, Voguë et Degliame poussent le communiste Malleret (« Joinville »). Chevance-Bertin ayant été rappelé à Alger pour d'autres missions, il n'est plus de contrepoids à celui du PC.

Au 22 mai, le COMAC est ainsi constitué :

– Président : P. Villon (PC).

– Membres : J. de Voguë (compagnon de route du PC), Kriegel (PC).

– Chef d'état-major : général « Joinville » (Malleret, PC).

Les autres membres ne sont là qu'à titre d'associés : Chaban (Delmas), général Revers, colonel Ely en tant que représentant du général Koenig.

Ce COMAC, dans cette version dominée par le PC, incitera obligatoirement à l'action immédiate et même à l'insurrection [1]. Il n'est pas là obligatoirement en porte-à-faux avec les ordres donnés par les hiérarchies non communistes. En janvier 1944, les chefs nationaux maquis ont décidé de déclencher une guérilla généralisée. Ils répondent à l'attente de leurs troupes. Mais cette guérilla ne peut guère impliquer que les groupes francs spécialisés.

Le gros des maquisards, suivant le cas, attaque ou se défend. Dans l'ombre, les sédentaires attendent.

*

Entre-temps, d'autres structures de commandement militaire se sont à leur tour mises en place. Cette fois, elles émanent de De Gaulle et de sa volonté de tenir les rênes.

Le 1er février 1944 sont officialisées les FFI, Forces françaises de l'intérieur [2]. Elles visent à unifier sous un même sigle et un même commandement FTP, AS, ORA. Le général Koenig en assume le commandement en chef avec au départ Dejussieu comme chef d'état-major qui cumulera donc durant quelques mois deux fonctions, au COMAC et chez les FFI.

Si Koenig ignore tout de la Résistance, son passé de Français libre, son auréole de défenseur de Bir-Hakeim lui apportent un renom susceptible d'asseoir son autorité. Mais il est à Londres. En campagne, un véritable commandement ne peut s'exercer que sur le terrain au contact des réalités.

Dans le cas présent, Koenig en métropole serait coupé de l'état-

1. Voir plus bas.
2. Elles ont été créées en décembre 1943.

major allié auquel il est rattaché. Ce serait pire. Il s'éloignerait du pouvoir, disposant des moyens. Koenig, de fait, reconnaîtra avoir tenu à la tête des FFI un rôle plus nominal qu'effectif.

A cet égard, le colonel Maurin, de l'ORA, commandant des forces armées en Haute-Saône, Doubs, Nord-Jura et Territoire de Belfort, souligne avec pertinence :

> « La guérilla se dirige mais ne se commande pas. Car il est impossible au commandement d'exercer une action directe sur de petits éléments dispersés dans la nature. Elle doit être comme un feu qu'on allume et qu'on éteint suivant les circonstances. »

Ces FFI sont censés se situer dans l'orbite de De Gaulle et du commandement interallié d'Eisenhower. Koenig est appelé à se tenir près de Ike à compter du 30 mai et l'état-major FFI entre en fonctions à Londres le 2 juin.

A côté de ces structures en place ou à venir s'en ajoute une supplémentaire. Toujours le souci de De Gaulle, devant l'émergence du COMAC communisant, de ne pas voir la Résistance militaire lui échapper ou dériver vers d'autres fins politiques. Sont créés des délégués militaires. Il en est un à l'échelon national, deux à celui des zones, et 12 enfin au niveau régional. La décision du 10 mars 1944 concernant leurs attributions précise :

> « Autant que possible, il devra y avoir par région un seul chef devant représenter tous les mouvements y compris FTP, ORA, Maquis, Action immédiate.
> Le DMR (Délégué militaire régional) reçoit directement ses instructions et ses ordres dans le domaine tactique et technique des bases de Londres et Alger. En fonction de ces instructions, il procède à la mise en place des plans et répartit les missions et celles entre l'organisation de sa région. »

Comment ne pas créer des interférences et des contradictions par cette pléthore de hiérarchies ? D'un côté, le commandement des FFI, rattaché directement au général Eisenhower dans la perspective du jour J. D'un autre, le COMAC, à très forte coloration communiste, se présente comme l'autorité militaire sur le terrain et parle d'insurrection généralisée. D'un autre encore, les délégués militaires, hommes du CFLN de De Gaulle. Il faut compter aussi avec tous les chefs locaux dont l'influence personnelle ne saurait être négligée. Ils ont leurs fiefs où ils entendent agir à leur guise. Autant de possibilités de divergence et d'actions décousues.

La région B (Bordeaux) fournit un bel exemple de l'imbroglio créé par ce déluge de chefs. Le CFLN a désigné le colonel Gaillard comme DMR. Robert Landes (« Aristide »), l'agent du SOE, est rentré après un séjour à Londres. Nanti de bien des pouvoirs dont celui de déclencher des parachutages, il s'affirme ouvertement le patron en Aquitaine. Pour faire bonne mesure, le COMAC a investi le général Moraglia comme chef des FFI.

*

Dans la création des FFI qui englobe *ipso facto* tous les maquis, un point fera jaser. Le statut des FFI prévoit l'octroi de grades d'assimilation aux officiers FFI suivant les effectifs sous leurs ordres [1]. Guingouin en Limousin sera colonel, Georges dans le Lot de même. Les officiers de carrière, dans l'ensemble, rechignent devant de telles promotions qui les surprennent. Pommiès, à la tête de 8 000 hommes, attendra sa nomination réglementaire au grade de lieutenant-colonel. Huet, commandant du Vercors, de Segonzac, patron des maquis du Tarn-sud, auront le même comportement. Ces promotions FFI créeront donc des pommes de discorde. Certaines seront abusives. A commencer par celle d'André Malraux. Plus d'une cependant était justifiée. Les circonstances exceptionnelles révèlent les caractères et les chefs. Guingouin a prouvé son étoffe. Les colonels Coulaudon en Auvergne, Romans-Petit dans l'Ain méritaient largement leurs galons. Ils ne sont pas les seuls.

*

Par-delà toutes ces questions de caïdat, au début de 1944, l'armement reste le problème crucial des maquis. Sa faiblesse les rend vulnérables, interdit les actions d'envergure, freine le recrutement. Pourquoi enrôler des maquisards, s'ils doivent se retrouver les mains nues ?

Confronté aux doléances, Churchill n'est pas foncièrement hostile. Pragmatique avant tout, il souhaiterait qu'existe en France une situation analogue à celle de la Yougoslavie. Les partisans de Tito mènent la vie rude à la Wehrmacht et contrôlent même une bonne partie de leur pays. Le Premier ministre britannique sait parfaitement que la

1. Il existe une double hiérarchie :
– Territoriale : chef de région : lieutenant-colonel ; chef de département : commandant ; chef de trentaine : sous-lieutenant aspirant.
– Fonction des effectifs : 2 000 hommes et plus : lieutenant-colonel ; 1 000 hommes : commandant ; 300 hommes : capitaine ; 100 hommes : lieutenant.

géographie, les mentalités ne permettent pas qu'il en soit partout ainsi en France. Cependant, il croit possible d'arriver à une situation « à la yougoslave entre le Rhône et la frontière italienne, le lac de Genève et la Méditerranée ». Pratiquement il s'agit là du secteur alpin, régions R1 et R2 de la Résistance.

Mais Churchill n'a qu'à demi confiance. A d'Astier de La Vigerie, ancien dirigeant de Libération devenu commissaire à l'Intérieur du CFLN, qui le 26 janvier [1] lui réclame des armes, il réplique :

> « Pouvez-vous m'assurer que les Français n'utiliseront pas les armes contre eux-mêmes, qu'ils obéiront aux ordres du général Eisenhower sans aucune réserve inspirée par des raisons politiques ? »

Ah, certes, il est bien informé ! Il n'ignore rien des rivalités intestines qui sapent la Résistance. D'autres pourraient lui répliquer que ces rivalités ont une tout autre ampleur et un tout autre aspect en Yougoslavie. D'Astier s'en garde bien, connaissant l'irascibilité de son interlocuteur. Surtout au moment où le terrain a été bien préparé. Avant lui, le major Yeo Thomas, « Lapin blanc », l'un des meilleurs agents du SOE, a plaidé avec éloquence la cause des maquis. Se tournant vers le chef d'état-major de l'armée de l'air plutôt réticent, Churchill questionne avant de trancher :

> « Combien d'armes peuvent-elles être parachutées dans une sortie d'avions ?
> – De quoi armer 100 hommes.
> – Alors donnez-lui 200 sorties d'avions supplémentaires en février [2]. »

La cause commence à être entendue. En février, les parachutages prennent une autre ampleur. De quoi armer 16 000 hommes. Le double descendra en avril. Ce mois-là, les Américains, vexés par les réflexions de De Gaulle sur leur carence en ce domaine, entreront à leur tour en lice. De Grande-Bretagne et d'Algérie, les lourds bombardiers partiront déverser leurs flots de containers [3].

*

---

1. Certains auteurs avancent le 1er février.
2. D'Astier de La Vigerie, ouvr. cité, p. 52-53.
3. Au titre des Américains, 3 500 tonnes depuis l'Angleterre, 1 500 tonnes depuis l'Algérie.

Avant même ces parachutages qui deviendront massifs en juillet-août, ces mêmes Américains s'intégreront au dispositif d'assistance à la Résistance et aux maquis. Les Britanniques disposent de leur SOE, les Américains de leur OSS. Fin 1943, la section SO (Special Operation) de cette OSS fusionne avec le SOE. Cette unité débouche sur la constitution dans le cadre du Special Force Headquarters (SFHQ) des équipes dites Jedburg [1]. Une Jedburg réunit un Anglais, un Américain, un Français et est destinée à œuvrer au profit des maquis en liaison avec l'armée régulière. 300 volontaires seront retenus et formeront 93 équipes, comprenant au total 83 Anglais, 90 Américains, 130 Français. Des impératifs de secret et de sécurité imposeront de ne pas les faire intervenir avant le jour J. Ces combattants en uniforme sauteront donc sur la France de juin à septembre [2]. Ils apporteront aux maquis un soutien tactique non négligeable.

*

Parallèlement, les Américains mettent sur pied les American Operational Groups (OGS), commandos de quelques dizaines d'hommes destinés à agir sur les arrières de l'ennemi. Les Britanniques, pour leur part, possèdent leurs célèbres unités aéroportées du SAS (Special Air Service). OGS [3] et SAS, avec notamment pour ce dernier les 2e et 3e RCP français [4], mèneront eux aussi une action vigoureuse en liaison avec les maquis dès le déclenchement d'Overlord [5].

*

Et les maquis, en ces premiers mois de 1944 ?

L'hiver est rude. Rigueurs hivernales et répression s'additionnent. Il faut tenir et attendre. Aucune illusion sur ce point. Les conditions climatiques interdisent d'envisager le débarquement avant les beaux jours. Les maquisards connaissent des mois difficiles.

Inutile de le cacher : il est des défections. Certains renoncent. Des réfractaires, devant les servitudes et les dangers quotidiens, s'évanouis-

1. Du nom d'une petite localité écossaise à 50 kilomètres au sud-est d'Edimbourg, célèbre pour son abbaye.

2. Quelques-uns seront amenés à pied d'œuvre par aérotransport sur des terrains tenus par les maquis.

3. 21 OGS interviendront en France.

4. Voir plus bas, chapitre 9.

5. Débarquement en Normandie.

sent discrètement, cherchant ailleurs que dans les maquis un point de refuge. Mais ils ne sont qu'une infime minorité.

Dans une vision traditionnelle, le maquisard est l'homme des bois, des collines et des montagnes. Il vit en marge, abrité sous une hutte de branchages ou une tente de fortune. Il ne se manifeste que pour trouver de quoi survivre ou frapper par surprise son adversaire. Après quoi il disparaît à nouveau, camouflé quelque part dans ses forêts ou ses hauteurs.

Cette présentation qui vient habituellement à l'esprit n'est pas totalement fausse. Un maquis n'a pas vocation à vivre au grand jour. Il serait trop vite localisé. Dans la pratique, autant que faire se peut, il s'abrite dans des granges, des fermes ou des gentilhommières isolées. De même il s'efforce de ne pas s'éloigner des sources de ravitaillement. Dans bien des cas, il voisine des villages ou des hameaux. Ce n'est pas sans risques. La délation existe. Par hostilité ou par crainte des retombées de cette présence dangereuse.

Au fil des mois, le maquisard s'est pourvu de moyens de transport. Hormis des cadres spécifiques comme les Glières ou l'Oisans, il se déplace en véhicule. Il éloigne ainsi son camp des centres habités. Il acquiert une possibilité d'action accrue. Il est déposé à proximité du point où il doit agir. Après quoi il se replie rapidement grâce à ses « roulettes ».

Le maquisard de 1944 sera un combattant motorisé utilisant à fond les véhicules de l'époque : tractions avant Citroën (voitures fétiches), camions de tous types, à essence ou à gazogène. Pour les obtenir, il réquisitionne ou exploite les complicités. C'est dans cet équipage, où le folklore ne sera pas toujours absent, que les populations le verront déboucher à l'heure de la Libération. Faut-il encore rappeler qu'en 1944 savoir conduire n'est pas lot commun. Avec la jeunesse de certains conducteurs, les déplacements, toujours à folle allure, ne sont pas sans risques…

*

Depuis l'automne 1943, la pression antimaquis s'est accentuée. Elle s'intensifie encore en 1944. Deux raisons expliquent cette accélération. Les Allemands ont pris conscience du phénomène maquis et de la menace qu'il constitue. Von Rundstedt, commandant en chef à l'Ouest, parlera du « danger extraordinaire » représenté par les maquis, danger justifiant l'emploi de la Wehrmacht. Par ailleurs, au niveau de Vichy, Joseph Darnand devient secrétaire général au maintien de l'ordre.

La position allemande vis-à-vis des maquisards est d'une extrême simplicité. Elle prétend s'appuyer sur les conventions internationales [1]. Les francs-tireurs ne sont pas des combattants reconnus. En position illégale, ils sont passibles de la peine de mort. Le commandement allemand, féru d'histoire, ne manque pas de faire appel au précédent de 1870.

Von Rundstedt a disposé le gros de ses forces le long des côtes françaises. La « Forteresse Europe » attend l'envahisseur et compte sur le Mur de l'Atlantique. Dans l'intérieur du territoire français, les gouverneurs militaires sont responsables de la sécurité des lignes de communication. Chez eux, à une ou deux exceptions près, le sentiment ne porte pas à la modération. Les francs-tireurs doivent être « abattus au combat » [2], les suspects déportés en Allemagne comme main-d'œuvre, les habitants impressionnés. Quitte à faire des victimes innocentes, les bâtiments d'où ont été tirés des coups de feu sont détruits. Les officiers manquant de fermeté dans l'application de ces directives sont à sanctionner. Le comportement du soldat allemand, aussi inhumain qu'impitoyable, trouve là une première origine.

Il en est une autre. Devant ses saignées consécutives, la Wehrmacht pour remplir ses rangs a ratissé large. Elle a levé à l'est des troupes peu policées, à la discipline douteuse. Cette Ostlegion de Tartares, Azerbaïdjanais, Turkmènes, Ouzbeks, Tadjiks ne recule devant rien, se regarde partout en pays conquis, massacre, pille et viole. SS et enrôlés de l'est seront les grands protagonistes des monstruosités commises. Mais plus d'un Feldgrau les imitera.

Les séides de Darnand seront leurs comparses. Le chef de la Milice, le 1er janvier 1944, prend donc les fonctions de secrétaire général au maintien de l'ordre. Si l'individu est courageux, il est tout autant obstiné et brutal. Il croit en la victoire de l'Allemagne et a prêté le serment SS de fidélité à Hitler. Sans retenue, il précipite les siens dans une collaboration forcenée. Son nouveau poste lui donne droit de commandement et de contrôle sur la police nationale, la gendarmerie, la garde mobile, les GMR, la préfecture de police à Paris, les services pénitentiaires, les polices spéciales, les gardes de communications. Bref, il dispose de larges pouvoirs.

La loi du 20 janvier 1944 les renforce encore. Elle crée des cours martiales. Darnand et la Milice disposent là d'une arme terrible. Tous

---

1. Mais les Allemands respectent-ils les lois de la guerre ? La réponse à cet égard est sans ambiguïté.

2. Application de la directive de l'OKW du 10 mars 1944 et de celle du 23 septembre 1943, précisant que les conventions de La Haye ne sauraient s'appliquer aux membres de l'AS, donc aux maquisards.

les maquisards pris les armes à la main tombent sous le coup du flagrant délit. Traduits devant une cour martiale, après un simulacre de jugement, ils connaissent, sitôt le verdict sans appel prononcé, la salve d'exécution d'un peloton de gardes mobiles. (Ces pelotons d'exécution – ils seront nombreux – sont une tache noire et indélébile au passif de la gendarmerie mobile. Les refus d'obéissance sont rarissimes.)

Darnand obtient aussi que sa Milice puisse intervenir en zone nord. Il veut partout, par une « épuration énergique » et de « justes représailles », « frapper impitoyablement les bandes qui tiennent le maquis et la masse de ceux qui se font leurs complices ». Les Allemands n'auraient jamais pu porter les coups qu'ils ont frappés sans le concours de ces forces policières de Darnand et Vichy.

*

La lutte des maquis avant le débarquement n'est pas une bataille globale. Elle n'est qu'un ensemble de faits épars, plus ou moins heureux, plus ou moins importants. Ainsi qu'en 1943 succès et revers se succèdent et s'enchevêtrent.

Le 19 janvier, les maquis du Lot (groupes Veny) mènent à bien le sabotage des usines Ratier à Figeac. Ratier fabriquait des pales d'hélices d'avion. Cette destruction évite un bombardement allié, occasionnant toujours des pertes civiles.

Même efficacité et même incidence pour le commando Pottier du corps franc Pommiès contre les usines Hispano-Suiza de Soues, près de Tarbes, le 15 avril. 200 moteurs d'avions sortaient mensuellement au bénéfice de la Luftwaffe. Là aussi, un bombardement allié est évité. On peut rapprocher ce coup de main des sabotages réussis contre la compagnie française de raffinage à Boussens (Haute-Garonne) ou contre l'avion prototype V4, quadrimoteur prévu pour bombarder les Etats-Unis. Ce V4 était conçu pour porter une fusée V1 larguée à 300 kilomètres des côtes américaines.

Ces actions heureuses sont coupées de scènes tragiques. Le 29 janvier, les Allemands frappent de nuit sur renseignements. Qui leur a localisé le maquis ORA, implanté près du village de Malleval, sur les pentes occidentales du Vercors ? Le doute subsiste. La cinquantaine d'hommes du lieutenant Eysseric, ancien du 6e BCA, se croyaient en sécurité. Les gorges du Nant rendent difficile l'accès de leur repaire. Bien orientés, les Allemands déferlent par les hauts. Le système d'alerte n'a pas fonctionné. La surprise joue. Eysseric et 22 des siens sont tués en tentant de se dégager. Une vingtaine de maquisards seulement parviennent à s'échapper. Evoquant le sort de Malleval, l'abbé Pierre, un des rescapés, parlera d'un premier Oradour. Les trois quarts du village sont détruits. Sept villageois sont tués. Six autres mourront en déportation. (Malleval, avant la guerre, comptait 56 habitants.)

Le 1er février, Allemands et miliciens surprennent un camp de maquisards installé dans d'anciens baraquements des Chantiers de Jeunesse à Marcoles, près d'Aurillac, dans le Cantal. Quatre maquisards sont tués. Deux prisonniers sont fusillés sur place. Les baraquements sont incendiés et les miliciens se livrent à des pillages dans les environs. Un exemple de répression sauvage parmi tant d'autres.

Qui s'étonnerait, dans ce climat de haine réciproque, des réactions brutales et peut-être excessives parfois de l'autre côté ?

Le 11 février, huit inspecteurs de police sont interceptés par un maquis en Haute-Savoie et aussitôt exécutés. Quatre jours plus tard, huit autres inspecteurs et deux commissaires de police connaissent le même sort. Les cadavres seront retrouvés par la suite, une balle dans la tête. Philippe Henriot, le thuriféraire de la collaboration, n'hésite pas à parler d'une exécution « à la mode russe ». *L'Œuvre*, le journal de Déat, évoque un « Katyn à la française ». La formule est plus qu'outrée [1], mais nul ne s'y trompe. Une lutte à mort est engagée.

On apprendra que ces enlèvements et exécutions ont été le fait d'un groupe FTP commandé par Lamouille. L'hôtelier d'Annemasse a déjà fait parler de lui. Il mêle à l'occasion le droit commun au politique. L'AS veut éliminer le coupable mais le FTP Lamouille a l'appui de ses amis. Les ordres à son sujet n'auront pas de suite.

Le 22 février à l'aube, les Allemands cernent le petit maquis du Ventoux, dans le sud-est de la Drôme, sur la commune d'Izon-la-Bruise. 11 maquisards sont tués. 24 autres, faits prisonniers, sont fusillés à Eygalayes. Il n'y a qu'un rescapé à ce groupe de 36, Pascal Laurent.

Février est surtout le mois de l'offensive généralisée engagée par la Wehrmacht dans l'Ain.

COMBATS DANS L'AIN

Depuis le 11 novembre 1943, les Allemands savent que les maquis de ce département ne sont pas une vue de l'esprit. En décembre, on l'a vu, ils ont lancé une opération mais sans insister. Cependant, ils se méfient de cette poche dangereuse pour l'axe Lyon-Besançon-Belfort.

En janvier, des escadrons de GMR sont envoyés en reconnaissance vers le plateau du Retord et n'insistent pas. Le 5 février, les Allemands prennent le relais avec des troupes de montagne. Bien équipés, vêtus

1. A Katyn, 10 000 officiers polonais ont été abattus par les Soviétiques.

de blanc en pleine tempête de neige, leurs éclaireurs surgissent au milieu des campements. Les maquisards doivent se replier, incapables de soutenir un combat conventionnel contre un adversaire plus nombreux, dont l'aviation se manifeste durant les accalmies de la météo. Portant ou soutenant leurs blessés, ils marchent durant des heures pour échapper à l'encerclement.

Le 6, des combats éclatent un peu partout au hasard des rencontres sur le plateau et dans la forêt. Les Allemands achèvent les blessés, arrêtent des sédentaires, des notables, des gendarmes, incendient des maisons. Alerté, Romans-Petit, alors en Haute-Savoie [1], rejoint à la hâte les siens. Il renouvelle et renforce ses consignes : éviter les affrontements, mener une guérilla éclatée, changer fréquemment d'emplacement, ne pas dépasser 80 par camp.

Se consacrant désormais uniquement à son département, Romans-Petit prend contact avec les maquis du Haut-Jura conduits par un officier d'active, Jean Duhail. Ensemble les deux hommes déclenchent des coups de main sur les arrières de la Wehrmacht. Progressivement, l'étreinte se desserre.

La tactique préconisée par Romans-Petit paye. En avril, les Allemands, s'enfonçant à nouveau dans le Haut-Bugey, tombent sur du vide. Les maquis ont éclaté, ce qui ne les empêche pas de tendre des embuscades de nuit et de monter des opérations de sabotage des voies de communication. L'insécurité s'installe alors que les accrochages se multiplient. Au cours de l'un d'eux, le lieutenant de Vanssay tombe héroïquement, près de Montanges, servant jusqu'au bout un fusil-mitrailleur pour couvrir le repli de ses hommes. Paul de Vanssay est une figure héroïque des maquis de l'Ain. Il est l'homologue pour l'Ain de Tom Morel pour la Haute-Savoie. Même jeunesse, même ardeur, même foi. Disparaît également lors de ces combats le lieutenant Darthenay, « petit co » [2] de Morel, évadé des oflags, martyrisé par les Allemands et dont une promotion de Saint-Cyr porte aujourd'hui le nom [3]. Les arrestations, les exécutions, les incendies, toutes les exactions commises par la Werhmacht et ses alliés n'empêchent pas les maquis de l'Ain de poursuivre et de se renforcer. Ils seront à l'ouvrage au lendemain du jour J.

---

1. Voir plus haut.

2. Camarade de promotion dans le jargon de Saint-Cyr. Morel, Darthenay appartenaient à la promotion 1935-1937 (maréchal Lyautey), comme Girouse (Chabot), l'adjoint de Romans-Petit.

3. 1974-1976.

30 mars. Les Allemands ont encore eu des renseignements. Ils entreprennent une opération de ratissage dans la région de Prondines, à l'ouest de Clermont-Ferrand. Il y a là effectivement six camps. Onze maquisards sont pris dans le bouclage à Le Claveix et abattus à la mitraillette. Par miracle, l'un d'eux survivra. Ailleurs, les Français parviennent à s'esquiver, mais comme partout des paysans sont victimes de la fureur des Allemands ou des miliciens.

L'AFFAIRE DE CAJARC

Dans le Lot, le colonel FTP Noireau, « Georges », a reçu du renfort. En janvier 1944, Jean-Jacques Chapou, « capitaine Philippe », de l'AS [1], lassé de « l'attentisme », l'a rallié avec 250 maquisards. Désormais en position de force, Noireau reçoit au début d'avril l'ordre de la direction du PC de se manifester en force, en occupant quelque temps une petite ville. L'ordre précise en outre de ne décrocher qu'après un engagement avec les troupes d'occupation.

Les Français de 1944 ne connaissent guère Cajarc, gros bourg de la vallée du Lot, à 50 kilomètres de Cahors et à 20 kilomètres au sud-ouest de Figeac. Ils ne le découvriront que deux ou trois décennies plus tard, lorsque des célébrités du monde politique ou littéraire viendront y occuper une résidence secondaire.

Les maquis de Noireau [2] sont solides, mais il serait trop risqué de se heurter directement aux garnisons des principales cités du Lot. Cajarc est choisi. Les abords se prêtent à des embuscades et au décrochage. De plus, il existe un contentieux à solder avec des miliciens de Cajarc. Ceux-ci ont permis en 1943, par leurs renseignements, de décimer le petit maquis AS Douaumont.

Venus de huit maquis, Bessières, Imbert, Jean-Bart, Gabriel-Péri,

---

1. Devenu ensuite commandant des FTP de Corrèze, Chapou sera tué le 26 juillet à un barrage routier allemand. Il est l'une des figures les plus attachantes des maquis Lot-Corrèze. Son biographe écrit : « Il était accepté par tous... Il était l'exemple à suivre, le conseiller à écouter... »

2. Si les FTP, par la personnalité du colonel « Georges », occupent une position prédominante dans le Lot, ils n'y sont pas les seuls. Le 6 juin, les maquisards du Lot seront environ 2 500, incluant :

– Les maquis FTP ;

– Les maquis AS Veny, organisés par le colonel Lefèvre, alias Vincent, alias Veny, d'où l'appellation, et le commandant Collignon, chef régional de l'AS. Le colonel Jean Lefèvre et le commandant Henri Collignon, officiers de carrière, ont derrière eux un beau passé militaire en 14-18 ;

– Un maquis ORA.

Guy-Môquet, France, Liberté, République – ces deux derniers à base d'Espagnols –, ils sont environ 500 à converger sur Cajarc dans la nuit du 9 au 10 avril. A l'aube, des bouchons se mettent en place aux approches de la ville aisément investie. La brigade de gendarmerie est désarmée sans opposition. Trois miliciens sont arrêtés (ils seront passés par les armes sur le foirail à 14 heures).

La population fait bon accueil tout en se montrant prudente. Non sans raisons, elle craint les représailles. Un tract préparé à l'avance lui est distribué :

> « A la population de Cajarc
> Des patriotes en armes occupent aujourd'hui votre ville. Au même titre que pour les patriotes d'autres pays occupés, l'heure est venue de participer d'une façon active à la libération de la France et de la débarrasser définitivement des brigands boches et des traîtres qui la souillent et la pillent.
> Nous vous appelons tous à rejoindre nos rangs. Nous vous donnerons les armes nécessaires pour que cette lutte de libération nationale soit menée jusqu'à la victoire totale sur la canaille hitlérienne et sur ceux qui, au mépris de toute idée de patrie, se sont mis à la solde des nazis.
> L'intérêt militaire, politique, économique et humain de notre patrie exige que tous les Français, rejetant un attentisme qui sert l'ennemi, se lancent hardiment dans la bataille décisive qui redonnera à la France sa place de grande nation libre et indépendante.
> En avant pour la libération.
> Vive la France libérée. »

On remarque au passage un petit coup de patte contre l'attentisme. Ah, la communauté de vues sur la tactique à suivre avant le jour J a du mal à se réaliser !

La matinée à Cajarc s'écoule sans incidents. Vers 13 heures, un convoi allemand arrivant de Cahors par la vallée du Lot est accroché à hauteur de Larnagol, quelques kilomètres avant Cajarc. Les Allemands, pris sous le feu des FM, ont des pertes. Le rapport de gendarmerie mentionnera 5 tués, 2 blessés [1].

Dans le courant de l'après-midi, les Allemands, désormais alertés par ce premier échec, reviennent en force. Ils sont 750, soit la quasi-

1. Ariza, chef du maquis espagnol « Liberté », engagé à Larnagol, dans son rapport, mentionne 14 tués.

totalité de la garnison de Cahors. Des GMR, des miliciens les accompagnent. Progressivement, l'étau se resserre autour de Cajarc. Il est temps de décrocher pour éviter l'encerclement. L'opération se déroule en bon ordre mais un groupe du maquis France ne peut être averti. Ses membres faits prisonniers seront fusillés huit jours plus tard, à la prison Saint-Michel de Toulouse.

L'écho de cette occupation rappelle un peu celui d'Oyonnax. Les maquisards ont manifesté leur force et leur détermination. Toutefois, un compte rendu d'opération de l'un des chefs souligne : « L'envergure de telles opérations dépasse nos possibilités. » Le commissaire aux effectifs [1] tient le même langage.

Dans l'euphorie du débarquement, ces réserves ne seront pas entendues. Les maquis FTP de la région penseront pouvoir rééditer de telles occupations à fort impact sur la population et non sans incidences politiques en cas de succès durable. Certaines se termineront en tragédies.

*

Tragédies ! Elles se succèdent en ce printemps 1944 où la nature appelle à vivre et non à mourir.

Le 17 mai, un détachement FTP est attaqué à La Bonnelle, dans la Creuse, par la Milice et les GMR. 23 maquisards sur 32 sont tués ou portés disparus. Et voici que survient le drame du maquis Bir-Hakeim le 27 mai.

LA TRAGÉDIE DU MAQUIS BIR-HAKEIM

Le maquis Bir-Hakeim a beaucoup bougé. Après l'Aveyron, le Béarn, il arrive fin mai sur le causse Méjean, à environ 35 kilomètres au sud-ouest de Mende.

Fortement motorisés, assez bien armés, les Biraquins, comme on les appelle, ne passent pas inaperçus. Leur réputation d'audace et de courage les suit, même si les habitants déplorent parfois leur présence devant les risques de représailles et certains de leurs comportements.

Le 27 mai, Bir-Hakeim s'installe au hameau de La Borie, commune

---

1. Les FTP disposent d'un commandement tertiaire assuré par :
– un responsable militaire chargé des opérations ;
– un responsable aux effectifs chargé du recrutement ;
– un responsable technique chargé du matériel.
(Le terme responsable tend à remplacer celui de commissaire, au relent « stalinien ».)

de La Parade. Le PC s'organise au château de Lapeyre, bâtisse qui n'est qu'une grosse ferme. Les hommes, qui se sont sans cesse déplacés les jours précédents, sont épuisés. La garde, la vigilance s'en ressentent. Et le lendemain 28 mai tombe jour de Pentecôte. Peut-être est-il possible de compter sur une certaine trêve pour les fêtes ? Personne ne croit vraiment au danger.

Les Allemands ont été prévenus. A Mende, le préfet de la Lozère, le commandant de gendarmerie leur ont communiqué les coordonnées précises du stationnement de Bir-Hakeim [1]. Sitôt l'information connue, une opération a été montée. Deux colonnes à base de l'Ostlegion font mouvement de nuit vers La Parade. Vers 8 heures 30, les premiers guetteurs avancés sont surpris et tués. Une sentinelle dormait. Dans le tumulte des premiers coups de feu, le combat s'engage. D'un côté, 67 ou 68 maquisards retranchés derrière les robustes murs en pierre des fermes et du château. De l'autre, plusieurs centaines d'Arméniens, encadrés par des Allemands et soutenus par des canons antichars.

Jean Capel (« commandant Barot »), le chef de Bir-Hakeim, tombe presque tout de suite, les armes à la main. Une désorganisation s'en ressent. Chaque groupe lutte de son mieux, sans qu'il soit vraiment possible de coordonner la défense. Les assaillants sont trop nombreux et bien équipés. En fin de journée, 32 maquisards ont été tués. 27, pour la moitié blessés, sont capturés. Ils seront sauvagement exécutés le lendemain. Bir-Hakeim ne compte qu'une petite dizaine de rescapés. Les Allemands auraient eu 11 tués, un sergent-chef allemand et 10 Arméniens.

Bir-Hakeim n'est plus. Pourtant il renaîtra, animé par le commandant Demarne, un officier d'active qui a servi sous de Lattre de Tassigny. En août, il comptera deux compagnies, mais Demarne ne verra pas la Libération : il sera tué au combat le 3 août. En deux années de lutte, le maquis Bir-Hakeim aura perdu 93 des siens.

Il est un autre maquis Bir-Hakeim. En Charente, celui-là. Le nom de Bir-Hakeim a une telle symbolique. Au début de 1944, ce maquis charentais compte 115 hommes dont 4 officiers et 16 sous-officiers. Après le jour J, il dépassera 200. Entre-temps, il aura connu lui aussi des vicissitudes. Le 26 février, près de Saint-Mary [2], vers 23 heures, l'un de ses groupes se heurte à un fort détachement allemand. Profitant de l'obscurité et de sa connaissance du terrain, il se dégage non sans avoir fait du mal en face. 28 tués allemands contre un chez lui.

1. Les deux hommes seront fusillés après la Libération.
2. 25 kilomètres au nord-est d'Angoulême.

Un peu après, à quelques kilomètres de là, un autre groupe harcelant une unité allemande est encerclé. 33 maquisards sont faits prisonniers. Les malheureux seront fusillés à Poitiers.

*

Les épreuves supportées ont souvent été terribles. Pourtant, le 5 juin 1944, une France des maquis existe. Elle a encore pris ampleur depuis le début de l'année.

Le phénomène STO a continué à jouer. Plus que jamais, les nazis ont besoin de main-d'œuvre. L'interdiction des Chantiers de Jeunesse en zone sud, fin janvier, a conduit des jeunes « à monter au maquis ». Les parachutages ont permis de recruter en connaissance de cause. Les maquisards sur le terrain sont mieux armés. Presque tous ont entre les mains une Sten ou un fusil. Ils déplorent seulement de ne pas être mieux munis en armes automatiques, antichars et mortiers pour attaquer les convois et les blindés ennemis.

Avec le printemps, l'environnement se fait plus accueillant. La neige disparaît. Plus de risques de traces par trop apparentes. Les forêts retrouvent leur feuillage. Il est possible de s'y dissimuler et d'y organiser des campements à l'abri de l'observation aérienne. La température devient plus clémente. Vivre dehors est moins austère, même si le quotidien reste rude. Certainement aussi, en ces semaines précédant le débarquement, au moment où la tension monte, où la perspective des combats de la Libération se rapproche, « monter au maquis » s'affirme pour un Français l'une des expressions les plus tangibles du patriotisme. Elle répond en quelque sorte à une mobilisation. Chez les meilleurs des fils de France, elle se présente comme un devoir pour participer à la grande œuvre du salut de la Patrie. Ainsi les jeunes enfants de troupe d'Autun. Ils n'ont que seize, dix-sept ans mais sont près d'une centaine, accompagnés de plusieurs professeurs, à gagner les maquis de l'Ain.

L'évocation de ces maquisards serait incomplète si l'on ne précisait pas qu'un bon nombre ne sont pas français. Des étrangers, les uns par idéologie, les autres par quête d'un havre, ont rejoint.

Des immigrés espagnols forment des maquis de guérilleros espagnols très présents en Ariège, Haute-Garonne, Hautes et Basses-Pyrénées [1]. Il en est aussi ailleurs. On en a vu lors de l'occupation de Cajarc. Un groupe important se bat aux Glières. Ces guérilleros, sous large influence du Parti communiste espagnol, seront peut-être 10 000 en

1. Pyrénées-Atlantiques.

août. Chiffre important eu égard au total des réfugiés espagnols en France. Avec à leur sujet une interrogation : quel est leur principal adversaire ? Hitler ou Franco ? Le second, à priori. Dans cet objectif, une fois la région évacuée par les Allemands, ils constitueront de véritables sanctuaires dans les Pyrénées, le long de la frontière espagnole [1].

Des ressortissants d'autres nationalités gagnent également les maquis, sans pour autant former toujours des blocs homogènes. Parmi eux, de nombreux déserteurs de la Wehrmacht, Allemands, Autrichiens, Polonais, Russes, Ukrainiens, Tchèques, etc. Les déserteurs d'origine soviétique doivent prêter serment [2] :

> « Moi, patriote de l'Union soviétique, entrant dans les rangs des partisans, je deviens un combattant du front antihitlérien. Ce nom, je le porterai avec honneur, comme un véritable citoyen de l'URSS... En accomplissant mon devoir à ma patrie soviétique, je m'engage également à rester honnête et fidèle envers le peuple français sur le territoire duquel je défends les intérêts de ma patrie. »

Un petit détachement baptisé « Stalingrad » [3], sous les ordres d'un lieutenant de l'Armée rouge, prisonnier évadé, œuvrera dans l'est de la France (Meurthe-et-Moselle, Vosges, Haute-Marne). S'étant étoffé, il participera aux combats de la libération de la Haute-Saône. Albert Ouzoulias écrit à son sujet :

> « La compagnie FTP "Stalingrad", composée pour l'essentiel de soldats soviétiques prisonniers évadés [4], de Polonais, d'autres nationalités et de quelques Français, partit de Lorraine. Elle fit en un mois plus de trois cents kilomètres et se retrouva dans la Haute-Saône. Presque chaque jour cette unité, qui s'armait en combattant, portait des coups aux postes allemands, faisant dérailler des trains de troupes et de marchandises, détruisant des pylônes, etc. Son itinéraire

1. On sait qu'après la Libération, ils tenteront une reconquête vaine du val d'Aran à partir du territoire français.

2. Ce serment est surtout prêté dans les maquis FTP ou MOI.

3. Il y aura plusieurs Stalingrad, comme il y a plusieurs Bir-Hakeim, étant donné la symbolique du nom.

4. Il faut comprendre prisonniers soviétiques, enrôlés dans la Wehrmacht et ayant déserté en France. Presque tous les rescapés connaîtront un destin tragique. Leur retour en URSS sera exigé par Staline qui exercera même un chantage sur les Alsaciens-Lorrains, les « Malgré-nous », prisonniers en Union soviétique. Staline considère comme des traîtres ces hommes qui ont accepté de servir dans la Wehrmacht pour ne pas mourir de faim dans les camps.

était jalonné par des étapes où les partisans prenaient contact avec les FTP sédentaires qui les ravitaillaient, les aidaient à s'orienter, les soignaient au besoin [1]. »

La MOI (Main-d'Œuvre immigrée) fournit également des éléments aux maquis. Suivant les régions, ces derniers auront dans leurs rangs des Russes, des Polonais, des Italiens, des Yougoslaves... Mais la MOI, sérieusement décimée en 1942 et 1943, travaille surtout en secteur urbain, principalement sur Paris et la banlieue.

*

Combien sont-ils exactement de maquisards armés et prêts à combattre le 6 juin 1944 ? Il est très difficile de se prononcer. C'est humain : chaque organisation gonfle ses rangs pour se donner de l'importance. Après la guerre, les maquis donneront naissance à plus d'une centaine d'associations ou d'amicales d'anciens. Impossible à partir de là d'avancer un chiffre. De petits maquis n'atteignent pas une centaine d'hommes. Le corps franc Pommiès dans le Sud-Ouest en alignera 8 000 (une fois la mobilisation générale réalisée). Car il ne faut pas oublier la distinction entre actifs et sédentaires (ou légaux). Un chiffre de l'ordre de 60 000 à 70 000 maquisards armés au jour J paraît raisonnable. Peut-être même est-il un peu fort.

A cause de la tragédie qui les accompagne, les noms de certains maquis sont mieux connus : Glières, Vercors, Mont-Mouchet, Saint-Marcel. A côté, il y a tous les autres de toutes tailles, disséminés à travers la France. Maquis de Bretagne, de Haute-Normandie, de l'Ain, du Jura, du Limousin, des Pyrénées, de Bourgogne, des Charentes, de Provence, du Massif central, de l'Est, du Sud-Ouest, du Berry, du Cher, des Ardennes, des Vosges... Il serait vain d'essayer de les répertorier tous. Certains pourraient être omis, lacune aussi injuste que fâcheuse car derrière chaque site de maquis se profilent tant de sacrifices.

*

Les Allemands sont obligés de tenir compte de toutes ces résistances armées, plus ou moins étoffées, qui les harcèlent, sabotent les voies de communications, traquent les collaborateurs. D'où la répression constatée. Certaines portions du territoire s'annoncent libérées. Le terme est dangereux. Si l'Allemand ne s'y aventure plus – car à quoi

1. Albert Ouzoulias, *Les Fils de la nuit*, Grasset, 1975, p. 181.

bon se disperser en des zones reculées –, il a toujours possibilité d'y faire des incursions en force. Un détachement blindé de la Wehrmacht possède les moyens de vaincre des maquis légèrement armés et de s'aventurer un peu partout, sauf en région montagneuse par trop accidentée. Se surestimer, oublier la puissance résiduelle de l'adversaire, entraînera des drames. 400 000 Allemands, dont plusieurs PD, stationnent dans le sud de la France le 6 juin 1944. Ce n'est pas mince présence, même si les regards du commandement allemand se portent d'abord vers les côtes.

*

Officiellement, toutes les organisations, AS, FTP, ORA, ont fusionné dans le cadre des FFI. Est-ce si sûr ? Le chef régional militaire de R1 (Lyonnais) écrit en avril :

> « Je ne suis chef FFI que de nom... J'ai de plus en plus le sentiment que cette dérobade continuelle des FTP n'est que la traduction sur le plan politique et militaire de leur état d'esprit. Certains documents que j'ai sous les yeux montrent d'une façon évidente que les FTP continuent à propager la légende d'une AS attentiste, bourgeoise, contre-révolutionnaire, et dont il est bon de tirer le maximum (au besoin en pillant les dépôts de trentaine) sans rien apporter en échange à l'œuvre d'unification tant désirée. En période d'intense préparation au combat, ce refus d'unifier nos forces devant l'ennemi prend à mes yeux l'allure d'un sabotage de la Résistance [1]. »

En zone nord, Favereau (« Brozen »), le chef des maquis, se plaint du séparatisme des communistes. Mais ces derniers ne sont pas les seuls. En limite des départements de l'Hérault, de l'Aude et du Tarn, Robert de Montpezat a monté un solide maquis, le corps franc de la Montagne-Noire. Montpezat est entouré d'officiers d'active et du major anglais Richardson. Ses bonnes relations avec les Britanniques lui ont procuré un solide armement et permis de se soucier du « look » de ses troupes : « Donner aux futurs combattants une tenue convenable, digne de la cause qu'ils représentent. » A cause des envieux ou plus probablement pour raisons politiques, – il est loin d'être de gauche –, il n'entend recevoir ses ordres que de Londres et se réserver

1. Jacques Soustelle, *Envers et contre tout*, tome 2, p. 363.

pour le jour J. On retombe là dans le vieux débat action immédiate ou préparation pour aider au débarquement.

N'ignorant pas cette situation réelle, Koenig, le 6 juin, s'adressera à tous les délégués militaires :

> « La bataille pour la Libération est déclenchée. Je demande aux représentants des mouvements FTP et de l'ORA de prendre conscience de la nécessité d'une union totale dans le but de chasser l'ennemi de France. »

Koenig n'est pas dupe mais ne veut pas faire preuve de parti pris. Il s'adresse aussi bien à l'ORA qu'aux FTP. Il sait bien que ses propos visent surtout les FTP, chez lesquels des arrière-pensées politiques ne sont pas absentes. L'ORA s'est intégrée. Le 14 février, elle a conclu un accord formel en six points avec le CNR et s'est placée dans le cadre FFI. Cet accord est globalement respecté, même si de-ci de-là quelques officiers raclent les pieds, peu soucieux de s'associer à des communistes ou de se ranger sous des civils dont ils découvrent les galons.

Toutes ces autonomies, toutes ces divergences ne facilitent pas le travail du commandant en chef des FFI.

Chapitre VII

LES GLIÈRES

Pour la majorité des Français, le maquis le plus célèbre est très certainement celui des Glières. Ce plateau de Haute-Savoie a pris valeur de symbole. Il est pour la Résistance armée le Bir-Hakeim de la France Libre, le Belvédère du CEF d'Italie. Il est l'une des grandes images de l'héroïsme dépensé pour la libération de la Patrie.

Les combats des Glières, en février-mars 1944, conduisent d'entrée à une question qui en induit d'autres. Pourquoi ces affrontements en ces lieux ? Et au premier rang des interrogations subsidiaires, celle-ci : d'où proviennent les ordres qui ont prescrit un rassemblement important de maquisards aux Glières ?

Les maquis de Haute-Savoie ont pris naissance très tôt. Dès la fin de 1942 et en 1943. Le maquis de Thorens revendique, on l'a vu, l'honneur d'être l'un des premiers maquis de France, si ce n'est le premier. Au plan militaire, la Haute-Savoie, par-delà ses spécificités géographiques, présente une caractéristique. Elle est la terre de ceux qui portent la célèbre « tarte » [1], les chasseurs alpins, presque tous enfants du pays et montagnards confirmés. Annecy, le chef-lieu du

1. Le large béret des chasseurs alpins.

département, héberge de tradition le glorieux 27e BCA, premier bataillon de chasseurs à avoir reçu la fourragère rouge en 14-18 [1].

A la dissolution de l'armée de l'armistice, le commandant Vallette d'Osia, ancien commandant du 27e BCA, plonge résolument dans la clandestinité et la Résistance. Il regroupe autour de lui bon nombre de ses anciens officiers et sous-officiers : Anjot, Morel [2], Chevallier, Bastian, Lalande, Jourdan, Simon, Conte... Avec eux, il est à l'origine des maquis qui voient le jour près d'Annecy, Thorens, Thones, Faverges, Bonneville, Thonon, etc., et composés suivant les cas d'une quinzaine à une centaine d'hommes. Devenu chef départemental de l'AS, arrêté en septembre 1943, il s'évade mais, trop marqué, il a cédé sa place à Romans-Petit qui coiffe ainsi l'AS de deux départements, l'Ain et la Haute-Savoie.

Sitôt intronisé, Romans-Petit prend deux décisions. Il confie le commandement des maquis AS de Haute-Savoie au lieutenant Morel (« Tom ») et crée une école de cadres à Manigod sous la responsabilité de l'aspirant Jourdan (« Joubert »), promu sous-lieutenant. Manigod est destiné à être la pépinière de ces chefs dont les maquisards ont tant besoin.

Dans son sillage, Romans-Petit a toujours Rosenthal, l'envoyé du BCRA. Avec ce dernier et avec Morel, il est appelé à trancher un problème délicat : où réceptionner les parachutages ?

Le massif alpin est pour les aviateurs britanniques volant de nuit une zone particulièrement dangereuse. Aux conditions météorologiques – vent, brouillard, nuages – s'ajoute le risque d'écrêter et de heurter un haut sommet. C'est aussitôt une fin tragique pour l'appareil et son équipage. Quant à la précieuse cargaison, elle disparaît, éclatée et dispersée à l'impact.

Romans-Petit, Rosenthal et Morel pensent trouver le site idéal sur le plateau des Glières, au nord-est d'Annecy. Les lacs d'Annecy et de Genève forment à distance des repères bien identifiables. La chaîne des Aravis, qui culmine à l'est à 2 752 mètres, est relativement éloignée pour représenter un danger. Le plateau lui-même est un vaste quadrilatère d'une bonne vingtaine de kilomètres de pourtour, à 1 500 mètres d'altitude moyenne. La montagne des Frettes le barre en diagonale et la montagne des Auges se dresse en parapet à l'est. Entre, une large cluse dégagée et à peu près plane s'étale sur environ cinq kilomètres

1. Soit six palmes au fanion, c'est-à-dire unité ayant obtenu 6 citations à l'ordre de l'armée (héritier du 27e BCP, le 27e BCA apparaît en 1889).

2. Il y a deux Morel : le lieutenant Morel, « Tom », et l'adjudant-chef Morel, « Forestier ». Les deux seront aux Glières.

de long et un peu moins de deux de large. Cet espace dénudé assure une zone de largage bien identifiable et de bonnes dimensions.

L'ensemble du massif des Glières donne l'impression d'une citadelle naturelle. Des vallées encaissées l'enserrent sur plusieurs faces : vallées de Thones, de Thorens, du ruisseau du Borne, cette dernière prolongée au nord par une profonde gorge. De hautes falaises plantent par endroits des murs infranchissables. Aucune route de pénétration ne s'enfonce dans l'intérieur. Des sentiers de montagne sont les seules voies d'accès possibles.

Accompagnés du major britannique Heslot, « Xavier », les trois Français ont, à pied, reconnu et parcouru les lieux. Ils sont formels. Le plateau des Glières fournit un site techniquement parfait pour réceptionner des parachutages. Sa défense est possible eu égard aux obstacles naturels, dénivelés, falaises, escarpements. Enfin, et ce n'est pas sans importance, vu l'altitude et la saison, des chalets d'alpage sont à même d'héberger les maquisards affectés à l'endroit.

Romans-Petit n'est pas l'homme des grosses concentrations. Dans l'Ain, il a préconisé la mobilité et la guérilla à partir de faibles effectifs. En Haute-Savoie, il ne dit pas autre chose : aux Glières, une équipe permanente de réception, sans plus, aidée le moment voulu par des sédentaires des alentours. Au maximum 250 hommes. De quoi assurer l'accueil et la ventilation du matériel largué, tout en étant en mesure d'éclater rapidement si besoin. Rosenthal a d'autres vues. Il est l'émissaire attitré du BCRA de De Gaulle. Le chef du CFLN, maintenant bien assis à Alger après l'éviction de Giraud, entend que les maquis fixent les Allemands. Il souhaite qu'ils créent des abcès et retiennent des forces ennemis importantes afin de les empêcher de se porter dans les secteurs de débarquement. Vision militaire et plus encore politique. Vis-à-vis des Alliés et des Français, l'action de la Résistance éclate au grand jour beaucoup mieux que si elle se disperse en banderilles, si efficientes soient-elles. C'est reproduire ce qui se passe en Yougoslavie avec les partisans de Tito. « Fixer loin des plages de débarquement le maximum de troupes allemandes » est donc l'ordre reçu par Rosenthal.

Cette notion de réduit, les gens du BCRA la reprendront au Mont-Mouchet et au Vercors, avec l'assentiment de responsables importants de la Résistance. Ils y joindront la notion de zone libérée gérée par les seules autorités françaises et échappant ainsi à toute ingérence alliée.

La vocation des Glières est de la sorte appelée à évoluer. Au départ, dans l'esprit de Romans-Petit, le plateau n'est qu'un centre de parachutage. Puis, sous l'influence de Rosenthal et du BCRA, il devient un môle du maquis face à l'occupant. On retombe là dans une conception ancienne. Les Français libres y songeaient en 1942, pensant alors au Massif central.

Les 30 et 31 janvier, des ordres tombent : regroupement des maquis de Haute-Savoie sur le plateau des Glières. Rosenthal, qui a l'avantage d'être le seul à posséder une liaison radio avec Londres, est derrière ces directives. Il a poussé dans ce sens et trouvé des appuis. Le colonel Descour, numéro 2 de l'AS en R1, le soutient. Bourgès-Maunoury, le délégué militaire zone sud, est d'accord ainsi que Bingen, le délégué général intérimaire de De Gaulle. Les exécutants, Morel et ses camarades, auront le sentiment d'avoir reçu des ordres à exécuter.

Les circonstances précipitent la concentration. Le 30 janvier, les « forces de l'ordre », GMR, gardes mobiles, Milice, investissent en masse la Haute-Savoie. Monter aux Glières est un moyen d'éviter d'être submergé. Un homme pourrait freiner le processus engagé : Romans-Petit. Devant l'attaque allemande dans l'Ain, il court au canon et regagne précipitamment son département de prédilection. Le commandant Humbert Clair, ancien également du 27e BCA, le remplace à la tête de l'AS Haute-Savoie le 7 février. Même s'il est également partisan de la guérilla, il ne peut d'entrée contrer le plan adopté autour de lui.

De Londres, Maurice Schumann jette de l'huile sur le feu. Les 6 et 7 février, le porte-parole de la France combattante appelle tous les Savoyards au combat :

> « Allô ! Allô ! SOS, SOS Savoyards, Savoyards, le maquis de Haute-Savoie, le front français dont les soldats sans uniforme sont prêts à combattre pour vous et à mourir au lieu de vous, vous lancent un appel à l'aide et à la solidarité qui peut et doit faire reculer l'agresseur.
>
> C'est du maquis lui-même que viennent de nous arriver ces adjurations.
>
> 1. Sédentaires armés, rejoignez d'urgence les maquis de Haute-Savoie. Sédentaires armés, joignez-vous d'urgence aux maquis.
>
> 2. Ouvriers de Haute-Savoie, chaque fois que votre action peut, directement ou indirectement, seconder les opérations qui sont ou qui seront engagées contre les maquis, cessez le travail, déclenchez la grève de solidarité avec vos frères assaillis.
>
> 3. Patriotes savoyards, n'hésitez pas à procéder, chaque fois que vous le pourrez et sans vous exposer à des risques inutiles, mais sans reculer devant les risques utiles, au

sabotage des voies ferrées, des routes et des usines dont le fonctionnement favoriserait le travail des agresseurs.
4. Enfin, notez scrupuleusement les noms et le signalement des miliciens chargés d'encadrer et de guider la police. Chacun de ces misérables doit savoir qu'il est l'otage de la France.
Encore une fois, ces autres consignes viennent des chefs responsables du maquis de Haute-Savoie eux-mêmes. Nous n'y ajouterons qu'un mot : toutes nos pensées, toutes nos prières et aussi tous nos efforts (je répète : tous nos efforts) sont tendus vers le front de Haute-Savoie, ses soldats, ses martyrs, ses héros. La responsabilité nationale peut et doit faire reculer l'agresseur. »

Pourquoi, les 6 et 7 février, attiser ainsi l'incendie ?

L'irréparable ne s'est pas encore produit aux Glières. Les regroupements commencent seulement à s'effectuer. Les parachutages n'ont pas eu lieu. Le premier n'interviendra que le 13. Les Allemands ne se sont pas encore manifestés. Seules les « forces de l'ordre » se déversent dans les villes et villages de Haute-Savoie.

Manifestement les propos de Schumann, le grand chantre du « En avant, vous autres ! », sont « un appel à l'insurrection » [1]. Mais l'orateur ne s'exprime pas sans en avoir référé, même si son tempérament l'emporte par moments. A Londres, les responsables français désirent établir une poche de fixation suivant les instructions parvenues de très haut. Les Glières leur paraissent adaptées. Les messages de Schumann à la BBC révèlent sans ambiguïté d'où émane l'origine profonde du réduit des Glières.

Romans-Petit a regagné l'Ain. Théodose Morel, « Tom » dans la clandestinité, a seul le commandement des maquis AS de Haute-Savoie et par conséquent de celui des Glières. Avec lui surgit une figure mythique de la Résistance. Cet ancien saint-cyrien de 28 ans a tout pour lui. Un beau visage lumineux. Un courage sans faille qui lui a valu la Légion d'honneur pour les combats de 1940 à la tête de la SES du 27e BCA. Un patriotisme farouche et sans compromissions. Un ascendant sur son entourage qui exalte les énergies et en fait un exceptionnel entraîneur d'hommes. Instructeur à Saint-Cyr, replié à Aix-en-Provence après l'armistice, il a inculqué à ses élèves officiers le précepte qui guide sa vie :

1. Henri Amouroux, *Un printemps de mort et d'espoir*, p. 234.

« Si vous hésitez entre deux devoirs, choisissez celui qui vous coûte le plus, où il y a le plus de sacrifices à faire. Ainsi vous êtes sûrs de ne pas vous tromper. »

Il n'est pas à s'étonner qu'il milite de longue date dans la Résistance. Il s'est même battu au corps à corps avec un officier allemand. Son ami et ancien, Anjot, d'un coup de pistolet, l'a dégagé de ce mauvais pas.

Il lui appartient de donner cohésion à tous ceux qui répondent présents. Ils seront au total 465 [1] de toutes origines : élèves de l'école de cadres de Manigod, maquisards de La Clusaz, Entremont, Thorens, groupe franc de Thones des lieutenants Lalande et Griffolet d'Aurimont, FTP du Grand-Bornand ou des Dents de Lanfon. Les Savoyards de souche se mêlent aux provinciaux, aux Parisiens et aux étrangers comme les Espagnols, qui formeront la section Ebro. Chacun arrive avec sa petite touche personnelle. Les gars de Manigod ont fière allure. Ils ont reçu des uniformes de chasseurs alpins avec de longues capes. D'autres portent une tenue des Chantiers. Les moins bien lotis sont en civil. Les 56 Espagnols sont de ceux-là. Ils compensent amplement : formés à la rude école de la guerre d'Espagne, ils sont de solides combattants. Les FTP approchent la centaine. Tillon, leur patron national, le reconnaît dans ses *Mémoires*. Les ordres étaient de ne pas se rendre aux Glières. Certains pourtant, par esprit de solidarité, ont tenu à partager le sort de leurs camarades AS-ORA [2].

D'emblée, Morel tient à tous le même langage. Pas d'insinuation politique. Un seul regard : la France. Un grand mât a été dressé au cœur du plateau. Le matin, salut aux couleurs.

Le 20 février, le commandant des Glières, sur le terre-plein devant ce mât, rassemble sa troupe à laquelle il a donné un nom : Bataillon des Glières. Respectant le cérémonial traditionnel, il lui présente le fanion de l'unité sur lequel est inscrite la devise qu'il a choisie : « Vivre libre ou mourir [3]. » Après quoi il prend brièvement la parole. Un ou deux survivants pensent ne pas avoir oublié ses propos et ne pas trahir sa pensée :

---

1. Certains historiens annoncent 467.

2. Les Glières dépendent théoriquement de l'AS mais les cadres du 27e BCA, par esprit de corps, ne cachent pas leur affiliation à l'ORA. Morel le proclame : « Nous sommes l'armée française. »

3. L'Association des rescapés du plateau des Glières reportera cette devise sur son fanion aux couleurs bleu et « bleu jonquille » des chasseurs. On y voit aussi les armes de Savoie, le cor des chasseurs alpins et la croix de Lorraine.

« Camarades, soldats du Bataillon des Glières ! Ce lieu est le premier de France à devenir libre. Désormais, vous êtes de véritables soldats français et vous devez vous considérer comme ayant été parachutés dans les rangs de l'ennemi pour le combattre. Vos compatriotes d'Afrique du Nord, qui attendent de débarquer, vous regardent et vous envient. Mais je ne vous mentirai pas. L'avenir ne sera pas facile pour aucun de nous ; cependant, quoi qu'il arrive, vous y ferez face, je le sais, comme il convient à des hommes libres. Pour ma part, je continuerai, avec l'aide de Dieu, à faire ce que j'estime être mon devoir sacré envers notre patrie, et je l'accomplirai jusqu'à la mort. Je vous demande la même chose car, souvenez-vous-en, tant qu'on n'a pas tout donné, on n'a rien donné. Vive la France ! Vive l'armée secrète ! »

Morel est là, d'une pièce. Soldat s'exprimant en soldat et demandant aux siens d'aller jusqu'au bout, comme lui-même compte le faire. Soldat, et ne s'en cachant pas. Avec ses camarades, ils sont l'armée française en avant-poste, quelque part en ces « hautes terres de Savoie ».

Avec l'assentiment de tous, il ne peut donner à sa troupe qu'un style très militaire. Exigeant envers lui-même, ne ménageant pas sa peine, il impose une stricte discipline. Un maquisard a trahi : le chef des Glières estime ne pas avoir le droit de lui faire grâce.

Dans son exigence, dans son appel à l'effort, il a raison. La vie sur le plateau n'autorise pas la facilité et le relâchement. Les journées sont dures. Instruction. Travaux de défense. Corvées de ravitaillement. Celles-ci sont pénibles. Si la descente s'effectue assez bien, la remontée avec les sacs pleins est une épreuve. Les factions sont tout aussi ingrates dans la neige et le froid. La température, certaines nuits, chute à – 20. Les sentinelles, les hommes de quart qui se relaient pour la sécurité de leurs camarades vivent des heures glacées.

*

Les Glières sont donc un quadrilatère d'une dizaine de kilomètres dans sa grande longueur, aux mouvements de terrain orientés sud-ouest-nord-est. Au pied des Frettes, versant oriental, se situe l'étendue dégagée retenue pour les parachutages. Morel y a installé son PC, le mât des couleurs, l'infirmerie du Dr Bombiger, le dépôt de munitions et la SES chargée des liaisons. Aux points sensibles, c'est-à-dire aux points d'accès au plateau, il a disposé les autres compagnies qu'il a organisées.

La compagnie « Humbert » (Onimus) tient les cornes nord et nord-est, soit le col du Freux et la montée depuis l'Essert, lieudit sur la départementale Entremont-Le Petit-Bornand. La compagnie « Lamotte » (Lalande) garde à l'est l'arrivée par le hameau de Monthièvret qui domine la vallée du Borne. Sur les faces occidentale et méridionale, les falaises facilitent quelque peu la défense. Les compagnies « Joubert » (Jourdan) et « Forestier » (Morel) couvrent les montées directes depuis Entremont et Usillon [1].

Cette organisation défensive ne sera en fait totalement en place qu'à mi-mars lorsque les 465 auront tous rejoint. Morel, cependant, n'a guère d'illusions. Il n'a que 450 hommes dont 5 officiers [2] pour barrer plusieurs kilomètres de front et pas de véritable réserve. 80 % des maquisards sont des jeunes de 19 à 25 ans, sans expérience. Seuls les cadres du 27e BCA et les Espagnols ont vraiment vu le feu. De plus, il manque de mortiers, arme précieuse pour le combat en montagne. La vision lucide de Morel ne l'empêchera pas, comme son successeur, d'accepter par devoir de faire face.

Ce rassemblement aux Glières ne pouvait passer inaperçu. La police a des informateurs et l'exhortation de Schumann à la BBC n'avait rien de discret. Les Glières défient Vichy et l'occupant.

Les « forces de l'ordre », en Haute-Savoie, sont commandées par le colonel de gendarmerie Lelong, promu intendant de police pour le département. Arriviste, anticommuniste et collaborationniste, Lelong n'est certainement pas une brute sanguinaire du type de certains chefs miliciens, comme Lecussan ou d'Agostini. Il veut faire triompher ses idées et écraser le communisme, mais ne souhaite pas un affrontement absolu contre les maquisards, ceux de l'AS du moins. Cette attitude ambiguë le conduit à des contacts avec les responsables du maquis pour éviter le pire. A court terme, il sera débordé [3] par Darnand et ses miliciens. Par les Allemands, soucieux de crever l'abcès.

---

1. Compagnie Humbert, sections : Liberté chérie, Verdun, Allobroges, Bayard, Mortier. « Humbert », Onimus, est un ancien adjudant-chef du 27e BCA. La section Liberté chérie est le groupe FTP Lamouille, dont un sous-officier du 27e, André Wolf, a pris le commandement. – Compagnie Lamotte, sections : Savoie-Lorraine, Ebro, Renfort-Ebro, Jean Carrier, Saint-Hubert. – Compagnie Joubert, sections : Leclerc, Lyautey, Hoche. – Compagnie Forestier, sections : Coulon, Le Chamois.

2. Manquant de cadres, Morel a écrit à ses anciens élèves de la promotion Charles de Foucauld de le rejoindre. Sans écho, ne manquent pas de rappeler certains auteurs. Ce dénigrement est rapide. L'appel de Morel pouvait-il joindre tous les destinataires ? Nombre d'entre eux étaient déjà engagés (Résistance, Evadés de France, maquis, comme pour le sous-lieutenant Caillaud, chef de section dans les maquis d'Auvergne). 79 cyrards (sur 300) de cette promotion sont morts pour la France.

3. Lelong, extrait de sa prison, sera sommairement exécuté le 16 octobre 1944, par un commando FTP.

A la périphérie des Glières, dès les premiers jours de février, gardes mobiles, GMR, miliciens, gendarmes se pressent. De Vichy, Darnand a donné des ordres. Encercler puis réduire.

Des accrochages commencent à se produire aux abords du réduit. Le 5 février, à Thones, le groupe commandé par le lieutenant Bastian (ancien adjudant-chef du 27e BCA) en mission de ravitaillement se heurte à un fort parti de miliciens. Par trop en situation d'infériorité, Bastian préfère décrocher.

Le 7, affrontement gardes mobiles-maquisards au Petit-Bornand. Sur intervention de l'abbé Truffy, curé du Petit-Bornand, Lelong ordonnera de relâcher trois maquisards faits prisonniers.

Le 12, un combat sérieux à l'Essert coûte deux tués, trois blessés et trois prisonniers aux gardes mobiles effectuant une reconnaissance. Les trois prisonniers serviront de monnaie d'échange dans l'affaire du 7.

On se bat devant les Glières, on se bat aussi un peu partout en Haute-Savoie. Le 22 février, au lieudit Fages, près de Lully [1], 8 FTP sont cernés par 400 miliciens. Une journée entière, ils tiennent dans un fort Chabrol de fortune.

Sept maquisards sont tués. A la nuit, les miliciens quittent les lieux sans se douter qu'il reste un rescapé [2].

L'échange effectué après les accrochages des 7 et 12 février laisse supposer qu'un accord est peut-être envisageable avec Lelong. D'autant que simultanément un certain *statu quo* s'établit. Un va-et-vient continuel s'est instauré entre les vallées et le plateau. Ravitaillement oblige. Les gardes mobiles laissent passer sans être dupes sur les activités de ces jeunes qui montent et redescendent. Leur chef, le colonel Raulet, paraît acquis à la Résistance. A plusieurs reprises, il informe Clair et Morel.

Ce climat paradoxal, mi-conflictuel, mi-conciliant, autorise deux rencontres. D'un côté, Lelong pour le maintien de l'ordre. De l'autre, Clair et son adjoint le capitaine Anjot. Dans son anticommunisme forcené, Lelong voudrait amener les deux officiers à se désolidariser des « Rouges », c'est-à-dire des Espagnols et des FTP. Il veut aussi les voir abandonner le plateau pour sauver la face vis-à-vis des Allemands. Proposition irrecevable pour Clair et Anjot. L'affaire en reste là avec Lelong, sous réserve d'une autre rencontre, peu après, de ce dernier avec Rosenthal en personne. Là encore, même discours et mêmes propositions inacceptables.

Les chefs ont bien des raisons de ne pas transiger et de refuser un

1. 20 kilomètres au nord-est d'Annemasse.
2. Chiffres annoncés par Tillon dans *Les FTP*, ouvr. cité, p. 165.

séparatisme politisé. L'honneur, tout d'abord. Ni Clair, ni Anjot, ni Morel ne sont de nature à composer sur ce point. Anjot et Morel le paieront de leur vie. Tous connaissent l'état d'esprit de leur troupe. Le moral est élevé, pas question de reculer. Surtout au moment où la situation donne l'impression de s'améliorer. Dans la nuit du 15 février, la RAF largue 54 containers. Les maquisards des Glières sont enfin pourvus.

Les rencontres maintien de l'ordre-Résistance prouvent toutefois qu'à certains niveaux une entente est souhaitée. Les chefs maquisards répugnent à une guerre fratricide. Pour eux, le véritable ennemi est l'Allemand. Darnand et ses comparses en décideront autrement.

Dans un premier temps, la relative connivence des gardes mobiles finit par se savoir en haut lieu. Ceux du Petit-Bornand, point clé de l'accès aux Glières, sont relevés par des GMR. Cette relève n'interdit pas la poursuite d'accords locaux. Du ravitaillement, des renforts en hommes continuent de passer.

Il n'empêche que, depuis le 13 février, le plateau est globalement encerclé. Il y aurait en place 1 800 gendarmes, 800 GMR et 900 gardes mobiles. Les chiffres précis, généralement controversés, s'accordent cependant sur un total d'environ 3 000 hommes. Il faut y ajouter, sous les ordres du chef Vaugelas, environ 900 miliciens, dont la moitié de la Franc-Garde. Ces derniers se vanteront d'avoir « fait les Glières ». Leurs rapports avec leurs collègues des autres corps sont loin d'être bons. Des gendarmes arrêtent des miliciens pour pillage. Les amis des inculpés se rebiffent et s'en prennent à leur tour aux gens de la maréchaussée. Darnand doit s'interposer et se rend sur les lieux le 16.

Il n'a été qu'à demi satisfait des résultats obtenus par Lelong. Si Lelong, selon lui, a refoulé et encerclé les partisans sur le massif des Glières, il n'a en rien « purgé l'endroit des terroristes ». Darnand constate aussi que si la Milice possède une bonne « volonté d'action », la garde mobile est « trop molle ». Décidé par tempérament et adhésion politique à frapper fort, il se retourne vers les Allemands et envisage leur intervention. Sans plus attendre, il accentue la répression. Le 17, six FTP sont condamnés à mort et passés par les armes.

*

Est-ce l'incidence du passage de Darnand ? Comme un peu partout, un relatif protocole se maintenait à Entremont après accord avec le commandant des GMR du village, Lefevre. Soudain, le 1er mars, Michel Fournier, jeune étudiant en médecine, assistant du toubib des Glières, est arrêté alors qu'il effectuait une liaison pour acheter des médicaments.

Morel réagit sur-le-champ à cette arrestation à l'encontre du modus vivendi existant. Il lance une expédition punitive contre les GMR stationnés à Saint-Jean-de-Sixt. Quelques dizaines d'entre eux sont surpris et faits prisonniers. Un échange est aussitôt proposé. Liberté de Fournier contre celle des GMR. Lelong et Lefevre acceptent, sans tenir parole. Les GMR sont libérés mais Fournier n'est pas relâché.

Presque simultanément sont découverts les cadavres des policiers enlevés et exécutés en janvier par Lamouille. Le fossé s'agrandit alors que les Allemands se font pressants. Un avion de la Luftwaffe effectue le 4 mars une reconnaissance du plateau. A son bord, le milicien Vaugelas. Déjà des bombardements ont eu lieu contre les chalets du plateau.

Aux Glières, le moral reste élevé. Dans la nuit du 4 au 5, un autre parachutage a livré 30 containers de plus. Désormais les armes ne manquent pas. Morel sait qu'il va devoir se battre. Il est prêt. Rosenthal, qui de temps à autre monte en liaison, a passé le 2 mars un message à Londres, attestant de la volonté de tous de résister.

2 mars 1944. Télégramme adressé du réduit savoyard par « Cantinier » (Rosenthal) à Schumann et état-major de Londres :

> « Nous sommes décidés à occuper le plateau qui est imprenable et d'avoir pour devise : Vivre libres ou mourir.
>
> Nous jetons un défi aux Darnand, Lelong, Calveyn, Racoulliard, Battestini.
>
> C'est de pied ferme que nous attendons les policiers et les miliciens, ces mercenaires de l'ennemi, recrutés dans les prisons. Malheureusement, ils n'ont pas le courage de monter. Nous espérons qu'ils seront promptement relevés et que nous pourrons ainsi rencontrer enfin le Boche.
>
> Nous vous remercions pour votre premier parachutage et, chaque nuit, nous attendons le suivant.
>
> Nous pouvons tenir, il nous faut des vêtements, des vivres, des munitions et encore quelques armes.
>
> Nous vous demandons de nous aider et de dire aux alliés de la France que nous sommes fiers de pouvoir nous battre, de pouvoir incarner la Résistance ; que nous sommes heureux d'être le symbole du pays qui refuse de se soumettre. Nous sommes à l'avant-garde du combat qui bientôt nous rendra nos libertés.
>
> Ne nous abandonnez pas… »

L'intention de l'envoyé de De Gaulle de faire des Glières un symbole est manifeste. L'ambiance interdit à Morel de faire éclater sa troupe. Les Glières, comme Bir-Hakeim deux ans plus tôt, doivent tenir.

*

Fournier n'a toujours pas été libéré. Dans la vallée, les « forces de l'ordre » se durcissent et tendent à entraver le ravitaillement. Morel n'est pas de tempérament à se laisser faire. Pendant la nuit du 9 au 10 mars, il prend personnellement la tête d'un fort détachement (150 à 200 hommes). Objectif : Entremont où stationne le GMR Aquitaine du commandant Lefevre. Le chef des Glières a l'intention de demander des comptes à Lefevre. Rosenthal, Clair se joignent à l'expédition.

Aux abords d'Entremont, des chiens aboient. L'alerte est donnée. Une fusillade éclate. Très vite, les maquisards sont maîtres des lieux. Le drame va se dérouler à l'hôtel de France, où Lefevre a son PC. Les circonstances précises en sont assez confuses. Morel et Lefevre sont face à face. La discussion est vive. Le ton monte. Soudain Lefevre, qui n'a pas été fouillé par courtoisie, sort un pistolet et tire sur le lieutenant qui s'affaisse. L'assassin est aussitôt abattu par un maquisard.

Durant quelques minutes, la vie des GMR ne tient qu'à un fil. La colère gronde. La douleur se mêle à l'esprit de vengeance. Les officiers malgré tout parviennent à calmer leurs hommes.

Morel est mort presque sur le coup. Un maquisard a été tué dans l'échauffourée initiale. Les GMR ont eu un mort et trois blessés. Une troupe en deuil remonte sur le plateau en tirant sur un traîneau les corps du chef disparu et de son compagnon. Les obsèques du lieutenant Morel seront célébrées le 13. La famille de l'officier assistera à la cérémonie. Les abbés Benoît et Truffy, vieux amis et complices des maquisards, donneront l'absoute [1]. Le lieutenant Morel sera fait Compagnon de la Libération à titre posthume [2]. Une promotion de Saint-Cyr (1987-1990) porte son nom. Cet officier de 28 ans reste l'un des héros les plus purs d'une Résistance qui en a compté beaucoup.

Le 15, trois Stuka mitraillent et bombardent les chalets. Les Allemands sont maintenant directement impliqués aux Glières.

La disparition de Morel a causé un choc et un sentiment de désespoir. Le moral s'en ressent. Il est urgent de redonner une âme et un chef au Bataillon des Glières. Mais à qui confier la succession de « Tom » ?

1. Respectivement ancien aumônier du 27e BCA et curé du Petit-Bornand. L'abbé Truffy sera déporté ; l'abbé Benoît échappera aux recherches.

2. Un autre saint-cyrien de la promotion Morel sera également Compagnon, le général Roger André, de la 1re DFL.

Le lieutenant Jourdan assure l'intérim, aidé par Bastian, son aîné, mais il se sent bien jeune pour un tel poste. D'un commun accord, les responsables de la Résistance dans les Alpes désignent l'adjoint de Clair, le capitaine Anjot, « Bayard » dans la clandestinité.

Anjot, c'est un autre style que Morel. Morel rayonne. Il irradie la jeunesse, l'enthousiasme. Anjot est plus âgé. Ancien capitaine adjudant-major du 27e BCA, il a 40 ans. Il est massif. Des lunettes barrent son visage. L'homme s'impose par sa force et sa détermination. Avec gravité et en toute connaissance des risques, il accepte la mission confiée. Avec un seul préalable. Il va se mettre en tenue. « Si je dois mourir, je veux mourir Anjot [1]. »

Le 18 mars au matin, Anjot en uniforme de capitaine de chasseurs alpins prend son commandement devant le bataillon rassemblé. Une photographie a fixé la scène. Les Glières sont à nouveau en bonnes mains.

Clair, en tant que chef départemental de l'AS, s'inquiète. Ne conviendrait-il pas d'évacuer le plateau ? La menace allemande se précise. Les parachutages ont eu lieu. Il est encore temps de quitter les lieux avec le gros du matériel réceptionné. Préoccupé, Clair se tourne vers Rosenthal [2]. Quelques heures plus tard, ce dernier, qui est le seul en Haute-Savoie à disposer de liaisons radio, se présente avec un message émanant, affirme-t-il de Londres :

> « Considérons Glières comme tête de pont. Parachuterons un bataillon. Si opération réussie parachuterons en masse. »

Qui a rédigé ce télégramme ? On en cherche en vain les traces dans les archives. Ne serait-il pas tout simplement l'œuvre de Rosenthal, voulant un combat coûte que coûte pour l'honneur de la Résistance ? Plus d'un est enclin à le penser.

Si une telle responsabilité doit être imputée à Rosenthal, elle possède une explication et il n'est pas le seul à la supporter. L'envoyé du BCRA connaît bien les milieux alliés. Il sait que ceux-ci doutent de la valeur réelle de la Résistance française. Ils font volontiers comparaison avec les maquis yougoslaves de Tito [3]. D'où la décision de Rosenthal d'affirmer, malgré le prix payé, l'existence des maquis français

1. La veste d'officier de chasseurs du capitaine Anjot se trouve aujourd'hui au musée de Saint-Cyr-Coëtquidan. Maurice Anjot appartenait à la promotion 1923-1925 (du chevalier Bayard). Il en avait tiré son pseudonyme de clandestin (indicatif également utilisé par le colonel Descour).

2. Les deux hommes vivent alors clandestinement à Annecy.

3. En février, les maquis yougoslaves reçoivent deux fois plus de matériel que la Résistance française.

et après quoi obtenir de l'armement. Il rejoint là les pensées des chefs de la France combattante et les interventions, au même moment, de d'Astier de La Vigerie et de Yeo Thomas auprès de Churchill (voir plus haut). Il démontre également avec Morel, Anjot et les cadres du 27e BCA que ces maudits ne sont pas obligatoirement communistes. Par la suite, des chefs maquisards ne donneront pas tort à Rosenthal. Alors, les maquisards des Glières sacrifiés pour le renom de la Résistance et l'intensification de l'aide à lui apporter ? L'hypothèse ne peut être totalement écartée.

Le sort en est jeté. Clair ne donne pas l'ordre de repli. On se battra pour les Glières.

*

Autour du plateau, les escarmouches ne cessent de se multiplier avec les miliciens qui, chaque fois, se retirent sans bénéfice. Ils se retournent contre les malheureux tombés entre leurs mains. Le 20 mars, cinq FTP sont fusillés à côté d'Annecy.

Les Allemands, à compter du 22, arrivent à pied d'œuvre. Ils débarquent à Entremont, Thones, La Balme-de-Thuy. Une colonne de véhicules avec canons et mortiers traverse Annecy.

Ce même 22, les chefs de la Milice tentent un ultime contact. Deux ecclésiastiques [1] sont dépêchés aux Glières, porteurs d'une proposition de reddition élaborée toujours dans le même esprit : établir une discrimination entre les supposés terroristes (sous-entendu communistes) et les autres regardés comme de simples réfractaires. D'Agostini l'auteur du libellé, se déclare même prêt à une entrevue.

Anjot reçoit les deux prêtres qui ne lui cachent pas que l'attaque se prépare. La réponse du commandant des Glières est d'une ferme résolution :

> « Voyez-vous, monsieur l'abbé, cette proposition est inacceptable, parce qu'inutile, et parce que dangereuse pour le moral de mes hommes. Inutile d'abord : depuis l'arrivée des forces du Maintien de l'Ordre en Haute-Savoie, plusieurs fois nous avons eu des contacts directs ou indirects avec le colonel Lelong et ses affidés. En même temps qu'ils reconnaissaient, du moins le disaient-ils, la pureté de notre patriotisme, et qu'ils se déclaraient enclins à séparer notre

1. Le chanoine Pasquier, supérieur du collège Saint-Joseph de Thones, l'abbé Gavel, dont l'un des frères appartient au Bataillon des Glières.

> cause du terrorisme proprement dit, ils n'en continuaient pas moins à nous poursuivre, à nous pousser dans nos retranchements, à nous couper de nos sources de ravitaillement ; aujourd'hui, ils nous ont acculé sur ce plateau ; par là, nous voici pour demain la proie facile de l'ennemi. Je ne crois plus à la sincérité de leurs habitudes. Une nouvelle entrevue ne servirait donc à rien. Les conditions que peut me faire le chef milicien seront certainement inacceptables pour mon honneur de soldat : elles m'obligeraient à trahir gravement mes responsabilités de chef. En outre, cette entrevue que ne peuvent ignorer mes officiers et mes hommes, serait dangereuse pour leur moral. Ils devineraient chez moi une hésitation, et celle-là en ferait naître une chez eux. Or, à l'heure critique où nous voici, le sacrifice étant accepté, ils n'ont besoin que d'une chose, de résolution. Je ne veux pas encourir la responsabilité de l'avoir ébranlée. »

Nobles propos qui illustrent bien l'âme de patriote, de chef et de soldat du capitaine Anjot. Lucide, il assume et prend ses responsabilités. Sur le fond, il a raison. D'ultimes pourparlers n'auraient rien changé. A la même heure, Darnand tient conférence avec le général Pfaum dont la 157e division se met en place. Cette grande unité est affectée à la réduction des maquis. En février, elle était dans l'Ain. En juillet, elle sera dans le Vercors. Est-elle de « montagne », de « réserve », ou de « sécurité » ? Les historiens en débattent. De « montagne » signifie troupe d'élite, parfaitement adaptée au terrain des Glières. De « réserve » atténue quelque peu, sans signifier pour autant deuxième ordre. Une troupe de réserve est, comme le terme l'indique, « réservée » en vue d'interventions [1]. Combien cette 157e division comptet-elle d'hommes exactement ? 17 000 ? 14 000 ? Une précision absolue n'importe pas. Un seul élément ressort. Les assaillants des Glières sont au moins dix fois, voire vingt fois supérieurs aux défenseurs. En outre, ils disposent d'artillerie, de mortiers, d'aviation. Depuis le 12 mars, des Heinkel III, des Stuka piquent sur les Glières. Des chalets sont incendiés, des maquisards tués ou blessés.

Le 24, le PC allemand s'installe à Thones. Les bataillons d'assaut prennent position, du Petit-Bornand à Entremont. Il semblerait que quatre colonnes soient prévues, appuyées par des pièces de 105 et de

1. Dans l'ordre de bataille de l'ex-Wehrmacht (SHAT, Vincennes, 1975), la 157e division relevant de la 19e armée est mentionnée division de réserve. Elle disparaît dans l'ordre de bataille en septembre 1944. Très certainement disloquée par les Américains, les Français de la 1re armée et les FFI.

155. Quant aux miliciens, ils sont envoyés sur la face ouest à partir d'Usillon et Saint-Laurent. Toute la journée du 25, l'artillerie intensifie son pilonnage, ciblant les chalets. Plusieurs sont détruits, aggravant les conditions de vie des maquisards dans le froid et la neige. L'aviation virevolte dans le ciel, s'en prenant à tout ce qu'elle décèle. Si avec le blocus renforcé la pénurie de vivres se fait sentir, l'ardeur ne faiblit pas. Les deux prêtres envoyés en émissaires ont été frappés par « l'esprit de sacrifice » et le « moral extraordinaire des chefs et des soldats du plateau ».

Pour l'accès aux Glières, Monthièvret constitue l'un des verrous essentiels. Ce hameau sur la pente orientale domine le Borne. On y accède par deux sentiers, l'un depuis Entremont par le sud, l'autre depuis le Petit-Bornand par le nord. En connaissance de cause, Anjot a renforcé l'endroit confié à la compagnie Lamotte (lieutenant Lalande) avec cinq sections. La centaine d'hommes y sont bien armés : 16 FM Bren et trois mitrailleuses Hotchkiss. Ces vieilles pétoires robustes n'ont qu'un défaut : affreusement lourdes, elles sont lentes à déplacer.

A la mi-journée du 26 mars, l'ennemi entame sa progression. Il s'infiltre dans le sous-bois en direction de Monthièvret. Ses tenues blanches le rendent difficilement repérable dans la neige, toujours abondante au-dessus de 1 000 mètres. La section Saint-Hubert qui garde le sentier d'Entremont en avant de Monthièvret, reçoit le premier choc. L'attaquant a plus que l'avantage du nombre. Face à lui, ils ne sont que 17 pour tenir un front de trois cents mètres. André Guy, « Chocolat », le chef de Saint-Hubert et plusieurs de ses hommes sont tués. L'ennemi s'engouffre, enveloppant les restes de la section.

La suite du combat à la compagnie Lamotte devient floue. Les témoignages des rescapés s'embrouillent. Phénomène normal avec le temps écoulé et le champ visuel réduit de chaque combattant sur le moment. Il est acquis qu'à la tombée de la nuit Monthièvret a été enlevée. La compagnie Lamotte a été disloquée. Des défenseurs se sont fait tuer sur place. D'autres paniqués ont lâché pied par inexpérience, après la disparition des chefs.

Plus au nord, la compagnie Humbert (Onimus) semble moins éprouvée. L'effort des Allemands débouchant du Petit-Bornand est contenu. Humbert ne se repliera que sur ordre vers 23 heures.

Au sud, la compagnie Joubert (lieutenant Jourdan) connaît une journée à peu près calme, à l'exception de la section Leclerc, détachée pour soutenir les défenseurs de Monthièvret.

Sur la face ouest, les miliciens, qui se heurtent à la compagnie Forestier (Louis Morel), au-dessus d'Usillon, et à la section Liberté chérie, près du col de Feux, sont sévèrement reçus. Bien retranchés au-dessus des falaises, les maquisards les accueillent avec des volées de grenades. Stoppés avec des pertes, les séides de Darnand n'insistent pas.

22 heures. Les renseignements sont confus mais indiquent que les Allemands commencent à submerger le plateau. Anjot réunit ses adjoints. Sa décision est prise. « L'honneur est sauf. » Poursuivre conduirait à une tuerie. Le capitaine ordonne le repli. Des skieurs partent transmettre ses directives : décrocher en direction du Parmelan, massif au sud-ouest des Glières. Ceux qui ne peuvent s'y diriger rejoindront les sites de leurs maquis d'origine. Ils tomberont en secteur connu et trouveront des complicités.

Et c'est le départ dans la nuit, avec parfois de la neige jusqu'au ventre. Les valides soutiennent les blessés. Les groupes se forment et se défont au hasard des rencontres et des accrochages. Le danger est partout. Allemands et miliciens ceinturent les Glières et ont tendu des embuscades aux passages obligés. Des maquisards sont tués, certains faits prisonniers, d'autres passent et sortent du périmètre de la mort. Quelques-uns, épuisés, affamés, démoralisés, se rendent.

La chasse à l'homme se prolongera quatre jours. Des hommes se camoufleront dans la montagne, cachés dans les sapins, et subsisteront en suçant de la neige. Les malchanceux capturés sont presque aussitôt exécutés sommairement par les Allemands. Les miliciens auraient tendance à faire des prisonniers. Non par mansuétude mais pour essayer de les faire parler avant de les fusiller. Les cours martiales jugent et jugeront sans appel [1]. Le 4 mai, à Annecy, l'une d'elles condamnera à mort l'adjudant-chef Conte et quatre de ses camarades : Schmidt, Decon, Valsesia et Zelkovitch. Conte dira aux gendarmes du peloton d'exécution : « Vous allez tuer des Français innocents » et entonnera *La Marseillaise*. Des cadavres seront découverts un peu partout, certains affreusement martyrisés, comme ceux des lieutenants Bastian et Lalande. Ce dernier, jeune saint-cyrien, qui avait réussi à gagner Annecy, y a été reconnu et arrêté par des gendarmes qui l'ont remis à la Gestapo.

Dans ce terrible drame comme dans d'autres, bien des membres des « forces de l'ordre » se sont montrés serviles. Encore que ce dernier qualificatif soit faible.

Anjot s'est éloigné avec quelques compagnons et marche vers l'ouest. Le lendemain, ayant réussi à franchir les barrages, il s'abrite

---

1. Lors des procès d'après la Libération, il sera toutefois établi que l'opposition de Darnand a sauvé plusieurs dizaines de maquisards d'une exécution immédiate réclamée par les Allemands. Ils seront déportés et tous ne reviendront pas.

durant quelques heures chez un agriculteur. Puis il repart avec deux fidèles, Vitipon et Dancet. Ont-ils été dénoncés par des habitants apeurés ? Sont-ils tombés dans une embuscade ? Trois corps seront retrouvés près du petit village de Naves, à l'ouest du Parmelan. Trois Espagnols gisaient non loin d'eux.

*

L'analogie est frappante entre Bir-Hakeim et les Glières [1]. Dans les deux cas, la majeure partie des pertes survient lors du repli, conséquence inévitable de la désorganisation et de la supériorité adverse. Dans son rapport du 20 avril 1944, le colonel Chambonnet, responsable militaire de R1, mentionne 200 tués, blessés ou disparus, la plupart des officiers tués ou fusillés. Après la guerre, les historiens affineront les chiffres. Henri Noguères fait état de 155 tués au combat, 30 disparus, 160 prisonniers en majorité massacrés ou déportés, soit les trois quarts des effectifs. 105 des combattants des Glières reposent aujourd'hui au petit cimetière militaire de Morette, au pied du massif.

Et en face ? Des bilans excessifs ont été avancés. Les miliciens, avant le 26 mars, ont eu des morts et des blessés sur plusieurs affrontements. Le 26, ils ont vu tomber une vingtaine des leurs. Côté Allemands, leur principal accrochage s'est situé devant Monthièvret. Le colonel Jourdan (Joubert) estime qu'ils ont eu 30 hommes hors de combat.

Il y a les morts, combattants des Glières. A côté, il y a les autres, résistants, civils sympathisants ou innocents fauchés par une soldatesque allemande ou milicienne. Monthièvret n'existe plus. Le hameau détruit par les Allemands n'a pas été rebâti. Sur le plateau, les chalets de l'époque ont été incendiés ou écrasés sous les bombes.

*

Sans pudeur, les tenants de la collaboration se déchaînent sur leurs adversaires. Philippe Henriot se rend en Haute-Savoie et s'acharne à la radio :

> « C'est de Thorens (Haute-Savoie) que je vous parle ce matin. De Thorens, hier un des quartiers généraux de la fameuse résistance. J'y suis arrivé tout à l'heure, en compagnie de

1. Voir, sur Bir-Hakeim, *La Grande Histoire de la Seconde Guerre mondiale*, tome 1, du même auteur, chez le même éditeur, coll. Multipages, 1999.

Joseph Darnand, pour assister à la fin d'une légende, comme je le disais hier soir...
Car c'est la fin de cette aventure tragique, déguisée en épopée par les menteurs de Londres, c'est la capitulation à un rythme accéléré des bandes qui, pendant des mois, ont terrorisé le pays et en qui les naïfs et les canailles prétendent incarner le patriotisme français...
La légende est morte. Les camions n'emportent vers les prisons qu'un ramassis de déserteurs, de gamins. Deux d'entre eux que j'ai vus tout à l'heure ont seize ans et demi. L'un d'eux est le neveu du colonel Chappuis [1]. Ce gamin, empoisonné par des propagandes dont d'autres portent la responsabilité, était mêlé aux bandits de grand chemin, aux bandes d'assassins et de pillards. Belle conception du patriotisme et de l'amour de la France... »

Ces propos odieux, après tant d'autres, ne seront pas oubliés. Le 28 juin, à Paris, un commando FFI éliminera le chantre de la collaboration avec le nazisme.

*

Les Glières, à l'instar de Bir-Hakeim, ne peuvent être regardés comme un succès tactique. Le terrain est resté aux mains de l'ennemi. Mais aux Glières comme à Bir-Hakeim, la mission a été remplie. Ce coin de montagne où le drapeau tricolore a flotté librement pendant plus de six semaines a fait connaître le combat mené par la Résistance intérieure. Il révèle que des Français de toutes sensibilités se battent côte à côte [2].

La France libérée l'a compris ainsi. Les Glières sont regardés en symbole, haut lieu de la Résistance. A Alger, durant les années encore françaises, la vaste esplanade du Monument aux Morts, point de convergence des manifestations patriotiques, portait le nom de Plateau des Glières.

*

L'hommage rendu n'interdit ni les critiques ni les interrogations. Les communistes condamneront le choix d'un tel emplacement et

1. A cette date, le colonel Chappuis commande sur le front d'Italie le 7e RTA de la 3e DIA, au sein du corps expéditionnaire du général Juin.

2. Sans attendre, Rosenthal demande à Londres d'y faire écho et d'insister sur la médiocrité de la Milice et la combativité des maquisards.

l'importance du rassemblement. Tillon s'en prendra à de Gaulle et à Rosenthal. Il reprochera à l'émissaire du BCRA d'avoir poussé les chefs locaux de l'AS à créer aux Glières un réduit « réputé imprenable ». Une occasion supplémentaire, pour lui, de dénoncer la politique des « sanctuaires ».

Le plateau a-t-il bénéficié d'un appui suffisant ? Certes, il a reçu des armes en quantité mais manquait de mortiers et de moyens de liaisons radio. Les parachutages de ravitaillement réclamés n'ont pas eu lieu. Une fois le bouclage des Glières rendu effectif, les rations quotidiennes de pain sont tombées à 150 puis à 100 grammes. Les combattants ont souffert de la faim. Ils avaient sollicité de l'aide. Il n'y eut aucun bombardement, aucun mitraillage par l'aviation alliée contre les concentrations allemandes. Peut-on vraiment le reprocher aux Alliés ? Les Glières n'étaient pour eux qu'un site très secondaire.

Les défenseurs se sont étonnés de ne pas avoir été épaulés par leurs camarades des autres maquis FTP de Haute-Savoie. Une guérilla sur les arrières ennemis aurait pu effectivement les soulager quelque peu. Etait-elle réalisable ? Etait-elle souhaitée par les responsables non AS et non ORA ? Le débat sur ce dernier point ne peut être que conflictuel. Il rejoint le dilemme sur l'origine de certaines arrestations.

*

Courant avril, la 157e division, la Franc-Garde de la Milice quittent la Haute-Savoie. Ne demeurent que les garnisons traditionnelles de l'occupant, 3 000 hommes environ, renforcés par la Gestapo et le maintien de l'ordre habituel, gardes mobiles, GMR, gendarmes et miliciens. Cet allégement du dispositif n'atténue pas la répression. Arrestations, cours martiales, exécutions continuent. Ceux qui sont soupçonnés d'avoir aidé les maquisards sont arrêtés, fusillés, déportés. Des fermes, des habitations sont pillées et incendiées.

Malgré tout, la résistance en Haute-Savoie ne sombre pas. Clair, Rosenthal, Jourdan, aidés par les cadres locaux, s'efforcent de regrouper les survivants et de reformer des unités. De nouveaux venus gonflent les rangs.

Moins d'un mois après les combats du 26 mars, Jourdan avec une cinquantaine d'hommes remonte sur le plateau pour un pèlerinage sentimental et pour tenter de récupérer le matériel qui avait été camouflé. En mai, les maquis de Haute-Savoie ont repris consistance. Dès le 4 du mois, le chef départemental de la Milice rend compte à ses supérieurs :

> « Pour ce qui est du maquis de Haute-Savoie, je tiens à signaler que la situation est actuellement pire qu'avant les opérations, les forces du maintien de l'ordre ayant disparu du département [1], le maquis s'est réorganisé et devient plus menaçant que jamais. »

Fin mai, le commandant Clair, par trop repéré, part pour l'Isère. Le capitaine Godard [2] (« Commandant Jean »), lui aussi ancien du 27e BCA, évadé des oflags, le remplace à la tête de l'AS de Haute-Savoie. Chef énergique et clairvoyant, il reconstitue un nouveau Bataillon des Glières qui interviendra avec brio dans les combats de la Libération (et redonnera naissance au 27e BCA).

Cependant, jusqu'au 1er août, maquis AS et FTP vivront côte à côte sans unité d'action. Le contentieux des Glières, le refus des FTP de s'associer pleinement à l'entreprise pèsent. Avec en arrière-plan, comme partout, les visées politiques.

---

1. Affirmation largement erronée.
2. Futur colonel Godard d'Indochine et d'Algérie.

Chapitre VIII

L'INSURRECTION

6 juin 1944 – La date s'inscrit dans l'histoire. Elle sera l'un des points repères de la Seconde Guerre mondiale. L'opération Overlord commence. Le débarquement tant attendu intervient sur les côtes de Normandie.

Pendant des mois, Eisenhower et son état-major ont préparé l'événement. Rien n'a été laissé au hasard. De l'appui-feu à la logistique, tout a été minutieusement étudié pour épauler blindés et fantassins qui se déversent sur les plages normandes. Dans la nuit du 5 au 6, trois divisions aéroportées ont sauté sur les arrières pour s'opposer aux premières réactions allemandes. Des bombardements systématiques ont isolé le nord-ouest de la France. Une vaste opération de dissuasion, baptisée Fortitude, s'est efforcée d'induire l'ennemi en erreur sur les intentions précises des Alliés.

Dans leurs plans d'ensemble d'Overlord, les généraux anglo-américains n'ont pas intégré la Résistance française [1]. Ils se sont refusés à la regarder comme un paramètre du succès. Son incidence, à leurs

1. Ce qui ne sera pas le cas pour le débarquement dans le midi de la France. Voir chapitre 16, « La revanche des Alpins ».

yeux, reste à prouver. Eventuellement, elle sera un plus bienvenu. Seuls les faits rendront compte de son efficience exacte.

Les Alliés ne l'ont pas pour autant oubliée. Des équipes Jedburg ont été mises sur pied pour après le jour J. Les parachutages d'armes se sont intensifiés :

– 139 tonnes durant le dernier trimestre 1943,

– 938 tonnes au premier trimestre 1944,

– 2 689 tonnes au second trimestre 1944.

Se retrouvent dans ces chiffres la décision de Churchill et l'apport américain. Résultat de cette assistance renforcée, selon le SOE, le 6 juin, 85 000 résistants français seraient armés. Tous évidemment ne sont pas au maquis !

Au titre de cette Résistance française, un programme d'action à plusieurs volets a été élaboré :

– Plan vert pour paralyser les transports ferroviaires ;

– Plan violet pour neutraliser les télécommunications ;

– Plan Tortue pour retarder les mouvements des troupes allemandes se portant vers le front.

L'éventualité d'un soulèvement généralisé des résistants français n'a pas été écartée, même s'il doit être coûteux pour ses auteurs. D'où les messages de la BBC. Réflexe normal, pour ne pas écrire légitime, les Alliés pensent avant tout au succès de leur entreprise et à l'aide apportée à leurs propres soldats. En bref, l'état-major anglo-américain, sans en faire un préalable, regarde la Résistance française comme un atout complémentaire pour entraver les manœuvres ennemies. Il estime qu'une insurrection sur tout le territoire français serait utile pour tromper les Allemands sur la localisation exacte et définitive du débarquement. (Résultat qui sera obtenu par l'ensemble des opérations dissuasives de toutes natures. Hitler, durant quelque temps, ne considérera pas le débarquement de Normandie comme le débarquement principal. Il en craindra un autre dans le nord de la France et retardera l'engagement de ses réserves.)

*

Les résistants attendaient avec fébrilité l'annonce du débarquement. Les initiés guettaient les messages convenus. Enfin, tombent les célèbres vers :

> « Les sanglots longs des violons de l'automne...
> Bercent mon cœur d'une langueur monotone. »

D'autres phrases clés les accompagnent : « Les dés sont sur le tapis », « Il fait chaud à Suez », etc., afin de déclencher les plans prévus. L'heure tant attendue de passer aux actes a sonné.

De Gaulle, à 18 heures le jour J, appelle aux armes :

> « La bataille suprême est engagée... Bien entendu, c'est la bataille de France, et c'est la bataille de la France !... Pour les fils de France, où qu'ils soient, quels qu'ils soient, le devoir simple et sacré est de combattre l'ennemi par tous les moyens dont ils disposent... Les consignes données par le gouvernement français et par les chefs français qu'il a qualifiés pour le faire doivent être exactement suivies... Derrière le nuage si lourd de notre sang et de nos larmes, voici que reparaît le soleil de notre grandeur ! »
>
> « Le devoir simple et sacré est de combattre l'ennemi par tous les moyens dont ils disposent ! »

Au niveau des maquis, cette voix venue de Londres et qui incarne depuis des mois les espoirs du pays a valeur d'ordre de mobilisation générale. C'est le souffle de l'an II. C'est le souffle de la levée en masse. Sédentaires, patriotes affluent pour gagner les zones de regroupement et prendre les armes. Leur arrivée massive ne sera pas sans accroître les problèmes de toujours : armement et subsistance.

Cet élan qui pousse les meilleurs à se regarder comme mobilisés n'est pas exempt d'épisodes douloureux. Le 7 juin, deux corps francs, Liberté et Essor, composés en majorité d'étudiants et rassemblés par l'OCMJ, quittent Paris. Ces jeunes ont l'intention de rejoindre les maquis d'Auvergne. Le 9 juin, ils font halte en Sologne et bivouaquent dans des fermes amies. La Gestapo d'Orléans a eu connaissance de ce mouvement. Elle fait cerner les cantonnements. 49 candidats maquisards, presque tous sans armes, sont faits prisonniers. 35 seront fusillés sur place, 14 seront déportés. 7 ne reviendront pas.

*

Plus encore qu'un appel à la mobilisation, les voix de De Gaulle et de la BBC incitaient au combat. Elles sont entendues. Les résistants de toutes origines tirent l'épée.

De cette lutte aux multiples visages, il est souvent difficile de déterminer ce qui appartient à la Résistance en général et aux maquis en particulier. Tel sabotage de voie ferrée relève-t-il exactement d'un groupe franc, d'une équipe de cheminots résistants, ou d'une section de maquisards ?

En revanche, il est clair que les embuscades en campagne, les coups de main, les interventions d'envergure proviennent des maquis. Mais, là encore, il est impossible de tout relater, d'établir un tableau complet des opérations menées de jour comme de nuit. Des clignotants s'allument partout. Il n'est guère de région de France sans manifestation de maquis. Leur évocation ne peut être qu'incomplète.

*

Dans les Landes, les hommes de Léonce Dussarat, « le Lion des Landes », effectuent plus de 200 sabotages du 7 au 10 juin. « Tout est détruit : lignes à haute et basse tension, caténaires, aiguillages, lignes téléphoniques, lignes téléphoniques internationales souterraines, ponts, plus de 10 trains sautent... », écrira Dussarat [1].

Dans ce même Sud-Ouest, le corps franc Pommiès, sur lequel il faudra revenir, effectue une série de harcèlements et d'embuscades heureux sur les axes Tarbes-Toulouse. Le 8, l'un de ses groupes intercepte un convoi de deux voitures et un camion sur la RN 117. Un officier allemand est tué, 11 Feldgrau faits prisonniers. Le même jour, en fin de soirée, un autre groupe attaque cinq véhicules progressant sur la D 632 Tarbes-Trie-sur-Baïse, à hauteur de Saint-Roch. Un maquisard est tué mais l'ennemi pris sous le feu des PM et des grenades rentre avec des pertes. Toujours sur cette route sinueuse entre Tarbes et Trie, à Castelvieilh, la section Audouaire s'en prend à trois camions allemands. Le combat est très dur. L'adversaire, plus nombreux, a l'avantage de ses armes automatiques, les redoutables MG. Trois maquisards sont tués dont Audouaire. Les Allemands auraient eu 11 morts et 13 blessés. L'accrochage le plus violent intervient le 13 juin, à Astaffort, sur la RN 21 Agen-Auch. Suite à l'enlèvement de deux des siens, la Milice d'Agen a lancé une opération de représailles.

Débouchant dans Astaffort vers midi, 40 miliciens arrêtent cinq personnes et les gardent en otages. Informés, des guérilleros espagnols leur tendent une embuscade sur leur retour. Dès les premiers coups de feu, un des otages est tué. Alertés par la fusillade, deux officiers et cinq hommes du CFP en déplacement dans le secteur foncent sur les lieux dans une camionnette. Des miliciens en civil sont cloués au sol. A prime abord, les « Pommiès » les prennent pour des amis. Cruelle méprise ! Le capitaine Traverse est mortellement blessé. A 16 heures, plusieurs éléments du bataillon Ribourt (du CFP) arrivent à la rescousse. Les miliciens, encerclés, vont être anéantis mais ils ont réussi

1. D. Lormier, *Le Livre d'Or de la Résistance dans le Sud-Ouest,* ouvr. cité, p. 225.

à prévenir Agen. Une compagnie allemande survient pour les dégager. Un adjudant, sous-officier de carrière, les cueille au FM. Malmené, l'ennemi n'insiste pas.

L'accrochage a coûté la vie à un otage, à 10 maquisards et à 32 Allemands et miliciens, dont le chef de la Milice d'Agen [1]. L'occupant et ses comparses ont compris. Il n'est pas bon de sortir d'Agen. A moins d'être en force.

En Charente, le maquis Bir-Hakeim [2] du colonel Chabanne s'en prend principalement aux voies de communications. La circulation ferroviaire est interrompue entre Limoges et Angoulême.

Dans le Limousin, les FTP du colonel Guingouin exécutent le jour J 39 sabotages ferroviaires et coupent le câble souterrain Bordeaux-Limoges-Paris. Presque simultanément, ils réussissent deux coups aussi heureux que spectaculaires.

Le 6 juin après-midi, un petit commando d'une dizaine d'hommes, sous les ordres du capitaine Marc Grelon, établit un barrage sur la RN 20, à Magnac-Borg, entre Uzerche et Limoges. Il doit intercepter un camion d'essence et « prélever » des fonds à la poste du village. Survient un important convoi de gardes mobiles commandé par le lieutenant Malabre. Le contact s'établit sans incidents, même si le rapport des forces penche nettement en faveur des arrivants. Des discussions s'engagent entre les chefs. Grelon informe Malabre du débarquement qu'il ignorait et des ordres donnés à toutes les forces armées de rejoindre la Résistance. L'officier de gendarmerie n'est pas contre. Il est même plutôt largement acquis [3]. Après entretien avec ses adjoints, il ordonne de rallier le maquis. 180 gendarmes avec leur armement dont 27 fusils-mitrailleurs grossissent les troupes de Guingouin. Ce renfort inattendu est précieux. Il apporte des cadres et surtout des instructeurs pour les jeunes n'ayant pas fait de service militaire. Plusieurs gendarmes prendront des commandements de compagnie. L'un d'eux commandera même un bataillon.

Trois jours plus tard, un autre groupe FTP capture une automitrailleuse allemande. Georges Guingouin écrit à ce sujet :

> « Une colonne de SS [4] s'est dirigée sur le maquis d'Eymoutiers [5].
>
> Dans l'après-midi du 9, un poste de guet signale son approche.

1. Les prisonniers et otages seront échangés les jours suivants.
2. Un autre Bir-Hakeim.
3. Le lieutenant Malabre terminera sa carrière comme général de gendarmerie.
4. De la Das Reich.
5. 50 kilomètres à l'est de Limoges.

> L'unité du commandant Pierre Magadoux, stationnée à "La Julie" près de Sainte-Anne, attaque une automitrailleuse restée en arrière. Un membre de l'équipage est tué, un autre blessé est fait prisonnier, les autres réussissent à s'échapper. Ils avaient bien lancé des fusées d'appel au secours mais la colonne n'a rien fait pour leur venir en aide [1]... »

L'automitrailleuse est aux mains du maquis. Dans l'accrochage, elle n'a été que faiblement endommagée. Un mécanicien la remet en état. Elle aura l'occasion de causer des mécomptes à des Allemands surpris par son arrivée. Elle sera finalement mise hors de combat par une autre AM, bien allemande celle-là, le 17 juillet à La Croisille-sur-Briance, toujours dans le même secteur. Son conducteur, le gendarme Frantz Munier, sera tué ; mais ses trois compagnons parviendront à s'esquiver.

Le 12 juin, le corps franc de la Montagne-Noire surprend un détachement allemand progressant à pied sur la départementale Mazamet-Carcassonne. Il est chez lui et possède l'avantage du terrain, même si l'adversaire est plus nombreux. Après deux heures de combat, il décroche avec un blessé. Le compte rendu d'opérations annoncera 50 morts en face, chiffre invérifiable et sans doute fort. (Suite à un autre combat, ce même CFMN, quelques jours plus tard, rendra un prisonnier blessé qu'il ne peut soigner. Ce geste généreux évitera des représailles.)

En Bretagne, l'attention se porte naturellement sur les maquis œuvrant avec les paras du colonel Bourgoin [2]. Leurs combats, dont ceux de Saint-Marcel, ne représentent pas toutefois l'intégralité de l'activité des maquis bretons. Beaucoup, par manque d'armement, sont contraints à l'attente. Leur mission est simple : dans une région occupée par 150 000 Allemands de la VIIe armée, freiner au maximum les mouvements vers la Normandie. Elle commence dès l'annonce du débarquement.

La Résistance normande travaille dans des conditions très difficiles. Aux abords du littoral, face à la Grande-Bretagne, la présence allemande est particulièrement forte. Si le bocage permet de « chouanner », il n'autorise pas de grandes concentrations. Les maquisards doivent évoluer par petits groupes. La guérilla y gagne en efficacité.

Le Massif central, à l'encontre de la Normandie, a l'avantage de son éloignement et de son relief. Il est une terre d'importants maquis. On le constatera avec le Mont-Mouchet. La pression de la Résistance y est donc vive.

---

1. G. Guingouin, *Quatre ans de lutte sur le sol limousin*, ouvr. cité, p 183.
2. Voir chapitre 9.

Le 8 juin, vers 22 heures, un détachement FTP occupe le centre d'internement administratif d'Evaux-les-Bains, dans la Creuse [1]. Les gendarmes de garde ne sont pas hostiles. Au contraire. Ils passent en bloc au maquis. L'opération permet surtout de libérer certaines personnalités dont les généraux Doyen et La Laurencie, ainsi que le fameux docteur Martin [2].

La petite ville de Murat, dans le Cantal, devient le 12 juin le théâtre d'un champ de bataille lourd de conséquences. Geissler, le chef de la Gestapo de Vichy, personnage notoire du dispositif policier nazi, y arrive en début de journée avec une escorte d'Allemands et de miliciens. « Trapu, les jumelles au cou, large casquette légèrement sur l'oreille, les cheveux blonds tirant sur le roux, l'œil bleu ayant le froid de l'acier, le verbe haut [3] », ce Geissler est un individu redoutable. Sitôt en place, il fait arrêter des otages.

Vers 17 heures, 60 maquisards informés de la présence du gestapiste se glissent dans la ville. Une sentinelle allemande est abattue. Aux premiers coups de feu, Geissler, qui avait installé son PC à l'hôtel de ville, se précipite en criant « *Alarm !* ». Sortant sur le seuil, il est fauché par une rafale de FM tandis que les grenades éclatent de tous côtés.

A la tombée de la nuit, les maquisards décrochent alors que des renforts adverses sont signalés en provenance de Saint-Flour. Geissler est mort et avec lui 12 Allemands et miliciens.

Ce coup porté est un succès. Avoir abattu Geissler aura un fort retentissement. Hélas, les représailles seront terribles. Le lendemain, au pont de Soubissergues, non loin de Murat, les Français découvriront les cadavres de 25 otages. 23 autres dont 4 femmes seront déportés.

Murat est la confirmation d'une terrible réalité. Les opérations du maquis se paient d'un dramatique tribut de la population. Argenton-sur-Creuse en fournit un autre exemple.

Cette petite cité, nichée dans les fonds de la vallée de la Creuse, serait bien paisible si elle ne connaissait pas de bruyants passages. La RN 20, la grande ligne Paris-Toulouse la traversent sur toute sa longueur. Au matin du 6 juin, sur renseignement, 50 FTP commandés par Henri Lathière entrent dans Argenton afin de neutraliser un train de carburant [4]. L'opération se déroule sans anicroches. 23 Allemands de

1. Le camp de Mauzac, en Dordogne, a été occupé la veille dans les mêmes conditions par les FFI, permettant de libérer de nombreux détenus politiques.
2. Cagoulard, résistant, homme de bien des complots.
3. *Soubissergues, terre de sang,* Frère G. Mayet, ouvr. cité, p. 72.
4. Une compagnie de l'AS, qui devait participer à l'opération, a été déroutée sur Châtillon-sur-Indre, à 40 kilomètres de là.

garde au train sont faits prisonniers. Courageusement, trop courageusement sans doute, la poignée de maquisards se poste aux entrées de la ville afin d'attendre l'ennemi. Limoges a été prévenu. Le 9, à 6 heures, une compagnie de la 2e PD Das Reich apparaît avec des blindés. La résistance n'est pas possible. Les maquisards dans l'ensemble parviennent à s'échapper, mais les habitants subissent le prix de la fureur allemande. 54 d'entre eux sont impitoyablement massacrés par les SS.

Sud-Ouest. Bretagne. Massif central... Dans les Alpes, le Jura, le Morvan... La situation ainsi créée oblige la Wehrmacht à se tenir constamment sur ses gardes. Ses arrières ne sont pas sûrs. Certes, elle a toujours pratiquement les moyens d'aller là où elle le souhaite. Elle doit le faire avec des moyens puissants et en perdant du temps. Les maquis, la Résistance apportent un plus à l'effort allié.

*

Toutes ces actions ne sont pas gratuites. Il n'est guère d'accrochages sans pertes. Parfois le destin est encore plus tragique comme à Saint-Lys, à 30 kilomètres au sud-ouest de Toulouse. Un maquis s'y est constitué le 8 juin. Le 12, il est attaqué par une unité de la PD Das Reich. Nombre de maquisards ne sont pas encore armés et manquent de formation militaire. 8 sont tués ainsi que 12 civils exécutés par représailles. Des habitations sont incendiées.

*

Les opérations engagées par les maquis répondent à bien des mobiles. Leur majorité s'inscrit dans une stricte perspective patriotique. Ainsi en est-il en Bretagne, au Mont-Mouchet, dans le Vercors, pour ne citer que les plus notoires.

D'autres relèvent d'une ambition où le dessein politique se mêle. Le PC pense à l'avenir. Il cherche à se placer. Tenir des villes, des régions entières, lui assurerait des positions solides pour l'après-Libération. De là des tentatives pour occuper des villes. Ce sera le cas d'Annonay, Ussel, Valréas, Saint-Amand-Montrond, Mussidan et surtout Tulle. Si le résultat de telles entreprises n'est pas obligatoirement négatif, hypothéquant plus ou moins longtemps des forces ennemies, le bilan humain s'avère très lourd pour les populations.

Car l'Allemand, en face, ne respecte rien. Il se sent en pays hostile. Il n'a pas pour habitude, sauf exception rare, de faire du sentiment. Il l'a montré en URSS, en Pologne, en Yougoslavie, et ne s'en cache pas.

Il applique ses méthodes habituelles, semant la mort et la destruction sur le sol de France pour impressionner et terroriser.

ANNONAY

Le 6 juin, les FTP décident d'occuper Annonay. Avec ses 15 000 habitants, la cité des frères Montgolfier est déjà une ville importante, non sans intérêt stratégique. La vallée du Rhône, avec ses voies de communications vitales pour la XIXe armée allemande implantée en Provence, n'est qu'à une dizaine de kilomètres. Quant à l'arrière-pays ardéchois, il a vu éclore de solides maquis.

Les FTP s'engagent les premiers. Par solidarité, le maquis AS emboîte le pas. En quelques heures, Annonay et ses environs sont regardés comme « libérés ». Le commandement allemand ne saurait cependant tolérer cet abcès si près du Rhône. Le 19, une forte colonne de 600 Allemands, 600 miliciens et GMR prend la direction d'Annonay. A l'entrée de la ville, les combats sont durs et les pertes lourdes. La suite n'est que trop rituelle. Avec leur armement léger, les maquisards ne sauraient livrer une bataille rangée. Ils doivent abandonner Annonay, livrée aux représailles.

Le cas d'Annonay est à l'exemple de ce qui se produit 48 heures plus tard, 100 kilomètres au sud, sur l'autre rive du Rhône, à Valréas.

VALRÉAS

A l'aube du 8 juin, les maquisards pénètrent dans Valréas (5 000 habitants). Pas de garnison allemande. Les gendarmes lèvent les bras d'un cœur léger. Le maire est patriote, ce qui ne l'empêche pas d'être inquiet. Ses administrés aussi. « N'est-il pas trop tôt ? »

Les jours suivants confirment ces inquiétudes. Valréas est un peu le pendant d'Annonay. La vallée du Rhône n'est qu'à 25 kilomètres. Des accrochages sévères se produisent autour de Valréas avec des reconnaissances ennemies. Le 12 à midi, le commandement allemand, par téléphone, adresse un ultimatum : bombardement intensif par la Luftwaffe et destruction de la ville si le maquis ne se retire pas. La Wehrmacht est trop puissante pour espérer résister longtemps et quel serait le prix pour la population ? A 13 heures, les maquisards évacuent les lieux et regagnent la montagne. 51 habitants seront la rançon du retour des Allemands (5 laissés pour morts seront sauvés par les pompiers).

MUSSIDAN

Le 11 juin, 150 FTP décident d'occuper Mussidan, en Dordogne. Les renseignements n'y signalent qu'une faible présence allemande.

Par malchance, il se trouve toutefois que ce jour-là un train blindé stationne en gare, couvert par des éléments également blindés. La partie n'est pas égale malgré l'héroïsme déployé. Le maquis compte 15 tués, dont un commandant de compagnie et autant de blessés. Côté allemand, 13 soldats ont été tués, une vingtaine blessés et une dizaine d'autres faits prisonniers.

Le bilan serait équilibré, compte tenu également du retard apporté au train blindé, s'il n'y avait les habituelles représailles. 52 Mussidanais sont passés par les armes, la ville est livrée au pillage. Les Maghrébins au service de la Gestapo saccagent et dérobent dans les magasins et chez les particuliers.

*

A Annonay, à Valréas, à Mussidan, à Argenton, les opérations ont été menées essentiellement par des éléments FTP. A Guéret, en revanche, la Résistance fait front commun, sous les ordres du lieutenant-colonel Fossey, « François ».

Guéret, chef-lieu de la Creuse, ne possède qu'une petite garnison allemande. Une cinquantaine d'hommes un peu perdus en cette modeste préfecture à l'écart des grands axes. Il y a aussi une équipe de miliciens. A priori, Guéret représente un objectif facile et tentant. Il faut compter cependant avec l'école de la garde. La situation sur ce point s'éclaircit le 6 juin : sous le commandement du chef d'escadrons Corberand, la majorité de l'école [1] passe au maquis, imitée par les gendarmes de la ville.

Le 7 à l'aube, 2 000 maquisards (AS, FTP, gardes mobiles ralliés) entrent dans Guéret et encerclent les bâtiments occupés par Allemands et miliciens. Après six heures de combat, la garnison qui a eu 9 tués accepte de se rendre. Le maquis où l'on compte sept morts est maître de la place, de 41 prisonniers et d'un important butin.

Les miliciens après une farouche résistance finissent par lever les bras sous réserve d'avoir la vie sauve. Mais ils ont semé trop de haines. Le chef départemental est aussitôt fusillé. Trois autres le seront quelques heures plus tard.

Le lendemain, débouchant de Montluc, une compagnie allemande tente de reprendre Guéret. Contrainte de se replier, elle laisse sur le terrain 7 morts et 10 blessés. L'affaire ne saurait en rester là. Elle est bientôt reprise par un bataillon de la PD Das Reich remontant de Montauban [2].

1. Imitée par 3 escadrons de la 5e légion de la garde républicaine.
2. Voir plus bas.

Contre des blindés les maquisards sont incapables de faire front longtemps. Ils évacuent Guéret, perdant 11 hommes dans les combats en périphérie. 36 autres faits prisonniers sont immédiatement fusillés.

Guéret se retrouve aux mains des Allemands et des miliciens criant vengeance. Heureusement, les blessés allemands ont été bien traités. Le maire parvient à éviter le pire. Il n'y a que trois exécutions sauvages mais la Milice arrête plusieurs centaines de personnes (elles seront libérées courant juin et juillet).

SAINT-AMAND-MONTROND

Saint-Amand-Montrond rappelle un peu Guéret. Une bourgade paisible à l'écart des grands axes. La guerre lui a procuré une garnison militaire insolite. Après l'armistice de juin 1940, les casernes hébergent le 1er RI, l'un des plus vieux régiments de l'armée française, héritier du régiment de Picardie. L'invasion de la zone libre voit la dissolution du 1er RI, appelé sous l'impulsion de son chef le colonel Bertrand à revivre dans la clandestinité et à jouer un rôle important dans les combats de la Libération.

Les casernes rendues libres sont occupées en 1943 par une partie du 1er régiment de France, unité hybride mise sur pied par Vichy et tolérée par les Allemands. Ce régiment est tiraillé en factions contraires. Quelques-uns des cadres penchent pour la collaboration. D'autres, au contraire, estiment que cette troupe grâce à sa couverture officielle peut et doit avec son armement participer activement à la Résistance et se préparer au combat contre l'occupant. L'immense majorité des jeunes incorporés, venus au 1er régiment de France pour échapper au STO ou se trouver en possession d'un fusil le moment voulu, pensent de même.

Existent donc à Saint-Amand-Montrond une garnison militaire française importante ainsi que 30 miliciens et deux Allemands du Service du Travail. Ces deux-là font un peu figure d'égarés.

A Saint-Amand comme à Guéret, maquis blancs et maquis rouges, comme les dénomment certains, c'est-à-dire AS et FTP, agissent de concert. Le 6 juin, en fin de journée, ils occupent la ville. Les gendarmes se laissent désarmer de bon cœur. Les deux Allemands ne sont pas plus belliqueux. Le 1er régiment de France ne bouge pas. Seuls une douzaine de miliciens retranchés au siège de la Milice ouvrent le feu. Par un curieux hasard, Mme Bout de l'An, épouse du numéro deux de la Milice, ses jeunes enfants et sa belle-mère se trouvent avec eux. Pour éviter une tuerie, Mme Bout de l'An incite ses compagnons à hisser un drapeau blanc, ce qui est fait à la tombée de la nuit.

Incontestablement, le maquis est en position de force. Il détient

11 miliciens, 5 miliciennes et surtout la famille de Bout de l'An. Ce dernier fait aussitôt appel aux Allemands qui expédient sur les lieux un bataillon de parachutistes. Devant cette arrivée massive, le maquis, comme partout en de telles circonstances, évacue la ville, emmenant ses prisonniers. Dans les combats d'arrière-garde, 3 maquisards sont faits prisonniers et aussitôt fusillés. Huit autres le seront un peu plus tard. Plusieurs civils sont tués. Une centaine d'autres sont pris en otages par les Allemands et les miliciens. Le capitaine de gendarmerie Chollet, qui tentait de s'interposer, est abattu d'une balle dans la tête. Des officiers du 1er régiment de France sont arrêtés pour ne pas être intervenus.

Bout de l'An arrive sur place. Il craint pour la vie de son épouse [1]. Commencent de longues négociations par le truchement du maire de Saint-Amand-Montrond et de l'archevêque de Bourges. La vie des otages contre celle de Mme Bout de l'An. Non sans mal, l'accord se fait. Mme Bout de l'An est libérée avec quatre miliciennes [2]. Les otages détenus par la Milice également. Mais la plupart de ceux détenus par les Allemands seront déportés. Les 11 miliciens captifs connaîtront le sort que la Milice et les Allemands réservent à leurs prisonniers. Ils n'avaient pas intéressé Bout de l'An dans les transactions.

Cette affaire, comme les précédentes du reste, montre que si les Allemands ont les moyens de reprendre une ville occupée par les maquisards, ils ne sont pas toujours capables de venir à bout de leurs adversaires répartis dans leurs montagnes ou leurs forêts.

Il est cependant à cette règle quelques exceptions. Ainsi la suite malheureuse du coup de main sur Beaufort, en Savoie.

BEAUFORT

Beaufort-sur-Dorron, 2 000 habitants, non loin de la frontière italienne, à quelque 20 kilomètres au nord-est d'Albertville par la route, vit relativement au calme. Les Allemands y ont implanté un poste de douaniers mais ces gens-là ne sont guère redoutables. La guerre n'est pas leur domaine. Ces fonctionnaires apprécient avant tout le vin blanc de Savoie et les habitants ont plutôt tendance à les regarder comme des « outres à vin ».

Le 21 juin, la compagnie FTP 9201, prenant l'initiative de sortir de son secteur imparti, lance une attaque en force contre Beaufort. Elle enlève le poste de douane qui compte 4 morts et 3 blessés. Fort

1. La belle-mère et les enfants de Bout de l'An, par humanité, avaient été confiés à l'hôpital de Saint-Amand.

2. L'une des cinq choisit de rester au maquis. Elle a compris où était le vrai patriotisme.

heureusement, ces derniers sont bien traités sur le plan local, ce qui évitera le pire au village. Après quoi la compagnie FTP s'éclipse avec ses prisonniers.

Les Allemands sont toujours forts. Furieux, avec des unités d'Albertville, Moutiers, Bourg-Saint-Maurice, ils déclenchent une opération de représailles. La compagnie est cernée à son bivouac. Le capitaine, son adjoint et un groupe important parviennent à se dégager, mais 35 maquisards sont faits prisonniers. 31 seront fusillés le 23, les 4 plus jeunes déportés. Tragique bilan d'une action entreprise dans l'ambiance du moment afin de porter un coup à l'ennemi, mais celui-ci n'a pas désarmé.

*

Les rapports FTP-AS ne sont pas toujours au beau fixe. Le manque de coordination de l'opération sur Argenton, le coup de main sur les douaniers de Beaufort en témoignent. Bien des raisons expliquent cette situation. Les maquis AS sont très souvent commandés par des officiers d'active ou de réserve, dont l'orientation est loin d'être favorable au communisme. De plus, ils répugnent à l'insurrection généralisée, lourde de risques pour les populations civiles. Ils préfèrent s'en tenir à des actions ponctuelles et limitées. Ils se refusent à l'occupation des villes, estimant que dans le rapport de forces de juin 1944, il sera impossible de s'y maintenir. L'expérience, il est vrai, leur donne tragiquement raison.

En Haute-Corrèze, les maquis sont chez eux. Dans cette région accidentée et boisée, les routes d'accès à Ussel, depuis Clermont-Ferrand ou Brive, sont dangereuses. A Ussel même, la garnison allemande n'est forte que de deux compagnies de valeur douteuse. Se sentant encerclée par le maquis, elle a mauvais moral.

Comme Saint-Amand-Montrond, Ussel abrite un détachement du 1er régiment de France. La cohabitation entre militaires allemands et français se déroule vaille que vaille. Les derniers penchent pour le maquis alors que les premiers perdent chaque jour un peu plus confiance.

Le climat local conduit le 9 juin à un accord curieux. Les Allemands se placent sous la protection de leurs collègues français. Ils viennent même s'installer dans leurs cantonnements (à l'école primaire supérieure). Les armes sont stockées et gardées par deux sentinelles : une française, une allemande. Ce pacte de non-belligérance s'est déroulé sous l'égide de la demi-brigade AS du commandant Craplet qui a vu là possibilité de neutraliser aux moindres frais deux centaines d'Allemands.

La suite, un officier de l'AS, le commandant Pierre, l'a racontée :

> « Le 10 juin, une soixantaine de FTP viennent en camion à l'école primaire supérieure pour s'emparer du matériel allemand. Convaincus qu'ils ne rencontreraient aucune résistance, ils étaient descendus des véhicules et se dirigeaient vers les bâtiments lorsque des coups de feu éclatèrent.
> Les Allemands se précipitèrent au magasin d'armes et, à coups de fusil, de FM, de grenades, ils abattirent 47 FTP, achevant ignominieusement les blessés. »

On peut, au passage, s'étonner de la passivité du régiment de France... Ses chefs ne furent pas toujours à l'abri de reproches justifiés.

Le 13, finalement, une colonne allemande vient dégager Ussel. Cet épisode sanglant est caractéristique des divergences existant au sein même de la Résistance. Sans en référer, les FTP ont cru pouvoir réaliser un coup payant. Hélas, ce dernier révèle l'insuffisance militaire de plus d'un maquisard. 47 jeunes, décimés par un adversaire qui a eu latitude de reprendre ses armes et de riposter... Pourtant, leur courage n'est pas en cause.

*

Toutes ces opérations, qui dans l'ensemble se terminent mal, où la population paie un prix élevé, s'éclipsent devant l'horreur des deux plus sanglants holocaustes qu'a connus la France occupée : Tulle et Oradour. A Tulle, aux origines, une intervention FTP. A Oradour, le déferlement de la soldatesque SS.

TULLE

Les FTP sont bien implantés en Corrèze [1]. Pour des mobiles où la politique n'est pas absente, ils décident de s'emparer de Tulle (15 000 habitants), chef-lieu du département.

Militairement, l'objectif se présente dans des conditions favorables. Tulle aligne, en gros, une longue rue, au fond de la vallée assez étroite de la Corrèze. Tenir les hauts et les entrées permet de contrôler la place. Les Allemands y maintiennent une garnison d'environ

1. Après la guerre, 6 885 maquisards seront homologués FFI, moitié relevant de l'AS, moitié des FTP. La Corrèze est avec la Haute-Vienne l'un des départements au plus fort pourcentage de FTP (AS et ORA étant toutefois majoritaires en Haute-Vienne). Réf. : *Historique des Unités combattantes de la Résistance*, SHAT, ouvr. cité.

700 hommes. Gardes mobiles, GMR et miliciens y sont sensiblement aussi nombreux.

Environ 1 300 hommes sont engagés [1] dans l'opération qui débute le 7 juin, vers cinq heures du matin. Gardes mobiles et GMR ne sont guère enclins à « faire Camerone » mais également peu disposés à rallier les « Rouges ». A 11 heures 30, des pourparlers sont entamés et débouchent sur un modus vivendi accepté par les deux parties. Sous réserve de quelques gardes mobiles et GMR qui passent au maquis, les forces du « maintien de l'ordre », miliciens compris, abandonnent les lieux et sont autorisées à rejoindre Limoges sans dommages.

Les Allemands, en dehors de ces clauses entre Français, continuent de se battre. Ils contre-attaquent même à l'occasion. Ils reprennent la gare où ils fusillent 17 innocents gardes-voies. Ce crime, après tant d'autres, pèsera lourd.

Peu à peu, l'étau du maquis se resserre sur les Allemands retranchés dans l'école normale de filles, la manufacture d'armes et l'école de Souillac (bâtiments qui sont pratiquement d'un seul tenant). Toute la matinée du 8, de durs combats se prolongent aux abords de ces points d'appui. Vers 17 heures, l'école normale hisse le drapeau blanc. Tulle est alors quasiment « libérée » à l'exception du réduit de la manufacture. La population ne cache pas ses sentiments, même si l'inquiétude s'y mêle. Cette libération est-elle vraiment définitive ?

Les chefs, eux, se veulent plus qu'optimistes.

Si l'on en croit l'ancien préfet Trouillé qui s'inquiétait, l'un de ses interlocuteurs, un nommé « Kléber » [2], se présentant comme le nouveau commandant d'armes de la place de Tulle, lui réplique :

> « Rassurez-vous, monsieur le préfet, vous ne verrez plus un Boche en Corrèze. La France est en pleine révolte, Brive, Toulouse, Tarbes, Lyon, Périgueux sont pris par les FFI. C'est la débandade et s'il prenait fantaisie aux Fritz de venir nous voir, ils seraient reçus de belle façon.
> – Puissiez-vous dire vrai [3] ! »

Les coups de feu continuent de claquer autour du bloc manufacture-école de Souillac. L'assaut décisif y est prévu pour le lendemain. C'est compter sans l'arrivée inopinée de la 2e PD SS Das Reich.

Cette Das Reich est avec la 11e PD l'une des deux divisions blindées du GA/G du général Von Blaskowitz, commandant en chef au sud de

1. 1 300 étant en soutien rapproché.
2. Jean-Jacques Chapou, « capitaine Philippe », commandant les FTP de Corrèze.
3. Pierre Trouillé, *Journal d'un préfet pendant l'Occupation*, 1965.

la Loire. Début juin, elle stationne dans le triangle Agen-Caussade-Montauban et compte environ 15 000 hommes et 209 blindés et pièces d'artillerie autoportées [1].

Cette 2e PD SS n'aligne plus guère de vétérans du 22 juin 1941. La plupart sont tombés en Russie, ce qui a conduit au retour vers l'ouest de la division. Les rescapés ont alors reçu le renfort de 9 000 jeunes regardés comme ressortissants germaniques : Hongrois, Roumains et également « Malgré-nous » alsaciens-lorrains. Si le métier manque, l'encadrement veille à maintenir une stricte discipline et une ardeur typiquement SS. Tous les commandants d'unité sont des anciens ayant fait leurs preuves en Russie, à commencer par le commandant de la division, le général Lammerding, 38 ans, titulaire de la « Ritterkreutz » [2]. Face aux manifestations du maquis, tous ces gradés réagiront comme ils ont appris à le faire en Russie : par une violence aveugle. Sur le fond, cette Das Reich, malgré ses jeunes recrues, avec ses blindés, ses cadres au fanatisme aveugle, représente une puissance redoutable devant les maquisards très légèrement armés et manquant de moyens antichars (bazookas, mines, etc.). Au matin du 6, elle reçoit l'ordre suivant : « Invasion ennemie déclenchée. Prendre dispositions pour mouvement immédiat. »

C'est aussitôt le branle-bas dans les cantonnements, mais les instructions complémentaires tardent. Hitler hésite à déplacer ses réserves blindées [3]. Enfin, un message tombe, émanant du PC du GA/G :

> « L'amplification du terrorisme dans le Massif central appelle l'entrée en action, immédiate et résolue, de formations majeures. En conséquence, par ordre du haut commandement de l'Ouest, et en accord avec l'état-major du Führer, la 189e division d'infanterie et la 2e Panzer SS sont immédiatement placées sous les ordres du 66e corps de réserve. Ainsi réaffectée, la 2e Panzer SS se déploiera dans la région

1. En juin-juillet 1944, une PD allemande comprend théoriquement :
- Un régiment de chars à 2 000 hommes ;
- Deux régiments d'infanterie portée à 2 200 hommes ;
- Un groupe de reconnaissance à 950 hommes ;
- Un groupe d'artillerie à 1 450 hommes.

Plus un état-major, des éléments de génie, DCA, transmissions, etc., soit un total de 14 700 hommes (dont 700 Hiwis, Hilfswilliger, étrangers servant volontairement dans l'armée allemande, pour beaucoup ressortissants soviétiques).

2. Croix de chevalier.

3. Il est persuadé qu'un autre débarquement interviendra dans le Pas-de-Calais. Voir sur ce sujet, du même auteur, chez le même éditeur : *La Grande Histoire de la Seconde Guerre mondiale*, ouvr. cité, tome 1.

Tulle-Limoges où d'importantes formations de bandes semblent s'être concentrées... »

Ainsi, la pression des maquis impose-t-elle à deux divisions allemandes, dont une PD SS, unité d'élite, de se détourner de la Normandie. Voici le plus espéré par l'état-major d'Eisenhower. La Résistance française retarde l'entrée en action de renforts contre les troupes alliées en train de débarquer. Ce plus est loin d'être négligeable, au moment où se joue le destin d'Overlord.

Eu égard à l'état des voies ferrées, à la suite des bombardements et des sabotages, il cst décidé que les chars et canons d'assaut remonteront vers le nord par voie routière. C'est là encore les retarder. L'axe de marche normal d'un tel mouvement est la RN 20 Toulouse-Limoges, via Cahors et Brive. Il peut être doublé par des départementales sensiblement parallèles, par Figeac à l'est et Gourdon à l'ouest. Faire circuler 1 400 véhicules d'une PD sur des routes qui en 1944 ne ressemblent en rien à des autoroutes n'est pas une mince affaire et ce, de surcroît, en zone d'insécurité. Tournants, bas-côtés peuvent à tout moment dissimuler des traquenards.

A l'aube du 8 juin, de longues colonnes de véhicules s'ébranlent en direction du nord [1]. Au-delà de Caussade jusqu'à Cahors, les collines du Quercy offrent un paysage dégagé se prêtant mal aux embuscades. Mais après Cahors, le relief se creuse. La végétation se fait plus dense. Nationale et départementales se fraient un tracé sinueux dans un terrain propice aux harcèlements. C'est pourquoi, à partir de là, la PD éclate afin de mieux s'éclairer et de couvrir ses flancs. Des éléments piquent directement sur Brive, d'autres s'orientent sur Figeac et Gourdon.

La Résistance des départements concernés – Lot, Corrèze, Haute-Vienne, Dordogne – est obligatoirement prise de court par cette arrivée inopinée de la Das Reich. Ses opérations s'en ressentent et s'avèrent limitées. D'autant qu'il est plus difficile d'obstruer une nationale que de couper une voie ferrée.

La première embuscade se dévoile à Grolejac, un peu au nord de Gourdon, au passage de la Dordogne. Cinq maquisards et cinq civils sont tués. L'ennemi n'a pas été stoppé longtemps. Les maquisards n'étaient que 15. Les Allemands peuvent reprendre leur route, écopant encore de-ci de-là de coups de fusil et répondant en ouvrant le feu sur tout ce qui bouge.

Sur la RN 20, le maquis As de Cœur du capitaine Guérin, un ancien

1. Une des brigades, la Deutschland, reste sur Montauban. Elle participera aux opérations contre les maquis de l'Ariège et de la Haute-Garonne.

du 60e RI, s'est efforcé de multiplier les obstructions. Maquisards et paysans ont scié des arbres et placé des véhicules en travers de la route. Ces obstacles « non battus par le feu » ne contiennent pas longtemps l'avance du régiment Der Führer. A Cressensac, à quelques kilomètres au sud de Brive, l'As de Cœur parvient à clouer au sol les fantassins débarqués de leurs véhicules, mais que faire devant des blindés forçant le passage au canon de 75 ? Les maquisards perdent 4 hommes. A Noailles, un peu plus loin, nouvel accrochage et même issue. 5 tués, 10 disparus au maquis. Les Allemands progressant sur la RN 20 n'atteindront Brive qu'au crépuscule.

Plus à l'est, une autre section de l'As de Cœur s'est portée au pont sur la Dordogne, à hauteur de Bretenoux [1]. Ils sont 25 pour stopper les SS. 18 y laisseront la vie.

A Brive même, la situation est relativement calme. Les FTP avaient prévu d'attaquer la ville comme à Tulle mais s'étaient heurtés au refus des chefs de l'AS, redoutant les habituelles représailles. La garnison, à base de Feldgrau assez âgés, n'en est pas moins encerclée de fait. Elle voit avec soulagement déboucher les SS de la Das Reich, lesquels toisent de haut les « défenseurs » de Brive.

Apprenant à Brive, sans trop de précisions, que des combats se déroulent à Tulle, l'état-major de la Das Reich décide d'y dépêcher le bataillon éclaireur du major Wulf, équipé de blindés et de canons de 75. Vers 19 heures, ce bataillon prend la route [2].

Sur les 30 kilomètres du parcours Brive-Tulle, la nationale 89 serpente dans le fond de la vallée de la Corrèze. Des embuscades pourraient y être dressées. Mais, à cette heure, le gros des FTP se bat à Tulle. Rien n'a été prévu pour se couvrir en direction de Brive.

Le bataillon Wulf aborde l'entrée de Tulle, salué par quelques rafales sans gravité. Les maquisards, à l'ouvrage depuis 48 heures, sont épuisés. Beaucoup sont à court de munitions. Leur commandement manque d'expérience pour organiser une défense sérieuse de la ville. Assez rapidement, Wulf et ses hommes réoccupent les lieux, débloquant les assiégés de la manufacture. La reprise de Tulle leur coûte 3 tués et 9 blessés. De son côté, la garnison accuse 139 morts et 40 blessés.

Si les blessés ont été humainement soignés à l'hôpital de la ville, dans quelles conditions ont été tués les 139 Feldgrau ? Les Allemands se persuadent, au vu des cadavres, que 40 de leurs camarades ont été sommairement abattus. Des décennies après les faits, l'incertitude demeure sur ce point. Certains chefs maquisards le contestent, d'autres

---

1. 40 kilomètres au sud-est de Brive.
2. Accompagné d'une compagnie d'état-major et de deux batteries d'artillerie.

l'admettent. Quelques-uns mettent en cause des Espagnols anciens de la guerre d'Espagne. L'abbé Espinasse, en ses mémoires [1], reconnaît l'exécution de neuf prisonniers. Dans ce dossier, un chiffre semble accuser. Les FTP annoncent 17 tués et 21 blessés graves dans leur camp. Pertes faibles pour des assaillants ; celles des défenseurs, autrement plus sérieuses, proviendraient bien alors d'exécutions de prisonniers.

Au matin du 9 juin, pour les SS de la Das Reich, il n'est pas de doute : 40 compatriotes ont été massacrés. Ils veulent les venger. Exécutant des ordres émanant du PC de la division [2], ils se répandent à travers la ville et raflent tous les hommes [3]. A 10 heures, 3 000 prisonniers civils se retrouvent parqués dans la cour de la manufacture alors qu'une proclamation est placardée sur les murs :

> « Citoyens de Tulle,
>
> Quarante soldats allemands ont été assassinés de la façon la plus abominable par les bandes communistes. La population paisible a subi la terreur. Les autorités militaires ne désirent que l'ordre et la tranquillité. La population loyale de la ville le désire également. La façon affreuse et lâche avec laquelle les soldats allemands ont été tués prouve que les éléments du communisme destructeur sont à l'œuvre. Il est fort regrettable qu'il y ait eu aussi des agents de police ou des gendarmes français qui, en abandonnant leur poste, n'ont pas suivi la consigne donnée et ont fait cause avec les communistes.
>
> Pour les maquis et ceux qui les aident, il n'y a qu'une peine, le supplice de la pendaison. Ils ne connaissent pas le combat ouvert, ils n'ont pas le sentiment de l'honneur. 40 soldats allemands ont été assassinés par le maquis. 120 maquis ou leurs complices seront pendus. Leurs corps seront jetés dans le fleuve.
>
> A l'avenir, pour chaque soldat allemand qui sera blessé, trois maquis seront pendus ; pour chaque soldat allemand qui sera assassiné, dix maquis ou un nombre égal de leurs complices seront pendus également.
>
> J'exige la collaboration loyale de la population civile pour

1. *Prêtre en Corrèze*, ouvr. cité, p. 58.
2. C'est volontairement que le dossier de la responsabilité des pendaisons de Tulle n'est pas évoqué : il ne relève pas directement de l'histoire des maquis. Sur cette tragédie et ses auteurs, se référer à Max Hastings, *La Division Das Reich et la Résistance*, chez le même éditeur.
3. Tulle compte alors environ 15 000 habitants.

> combattre efficacement l'ennemi commun : les bandes communistes.
>
> Tulle, le 9 juin,
> Le général commandant les troupes allemandes. »

Inutile de s'attarder sur la mauvaise foi, qui se mêle à la volonté de s'imposer par la terreur. De tels propos déshonorent à jamais ceux qui les ont rédigés. Il est cependant incontestable que les menaces formulées incitent les responsables des maquis à une certaine modération par crainte de victimes innocentes et du contrecoup sur la population.

Et ce sera l'effroyable tuerie, ordonnée dans la journée. Les Allemands ne détiennent que deux véritables maquisards. Les autres ne sont que de paisibles habitants de tous âges. Les pendaisons commencent à 16 heures aux balcons de la rue du Pont-Neuf, aujourd'hui rue des Martyrs. A 19 heures, les supplices s'arrêtent. Il y a 21 survivants. 20 de ces miraculés doivent la vie aux interventions de l'abbé Espinasse, aumônier du lycée, qui accompagnait à la mort les victimes. Un SS alsacien a sauvé le 21ᵉ. Au total, 99 habitants de Tulle sont morts.

Entre-temps, d'autres ordres sont tombés, émanant de l'OKW. La bataille de Normandie prime. La Das Reich doït cesser ses opérations antimaquis en Corrèze et rejoindre le front au plus vite. Le mouvement des blindés est prévu, cette fois, par train au départ de Limoges et Brive.

Au matin du 10 juin, la 2ᵉ PD est largement dispersée. Elle a ventilé ses unités de part et d'autre de la RN 20. En outre, elle a été en partie usée par ses diverses interventions. Lammerding le reconnaît formellement dans son rapport à son commandant de CA :

> « (...) 60 % des chars hors de service ainsi que 30 % des half-tracks et des tracteurs. La majorité des véhicules hors d'état de servir ne pourront fonctionner qu'au reçu des pièces de rechange toujours attendues malgré les demandes réitérées. La division a été contrainte d'établir six points d'appui dans la région Figeac-Tulle-Brive-Cahors qui exigent une forte protection d'infanterie par suite de la situation de bandes terroristes. Les possibilités de réquisition de véhicules supplémentaires dans cette région sont négligeables, car il est prévisible que les terroristes nous gagneront de vitesse. Par ailleurs, notre ravitaillement en carburant dépend d'un convoi pour le moment invisible.
> Seuls les éléments sur roues de la division peuvent faire mouvement comme prévu. La réparation des chars et des

> tracteurs exigera quatre jours, même si les pièces demandées parviennent à la division dans la matinée du 11 juin. De toute façon la dislocation complète du réseau ferroviaire par les terroristes interdirait probablement un "embarquement" plus rapproché. Aussi, poursuivre de longues progressions dans ce type de terrain ne pourra s'effectuer qu'à un prix élevé. La zone Figeac-Clermont-Ferrand-Limoges-Gourdon est totalement aux mains des terroristes. Les garnisons et postes allemands sont cernés, dans beaucoup de cas assiégés, réduits souvent à l'effectif d'une compagnie et les forces gouvernementales françaises ont été totalement paralysées par les terroristes. La paralysie des positions allemandes est totalement scandaleuse... »

Et Lammerding, en vrai SS, de poursuivre :

> « Faute d'une répression brutale et déterminée, la situation dans cette région finira par constituer une menace dont les proportions n'ont pas encore été évaluées... »

Inconsciemment, Lammerding souligne ainsi le poids du maquis que pour des motifs évidents il qualifie de communiste, même si c'est souvent loin d'être le cas. Il rend compte de la situation qui s'est progressivement créée avant et après le 6 juin. Des régions entières, le quadrilatère Gourdon-Figeac-Clermont-Ferrand-Limoges en est un exemple, échappant à l'obédience de l'occupant et de Vichy... Le maquis y est chez lui, même s'il n'est pas à l'abri d'une incursion en force des Allemands.

*

ORADOUR

Il y a eu Tulle le 9 juin. Une autre monstruosité se prépare. Le régiment Der Führer est arrivé à Limoges le 8 au soir. Il reçoit aussitôt mission de nettoyer la région. Son premier bataillon – major Dickmann – est dirigé sur Saint-Junien, à 30 kilomètres à l'ouest de la ville. Son 3e bataillon est orienté sur Guéret et Argenton à cause des présences de maquis déjà évoquées [1].

Sur la route de Guéret, le bataillon Kampfe est fortement harcelé à deux reprises et éprouve quelques pertes. Guéret est déjà réoccupé lorsqu'il fait son entrée vers 17 heures 30. Sa présence n'étant plus justifiée, son chef décide de retourner à Limoges. Lui-même, pour

1. Voir plus haut.

gagner du temps, file de l'avant avec sa Talbot décapotable [1]. Ancien officier de la Wehrmacht, passé à la Waffen SS en 1939, Kampfe n'a pas froid aux yeux. Titulaire de la Ritterkreutz, il n'est pas pour s'effrayer de bandes « terroristes ». Son audace lui coûtera la vie. Au lieudit La Bussière, à 25 kilomètres de Limoges, sa voiture est interceptée, un peu par hasard, par un petit groupe de FTP regagnant son cantonnement. Que s'est-il passé par la suite ? Kampfe a été exécuté par des maquisards, mais où ? Quand ? L'incertitude à cet égard demeure.

Sa Talbot est retrouvée sans traces de sang par les véhicules qui suivaient à distance. La disparition de Kampfe, personnalité bien connue, se répand aussitôt dans la Das Reich. Des recherches sont entreprises sans résultats par des SS exaltés massacrant sans pitié.

Le bataillon Dickmann est arrivé, non sans difficultés, à Saint-Junien. Embuscades, abattis l'attendaient sur sa route. A Saint-Junien même, le maquis a saboté le viaduc de la ligne Limoges-Angoulême.

Dickmann a naturellement appris la disparition de son collègue et ami Kampfe. Obtient-il de civils, de deux miliciens plus précisément [2], un renseignement concernant la présence de Kampfe au petit village d'Oradour-sur-Glane, à quelques kilomètres ? Difficile d'être catégorique. Une seule certitude est acquise. Dickmann décide de se porter sur Oradour avec en arrière-pensée de délivrer Kampfe ou de le venger. De toute évidence, il n'y a aucun maquis à Oradour-sur-Glane. Le plus proche se situe à 12 kilomètres.

La tragédie du 10 juin n'est que trop connue. Oradour-sur-Glane en 1939 comptait 339 habitants. Les réfugiés ont pratiquement doublé ce chiffre. La destinée voudra que ce samedi 10 juin il y ait au village visite médicale avec vaccination et distribution de tabac. Des citadins sont également venus pour se ravitailler.

La seule volonté de vengeance, tout en inspirant l'effroi, guide Dickmann [3] et ses SS. Après leur passage, il y aura 648 victimes, hommes, femmes et enfants, confondus dans le même holocauste. 393 étaient des résidents, 167 venaient de la campagne voisine, 33 de Limoges, 55 de divers endroits.

Ses crimes effectués, à Tulle, à Oradour et un peu partout sur sa route, la Das Reich repart le 11 juin. Au nord de Bellac, un petit groupe FTP accroche un convoi de véhicules dont il n'a pas discerné

1. Les rapports allemands parlent d'une Peugeot.

2. Ou d'un officier allemand, le lieutenant Gerlach, fait prisonnier par le maquis et ayant réussi à s'évader.

3. Dickmann, grand responsable de la tuerie d'Oradour, ayant agi de sa propre initiative, sera critiqué mais non désavoué. Il gardera son commandement et sera tué en Normandie.

l'importance réelle. Submergés par le nombre, cinq maquisards sont tués. C'est le dernier combat de la Das Reich avec le maquis. Le terrain, au-delà, est trop dégagé pour autoriser des opérations payantes.

Finalement, la Das Reich atteindra la Normandie le 13, mais eu égard à l'état de son matériel, elle ne sera engagée que le 20. Si elle a perdu peu de monde [1], loin de certains chiffres annoncés, elle a en revanche dilapidé un temps précieux. Le 20 juin, les Alliés ne peuvent plus être rejetés à la mer.

Sur ce mouvement de la Das Reich, il est volontiers énoncé que la division SS a été retardée de manière significative dans sa montée vers la Normandie. Faisant le bilan à cet égard, le SHAT écrit :

> « Les circonstances ont fait qu'elle n'a été arrêtée que quelques heures sur la Dordogne et harcelée en Limousin.
> Voici en effet ses ordres et son horaire :
> *8 juin* : Mise à disposition du 66e Corps pour rétablir l'ordre dans la zone Limoges-Guéret. Rencontres avec les maquis sur la Dordogne, région Grolejac-Souillac.
> *9 juin* : Reprise de la ville de Tulle, libération de la garnison prisonnière. Reprise de Guéret. Départ vers la Haute-Vienne.
> *10 juin* : Des embuscades au sud-est de Limoges. Incendie d'Oradour. Stationnement en Haute-Vienne.
> *11 juin* : Stationnement en Haute-Vienne.
> *12 juin* : Embarquement des chenilles à Périgueux à partir de 12 heures.
> En Limousin, départ des autres éléments par la route au lever du jour ; à partir de là, aucun maquis ne signale aucune action contre la 2e PD à travers la Vienne et l'Indre-et-Loire qui seront franchis sans autres arrêts que ceux des bombardements alliés [2]. »

En clair, les tragédies de Tulle et Oradour, la reprise de Guéret sont principalement à l'origine du retard. Hélas !

Pour les Allemands, l'horreur d'Oradour-sur-Glane n'a qu'une brève contrepartie. Elle conduit les maquis à freiner les actions sur les villes. Guingouin envisageait de s'emparer de Limoges. Il annule. Poursuivre la politique ayant conduit à Tulle ou à Guéret serait prendre de trop graves responsabilités et risquer de s'aliéner la population. Celle-ci, bien que foncièrement germanophobe dans son immense majorité,

1. 17 tués, 30 blessés, un disparu.
2. *Historique des Unités combattantes de la Résistance*, ouvr. cité, p. 114.

désapprouve des actions intempestives regardées comme prématurées. Les opérations de Tulle, Guéret, Annonay, Valréas, etc., sont sévèrement jugées. A quoi ont-elles véritablement servi ? s'interrogent nombre de gens. Les chefs des maquis sont amenés à tenir compte d'un état d'esprit de plus en plus hostile aux provocations sans lendemain. Convaincus par l'expérience du coût à supporter pour un résultat illusoire, durant près de deux mois, ils s'abstiendront de mouvements contre les villes. La percée victorieuse de Patton à Avranches le 30 juillet, la rupture du front de Normandie, les craquements perceptibles de l'ossature de la Wehrmacht permettront alors qu'il en soit autrement.

*

L'annonce du débarquement, l'appel de De Gaulle, les messages codés de la BBC ont eu un impact. La Résistance est entrée en action pour appuyer le front de Normandie. Les volontaires ont afflué vers les maquis. Sur ce dernier plan, l'élan est incontestable. Il dépasse les prévisions. Du coup, les problèmes préexistants – insuffisance de l'armement et de l'encadrement – s'intensifient. Le tout aggravé par les représailles sanglantes de l'occupant. Avant même d'avoir eu connaissance d'Oradour-sur-Glane, Koenig, le 10 juin, met le pied sur le frein. Faisant marche arrière par rapport aux directives précédentes, il fait diffuser de nouvelles consignes :

> « Freiner au maximum activité de guérilla. Impossible vous ravitailler en armes et munitions en quantité suffisante. Rompre partout contact dans mesure du possible pour permettre phase de réorganisation. Eviter gros rassemblements, constituer petits groupes isolés. »

On parlera de la pause Koenig... Le 14, le commandant en chef des FFI renouvellera ses instructions :

> « La mission de toutes forces de l'armée de l'intérieur est de se battre. La presque totalité des moyens d'aviation à la disposition commandement chef étant employés pour soutien immédiat tête de pont, l'armement et équipement amenés, armer groupes suivant ordre de priorité correspondant zones intéressées par développement bataille. Il en résulte que jusqu'au moment où le plan d'armement et d'équipement prévu pourra être réalisé vous devez :
> 1. Eviter rassemblement autour forces désarmées de tous éléments qui ne le sont pas, éparpiller par petits groupes non armés ceux qui vous ont rejoints et ne peuvent regagner leur

> domicile, garder liaisons avec tous afin de pouvoir les rassembler en temps voulu.
> 2. Faire continuer au maximum la guérilla insaisissable avec unités armées contre lignes de communications ennemies et par priorité procéder maintien coupures toutes natures sur voies ferrées contre lignes souterraines grande distance. Koenig. »

Dans l'immédiat, ces mesures sont peut-être de bon sens, mais quelle douche froide ! En plus d'un cas, les volontaires aux mains nues sont renvoyés chez eux. Du moins ceux pour lesquels ce retour est possible. Pour les autres, ils doivent se terrer dans l'attente que des armes descendent du ciel.

La tempête politique chez les FTP double la grogne des déçus. Le COMAC s'insurge et le fait savoir. Les délégués militaires, émissaires du GPRF, vivent des heures pénibles.

Le plus souvent, la « pause Koenig » survient trop tard. La bataille fait rage en Bretagne, en Auvergne, en bien d'autres endroits. Presque partout, les maquis n'ont pas renoncé. Ils veulent se battre et vont continuer à le montrer.

Chapitre IX

SAINT-MARCEL

Dès 1940 la Bretagne a été une terre de résistance. Faut-il rappeler le ralliement à la France Libre, en juin 1940, des pêcheurs de l'île de Sein ou les liaisons clandestines réalisées par les marins bretons avec la Grande-Bretagne ?

Cette proximité du littoral britannique explique l'intérêt porté par les belligérants à la péninsule, et par les Allemands tout spécialement. L'OKW n'a pas écarté la Bretagne des zones possibles de débarquement. Le 6 juin, il y maintient une forte implantation : six divisions, soit près de 150 000 hommes de la VIIe armée du général Dollmann. S'y adjoignent des unités dites de l'est, à base d'Ukrainiens et de Géorgiens engagés dans la Wehrmacht. On ne verra que trop leur triste besogne. En outre, fin avril 1944, le 2e CA parachutiste, avec les 3e et 5e divisions de chasseurs parachutistes, est venu constituer une force d'intervention rapide contre des opérations aéroportées. Parallèlement, les ports de Saint-Nazaire, Brest et Lorient servent de bases de départ ou de repli à la Kriegsmarine.

Les Alliés n'ignorent rien de cette situation. La Bretagne représente pour eux une menace sur le flanc occidental du secteur de débarquement. Les Anglais, les premiers, se sont efforcés d'y parer.

Ils ont soutenu la Résistance. Les maquis ont été approvisionnés par une série de parachutages avant le jour J.

Le 4 juin, la BBC a transmis un message propre à la Résistance bretonne : « La Flèche ne passera pas. » Traduire : « Passez à l'action ! », « Mettez en application les plans vert et violet ». Surtout, persuadé de l'importance stratégique de la Bretagne, l'état-major allié a prévu plus. Des commandos parachutistes seront largués afin d'aller travailler avec les maquisards locaux. Pour tous, une même mission : entraver par tous les moyens le transfert des renforts allemands de la Bretagne vers la Normandie.

*

Les douze coups de minuit n'ont pas encore tinté. Le calendrier annonce toujours 5 juin 1944. Pourtant le jour J a déjà débuté. Des hommes viennent de toucher la terre de France en précurseurs. Oh, ils ne sont pas nombreux mais ils sont français ! Quatre sticks de neuf paras du 4ᵉ bataillon SAS devenu le 2ᵉ RCP. Le légendaire bataillon du ciel du commandant Bourgoin.

Ces combattants descendus du ciel doivent dans un premier temps rechercher et organiser deux bases de guérilla. La première, baptisée « Samwest », est à établir en forêt de Duault [1], dans les Côtes-d'Armor [2]. La seconde, « Dingson », près de Saint-Marcel [3] dans le Morbihan. Cette localisation est bien choisie. Elle permet de couper la péninsule en deux.

Les paras savent qu'ils sont appelés à travailler avec la Résistance bretonne. Pour le reste, vus de Grande-Bretagne, les contours de cette Résistance sont flous. Des maquis existent, mais combien sont-ils ? Comment sont-ils organisés ? La distinction FFI-FTP est encore plus lointaine. Soldats avant tout, venus pour libérer leur pays, les hommes de Bourgoin ne se soucient guère des méandres politiques. Ce qu'ils découvriront en potentiel utilisable sera pour eux une heureuse surprise [4].

*

1. 20 kilomètres au sud-ouest de Guingamp.
2. A l'époque Côtes-du-Nord.
3. 25 kilomètres au nord-est de Vannes.
4. Ils déplorent cette carence d'information sur la Résistance. La responsabilité en incombe autant au souci du secret qu'aux clivages entre services de renseignements alliés et français.

La Résistance bretonne a été éprouvée. Nombre de ses chefs et militants ont été arrêtés : le commandant Guillaudot en décembre 1943, le général Audibert, patron de l'AS, en mars 1944, Henri Bouret, chef du « Service national maquis » pour la Bretagne, en avril ainsi que bien d'autres, dont plusieurs responsables régionaux.

Ces arrestations ont eu des répercussions sur les implantations. Malgré les épreuves, des maquis existent. Suivant les cas, ils sont d'obédience FTP, ORA ou AS. A l'AS ils se sont constitués à partir des deux grands mouvements de la zone nord : OCM et Libé-Nord. Dans la région Quimperlé-Lorient, des résistants espagnols se sont également regroupés en une compagnie qui rejoindra le 3e bataillon FTP en juillet 1944.

Comme partout, ces maquis reposent sur des sédentaires attendant les ordres de mobilisation et les maquisards déjà en place sur le terrain. S'il sont relativement modestes en Ille-et-Vilaine et Loire-Atlantique, ils sont plus étoffés dans les Côtes-d'Armor, le Finistère et surtout le Morbihan. Dans ce département, l'influence du colonel « Morice » (capitaine de frégate Chenailler) y est sensible.

Successeur de Guillaudot, patron de l'AS Morbihan, « Morice » a réussi à fusionner les diverses sensibilités sous l'étiquette FFI (ce n'est pas le cas dans les autres départements). Au jour J, il pense pouvoir mobiliser dans le Morbihan 11 bataillons : 4 FTP, 2 AS, 3 ORA et 2 mixtes AS-ORA, soit près de 10 000 hommes. Bien épaulé par les paras de Bourgoin, le Morbihan sera le département maquisard breton par excellence. Point noir : l'armement, qui reste terriblement limité : 500 Sten, 150 pistolets, quelques FM, des mousquetons modèle 1892 récupérés de 1940, quelques Maschinenpistole prises à l'ennemi. Seuls grenades et explosifs sont suffisants. Manifestement, ces moyens sont plus orientés vers le sabotage que vers le combat.

*

Si les avions respectent les horaires, leurs largages manquent de précision dans un cas sur deux.

Les sticks des lieutenants Deschamps et Botella sautent sensiblement au point prévu. L'arrivée au sol, le regroupement s'effectuent correctement. Avant le départ, les photographies aériennes ont été étudiées avec minutie. Ce travail préparatoire et la conformité de la DZ permettent de se repérer rapidement. Au lever du jour, alors que le canon tonne au loin sur les côtes normandes, les paras se terrent dans la forêt de Duault. Ils peuvent prendre quelque repos sous les couverts, avant de passer aux phases suivantes : sabotage des voies ferrées, réception des camarades les nuits à venir.

Dans le Morbihan, les lieutenants Marienne et Deplante connaissent des premières heures mouvementées. Le stick Marienne tombe à deux kilomètres de l'endroit fixé. Pire, il est largué à quelques centaines de mètres du moulin de Plumelec. Aucun indice récent ne l'avait laissé déceler. Les Allemands ont transformé le moulin en poste d'observation qui donne l'alerte. La DZ est cernée par un détachement de l'Ostlegion. Les échanges verbaux en russe ou similaire prêtent un moment à confusion. Ne s'agirait-il pas de maquisards s'interpellant en breton ? L'incertitude ne dure pas. Dans la fusillade est tué le caporal Bouetard. Il est le premier Français tombé le jour J pour la libération de son pays. Dans la confusion, trois radios sont capturés avec leurs appareils et leurs codes [1]. Finalement, Marienne parvient à se dégager dans l'obscurité avec le restant de son stick.

Deplante n'est guère plus chanceux. Il est largué 12 kilomètres trop au nord mais ne fait pas de mauvaises rencontres. Bien au contraire, il réussit, comme Marienne de son côté, à prendre contact avec des résistants. Par leur intermédiaire, les deux lieutenants se retrouvent dans la journée du 7. D'un commun accord, guidés par le lieutenant FFI Morizur, ils se dirigent vers une ferme déclarée amie à une vingtaine de kilomètres.

Cette ferme de La Nouette, près de Saint-Marcel, à l'ouest de Malestroit, n'est pas donnée par hasard. Elle est occupée par la famille Pondard, qui se dévoue sans relâche pour la Résistance. Elle a déjà servi de point de rendez-vous à des chefs FFI. Elle est proche d'une clairière utilisée comme zone de parachutage. Indicatif, « Baleine ».

Lorsque Deschamps et Marienne arrivent à La Nouette, il y a foule. Au soir du 6 juin, ils étaient déjà une centaine, rassemblés là pour s'instruire et s'équiper. Le chef du BOA du Morbihan est en place avec son équipe radio, dans l'espoir d'orienter bientôt les avions ravitailleurs tant attendus.

L'effervescence a gagné le Morbihan. Les bataillons FFI se lèvent. Près de La Nouette, de Malestroit à Saint-Jean-Brevelay (30 kilomètres à l'ouest), règne une atmosphère de levée en masse.

A La Nouette, le 7 au soir, Marienne est plus qu'heureusement surpris par l'affluence qu'il découvre. Il débouche dans une ambiance chaleureuse et sympathique. Les paras, ces guerriers descendus du ciel, bien équipés, solidement armés, sont fêtés. Ils sont accompagnés du halo flatteur dont on entoure les héros. A bien des égards, ces rescapés

---

1. Deux parviendront à s'échapper. Le troisième sera envoyé dans un camp de prisonniers. Ces trois paras sont des miraculés, quand on connaît le sort réservé à leurs camarades.

de Libye pour quelques-uns, ces évadés de France pour beaucoup, ces volontaires portant le macaron prestigieux des troupes aéroportées méritent cet hommage rendu au courage.

Dès le 8, au vu de ce qu'il constate, Marienne adresse un message à son chef, le commandant Bourgoin, toujours en Grande-Bretagne :

> « Pierre I [1]. Indicatif 101. – Confirme message adressé par commandant FFI. Confirme 10 compagnies faiblement armées sur 25. Envoyer urgence tous officiers disponibles, troupes et matériels en particulier Bren Guns [2]. Votre présence ici indispensable – Urgence. Suis enthousiasmé par organisation et ses immenses possibilités – Le QG Résistance affirme pouvoir aider d'ici "Samwest" – "Charlotte" et "Dudule" reconnus seront fortement installés et défendus – Prévenez toutes les missions que ces rendez-vous se portent bien – Ai vu atterrir mission n° 431 [3].
> Avons envoyé patrouille – Missions actuellement au QG sera renseignée et guidée sur son objectif. Confirme DZ 418 233 OK 9. Convient également pour planeurs – Vous attendons nuit de D + 3 à D + 4. Serez guidé par Euréka. Terrain balisé et défendu – Lettre de reconnaissance convenue – 50 camions 3 tonnes, 50 voitures tourisme disponibles – Avons grosses réserves vivres et cheptel, sauf farine – Envoyez d'urgence essence, matériel sanitaire et uniformes avec, si possible, identité. Attendons confirmation de votre arrivée – Resterons un moment silencieux. Signé : Pierre I. »

Le lendemain Marienne confirme sa première impression :

> « Pierre I. Indicatif 101. – Confirme message adressé hier au commandant Bourgoin – Situation rétablie de prodigieuse façon malgré les mauvaises arrivées – Ai trouvé Pierre II et Fernand [4] – Ai pris contact avec Résistance – Suis au QG – Gros succès. 3 500 hommes en formation régulière vous attendent – Votre présence est indispensable – Vous donnerai peut-être détails dans la journée. Confirme DZ sera gardée par 500 hommes dans la nuit de votre arrivée – Confirmer – Urgence matériel et hommes. »

1. Indicatif de Marienne.
2. Des FM.
3. Un sous-officier et deux paras.
4. Indicatif de Deplante et du capitaine « André » (André Heuter-Hue).

A la lecture de ces lignes, il se devine aisément que Marienne a du mal à contenir son enthousiasme. Il ne s'attendait pas à découvrir autant de bonnes volontés ne demandant qu'à prendre le fusil. Se devine aussi sa hâte de recevoir du renfort en hommes et matériel.

Ses demandes trouvent vite une première satisfaction. 50 paras, une cinquantaine de containers sont largués dans la nuit du 8 au 9. A partir du 9, 950 maquisards du bataillon FFI Caro protègent les abords de La Nouette transformée en PC et de la DZ « Baleine ».

Bourgoin a compris que sa présence rapide était nécessaire. Le commandant a perdu un bras en Tunisie en 1943 mais ce handicap ne l'empêche pas de sauter. Il arrive au sol porté par un parachute tricolore, attention amicale des Britanniques. Quelques heures plus tard, la BBC annonce : « A Tous les Pierre. Le Manchot est bien arrivé. »

Paroles bien imprudentes. Les Allemands traqueront et arrêteront tous les manchots.

Tout autant que Marienne et plus encore, car le phénomène s'est amplifié, Bourgoin est surpris par l'ambiance de joyeuse kermesse qui, suivant son expression, règne à La Nouette. Les résistants, les maquisards vont et viennent dans les tenues les plus étonnantes. Les femmes confectionnent des brassards tricolores à croix de Lorraine. Les civils du voisinage se pressent pour assister aux parachutages et les commentent avec fougue. Ce scénario de mobilisation générale est réconfortant pour des garçons qui retrouvent la terre de France après plusieurs années d'éloignement [1]. Il n'est pas cependant sans inquiéter le commandant du 2e RCP, dont les hommes continuent d'arriver. Les Allemands ne peuvent ignorer ce qui se passe du côté de Saint-Marcel. Chaque nuit, sauf celles des 11 et 15 juin à cause des conditions météorologiques, les Stirling britanniques poursuivent leur noria. Le 13, ils larguent environ 700 containers et colis.

De tout le Morbihan, on accourt pour profiter de cette manne. Le 6 juin, « Morice » a prescrit un enrôlement général. Les « légaux » doivent se transformer en maquisards. En quelques jours, 8 000 hommes sont ainsi armés et sommairement équipés. Les paras se transforment en instructeurs pour initier leurs compatriotes au maniement des Bren, des PIAT, des Gammon.

Toute la population environnante est employée pour aider à transporter le matériel et à nourrir les arrivants. Certains jours, il y a plus de 2 000 rationnaires. Les abords de La Nouette sont devenus un vaste camp, s'étalant sur près de 500 hectares. On en arrive à oublier qu'un autre camp, celui de Coëtquidan, tenu par les Allemands celui-là, est

---

1. Certains même, venus de la France d'outre-mer, découvrent la mère patrie.

à moins de 20 kilomètres. L'euphorie générale est telle que le danger n'est plus pris en compte.

Ces journées fiévreuses permettent d'armer à peu près convenablement les maquisards du Morbihan. La médaille a son revers. Tout à leurs activités d'équipement et d'entraînement, paras et maquisards consacrent moins de temps au travail effectif immédiat : le sabotage. La Bretagne, toutefois, n'est pas que le Morbihan [1]. Des équipes Jedburg, des sticks du 2e RCP [2] ont été largués sur toute la péninsule. Avec les maquisards locaux, ils mènent sans relâche des actions payantes contre le réseau des voies ferrées. L'une des plus belles missions de sabotage est réalisée par le lieutenant de Camaret [3] en Ille-et-Vilaine. Le 9 juin, il parvient à faire dérailler un train de DCA sous un tunnel à l'ouest de Rennes. Toute la circulation est interrompue sur la ligne Rennes-Brest.

*

L'euphorie règne à La Nouette, base « Dingson ». Cependant, ce qui se déroule dans les Côtes-d'Armor doit inciter à la vigilance.

Botella et Deschamps ont installé leur base « Samwest » dans la forêt de Duault. Du 7 au 10, un certain nombre de paras les rejoignent. Comme à La Nouette, mais sur une échelle plus réduite, les patriotes se présentent pour recevoir armement et équipement.

Le 22 au matin, une forte reconnaissance allemande débouche à la ferme de Ker Hamon, en lisière de la forêt de Duault. Ker Hamon est occupée par quatre paras et deux maquisards. Dans ce combat à un contre quinze, le petit groupe français est décimé.

Alerté par les coups de feu, Botella se précipite et surprend les Allemands qui ont reçu du soutien. Son feu fait des ravages. De nouveaux renforts allemands surviennent. Le combat dure jusque vers 14 heures, où l'ennemi décroche avec des pertes sérieuses. 5 paras, deux maquisards ont été tués. Les lieutenants Botella et Lasserre sont grièvement blessés.

Se doutant d'un retour en force des garnisons proches, le capitaine Leblond, qui depuis son parachutage a pris le commandement de « Samwest », décide par prudence une évacuation générale. Les faits

---

1. Le Morbihan connaît cependant une bonne application des plans Vert et Violet.

2. 18 sticks de sabotage du 2e RCP ont été largués : 7 dans les Côtes-d'Armor, 4 en Ille-et-Vilaine, 5 dans le Morbihan, 2 en Loire-Atlantique.

3. Le lieutenant de Camaret, résistant évadé de France, sera Compagnon de la Libération.

lui donnent raison. Vers 16 heures, plus de trois cents Allemands convergent vers Ker Hamon et la forêt [1].

Le camp s'est vidé à temps. Les blessés sont ventilés au mieux. Les rescapés prennent la direction de Saint-Marcel ou éclatent dans les Côtes-d'Armor et le Morbihan. De petites bases paras-maquisards s'établiront en plusieurs endroits.

Les paras, combattants aguerris, et leurs camarades maquisards ont fait du mal aux Allemands. Ceux-ci, comme d'habitude, se vengent : prises d'otages, assassinats, incendies. Toute la région subit leurs représailles.

*

Les Allemands ont grossièrement localisé que des rassemblements s'effectuaient à l'ouest de Saint-Marcel. Cependant, ils n'ont pas pris conscience de l'importance du dispositif autour de La Nouette. Sans doute l'estiment-ils de l'envergure de celui qu'ils ont disloqué le 22 juin dans la forêt de Duault.

Le 18 juin, à l'aube, deux voitures de la Feldgendarmerie empruntent la D 321. Cette petite départementale conduit de Saint-Marcel à L'Abbaye, hameau à quelques centaines de mètres au sud-ouest de La Nouette. Très certainement les occupants de ces deux voitures ne se doutent pas du piège dans lequel ils se précipitent. Les avant-postes français réagissent. Sept feldgendarmes sont tués ou faits prisonniers. Le sergent-chef Le Canut du maquis est tué. Le huitième feldgendarme réussit à filer. Il donnera l'alarme. A Malestroit, à quelques kilomètres de là, stationnent 500 hommes de la Wehrmacht. A 8 heures 15, leurs premiers éléments atteignent Saint-Marcel. La bataille générale va s'engager.

*

La base « Digson » autour de La Nouette ne saurait être assimilée à un camp retranché comme l'histoire en a connu. Aucune analogie, par exemple avec des camps types Na San ou Diên Biên Phu dans un passé récent. Les 500 hectares, plus ou moins occupés, représentent un rectangle sensiblement nord-sud centré sur la ferme de La Nouette. La départementale Saint-Marcel-L'Abbaye (D 321) isole au sud le château des Hardys. La DZ « Baleine » s'étend dans la partie nord. Dans ce paysage de bocage breton, à l'habitat dispersé, les vues sont

1. Celle-ci sera, les jours suivants, nettoyée au lance-flammes.

assez limitées. Bois, chemins creux, haies, barrent l'horizon, permettant aussi bien les infiltrations que les décrochages discrets.

Au matin du 18 juin, « Digson » dénombre environ 2 400 personnes disséminées à l'intérieur du périmètre, dont 140 paras de Bourgoin, quelques agriculteurs et leurs familles. Tous les autres sont des maquisards récemment arrivés. Ces patriotes sont de tous âges et de toutes conditions. Des jeunes de 18 ans côtoient des quinquagénaires qui ont tenu à prendre le fusil, forts de leur expérience de 14-18. Ils sont ainsi près de 2 000 organisés en plusieurs unités. Chacun s'est vu confier une partie de la défense :

– Côtés ouest et nord, le bataillon Caro (1 200 hommes),

– Faces est et sud, le bataillon Le Garrec (750 hommes).

Le commandant Le Garrec, ancien officier d'infanterie coloniale, résistant de la première heure, a repris du service. Il a rejoint « Digson » le 14 avec son bataillon. C'est lui qui sera appelé à repousser le plus gros de l'attaque allemande.

– Au nord-est, une compagnie du 12e bataillon du général de La Morlais.

– En réserve et en cours de formation, une compagnie du bataillon de Rochefort-en-Terre.

A l'exception d'une section FTP de Guer (près du camp de Coëtquidan), tous ces maquisards appartiennent à l'AS et à l'ORA. Leur patron, le colonel « Morice », est présent depuis le premier jour.

Les 140 paras, sous les ordres directs du capitaine Larralde, ont pour certains été ventilés chez les maquisards, pour d'autres prévus en réserve. C'est le cas de la section du lieutenant de La Grandière avec ses quatre Jeeps parachutées dans la nuit du 17.

Malheureusement, le parachute de leur container s'étant mis en torche, les mitrailleuses Vickers de ces Jeeps sont hors d'usage (sauf une). Les Bren de remplacement n'apportent pas la même puissance de feu [1].

*

Ce 18 juin 1944 est un dimanche. De bonne heure le curé de Saint-Marcel est venu dire la messe au camp. L'autel est érigé en plein air sous une voûte de parachutes. L'officiant a eu des paroles de circonstance : « Il ne faut pas parler de vengeance. Ils ont gagné la première manche, mais avec l'aide de Dieu nous gagnerons la seconde. Préparons-nous au combat... » Le prêtre voyait juste !

---

1. Le FM Bren est alimenté par chargeur de 30 cartouches (28 pratiquement), la mitrailleuse Vickers par bandes souples de 250.

Les coups de feu, suivis de longues rafales d'armes automatiques, éclatent, la messe à peine terminée. Il est 6 heures 30.

Les Allemands en provenance de Saint-Marcel attaquent sur la face est, au nord du château des Hardys. Ils progressent par les chemins creux ou longent les haies pour se dissimuler. Un poste de garde est surpris. Cinq maquisards sont tués.

La réaction du bataillon Le Garrec est efficace. Devant la 2e compagnie appuyée par deux sections du bataillon Caro et un stick de paras, les assaillants refluent avec de fortes pertes. Vers 9 heures, avec des renforts, ils repartent à l'attaque un peu plus au nord. Des mortiers entrent en action. Un feu nourri brise les assauts lancés maintenant par les prairies et les champs de blé. Manifestement, les Feldgrau ont de la casse.

Au PC de La Nouette, où les blessés sont acheminés, Bourgoin, devant l'ampleur de l'attaque, met sur pied une autre réserve de contre-attaque : une compagnie du bataillon Caro, soutenue par des paras. Le commandant prescrit également l'évacuation des civils et demande à Londres un appui d'aviation.

A 14 heures, les Allemands reviennent en force. Ils mettent en ligne des Géorgiens, un groupement tactique de la 257e DI et des paras de la division Kreta, venus de Josselin. Dans les rangs de la Kreta, les rescapés de Crète et des combats de Malème ne sont plus très nombreux, mais ces paras-là savent se battre. Comme les SAS français, à la tête desquels le lieutenant Marienne se fait remarquer par son énergie indomptable.

La bataille maintenant fait rage sur 2,5 kilomètres de front. Les attaquants font effort de deux côtés. De l'est en direction du château des Hardys et du Bois-Joly. De l'ouest, depuis L'Abbaye, vers La Nouette. A 15 heures 30, l'aviation alliée intervient. Son arrivée constitue un record. 70 minutes après l'appel de Bourgoin, un escadron de chasseurs-bombardiers prenait l'air. A la bombe et à la mitrailleuse, les pilotes alliés s'en prennent aux colonnes et rassemblements ennemis, piquant également sur les observatoires repérés à Plumelec et Saint-Marcel. Durant près d'une heure, ils multiplient leurs passages, soulageant les troupes au sol et semant mort et panique chez les Allemands. Hélas, ce straffing ne saurait s'éterniser.

Les chasseurs-bombardiers disparus à l'horizon, les assaillants relancent la lutte. La pression s'accentue au sud contre le bataillon Le Garrec. Envoyées du camp de Coëtquidan, des troupes fraîches entrent en lice vers 18 heures. Sous les impacts des balles incendiaires, les bois s'enflamment. Partout les liaisons deviennent difficiles.

A 20 heures, le bataillon Caro subit une vive attaque sur la face nord. Il résiste bien.

A cette heure, Bourgoin et « Morice » ont pris leur décision déjà envisagée depuis l'avant-veille. Une bataille rangée est vouée à l'échec. Le lendemain, les Allemands engageront de l'artillerie et peut-être même des blindés. Du reste, la vraie mission n'est pas dans l'affrontement direct. Elle s'appelle guérilla et sabotage.

A 22 heures, le décrochage commence. Toute la base « Digson » n'est pas encerclée. Des itinéraires discrets permettent d'évacuer par véhicules les blessés, le PC, du matériel. Vers 23 heures, les hommes du bataillon Le Garrec abandonnent leurs positions. La dernière compagnie, encadrée par des paras, se replie à minuit.

42 Français dont six paras ont été tués dans ces combats du 18 juin qui seront appelés « de Saint-Marcel ». 60 blessés ont pu être emmenés, mais il y a 15 prisonniers dont on ne devine que trop le sort. Un important matériel a dû être détruit sur placc.

Les Allemands ont payé cher leurs assauts. Bien pourvus en armes automatiques, paras et maquisards ont su en faire bon usage. Le chiffre de 560 morts allemands a été avancé, sans preuve formelle. Il est sans doute fort. Un officier de liaison britannique parachuté à Saint-Marcel l'estime à 300. Il est certain que les habitants de Malestroit ont vu passer des camions remplis de cadavres.

Les maquisards ont fait un geste. Ils ont libéré les deux feldgendarmes capturés le 18 à l'aube. Générosité bien mal rétribuée. Le 19 et les jours suivants, Allemands, Géorgiens, Ukrainiens traquent les maquisards dans le secteur de « Digson ». Ils fouillent les bois, les fermes, les hameaux. Ils assassinent des civils et les blessés qu'ils découvrent. Les châteaux des Hardys et de Sainte-Geneviève, les fermes isolées, les habitations de Saint-Marcel sont incendiés.

Bretagne, Limousin. L'ignominie teutonne reste partout égale à elle-même.

*

Les rassemblements de Saint-Marcel, les combats du 18 juin ont prêté à commentaires et à critiques. Pourquoi un regroupement de cette importance ? Pourquoi avoir accepté une bataille conventionnelle ? Quels en sont les responsables ?

Les FTP, pratiquement absents de Saint-Marcel, n'ont pas manqué d'accabler. Ils ont mis en cause l'esprit rétrograde « type 1940 » des officiers d'active ou de réserve qui commandaient à Saint-Marcel. Charles Tillon, en ses mémoires, n'est pas le dernier à se livrer à des accusations pleines de sous-entendus. Il écrit :

« Quatre ambulances et deux dizaines de camions emportent les blessés. Les estimations des rapports FTP donnent cent cinquante maquisards tués et cinquante tués du côté des parachutistes – soit 200 résistants morts au nom de la politique des “rassemblements mobilisateurs” voulue pour éviter ou condamner la guérilla.
On ne nous a jamais précisé, par ailleurs, combien de civils, surtout des paysans, furent massacrés dans leurs fermes pour avoir soutenu les volontaires qui affluaient vers Saint-Marcel.
La tragique expérience de maquis mobilisateur ne correspondait en rien à l'esprit des FFI qui se rassemblaient pour la libération du territoire [1]. »

A Saint-Marcel, ainsi que dans le Vercors le mois suivant, tout s'est enchaîné dans un engrenage impitoyable.

L'organisation de bases type « Dingson » ou « Samwest » a été décidée par le commandement allié. Le COMAC, de son côté, avait donné ordre à l'état-major départemental FFI d'installer à La Nouette un centre mobilisateur. « Morice », patron du Morbihan, exécute donc les ordres reçus.

Lorsque Bourgoin arrive à La Nouette, il est trop tard. Il ne peut que prendre le train en marche, afin de finir d'armer et d'instruire les volontaires qui se pressent. Cette préoccupation ne l'empêche pas d'envisager un démontage proche de cette base « Digson » forcément repérée. L'attaque allemande le devance.

Saint-Marcel prouve une fois encore qu'un maquis, aussi longtemps que l'adversaire n'est pas ébranlé, n'a pas vocation à mener un combat dit conventionnel. Il n'a ni l'armement, ni les liaisons, ni l'entraînement voulus. Guérilla et sabotage lui offrent ses meilleures armes.

*

Il serait par ailleurs aussi injuste qu'erroné de dénigrer Saint-Marcel. Des forces allemandes y ont été immobilisées. Elles ont éprouvé des pertes non négligeables. « Dingson » a en outre assuré l'équipement en un temps record de près de 8 000 maquisards. L'opération éclatée aurait été plus longue. Il convient aussi de saluer le courage : paras et maquisards risquaient leur vie pour leur pays. Plus d'un l'a perdue. De tels sacrifices méritent toujours le respect. Les vrais soldats le savent.

1. *Les FTP*, ouvr. cité, p. 197.

*

Une question enfin se pose. Elle concerne le rôle stratégique éventuel de Saint-Marcel. La base « Dingson » dissimule-t-elle un volet de « Fortitude », la fameuse diversion élaborée par les Alliés ?

Avant le 18 juin, paras et maquisards de Saint-Marcel étaient persuadés d'occuper une tête de pont au profit d'un débarquement devant intervenir prochainement dans la baie de Quiberon : sur quoi se basaient-ils pour cette conviction ? Si l'on en croit la vaillante « Marie-Claire » (future Mme Chamming's), présente à La Nouette les 16 et 17 juin, les officiers anglais parachutés sur « Dingson » n'étaient pas avares d'informations sur le sujet. Saint-Marcel doit tenir en attendant le débarquement dans la presqu'île de Rhuys, près de Suscinio [1]. Précision pour le moins curieuse ! Bourgoin aurait dit à un agent de liaison :

> « Toi, mon gars, qui est de par là, va donc voir un peu ce qui se passe du côté de Rhuys, et reviens le plus vite possible nous le dire [2]. »

Propager de semblables rumeurs n'est pas innocent. Elles se colporteront inévitablement. Les Allemands finiront par en avoir quelque écho, par informateur ou milicien interposés.

L'hypothèse de l'opération de dissuasion se confirme par la noria des appareils alliés au-dessus de « Dingson ». Ce carrousel aérien ne pouvait échapper aux observateurs allemands. Il les menait à une conclusion, toujours dans le même sens : quelque chose se prépare en Bretagne, destiné à doubler la Normandie.

On le sait aujourd'hui : l'effort essentiel allié se situe sur Overlord. Dragoon, le débarquement en Provence, n'a que valeur secondaire et vise à satisfaire Staline. Que fin juin – le front normand marquant le pas –, certains généraux alliés aient songé à une diversion en Bretagne est probable. Une opération type Anzio en Italie en janvier 1944 ? Dans *Crusade in Europe*, Eisenhower mentionne une telle perspective [3]. Le commandant en chef n'y est pas favorable. Dispersion des efforts. Manque de tonnage maritime. Eloignement pour l'appui aérien. Les arguments contraires ne manquent pas.

De toute façon, « Dingson » n'existait plus à cette date. Elle avait joué son double rôle : armer des maquisards, faire peser une menace

1. Partie orientale de la baie de Quiberon, 20 kilomètres au sud de Vannes.
2. *J'ai choisi la tempête*, ouvr. cité, p. 147.
3. *Crusade in Europe*, ouvr. cité, p. 264.

sur les arrières allemands et laisser supposer une autre opération alliée en Bretagne alors que le destin d'Overlord n'est pas encore scellé. Il est donc raisonnable d'admettre que Saint-Marcel s'intégrait parfaitement dans la dissuasion de « Fortitude ». Nul doute que des maquisards français en paieraient le prix. L'état-major allié l'avait accepté. Il avait à gagner la guerre en économisant au maximum le sang de ses boys.

*

Au soir du 18 juin, Bourgoin et « Morice » ont donné leurs ordres. Repli-dispersion. Effectifs maximum, une section. Les parachutages s'effectueront désormais au plus près des maquis existants. Les liaisons radio des paras avec Londres les autorisent.

Une nouvelle phase commence, celle de l'éclatement, de la guérilla accentuée. Elle se prolongera jusqu'au début août. La percée de Patton à Avranches conduira alors à un changement de tactique. Regroupements massifs pour travailler en liaison avec les Américains s'engouffrant en Bretagne. Les GI's dans leurs blindés seront heureux de trouver une armée de fantassins pour batailler à leurs côtés.

*

Respectant les instructions, les maquisards se dispersent et rejoignent leurs cantons d'origine. Quelques-uns, amers, renoncent et rentrent chez eux. Mais la grosse majorité ne baisse pas les bras.

Les paras sont ventilés sans tenir compte des étiquettes FFI ou FTP. Bourgoin, qui nomadise avec un petit état-major et ses radios, s'impose pratiquement comme le chef des trois départements Morbihan, Côtes-d'Armor, Finistère. Des jeunes filles courageuses, comme « Marie-Claire », assurent les liaisons. En bicyclette, bravant les distances, la pluie, les contrôles des Allemands et des miliciens, elles vont d'un maquis à un autre porter ses directives. Deplante est parti pour les Côtes-d'Armor, où Botella est toujours immobilisé par sa blessure. Marienne reste dans le Morbihan.

L'éclatement s'imposait. Ne pas en tenir compte est souvent lourd de conséquences. Un fort rassemblement s'est effectué à Saffré [1], en Loire-Atlantique, avec toujours le même objectif : armer et instruire. Le 27 juin, les Allemands attaquent le camp. 13 maquisards sont tués, 35 autres faits prisonniers. 27 d'entre eux seront fusillés.

Le combat, pour l'heure, doit se mener autrement.

---

1. 20 kilomètres au nord de Nantes.

Chapitre X

LE MONT-MOUCHET (juin 44) [1]

« Il s'est passé ici un épisode trop méconnu mais très héroïque de la Résistance française. »

Charles DE GAULLE au Mont-Mouchet,
le 5 juin 1959.

Overlord a provoqué un peu partout en France une mobilisation dont la Bretagne fournit un bel exemple. Les combats dits du Mont-Mouchet relèvent d'une autre mobilisation, antérieure dans le temps. En vue de créer un abcès de fixation, les maquisards d'Auvergne s'étaient largement regroupés dès le 20 mai.

*

De Gaulle, dans le combat qu'il mène depuis le 18 juin 1940 pour la libération de la France, s'est toujours montré très soucieux d'affir-

1. Voir carte en hors-texte.

mer la souveraineté nationale. N'en déplaise aux Britanniques et aux Américains, qu'il irrite souvent par sa susceptibilité sur ce point ! Son algarade avec Churchill, sa réplique sur la « fausse monnaie » la veille du jour J sont restées célèbres [1].

Lorsque certains de ses fidèles évoquent devant lui l'idée de réduits nationaux, il ne peut que prêter une oreille attentive. Au-delà de l'aspect stratégique sur le plan militaire, il en mesure tout l'intérêt. Dans les contrées libérées par des maquis sous son obédience, l'autorité de son CFLN s'exercerait pleinement. Elle échapperait à toute ingérence des Alliés ou des communistes. L'impact politique double l'impact opérationnel.

Cette perspective, Guillain de Bénouville, l'un des proches de Frenay à Combat, en a parlé très tôt. Le 1er octobre 1943, à l'occasion d'une conférence interalliée à Berne, il présente à ses interlocuteurs une étude sur les possibilités d'« action militaire des mouvements de Résistance français ». Il exprime là les idées de son chef de file appelé à devenir prochainement commissaire aux Prisonniers et Déportés au sein du CFLN [2]. Henri Frenay souhaitait créer des réduits dans les Alpes, le Jura, le Massif central, les Pyrénées. Alimentés par des parachutages, ils serviraient de bases de ravitaillements pour les maquis environnants. A condition de ne pratiquer que de la guérilla, à l'exclusion de toute bataille rangée. A ces fins et en vue de se procurer les moyens nécessaires, Frenay avait mis sur pied à Genève une antenne extérieure. Dirigée par le général Davet, elle avait pris contact avec l'OSS américain et obtenu l'assurance de concours substantiels [3].

Bénouville envisage donc la création de « régions forteresses où il est possible de tenir et de faire des raids sur les communications environnantes ». Dans son esprit, le Massif central, par sa situation géographique, figure au premier rang de ces « régions forteresses ».

De fait, l'idée exprimée par le résistant de Bénouville était en l'air depuis l'armée de l'armistice. Au début de 1943, s'adressant à un colonel se préparant à gagner Alger, le général Frère, patron de l'ORA, lui disait :

> « Vous tâcherez de convaincre l'état-major interallié que nous sommes en mesure de réaliser le vieux projet de l'armée de l'armistice, ce réduit national d'Auvergne d'où nous

1. Les Alliés ayant prévu d'imprimer des billets de banque de circonstance à utiliser en France libérée, il s'écrie : « Allez, faites la guerre avec votre fausse monnaie... »
2. En novembre 1943.
3. Cette main tendue aux Américains avait fortement déplu à Jean Moulin.

sortirons un jour pour couper toutes les communications allemandes en France. »

Dans l'entourage de De Gaulle, le projet est repris par le colonel Billotte, secrétaire du Comité de la Défense nationale. Le colonel y voit plusieurs avantages :

– Prouver aux Alliés que les Français sont capables de libérer eux-mêmes une partie de leur territoire et n'ont rien à envier à d'autres, les Yougoslaves de Tito par exemple ;

– Installer dans ces régions libérées des pouvoirs publics nationaux sans rapport avec l'AMGOT envisagé par les Américains [1].

Concrètement, le choix de Billotte, rejoignant celui de Bénouville, se porte sur le Massif central. La faiblesse relative des troupes d'occupation, l'importance des maquis locaux créent des conditions favorables, renforcées par les difficultés naturelles d'accès. Une « forteresse » implantée au cœur de la France atteindrait plusieurs objectifs. Elle gênerait une riposte allemande contre un débarquement dans le Midi. Elle aiderait à relier les zones d'invasion nord et sud. Elle couperait les lignes de retrait des forces allemandes situées dans la zone atlantique.

On parle d'une Force « A » pour Overlord, d'une Force « B » pour Dragoon. L'opération Massif central devient le Plan « C », en langage codé « Caïman ».

Informé, de Gaulle approuve et appuie. Installer son autorité politique en devançant quiconque répond pleinement à ses ambitions. Pour coiffer l'opération et assurer le pouvoir civil dans le secteur Caïman, il avance le nom de Jacques Soustelle, le patron des services spéciaux (Billotte devant prendre le commandement militaire).

Le Normalien Soustelle est incontestablement une tête bien faite. Sa fidélité à l'homme du 18 Juin est sans failles. Cette allégeance n'est pas pour plaire à tous. Le crypto-communiste Emmanuel d'Astier, commissaire à l'Intérieur, n'apprécie pas de voir un gaulliste inconditionnel régenter un fief en plein Massif central. Il lance à de Gaulle : « L'Auvergne attend un Saint-Just, vous lui envoyez un Morny. »

Cette péripétie témoigne des rivalités politiques françaises. Elles se manifestent aussi bien à Alger qu'en France.

Le plan Caïman n'est encore qu'une ébauche et une hypothèse, toutefois bien avancées. Les états-majors ont toujours latitude d'en établir. Aux responsables de choisir et trancher. Dans le cas présent,

1. Allied Military Government for Occupied Territory (Gouvernement militaire allié en territoire occupé), autorité spécifiquement alliée pour administrer les contrées libérées.

l'état-major allié, le SHAEF, grand maître de tout car disposant des moyens, ne décidera rien.

Sur le terrain, en revanche, dans les monts d'Auvergne, hommes et chefs sont persuadés que le plan Caïman sera exécuté. Une importante force aéroportée viendra les épauler pour constituer un réduit. Etrange similitude ! Les maquisards bretons étaient aussi persuadés d'œuvrer au profit d'un débarquement secondaire de diversion. Ceux du Vercors attendront également le soutien de contingents aéroportés, dans le but de frapper l'ennemi sur ses arrières. Ceux des maquis d'Auvergne de même. Tous trompés par des apparences fallacieuses. Et jamais détrompés par quiconque de leur erreur avant que n'intervienne l'épreuve des faits.

Comment, dans le cas du Massif central, en est-on arrivé là ?

La R6, centrée sur Clermont-Ferrand, englobe les départements du Puy-de-Dôme, du Cantal, de l'Allier et de la Haute-Loire. Quoique à un degré moindre pour l'Allier, il s'agit d'une contrée montagneuse aux accès difficiles. Pas de pénétrantes majeures, hormis les voies ferrées. Nationales et départementales chevauchent cols et vallées, serpentant en d'interminables lacets propices aux embuscades.

On l'a dit : eu égard à l'éloignement, aux difficultés naturelles, la présence allemande est relativement faible. Elle se manifeste principalement dans les grandes villes : Clermont-Ferrand, Aurillac, Saint-Flour, Le Puy et naturellement Vichy, siège du gouvernement de l'Etat français de Philippe Pétain. La Wehrmacht aligne son Ostlegion avec ses habituels ressortissants de pays soviétiques : Tartares, Turkmènes, etc. Ce type d'individus n'est pas particulièrement policé... Les services policiers, par contre, sont bien étoffés, épaulés comme partout par la Milice et les partis pronazis.

Grâce à la nature du terrain et aux espaces vides d'occupants, les maquis se sont développés. A la mi-avril 1944, le délégué militaire régional, Courson de Villeneuve (« Pyramide »), annonce près de 10 000 hommes disponibles dont 4 000 dans le Cantal et le massif de la Margeride. Cette Margeride, étalée de Brioude à Mende, au sud-est de Saint-Flour, les géographes la voient noire de forêts, de hêtres, de chênes et de sapins. Dans ses bois profonds, il y a un demi-siècle seulement, le loup rôdait en bandes. Il a laissé le souvenir de la terrible bête du Gévaudan, qui semait la terreur en ces hautes terres granitiques, de 1 000 à 1 500 mètres d'altitude [1].

L'AS, issue des MUR, représente la composante essentielle des

1. Le Randon, sommet du massif de la Margeride, un peu à l'ouest de Châteauneuf-de-Randon, qui vit mourir Du Guesclin, pointe à 1 554 mètres.

maquis d'Auvergne. L'ORA a été décapitée. Son chef, le lieutenant-colonel Boutet, a été arrêté et fusillé le 10 mai. Néanmoins, elle a repris vigueur sous l'impulsion d'officiers énergiques. Les FTP ont aussi souffert. Le 30 avril, 22 de leurs responsables, dont plusieurs importants, ont été arrêtés. Leurs maquis sont surtout présents dans l'Allier et le Puy-de-Dôme, départements plus ouvriers, avec Clermont et Montluçon.

Heureusement pour la Résistance locale, des hommes forts sont toujours là : Emile Coulaudon (« colonel Gaspard »), chef régional AS, Henry Ingrand, chef des MUR, futur commissaire de la République à Clermont-Ferrand, le colonel Fayard, chef de l'ORA et successeur de Boutet, le lieutenant-colonel Garcie, chef ORA du Puy-de-Dôme, Pierre Girardot, chef des FTP, évadé de la citadelle de Sisteron.

Il n'est pas à s'en étonner : la troupe est démunie, ce qui éclaircit ses rangs. Dans son rapport de mi-avril, Courson de Villeneuve estime à 1 500 seulement les maquisards armés. Un millier d'autres, éparpillés dans des fermes ou des granges, n'ont de maquisards que le nom, faute de fusils. Les bombardiers ravitailleurs finiront par se manifester, mais tardivement. Les combattants n'auront guère latitude de se pencher sur l'emploi du matériel reçu.

*

Dans les combats dits du Mont-Mouchet, appelés à se dérouler en trois temps, deux hommes émergent et tiennent le rôle majeur : Coulaudon, futur chef régional FFI et principal promoteur du réduit d'Auvergne ; Garcie, chef militaire.

Prisonnier évadé d'Allemagne, patron de Combat pour le Puy-de-Dôme, Emile Coulaudon possède une autorité naturelle. Peut-être est-ce dû en partie à son imposante carrure. Clandestin depuis longtemps, ancien chef du corps franc d'Auvergne, personne ne conteste son expérience et sa fermeté. Ces atouts l'ont conduit au premier rang.

Garcie, avec ses lunettes et sa petite moustache triangulaire, paraît plus terne. Ce valeureux combattant de 14-18, résistant de longue date, vieux soutier des états-majors et de la troupe, est avant tout un professionnel méticuleux de la chose militaire. Son art est loin d'être inutile devant le rassemblement d'individus peu préparés dans l'ensemble aux exigences du maquis et de l'uniforme.

Les rapports entre ces deux responsables sont cordiaux. Garcie, par tempérament, souhaite l'union, en dehors de toutes considérations politiques, et n'interfère pas dans un domaine qui n'est pas le sien. Coulaudon et Garcie travailleront donc la main dans la main, bien épaulés par Ingrand et l'aviateur Robert Huguet. Chef départemental Action et maquis pour le Puy-de-Dôme, Huguet s'est affirmé comme « l'une des plus belles figures de la Résistance d'Auvergne ».

Coulaudon, principal promoteur du réduit d'Auvergne, a-t-il été écrit plus haut. Il en a fait effectivement, du moins semble-t-il, une affaire personnelle. Persuadé en toute bonne foi de servir l'intérêt national, il s'est engagé à fond dans l'entreprise. Bien des raisons expliquent son attitude.

A son poste de responsabilités élevées, le colonel Gaspard a eu écho des projets élaborés par le BCRA concernant sa région. Ses contacts avec les divers émissaires venus de Londres ou d'Alger lui ont confirmé l'existence d'un plan Caïman de haute importance stratégique. Ses entretiens le 5 avril avec un agent du SOE, le major Southgate, ont gommé ses inquiétudes au sujet de l'armement. L'Anglais a été formel. Il armera 10 000 combattants. Il a même promis des armes semi-lourdes et des canons. L'arrivée de la mission interalliée Freelance [1], dans la nuit du 28 au 29 avril, semble donner l'impression d'apporter une suite positive aux promesses de Southgate. Le largage dans la Margeride (nuit du 6 au 7 mai) de la mission Benjoin – capitaine Gouy, sous-lieutenant Trollet, français, lieutenant Lebaigue, américain – accentue encore l'impression que Londres entend armer les maquis auvergnats.

Coulaudon connaît aussi les instructions émanant du BCRA et retransmises début avril par le DMR Courson de Villeneuve : « En ce qui concerne votre région... il faut prévoir qu'elle servira de base de départ pour l'établissement du groupement maquis du Massif central. » Tout confirme. Coulaudon est en droit de se sentir imparti d'une mission. Sa région R6 doit fournir une plate-forme d'envergure au cœur du Massif central. Celle-ci s'inscrira dans la manœuvre d'ensemble des débarquements nord et sud.

Certes, le chef régional AS ne trouve pas autour de lui une adhésion totale. Les FTP, par principe, sont hostiles aux grands rassemblements, principe qui ne leur interdit pas, curieusement, les occupations massives d'un certain nombre de villes... L'ORA de son côté juge prématuré ce type d'opérations. Elle pratique une guérilla active, dans l'attente d'interventions en unités constituées pour la dislocation de la Wehrmacht.

Quoi qu'il en soit, influencé aussi peut-être par l'ambiance générale du moment, qui pousse à l'action, le 20 mai, Coulaudon lance un ordre général de mobilisation :

1. 1 capitaine anglais, 1 lieutenant australien.

ORDRE N° 1

L'armée de la libération est maintenant constituée au cœur de nos montagnes d'Auvergne.

Je rappelle aux chefs responsables qu'en dehors des hommes auxquels il a été confié une mission précise (sabotage, épuration, renseignement), tous les hommes sans exception (sédentaires ou maquis) doivent nous rejoindre.

Les défaillants seront rayés des Forces françaises de l'intérieur à la Libération.

Chaque homme doit emporter :

- sa meilleure paire de souliers et de sabots ;
- chaussettes et linge de corps ;
- ses armes, s'il en a reçu ;
- si possible, une tente ou bâche pour dix hommes.

Le chef de corps doit s'assurer d'un camion qui servira au transport des troupes.

Il y a grand intérêt à rejoindre immédiatement avant que les routes ne soient barrées et que le plan allemand « listes noires » ne soit mis en application.

Au maquis,
le 20 mai 1944.
Le chef régional des FFI,
Gaspard.

N.B. – Préparer liste des hommes dont le départ peut provoquer une demande de secours pour charges de famille.

Signant chef FFI, Gaspard s'avance un peu. Il n'a barre ni sur les FTP ni sur l'ORA, même si cette dernière lui fournit des cadres. Par exemple, les colonels Garcie et Mondange.

Ces ordres, appelant à la levée en masse et au regroupement, sont aussitôt répercutés. Georges Archer, chef militaire de la zone de Brioude, en Haute-Loire, fait placarder un peu partout des directives précises :

« République Française

Ordre de mobilisation générale.

Par ordre du général de Gaulle, tous les hommes valides de dix-huit à quarante-cinq ans sont appelés à servir volontairement dans les rangs des Forces françaises de l'intérieur placées sous les ordres du général Koenig. Ils se rendront à La Bastide, commune de Venteuges, pour être incorporés au bataillon La Fayette du 92e RI et seront porteurs de quarante-huit heures de vivres, et chaussés solidement. »

Venteuges !

Archer a mentionné ce village de la Haute-Loire, en Margeride, comme point de rassemblement des siens. La Margeride a été désignée par Coulaudon pour être le grand pôle de rassemblement des maquis d'Auvergne.

Ce massif de la Margeride, plus plateau que montagne, n'est pas si mal choisi pour abriter des maquis. Les gorges de l'Allier le flanquent à l'est, celles de la Truyère à l'ouest. Si elles ne présentent pas les murailles naturelles du Vercors, elles limitent les possibilités d'accès depuis Saint-Flour, Brioude ou Le Puy. Le sud, vers Saint-Chely-d'Apcher et Mende, est toutefois plus ouvert. Le pays, avec ses épaisses forêts coupées de landes et de maigres pâturages, est semi-désertique. Les villages sont peu nombreux et sans grande population, limitant les risques pour les civils (cela n'empêchera pas des victimes innocentes de la barbarie allemande). Enfin, au Mont-Mouchet même, une large clairière au nord de la maison forestière offre un bon terrain de parachutage.

C'est dans ce cadre que se dérouleront les combats appelés du Mont-Mouchet. Etalés dans le temps, ils se livreront sur trois positions bien différenciées :

– Autour de Venteuges, à 10 kilomètres à l'est du Mont-Mouchet (en Haute-Loire) ;

– De part et d'autre du Mont-Mouchet [1], à cheval sur le Cantal et la Haute-Loire ;

– Près de Chaudes-Aigues, à 30 kilomètres au sud-ouest du Mont-Mouchet, dans le « réduit de la Truyère » (Cantal).

*

Le débarquement, avec l'élan mobilisateur qu'il engendrera, n'est pas encore survenu. Pourtant, l'ordre de Coulaudon est très largement entendu et provoque un afflux. Le 27 mai, la mission Freelance rend compte que 150 recrues se présentent quotidiennement. Au 1er juin, il y aurait déjà 3 000 hommes au Mont-Mouchet, 1 500 à la Truyère. Plus à l'ouest, dans le Lioran, entre Saint-Flour et Aurillac, ils seraient 2 500.

Ces estimations ne sont pas fausses. L'appel aux armes a déclenché un engouement formidable. En ses mémoires inédits, Georges Archer relate ces mouvements vers le maquis :

1. Le Mont-Mouchet, 1 465 mètres, se situe en Haute-Loire.

« On assiste alors à la plus extraordinaire des mobilisations. C'est une véritable levée en masse. Le Mont-Mouchet, cri de ralliement des patriotes de la Limagne ! Par groupes imposants, par convois de plusieurs dizaines de véhicules, comme celui de Brioude, parfois sous les rafales de mitraillettes miliciennes ou individuellement, nos partisans rejoignent La Bastide. Là, je les reçois, les incorpore, leur retirant leur pièce d'identité et leur donnant un numéro matricule, avant de les abandonner à leur chef local qui va prendre rang d'officier.

Ouvriers, paysans, fonctionnaires, commerçants montaient de nos villes, de nos villages. Il y en avait de tous âges, de très jeunes, de très vieux, des anciens combattants de 1914-1918 comme de 1939-1940, aguerris déjà, mais amenant avec eux des hommes qui n'avaient jamais touché un fusil de leur vie. Ils arrivaient, les uns fourbus par des dizaines, parfois des centaines de kilomètres faits à pied en évitant les routes, à travers bois, d'autres en camions ou en chemin de fer par la petite gare de Chanteuges [1] qui n'a dû certainement jamais plus connaître une telle affluence de voyageurs. Ceux-ci avaient "piqué" une camionnette au collaborateur du pays, ceux-là avaient emmené la voiture du patron avec ou sans sa permission [2]. Ils s'étaient groupés par ateliers, par usines, par villages entiers, pour rejoindre ceux que l'on appelait alors "les jeunes maquisards".

Et l'on assistait à ce spectacle enivrant : entourés par des motocyclistes, quelquefois des gendarmes, le mousqueton en bandoulière, des camions bondés d'hommes, drapeau claquant au vent, déferlaient devant le PC. Une *Marseillaise* qui reprenait tout son sens révolutionnaire, telle que devaient la hurler à Valmy les volontaires de Dumouriez, jaillissait des poitrines. »

Un autre témoin donnera un écho identique. Il parlera du « tohu-bohu joyeux de son incorporation au Mont-Mouchet ».

Pierre Francoville, 18 ans, qui a quitté Le Puy fin mai avec son camarade Gilbert Sarrouy, se souvient :

« Nous sommes partis sac au dos, culottes courtes, en tenue de scout routier. Au Mont-Mouchet se pressait une foule

1. Petite gare sur la grande ligne Paris-Nîmes, 10 kilomètres au nord de Venteuges.
2. Ces « rapines » engendreront bien des commentaires sur les méfaits des maquis.

passablement pagaille. Il n'y avait pas assez d'armes pour tout le monde et chacun voulait une Sten. Avec Sarrouy, nous avons accepté de prendre un 303 et nous nous sommes retrouvés, je ne sais pourquoi, au fameux corps franc des Truands avec nos fusils. Le ravitaillement de toute cette masse représentait un sacré tour de force. Tous les maires des environs y participaient. Pour dormir, nous nous serrions sous des "guitounes" confectionnées avec des parachutes. »

Le Mont-Mouchet s'est effectivement transformé en quelque sorte en centre mobilisateur. Coulaudon a installé son PC dans la maison forestière, construite dans une large saignée au milieu de la forêt. Ingrand, Garcie, les officiers de liaison travaillent près de lui. Garcie ne manque pas d'ouvrage, pour essayer de mettre sur pied de véritables unités combattantes aptes à résister à une attaque allemande. Il a constitué un état-major avec les quatre bureaux traditionnels pris en charge par des officiers d'active et recréé le 92e RI, régiment de tradition de Clermont-Ferrand [1]. Les arrivants sont incorporés dans les compagnies numérotées de 1 à 20 et regroupées en quatre bataillons [2].

Le Mont-Mouchet forme le réduit principal, directement sous les ordres de Coulaudon et Garcie. A la Truyère, le colonel Mondange s'est vu confier le commandement. Bien que plus ancien, il s'est spontanément rangé sous l'autorité de Garcie. Le geste n'est pas sans mérite, pour un officier d'active... A Venteuges, point d'appui couvrant le Mont-Mouchet en direction de Brioude et du Puy, Georges Archer commande. Cet ancien géomètre, sous-officier de réserve, est un résistant de la première heure révoqué par Vichy. Il a au départ de Brioude recruté une unité qu'il appelle bataillon La Fayette du 92e RI.

A partir du 1er juin, le dispositif général prend tournure. Au Mont-Mouchet, 2 700 hommes ; à Venteuges, environ 1 200 ; à la Truyère, 2 500. Tous sont à peu près armés grâce aux parachutages. Points faibles : l'absence d'armement semi-lourd, les munitions, les liaisons. Certainement aussi le manque de métier au niveau des chefs et des combattants. Tous ces maquisards de la Margeride relèvent de l'AS et pour certains de l'ORA. Les FTP n'ont pas rejoint.

---

1. Ce 92e RI est l'héritier du Royal-Irlandais (1661), du 92e RI (1791) et du 17e léger (1820). Sur son drapeau : Rivoli 1797, Austerlitz 1805, Iéna 1806, Constantine 1837, Ypres 1914, Verdun 1916-1917, la Somme 1916, l'Ourcq 1918. Croix de guerre 14-18 avec trois palmes. Croix de guerre 39-45, une palme.

La caserne du 92e RI, à Clermont-Ferrand, sera une prison célèbre et tragique pour bien des résistants. Le père de l'auteur y a été interné.

2. Les compagnies de la Truyère sont numérotées de 20 à 40. Celles d'Archer, à Venteuges, de 31 à 35.

Dans le lot, un groupe de la valeur d'une compagnie fait sensation : le corps franc des Truands de Jean Mazuel. Il a réputation de réunir de fortes têtes, portées sur les femmes et l'alcool, mais n'ayant pas froid aux yeux. A tort ou à raison, on leur prête à l'occasion des actions marginales peu avouables. Pierre Francoville, qui s'est retrouvé chez eux par hasard, n'en garde pas mauvais souvenir :

> « L'ambiance y était chaude, mais dans l'ensemble les gars avaient de l'expérience. Ils s'étaient déjà battus. Les groupes de combat étaient commandés. Le dimanche avec Sarrouy nous nous rendions à la messe. Pas de problèmes avec les Truands. Cela ne les chagrinait pas d'avoir des fanas curés avec eux. Au contraire. »

Par sa solidité au feu, ce corps franc fait un peu fonction de réserve générale pour parer aux coups durs. En temps normal, il assure la protection du PC.

Curieusement, dans cette phase de mobilisation, les Allemands ne se manifestent pas. Pourtant, tous ces mouvements ne passent pas inaperçus. A Clermont-Ferrand, des détachements complets montent dans des trains partant vers le Cantal et la Haute-Loire.

Des miliciens, en revanche, ou leurs complices, essayent de s'infiltrer. Courage dévoyé, car l'entreprise n'est pas sans risques. Ceux qui sont repérés n'échappent pas à une justice expéditive. Une trentaine de miliciens ou d'agents de la Gestapo seront ainsi fusillés. Quelques erreurs dans la confusion du moment ne sont pas impossibles.

*

Les Allemands avaient certainement comme arrière-pensée de laisser mûrir l'abcès avant de le crever. Suite à des arrestations et des reconnaissances aériennes, ils ont localisé les concentrations. Le Mont-Mouchet est ciblé. Le 3 juin, le commandant du groupe d'armées G (sud de la Loire) ordonne de réduire les maquis du Cantal. Mission confiée au 66e CA, grande unité de réserve générale [1].

Sur le terrain, les opérations sont déjà en cours depuis la veille. Au matin du 2 juin, 500 hommes de l'Ostlegion et de la Milice, en provenance de Mende et Rodez, arrivent au petit village de Paulhac [2].

Sitôt débarqués de leurs véhicules, ils entament une progression

---

1. Comprenant théoriquement : un état-major ; la 2e PD SS Das Reich ; la 9e PD (en cours de remise en condition) ; la 189e division de réserve.
2. 6 kilomètres au sud du Mont-Mouchet.

plein nord sur les pentes méridionales du Mont-Mouchet. Bien contrés par les armes automatiques de la 2e compagnie, ils sont pris à revers par les mouvements tournants ordonnés par Garcie. A 18 heures, des fusées rouges signalent le repli. Les maquisards retrouveront cinq cadavres allemands, des casques, des fusils brisés, des munitions. Ils ne déplorent que cinq blessés légers.

Cet engagement du 2 juin se solde sans conteste par un succès. Garcie félicite les combattants. Les 2e, 3e et 13e compagnies se sont distinguées, ainsi que les « Truands ». Mais la journée fera ressortir une dangereuse pénurie de munitions.

Il est vrai que les jeunes ont la détente facile et vident rapidement leurs chargeurs. La mission Benjoin réclame d'urgence un parachutage.

Les Allemands, s'ils ne l'étaient pas encore, sont maintenant parfaitement renseignés. Le GA/G situe le Mont-Mouchet et précise : « Environ 2 000 hommes dans le secteur délimité par forêt de la Margeride, Ruynes, Clavières, Paulhac, Pinols. » Le périmètre du Mont-Mouchet est ainsi exactement défini.

A l'échelon supérieur, von Rundstedt, dans son rapport du 5 juin à l'OKW, mentionne : « Le fort accroissement de l'activité clandestine agissant selon des plans concertés est particulièrement menaçant autour de Clermont-Ferrand. »

« Autour de Clermont-Ferrand » signifie 80 kilomètres à vol d'oiseau. A son niveau, von Rundstedt voit les distances de haut.

Contrecoup de la situation constatée, des renforts commencent à converger vers la zone incriminée, tandis que l'occupant devient de plus en plus nerveux. Il tire sans sommation dès le couvre-feu. La Gestapo intensifie les arrestations.

Après le jour J, le rythme des « montées » au maquis s'accroît. Les accrochages se multiplient dans le secteur Cantal-Haute-Loire. Se dirigeant vers la Margeride, des groupes se heurtent à des détachements allemands lancés sur leurs traces.

A Rossignol, non loin du Puy, 80 maquisards ont fait halte pour la nuit avant de continuer leur déplacement vers Venteuges. Le 7 juin, à 4 heures du matin, la sentinelle donne l'alerte *in extremis*. « Les Allemands sont à 50 mètres ! » Comment ceux-ci ont-ils eu connaissance du campement ? Dénonciation, obligatoirement. Se défendant avec rage, les Français parviennent à rompre l'encerclement au prix de quatre tués, un prisonnier et plusieurs blessés. L'assaillant, cueilli par les Sten à courte distance, a certainement eu des pertes sévères. Peut-être une vingtaine d'hommes hors de combat.

Le pire a été évité. Ce n'est pas toujours le cas. Dans le Puy-de-Dôme, un autre détachement, originaire de l'Allier, tombe dans une embuscade. 32 jeunes résistants sont tués. La moitié n'avait pas encore d'armes.

*

Inexorablement, l'ennemi resserre ses filets. Le 8 juin, il interdit toute circulation automobile dans les départements de l'Allier, du Puy-de-Dôme, du Cantal, de la Haute-Loire, soit pratiquement dans toute la R6. Les véhicules des maquis sont contraints d'emprunter avec prudence les axes secondaires mal surveillés.

Le général Jesser et l'état-major 588 ont été chargés de la réduction du Mont-Mouchet. Un PC opérationnel s'implante à Saint-Flour. Jesser articule son dispositif en trois groupements :

- Le premier au départ de la région Brioude-Langeac, au nord-est.
- Le second depuis Saint-Flour, au nord-ouest ;
- Le troisième, partant du Puy et des rives de l'Allier, à l'est.

Tous doivent converger vers le Mont-Mouchet. Au total, environ 2 500 hommes, dont six compagnies d'Ostlegion, sont envoyés contre les maquis d'Auvergne. Face aux partisans, ils possèdent un avantage notoire. Ils sont appuyés par la Luftwaffe, de l'artillerie et des mortiers. Ils disposent même de blindés légers. Le « straffing » des Stuka et des Heinkel, le pilonnage des bouches à feu contre une troupe inexpérimentée en la matière pèseront lourd dans la bataille. On l'a déjà constaté à Sedan en mai 1940.

Les maquisards savent que l'heure de l'attaque généralisée se rapproche ; les patrouilles signalent la montée vers la Margeride de longues colonnes de véhicules. A l'horizon, jalonnant leur passage, s'élèvent les fumées des fermes incendiées par la soldatesque ennemie.

Envers et contre tout – nuits fraîches, ravitaillement plutôt juste pour des appétits de vingt ans, équipement rudimentaire –, le moral se maintient au beau fixe. Le succès du 2 juin a chauffé les cœurs. Pour les conforter encore, le commandement fait diffuser une ordonnance du 9 juin du général de Gaulle précisant le statut des FFI :

> « Ces forces armées font partie intégrante de l'armée française et bénéficient de tous les droits et avantages reconnus aux militaires par les lois en vigueur. »

Autrement dit, les maquisards porteurs du brassard tricolore n'ont pas à être traités en francs-tireurs. C'est beaucoup espérer. Pour qu'il en soit ainsi, il faudra attendre d'avoir renversé le rapport des forces. Lorsque les FFI détiendront des milliers de prisonniers allemands, les nazis commenceront seulement à infléchir leur barbarie. Et encore !

*

Le 10 juin, à 11 heures, une standardiste du Puy prévient le couvent de Venteuges. Une centaine de véhicules chargés de troupes viennent de quitter la ville. A midi, une autre communication téléphonique signale le passage à Monistrol-d'Allier.

A la sortie de Monistrol, la RN 189 peine pour remonter du fond de la vallée de l'Allier sur le plateau de Saugues [1]. Archer a profité des sinuosités et des pentes de la route pour tendre des embuscades et placer des bouchons retardateurs. Accrochée à plusieurs reprises, la colonne ennemie, vers 19 heures, amorce son repli. Elle laisse derrière elle deux camions incendiés et un canon. Elle aurait eu une dizaine de morts. Archer a deux tués et huit blessés. Pour lui, mission remplie. Le pan oriental du Mont-Mouchet a tenu.

Au nord-ouest, l'attaque allemande débouchant de Saint-Flour commence par un massacre. La horde qui déferle dans le petit village de Ruynes-en-Margeride massacre 26 habitants, dont un enfant de huit ans. Plusieurs maisons sont la proie des flammes.

Sept kilomètres plus loin, à Clavières, presque à l'entrée du réduit, la population alarmée s'enfuit. Courageusement cependant le maire, ceint de son écharpe tricolore, se porte au-devant des arrivants pour s'interposer. Il ne sera jamais retrouvé.

Les combats s'engagent dès la sortie du village. Les bazookas américains bien servis stoppent les automitrailleuses. Plusieurs d'entre elles s'embrasent. Les 3e, 4e et 9e compagnies rivalisent d'ardeur pour enrayer l'avance des blindés et des fantassins. A 20 heures, l'adversaire met fin au combat et se replie, emmenant ses morts et ses blessés impossibles à dénombrer exactement. Mais, à Clavières, 35 demeures sur 48 ont été réduites en cendres.

La face nord est également attaquée par des éléments en provenance de Brioude et Langeac. Les 10e, 14e compagnies et une section des « Truands » maintiennent leurs positions.

A la nuit, la fusillade cesse complètement. Les convois allemands s'éloignent vers Saint-Flour, Brioude et Langeac. La journée du 10 juin rejoint celle du 2. L'ennemi a été tenu en échec. Une certaine euphorie règne, oubliant que ni l'aviation ni l'artillerie ne sont intervenues. Persiste le point noir, les munitions ! La mission interalliée câble une nouvelle fois à Londres : « Il est urgent d'envoyer des munitions. »

---

1. Il y a environ 400 mètres de dénivelée. Saugues (3 000 habitants) se situe à 20 kilomètres à l'est du Mont-Mouchet.

*

Il serait dangereux de trop s'illusionner. Malgré leur courage, les maquisards du Mont-Mouchet n'ont pas les moyens de contenir une attaque massive soutenue par des blindés. En connaissance de cause, les colonels Coulaudon et Garcie décident de replier sur le réduit de la Truyère le matériel lourd et les services. La Truyère bénéficie sur les quatre cinquièmes de son périmètre de défenses naturelles, avec les gorges de la Truyère à l'ouest, du Bès à l'est. Le triangle formé par ces gorges convergeant au sud du célèbre viaduc du Garabit n'est vraiment accessible que par le sud. Là aussi, le relief paraît favorable. Vallonné et coupé, il offre peu de pénétrantes hormis la RN 121 Rodez-Saint-Flour.

Au matin du 11 juin, la clairière de la maison forestière, la veille encore bruissante de vie et d'activité, est étrangement silencieuse. L'évacuation s'est effectuée dans la nuit sur véhicules. Tout autour des bivouacs abandonnés. Le PC, par trop repéré, s'est déplacé légèrement vers le sud.

La bataille du Mont-Mouchet serait-elle terminée ? Non.

L'essentiel des unités reste en place pour contrer de nouvelles attaques et permettre d'achever un retrait général en bon ordre. Les Allemands n'ont pas renoncé. Leurs opérations reprennent en fin de matinée du 11, appuyées par l'artillerie et des Heinkel. Un régiment dit de sécurité se masse contre Clavières. Deux compagnies de maquisards s'y sont retranchées, utilisant au mieux les ruines.

Après une solide défense, elles doivent se replier ayant perdu une vingtaine des leurs.

Les Allemands ont percé avec leurs blindés. Ils poursuivent toujours, soutenus par mortiers et obusiers. Les compagnies en position sur les flancs ouest du Mont-Mouchet s'accrochent au terrain, non sans pertes. Au PC de Jesser, les renseignements qui tombent confirment les difficultés rencontrées : « Groupement ENSS stoppé 11 juin 13 heures 35 à 2 kilomètres au nord-est de Clavières. Très forte résistance. »

Au nord du réduit, vers Pinols, le combat est tout aussi acharné. Jean Yellet, commandant le 4e bataillon, Marcel, l'un des chefs du corps franc des Truands, tombent. Sous la poussée, les maquisards sont contraints de refluer, menacés d'être complètement encerclés.

A l'est, sur Venteuges, Archer a reçu ordre de s'accrocher jusqu'à la nuit. Il s'exécute. Seule fausse note, la 32e compagnie – des jeunes –, paniquée, se débande. Le Mont-Mouchet a connu aussi ses faiblesses humaines. Elles ne sont que trop excusables. La puissance de feu adverse, le piqué des chasseurs-bombardiers, les salves d'artillerie ont raison d'organismes absolument pas préparés à un tel cauchemar.

En fin d'après-midi, la situation devient critique au Mont-Mouchet de plus en plus investi. Les blindés se rapprochent du PC et atteignent Le Gastier, hameau à trois kilomètres de la maison forestière. A 19 heures, ils débouchent dans la clairière qui vit les premiers rassemblements.

Cette fois le repli ne peut être que général, direction la Truyère en passant par le sud. Qui en véhicule, qui à pied, sur près de 40 kilomètres les unités décrochent. Les bois, la nuit facilitent les départs. A 22 heures, Coulaudon et Garcie quittent les lieux. La bataille sur le Mont-Mouchet est bien achevée.

A Venteuges, le bataillon La Fayette, respectant ses instructions, éclate. Partie vers Brioude, son point d'origine, partie vers Langogne en Lozère.

Les combats ont coûté 160 morts et 80 blessés au maquis. Bien des blessés ont été achevés par les Allemands. Il faut adjoindre les pertes civiles des hameaux et villages environnants. Sans omettre les ruines accumulées, habitations, fermes pillées et brûlées [1].

Pour les Allemands, bien des chiffres ont été avancés : 1 400 morts, 1 700 blessés. Un tel bilan, avancé sur la foi d'analyses excessives et orientées, ne tient pas compte du rapport des forces, du poids de l'armement et de l'expérience. Le premier compte rendu provisoire de Jesser fait état de 20 tués et 60 blessés. Une estimation finale à 200 morts et 100 blessés s'annonce raisonnable. Les combats des 2 et 10 juin avaient fait souffrir les Allemands.

*

Dès le 13, Ingrand, Coulaudon et Garcie installent leur nouveau PC à Saint-Martial. Dans ce village au nord de Chaudes-Aigues, ils sont là au centre du réduit de la Truyère. Mondange, qui était initialement à Fridefont d'où il dominait la vallée de la Truyère, se joint à eux. La tâche des responsables est écrasante : réceptionner les combattants en provenance du Mont-Mouchet, organiser les défenses de l'ensemble.

Les arrivants sont éprouvés. Ils ont supporté le poids des combats. Beaucoup ont effectué une longue marche à pied avec des problèmes

---

1. En revanche, le bilan réalisé par les Allemands en armement récupéré est modeste. Leur rapport du 30 juin annonce : 48 pistolets automatiques, 16 fusils, 2 mitrailleuses légères, une mitrailleuse lourde, deux mortiers de 81, 8 fusils lance-grenades saisis. C'est très peu, preuve que les maquisards ont pu emporter leurs armes.

de chaussures. A l'enthousiasme originel un peu fou de début juin succède chez plus d'un l'abattement. Réaction là encore humaine. Tels ceux qui se dispersent et s'évanouissent dans la nature, ou ceux qui décident de rentrer chez eux. Si des défaillances sont réelles, elles restent minoritaires. Le gros des unités rallie la Truyère en sauvant la majeure partie de son armement. Fort heureusement, les parachutages continuent sur le terrain « Veilleuse ».

Le 15 juin, Courson de Villeneuve rend compte par radio à Londres : « Le réduit de la Truyère serait fort de 21 compagnies, dont deux mobiles avec quatre autoblindés. » Le DMR régional doit, en principe, disposer de bons renseignements : il ne mentionne pas 21 compagnies à la légère, malgré la réserve (« serait fort »).

Le chiffre total de 5 700 maquisards à la Truyère a été écrit en englobant ceux déjà en place et les anciens du Mont-Mouchet. Les compagnies autour d'une centaine, parfois un peu plus. 21 compagnies, plus les unités autonomes, corps francs ou autres et les services, ne donnent pas 5 700 hommes. Alors, combien à la Truyère ? 4 000 peut-être au maximum, ce qui représente malgré tout un beau rassemblement.

*

Les gorges de la Truyère et du Bès constituent, on l'a vu, des tranchées naturelles et des fossés antichars sur deux faces. Sur la RN 121, un fort bouchon verrouille le passage au Pont-Rouge, à sept kilomètres de Chaudes-Aigues. De ce côté-là viendra le principal danger. Partout règne une activité fiévreuse pour multiplier les obstacles, les abattis, les emplacements de combat. Un gros parachutage, avec 28 avions, apporte les armes qui manquaient.

Les travaux d'organisation n'empêchent pas de marquer avec éclat le quatrième anniversaire de l'appel du 18 juin 1940. Une prise d'armes se déroule à Saint-Martial, en présence de tous les chefs militaires du réduit, du maire et du curé du village [1]. Les honneurs sont rendus au drapeau à croix de Lorraine. Un défilé militaire clôt la cérémonie, au cours de laquelle Ingrand et Coulaudon ont pris la parole. Après avoir rendu hommage aux morts, Coulaudon a conclu :

> « Dans tout cela, c'est la Résistance, c'est le désir exacerbé de chasser l'Allemand exécré et infâme, c'est la volonté de

1. Saint-Martial a l'habitude de ce genre de manifestation patriotique. Une prise d'armes identique, à une échelle plus modeste, y avait eu lieu le 9 avril avec le maquis Revanche.

chasser les traîtres et de rétablir en France un régime de liberté qui se sont exprimés. »

*

Les Allemands se préparent tout autant. La situation existant en Auvergne les inquiète et les irrite. Les coupures sont générales sur les voies ferrées. Plus de circulation sur les lignes Clermont-Ferrand-Bordeaux, Paris-Clermont-Ferrand et au départ de Clermont vers Montluçon, Nîmes, Aurillac. Les « très importants rassemblements de terroristes de la région de Chaudes-Aigues » ont été signalés et un mouchard ne cesse de survoler les lieux. Le parachutage du 17 juin n'est pas passé inaperçu.

L'opération anti-Truyère se met en place, toujours sous les ordres de Jesser. A partir du 18 juin, de forts convois convergent vers le réduit, retardés par les coupures de route.

Les maquisards attendaient l'ennemi. L'alerte donnée le 20 juin vers une heure du matin ne surprend personne. Une première colonne est signalée, venant de Perreport, sur la rive droite de la Truyère. Elle ne représente qu'une diversion. Comme prévu, l'essentiel va se jouer au sud.

Débarqués de leurs véhicules encombrant la RN 121, les fantassins allemands, disciplinés et manœuvriers, attaquent les positions françaises du Pont-Rouge. La résistance est vive. Les servants des armes automatiques se font tuer sur place.

Contrés, les Allemands avancent des chars partis de Saint-Chely-d'Apcher. Ces blindés menacent Pont-Rouge et Chaudes-Aigues par le sud-est. Défendant Anterrieux, hameau à quatre kilomètres de la station thermale, la 7ᵉ compagnie laisse 58 des siens sur le terrain.

Finalement menacés d'être enveloppés, les maquisards doivent évacuer le Pont-Rouge et Anterrieux. A 12 heures 30, des automitrailleuses pénètrent dans Chaudes-Aigues. Le front sud a craqué. Les défenseurs ont décroché vers le nord ou filé vers l'Aubrac.

Vers 15 heures, l'aviation se manifeste. Des amis ? Le doute ne dure pas. Les impacts des mitrailleuses s'acharnent sur tout ce qui bouge. Les bombes écrasent Saint-Martial et Maurines où des PC ont été repérés.

L'offensive terrestre ne faiblit pas. Le verrou du pont du Garabit, à l'extrémité nord, tombe vers 16 heures. Par endroits, la défense donne des signes de désarroi. Des unités, armées de la veille ou de l'avant-veille, lâchent. D'autres plus aguerries bloquent par leurs feux les fantassins allemands. Mais faute de moyens, il est le plus souvent difficile de s'opposer aux blindés.

En fin de journée, Coulaudon et Garcie, en accord avec Ingrand, décident de se dissocier et de se disperser. Les départs s'effectueront par les vallées de la Truyère et du Bès, peu contrôlées par l'ennemi.

Les ponts ayant été détruits, les véhicules sont pris au piège. Les déplacements se feront donc à pied. Zones de repli : le Lioran au nord, l'Aubrac au sud, la Haute-Loire à l'est.

L'orage qui grondait a fini par éclater. Sous la pluie et dans l'obscurité, l'évacuation générale commence. Le plus dramatique est le sort des blessés. Des camions peuvent les pousser auprès de la Truyère et du Bès. Au-delà, ils doivent être brancardés. Les passages des deux cours d'eau s'effectuent à gué ou sur la passerelle intacte de la centrale électrique. Ensuite, autant que faire se peut, ils sont transférés sur des chars à bœufs. Il faut faire appel aux paysans locaux. Certains renâclent par peur ; d'autres se dévouent pour guider, indiquer les passages, fournir les équipages.

*

Le 21, autour de Chaudes-Aigues, les Allemands sont maîtres du terrain. Ils pillent et incendient. Les blessés découverts sont achevés, les prisonniers exécutés. Les hommes sont arrêtés et seront déportés.

Au cours de la journée du 20 juin, les maquisards de la Truyère ont eu 80 tués et une centaine de blessés qui en majorité seront sauvés grâce au dévouement de leurs camarades ou de modestes paysans.

Sur l'opération menée par les Allemands, il a été avancé bien des chiffres. 20 000 hommes en ligne, 2 000 hors de combat. Là encore, l'énumération est loin d'être exacte. L'ennemi l'a emporté par son professionnalisme, ses moyens de feu, avec environ 2 500 combattants. Les comptes rendus de pertes du 66e CA donnent 80 morts pour le 20 juin. Il s'agit de toute l'Auvergne. Le bilan de la Truyère se situe autour de 50 tués.

Cependant, il est un point formel : l'Allemand qui était à la Truyère n'était pas en Normandie. Tous les coups d'épingle des maquis – gros coups d'épingle ! –, qu'ils soient portés au Mont-Mouchet, à la Truyère, en Limousin, en Bretagne, dans les Pyrénées, les Alpes ou ailleurs, contribuent à soulager Overlord. Personne ne peut le contester.

*

Ces combats de la Margeride ont mis en œuvre les plus forts rassemblements de maquisards constitués sous l'occupation allemande. Les effectifs engagés dépassent ceux du Vercors en juin-juillet 1944.

A juste titre le monument mémorial des maquis de France s'élève aujourd'hui dans la Margeride, au pied des ruines de la maison forestière du Mont-Mouchet, ancien PC des maquis d'Auvergne.

L'éclatement final signe évidemment l'abandon du plan Caïman si tant est qu'il y eut volonté de le réaliser, ce qui est plus que douteux côté anglo-américain. La bataille perdue confirme surtout ce qui n'était que trop prouvé après les Glières et Saint-Marcel : il est vain et illusoire d'affronter « en guerre conventionnelle » un adversaire intact.

*

Les combats du Mont-Mouchet et de la Truyère, en dépit de leur échec, produisent du moins un résultat bénéfique. Ils précipitent l'unité de la Résistance et des maquis en R6. Le manque de cohésion entre AS, FTP et ORA n'a pas permis de mener une lutte commune. Une meilleure coordination, une action généralisée sur les arrières auraient épaulé les maquisards de la Margeride.

Il est acquis que l'ORA fait désormais partie à part entière des FFI. De Gaulle le rappelle sans équivoque le 24 juin. Deux jours plus tard, FFI et ORA du Cantal se rapprochent. Les responsables civils du département et le colonel Fayard, chef de l'ORA en R6, se sont rencontrés à cet effet le 23. Cette fusion débouche sur des permutations d'officiers. Ainsi le commandant Erulin [1], initiateur en 1943 du maquis du bois de la Faux dans le Puy-de-Dôme, est nommé chef d'état-major des FFI du Cantal. Ce premier pas en entraîne d'autres.

Les rapports entre Coulaudon et Courson de Villeneuve n'étaient pas bons. Conflit de personnes entre deux caractères. Dualité de commandement entre l'homme de la Résistance intérieure et celui du CFLN. Pour en sortir, Coulaudon fait un geste. Il propose comme chef unique des FFI en R6 [2] le général de La Laurencie qu'un coup de main FTP a récemment libéré [3].

La Laurencie est foncièrement antiallemand. Il ne s'en est jamais caché, ce qui a provoqué son arrestation. Il a de la présence et de l'autorité. Soldat de métier, il peut apporter une expérience non négligeable [4]. Mais pour sa désignation, le veto de De Gaulle n'était pas

1. Le colonel Erulin, regardé comme l'un des meilleurs « maréchaux » du général de Lattre de Tassigny, sera tué en Indochine en 1951 alors qu'il commandait le GM/4.

2. Commandement prévu pour englober également la R5 (Limoges).

3. Voir plus haut.

4. Au printemps 1940, il a commandé avec distinction le 3e CA de la 1re armée.

prévu. Le chef de la France Libre a la rancune tenace et n'oublie rien [1]. Il faut en sortir. Ses pairs désignent Coulaudon comme chef régional FFI en R6. Le lieutenant-colonel Sauer pour les FTP, le colonel Fayard pour l'ORA ont donné leur plein accord et s'intègrent à l'équipe dirigeante. A la mi-juillet, l'unité est acquise en R6. Les maquis d'Auvergne iront au combat avec Emile Coulaudon (colonel « Gaspard ») comme chef et le colonel Fayard (« Mortier ») comme chef d'état-major [2].

1. Le général de La Laurencie avait fait partie du tribunal militaire qui le 2 août 1940 avait condamné de Gaulle à mort par contumace. On lui prêtait également quelques propos sur l'avenir de l'homme du 18 Juin : « De Gaulle ? Nous l'amnistierons ! » ou bien encore : « Il sera nommé gouverneur militaire de Strasbourg. »

2. Le colonel Garcie devient chef des FFI du Puy-de-Dôme.

Chapitre XI

LE VERCORS [1]

Un navire de haut bord dominant son environnement. Des vallées de l'Isère au nord et à l'ouest, du Drac à l'est, de la Drôme au sud, le massif du Vercors flanqué de ses immenses falaises calcaires en profile l'image.

Devant ces imposantes murailles de ceinture, il était logique que la Résistance voie dans ce cadre montagneux une citadelle et un refuge naturel d'abordage difficile. Une reconnaissance des lieux confirme l'impression ressentie depuis Grenoble ou Valence. Cette portion des Préalpes du Dauphiné, à cheval sur les départements de l'Isère et de la Drôme, est un monde en soi. Par ses dimensions, son relief, sa végétation, ses difficultés d'accès. Le massif s'étale sur 60 kilomètres du nord au sud, près de 30 dans l'autre sens. Ce plateau, suivant la dénomination habituelle, n'en est pas un. De puissants mouvements de terrain le coupent du nord au sud. Ils frôlent, voire dépassent les 2 000 mètres, 2 341 très exactement au Grand-Veymont, pour une altitude moyenne de l'ordre de 1 000 mètres dans les vallées. Un épais manteau forestier recouvre la majeure partie des 170 000 hectares de l'ensemble. Ses couverts mettent à l'abri des recherches.

1. Voir carte en hors-texte.

Il n'est véritablement qu'un axe de pénétration. Depuis Grenoble, par le glacis de Saint-Nizier, une assez bonne route – à l'époque – conduit à Villard-de-Lans et à La Chapelle-en-Vercors avant de redescendre sur Die, dans la vallée de la Drôme, par le col du Rousset. Les autres voies, sur la face ouest, s'enfoncent dans des gorges tortueuses comme celles de la Bourne, qui scindent le Vercors en deux. Ou bien elles empruntent des itinéraires sinueux d'altitude, propices aux embuscades. A l'est, la barrière est encore plus nette. Les passages, les fameux pas, sont des cols à près de 2 000 mètres, accessibles seulement par des sentiers de montagne à partir de la vallée du Drac et de la RN 75 Grenoble-Sisteron. Enfin, atout non négligeable pour des maquisards, le Vercors n'est pas vide. Dans les combes, des villages [1], des hameaux, des fermes isolées abritent une population tournée essentiellement vers l'agriculture. Grâce à ces fermes et aux troupeaux, des ressources alimentaires existent sur place. Point négatif et écueil qui n'est pas à sous-estimer : en ce terrain calcaire, les points d'eau sont rares et dispersés. Avec l'été, plus d'un est tari.

Les résistants ont vite discerné les possibilités ainsi offertes par le Vercors. Durant la seconde quinzaine de décembre 1942, un centre de réfractaires, sous couvert d'exploitation forestière, s'est organisé à la ferme d'Ambel, un peu au sud du col de la Bataille [2]. En dépit de la neige, des jeunes, des Israélites pourchassés, se sont installés en ce site isolé. Le docteur Samuel, de Villard-de-Lans, Aimé Pupin, un cafetier de Grenoble, et Eugène Chavant, ancien maire socialiste de Saint-Martin-d'Hères, ont été les premiers pourvoyeurs de ce camp sous l'égide du mouvement Franc-Tireur. Un ancien sous-officier de cavalerie en a pris le commandement. Ambel, 83 personnes en février 1943, baptisé C1, est le début d'une longue série de camps C de maquisards du Vercors. C2, près de Carençon [3], est né en janvier 1943.

Le terme maquisard est encore prématuré. Les garçons réfugiés au Vercors songent d'abord à se soustraire au STO ou à échapper aux Allemands. Comment du reste pourraient-ils être de vrais combattants ? En fait d'armement, ils sont pratiquement démunis. A peine quelques fusils de chasse ou des revolvers d'ordonnance.

---

1. Ces bourgades ne sont pas très peuplées : 1 990 habitants à Villard-de-Lans, 830 à La Chapelle-en-Vercors, 900 à Autrans, 450 à Vassieux-en-Vercors… (Chiffres d'avant-guerre, légèrement augmentés par les réfugiés de toutes origines.)

2. 1 318 mètres à 20 kilomètres au sud-est de Romans, sur la D 101. Cette D 101, depuis Bourg-de-Péage, permet de gagner Vassieux, La Chapelle-en-Vercors et le cœur du massif.

3. 5 kilomètres au sud de Villard-de-Lans.

*

Depuis longtemps, un homme songe à l'intérêt militaire et stratégique du Vercors. Alpiniste de bon niveau, rédacteur en chef de *La Montagne*, la revue du Club alpin français, Pierre Dalloz connaît bien le massif. Il y voit un « formidable donjon naturel » que les destructions sur les pénétrantes isoleraient complètement. Ce donjon commande des voies de communications importantes reliant par route et par rail le Midi à Lyon et Grenoble.

En janvier 1943, Dalloz prend contact avec Yves Farge, personnage déjà important de la Résistance lyonnaise et futur commissaire de la République à Lyon. Il lui soumet son idée : transformer le Vercors en réduit d'où jailliraient des raids de commandos lancés contre les axes utilisés par les Allemands.

Farge est séduit. Il promet d'en parler à Jean Moulin. Ce qu'il fait. Moulin se montre intéressé. Dalloz voit également le général Delestraint. Parlant en professionnel, le chef de l'AS se déclare convaincu. Deux semaines après ces entretiens, un message de la BBC annonce : « Les montagnards doivent continuer à gravir les cimes. »

Londres, où le dossier a été transmis, est d'accord pour envisager quelque chose au Vercors. Par Londres, il faut entendre de Gaulle et les responsables alliés que Delestraint, parti en mission dans la capitale britannique, a pu rencontrer.

Fort du feu vert reçu, Dalloz s'entoure d'une équipe de spécialistes. Le commandant Pourchier, ancien commandant de l'école de haute montagne à Chamonix et ancien de Narvik. Le capitaine Le Ray, officier de chasseurs alpins, n'est pas seulement le gendre de François Mauriac, c'est avant tout un montagnard de haut niveau. Sa virtuosité en la matière lui a permis, au prix d'une téméraire escalade, de s'évader de la forteresse de Colditz, le 11 avril 1941.

Chargé d'élaborer un plan d'utilisation militaire du Vercors, Le Ray regroupe près de lui quelques camarades : les lieutenants Costa de Beauregard, Jeannest, Regnie. Dans leur reconnaissance sur le terrain, ils découvrent que le plateau recèle une vaste étendue plane et bien dégagée. Elle convient parfaitement pour recevoir des parachutages et se muer, après quelques travaux, en terrain d'aviation.

Ce qui sera appelé le « Plan montagnard » prend corps. Le réduit du Vercors, tel qu'il est conçu par l'équipe Le Ray, n'a pas vocation défensive. Il doit présenter un caractère résolument offensif face à un ennemi « inquiet et désorganisé » (sous-entendu suite à une opération d'envergure type débarquement dans le Midi de la France).

Poussant plus avant en technicien, Le Ray définit cinq sous-secteurs, eux-mêmes scindés en trois commandements, de l'ordre d'un bataillon de 500 hommes chacun. Soit un effectif de 7 500 hommes environ. Pour l'armement, il faut envisager 795 FM, 795 PM, 6 360 fusils, 5 canons antichars et 15 mortiers. Au total, la moitié d'une division est à implanter et équiper. Le cadre le permet et même l'exige. La superficie à contrôler est large. Des réserves sont à conserver pour les opérations hors réduit [1]. Enfin, et ce point est capital, un tel dispositif, attaqué par la Wehrmacht, est reconnu capable de tenir « quatre ou cinq jours ». Pas plus ! Le Vercors, dans l'esprit des auteurs du « Plan montagnard », n'est pas regardé comme un bastion invulnérable.

Voyant loin et large, Dalloz et Le Ray envisagent des rôles identiques pour le Devoluy, la Chartreuse, l'Oisans. Les événements, dans leur cas, en décideront autrement.

Le général Delestraint regarde très certainement le « Plan montagnard » comme une ébauche solide d'opérations futures. Rentré de Londres, début avril, il se rend personnellement au Vercors avec Dalloz, Farge et Pupin. Son commentaire a valeur d'enseignement :

> « Le Vercors est imprenable à tous blindés mais sans artillerie et sans mortiers il ne faut pas espérer tenir longtemps le plateau de Villard-de-Lans. Mieux vaudrait dans ces conditions se rabattre sur la partie sud du Vercors. »

Ce disant, le général voit juste.

*

Tout au long de 1943, le Vercors s'étoffe. Comme partout, l'effet STO lui fournit des hommes. Les camps se dédoublent. Des cadres issus du 6e BCA et du 159e RIA répondent présent à l'appel du commandant de Reyniès, l'ancien chef de corps du 6e BCA qui anime la résistance militaire en Isère. Les concours se précipitent et s'intensifient. En périphérie, brigades de gendarmerie, bureaux de poste donnent l'alerte en cas d'incursions ennemies. Sur le plateau, paysans, commerçants participent au ravitaillement. Une « équipe volante » en provenance de l'ex-école d'Uriage de Dunoyer de Segonzac, dirigée par Hubert Beuve-Méry, viendra « donner la bonne parole » et préciser les mobiles du combat engagé.

Le printemps 1943 apporte des tempêtes. Jean Moulin, le général Delestraint sont arrêtés. Aimé Pupin tombe aux mains de la police

1. Sept terrains de parachutage, dix verrous sur les itinéraires d'accès, des destructions, sont également prévus.

italienne [1]. Le commandant Pourchier est contraint de s'éloigner. Chavant et Le Ray se retrouvent seuls et coupés de la direction de la Résistance.

Il faut rebâtir. Chavant, intronisé par ses pairs, devient le chef civil du Vercors. Le Ray, assisté par Costa de Beauregard au Vercors nord et Jeannest au Vercors sud, prend la responsabilité militaire. Les épreuves soudent les rangs. Les préventions entre civils et militaires s'estompent. L'osmose se réalise entre des patriotes qui ne sont pas obligatoirement du même bord idéologique. Les officiers venant de l'armée de l'armistice regardent plutôt côté Giraud, les résistants civils côté de Gaulle.

Le 10 août, à Arbounouse, une grande réunion, durant 48 heures, scelle l'union. Curieusement, elle scelle aussi la spécificité du Vercors, bloc en marge, échappant en quelque sorte à ses deux départements, l'Isère et la Drôme. A Lyon également, le souci d'unité prime sur les divergences nées des origines de chacun. Durant l'été, l'ORA s'intègre à l'AS. En octobre, le colonel d'aviation Chambonnet (« Didier ») devient chef régional de l'AS « unifiée », avec le commandant Descour pour chef d'état-major.

Les soucis majeurs n'évoluent pas : ravitaillement, armement. Début novembre, passe enfin le message tant attendu : « Nous irons visiter Marrakech. »

Dans la nuit du 12 au 13, le grondement des avions grandit. Les balises s'allument. De grandes fleurs blanches descendent du ciel. Dans les containers, des armes, du plastic, des munitions, des vêtements, des couvertures, des paquets de pansements. Un pactole qui se distribue dans une euphorie pagailleuse.

Cette manne compense un peu la « Saint-Barthélemy grenobloise ». Depuis septembre et la capitulation italienne, les Allemands ont pris le relais à Grenoble. La Gestapo sévit. Bien des chefs et des militants disparaissent.

Dalloz, lui, par trop grillé, a franchi les Pyrénées et gagné Alger. Il y découvre un univers politique qui le déroute. Venu pour soutenir le « Plan montagnard » et ses amis du Vercors, il constate que les préoccupations politiques l'emportent.

*

Descour, chef rigoureux et austère, a eu écho des conditions assez fâcheuses de la réception du parachutage du 13 novembre. Lors d'une

1. Pupin survivra. Déporté en Italie, il s'évadera et rejoindra les maquis antifascistes. Le commandant Pourchier, arrêté en janvier 1944, sera assassiné au camp du Struthof dans la nuit du 1er au 2 septembre 1944.

réunion aux environs de Lyon, il en fait reproche à Le Ray. Vexé, l'intéressé réplique et offre sa démission. Démission acceptée. Le 6 décembre, le lieutenant Geyer, le cavalier du 11e cuirassiers monté entre-temps au Vercors avec ses hommes, est promu capitaine et nommé chef militaire du Vercors. Il trouvera sur place 500 maquisards armés et 200 sédentaires prêts à rejoindre. Le Ray s'éloigne ; il reviendra quelques mois plus tard, en mai 1944. Le commandant de Reyniès ayant été arrêté [1], il lui succédera à la tête de l'AS Isère. Ce départ de Le Ray est fâcheux. Il savait dans quel esprit avait été élaboré le « Plan montagnard ».

Chambonnet, Alban-Vistel, son adjoint civil, en connaissaient aussi bien les données. Ce n'est pas le cas de Geyer. Voici encore qu'un nouveau venu va contribuer à fausser la mise initiale. Agent du BCRA, le colonel Fourcaud rejoint le Vercors en février 1944. S'il arrive pleinement informé sur le « Plan montagnard », il a en tête une autre orientation : édifier une forteresse Vercors solidement bouclée, siège d'une plate-forme libérée. Il répond sans doute là aux instructions reçues avant son départ. Descour le suit en incluant pour ce faire l'arrivée de parachutistes alliés, au minimum deux bataillons [2]. Chambonnet, avec des réserves, donne à son tour son accord. Après son arrestation [3], Alban-Vistel, son successeur, souscrira également au nouveau projet.

*

Le Vercors s'oriente vers une conception bien éloignée de celle qu'applique au même moment, non loin de là, un jeune officier, le lieutenant Poitau, alias « capitaine Stéphane » [4]. Pour lui, efficacité et sécurité s'appellent guérilla et mobilité.

Lieutenant au 8e RTM au Maroc, Poitau était en permission en France le 8 novembre 1942. Ainsi le veut la destinée. Sinon il se serait retrouvé dans les rangs de la 2e DIM en Italie. Après des séjours dans les maquis d'Auvergne et de la chaîne de Belledonne, il est envoyé en Oisans en novembre 1943, afin de former un groupe autonome. Ils ne sont que sept au départ à suivre ce grand gaillard aux cheveux blonds

---

1. Le commandant de Reyniès est arrêté le 6 mai. Son corps ne sera jamais retrouvé.

2. Ainsi que d'autres parachutages dans des zones proches du Vercors.

3. Arrêté le 16 juin 1944, le colonel Chambonnet sera fusillé place Bellecour à Lyon quelques jours avant la Libération.

4. Saint-cyrien de la promotion 37-39, le capitaine Poitau est mort pour la France en Indochine en 1952. La promotion de Saint-Cyr 1992-1995 porte le nom de Capitaine Stéphane.

ébouriffés. Le 6 juin 1944, ils seront 136 en neuf groupes francs d'une quinzaine d'hommes, tous farouchement attachés à ce chef qui a des formules bien à lui : « Mangez bien ! Vous ferez de beaux morts ! Cela les démoralisera. »

La compagnie Stéphane – brassard bleu à tête de mort avec mention Grésivaudan – sera au premier rang dans les embuscades pour la bataille sur les arrières afin de soulager le Vercors, après un périple demeuré légendaire. Départ le 9 novembre 1943 du bois des Combes, au nord-est de Grenoble. Mouvement vers Bourg-d'Oisans et La Mure. Retour en vallée de l'Isère puis la Grande-Chartreuse, avant les grands coups portés à l'ennemi de Voreppe à Montemélian et les Echelles en août 1944. Stéphane, véritable boutefeu de la guérilla, fournit un exemple sans précédent d'un chef intelligent et audacieux, entouré d'une troupe fascinée par son exemple.

*

1944. Le Vercors bénéficie maintenant d'un bel engouement. L'automne 1943, « la chute des feuilles » avec la perspective d'un long hivernage avaient vu chuter le moral. Des défections s'étaient produites. Cette mauvaise page est tournée. Il y a pléthore de petits camps, avec un bon encadrement d'active ou de réserve. AS et ORA dominent avec une nette connotation militaire. Il n'existe pas d'unités FTP, même si quelques individualités relèvent de leur sensibilité. Les FTP sont surtout présents en Grande-Chartreuse, près de La Mure (à cause des mines) et à Grenoble même avec leurs corps francs qui harcèlent l'occupant.

N'ayant pas interrompu ses activités sur le plateau malgré la neige qui les contrarie parfois, l'ennemi effectue des incursions marquées par des morts et des incendies. Le 22 janvier, le sous-lieutenant André Roure [1] est tué près de Saint-Martin-en-Vercors.

Le 29 janvier, se produit la tragédie de Malleval précédemment évoquée. Les maquisards rescapés rejoignent le camp C14.

Le 9 mars, le lieutenant Ruettard, ancien chef de la SES du 153e RIA et chef du camp C5 de Méandre, est tué dans une embuscade avec trois de ses hommes. Le 18 mars, une forte colonne allemande débouchant à Saint-Julien-en-Vercors fait sept victimes, dont trois officiers et un civil. En avril, ce sont des miliciens qui sévissent entre La Chapelle-en-Vercors et Vassieux. A Vassieux, des exécutions sommaires de

1. André Roure appartenait à la promotion Charles de Foucauld, celle des élèves de Tom Morel. Il n'avait donc pas attendu l'appel de son ancien instructeur.

jeunes gens ne sont évitées que par l'intervention courageuse du curé du village. La ferme d'Ambel, premier refuge historique du maquis, est incendiée. Toujours à Vassieux, le 23 avril, la Milice torture et fusille le lieutenant Doucin, ancien du 159e RIA, et deux de ses compagnons.

Plusieurs autres résistants arrêtés seront déportés. Il n'est guère de journées sans drames identiques sur le plateau et surtout dans les vallées avoisinantes, où Allemands et miliciens stationnent et patrouillent en permanence.

Heureusement, les parachutages apportent leur réconfort. Fusils, pistolets-mitrailleurs, fusils-mitrailleurs, grenades arrivent. Mais pas d'armes lourdes ! La raison de cette carence est simple : « *True guerilla tactics does not require the employment of heavy weapons* [1] », proclame le SOE. Donc pas de mortiers, même de 60 millimètres. Pourtant ceux-là ont l'avantage d'être légers, de mise en batterie rapide. Sur un sol ferme, un tireur peut l'utiliser et le régler à vue sans plaque de base ni bipied. Un tube de 60 est l'arme idéale pour se dégager d'une embuscade rapprochée ou fournir un appui-feu quasi instantané.

Sur le fond, les Alpes intéressent les Anglais. Winston Churchill y voyait une petite Yougoslavie, on le sait. Le SOE a dépêché l'un des siens, Francis Cammaerts, « Major Roger ». Cammaerts coiffe toutes les missions alliées du Sud-Est : Alpes-Maritimes, Basses-Alpes, Hautes-Alpes, Isère, Drôme, Rhône, Vaucluse, Gard, Ardèche. A ce titre, il n'ignore rien du dossier Vercors et est appelé à peser dans sa destinée.

Les Français lui donnent un homologue. En mai, le colonel Henri Zeller prend en charge en tant que responsable FFI les régions R1 et R2 (Alpes et Provence). Il est sous l'autorité directe du général Cochet, patron des FFI zone sud, lui-même adjoint de Koenig. Zeller croit en l'efficience des maquis. Il ne redoute qu'une chose : un engagement massif prématuré qui conduirait à une destruction massive. Il estime « qu'une guérilla généralisée ne peut excéder 15 jours sans l'aide des Alliés ». Il craint des représailles massives sur les populations en cas de non-concordance de l'insurrection avec le débarquement.

Ces avertissements, il les a exprimés aussi bien à Londres qu'à Alger, en octobre 1943, et sur le terrain en 1944.

*

Sur le plateau, Chavant, le responsable civil, s'inquiète. Le départ du capitaine Le Ray l'a contrarié. Ses rapports avec Geyer devenu

1. La véritable tactique de la guérilla n'exige pas l'emploi d'armes lourdes.

Un tract de Vichy.

Affiches de propagande pour le travail volontaire en Allemagne, en attendant le STO, véritable point de départ des maquis.

Devant le monument aux morts d'Oyonnax. Le deuxième à droite est Romans-Petit.

Défilé des formations de l'Ain à Oyonnax, le 11 novembre 1943.

Le capitaine Etienne Poiteau (Stéphane).

Sabotage d'une voie de chemin de fer, près d'Ambérieu-en-Bugey.

Le maquis des Glières.

Le lieutenant Tom Morel.

Maquis des Alpes. Le colonel Joseph Zeller, avec M. Long et Boissière.

Le capitaine Anjot.

Le colonel Vallette d'Osia.

Le commandant Clair.

Emplacement du terrain d'aviation de Vassieux, dans le Vercors.

Le lieutenant Chabal, du maquis du Vercors.

Le maquis du Vercors.

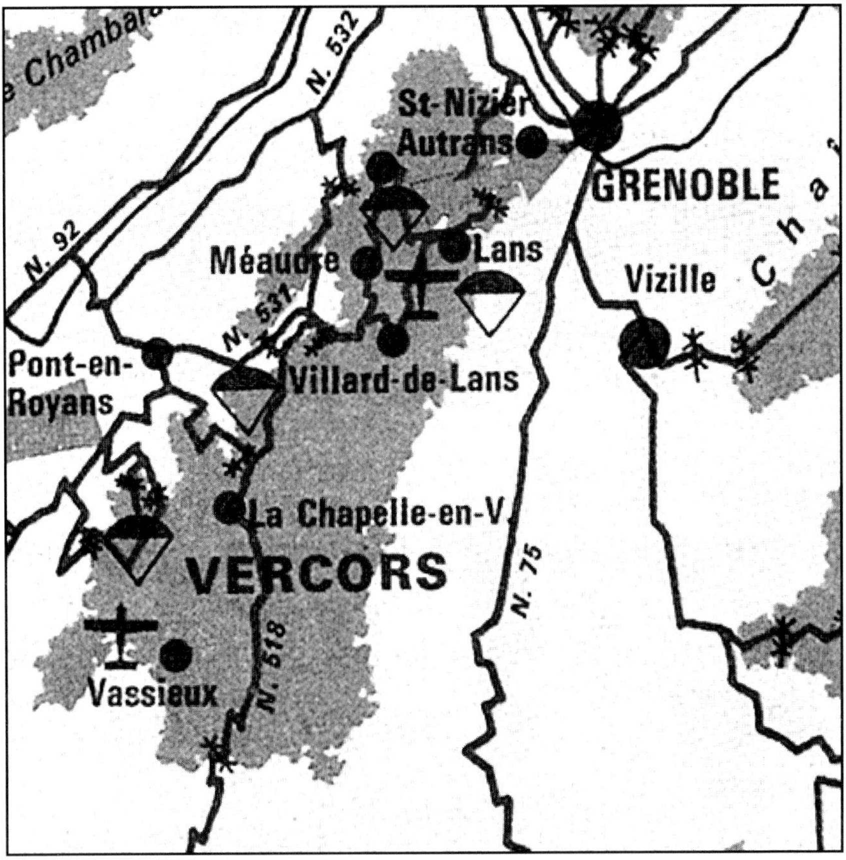

Maquis du Vercors. Combattants abrités du feu.

André Pommiès, le commandant du CFP devenu en 1945 le 49e régiment d'infanterie.

Combattants du corps franc Pommiès.

Jeune combattant du maquis du Berry, avec le brassard FFI-FTP.

Après la Libération, Emile Coulaudon, chef du maquis d'Auvergne, au Mont-Mouchet avec le général de Gaulle.

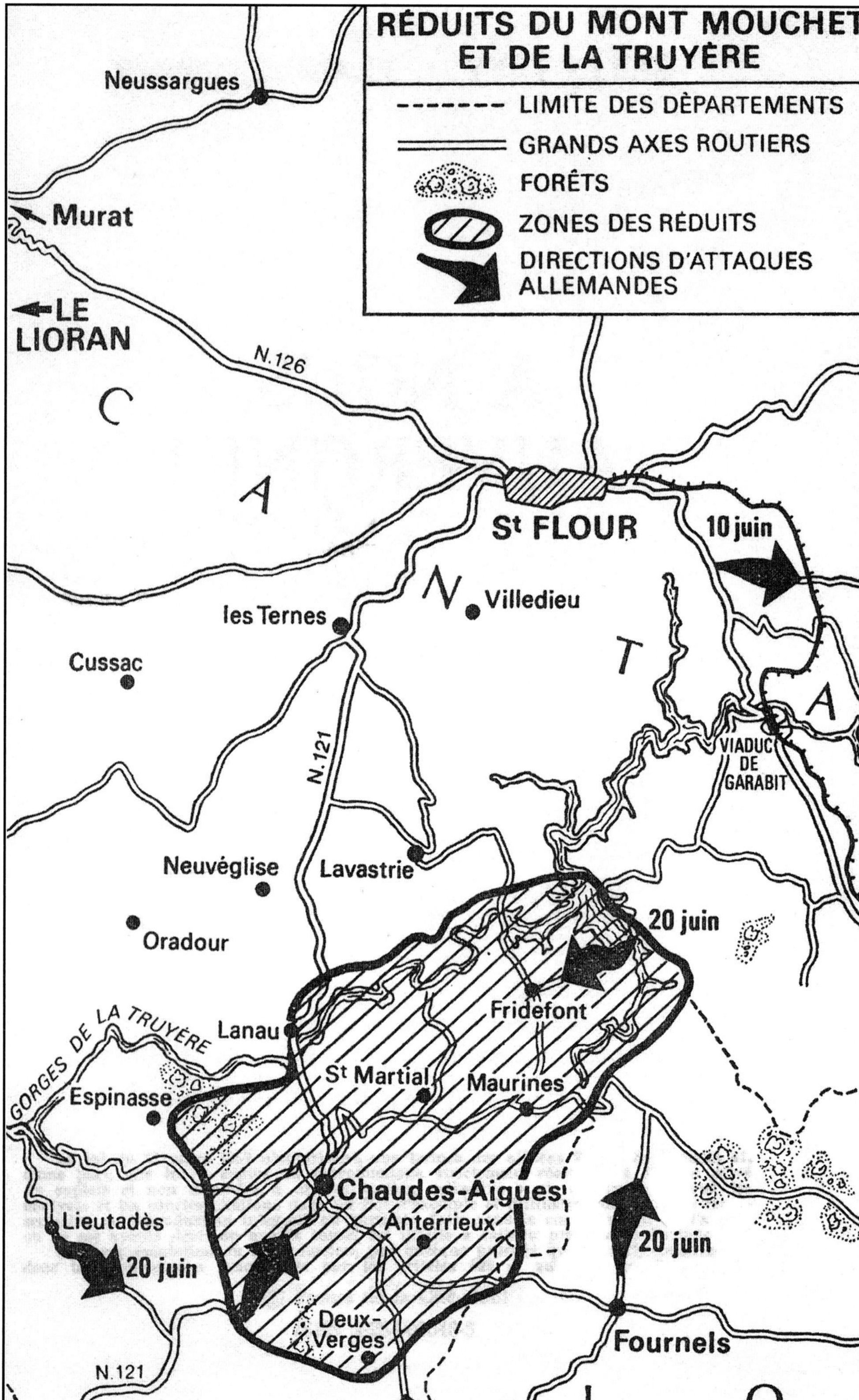

RÉDUITS DU MONT MOUCHET
ET DE LA TRUYÈRE
LIMITE DES DÈPARTEMENTS
GRANDS AXES ROUTIERS
FORÊTS
ZONES DES RÉDUITS
DIRECTIONS D'ATTAQUES
ALLEMANDES
Neussargues
Murat
LE
LIORAN
N.126
C
A
N
T
A
St FLOUR
10 juin
Villedieu
les Ternes
Cussac
N.121
VIADUC
DE
GARABIT
Neuvéglise
Lavastrie
Oradour
20 juin
Fridefont
GORGES DE LA TRUYÈRE
Lanau
St Martial
Maurines
Espinasse
Chaudes-Aigues
Lieutadès
Anterrieux
20 juin
20 juin
Deux-
Verges
Fournels
N.121
L
O

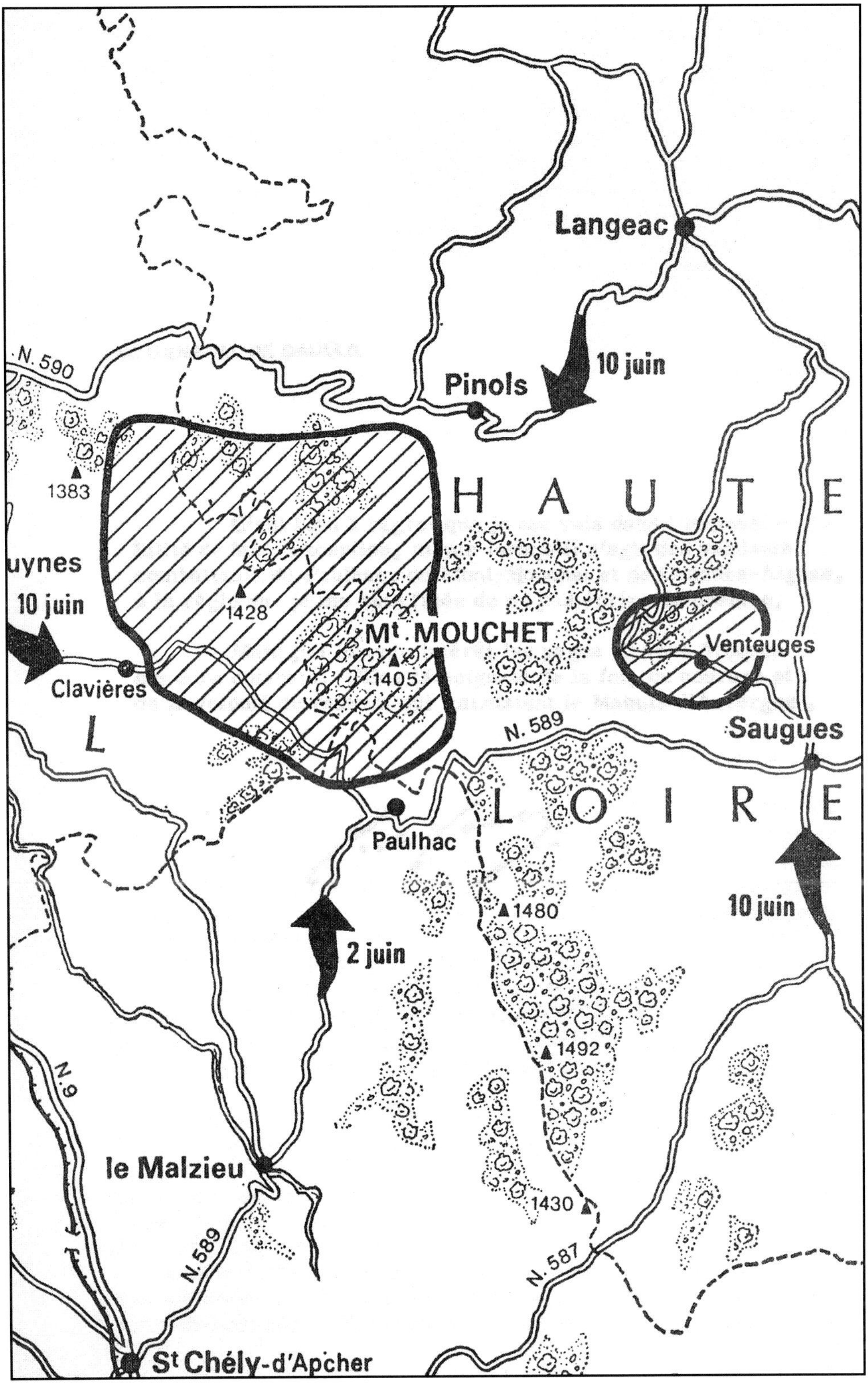
Langeac
N. 590
10 juin
Pinols
1383
HAUTE
uynes
10 juin
1428
Mt. MOUCHET
1405
Venteuges
Clavières
L
N. 589
Saugues
LOIRE
Paulhac
1480
10 juin
2 juin
1492
N.9
le Malzieu
1430
N.589
N. 587
St Chély-d'Apcher

Parachutage près de Loubresac, pour les maquis de Corrèze, du Lot et de la Dordogne.

Georges Guingouin, chef du maquis du Limousin.

Croquis des pendaisons de Tulle, crayonné par un officier SS.

Photo souvenir d'un groupe de résistants, dans la Vienne.

Les soldats américains découvrent un jeune maquisard ayant eu les poignets tranchés par les SS.

FTPF qui vont être exécutés. Les Allemands refusaient de considérer les maquisards comme des combattants réguliers.

1944. Rafle dans un village breton.

L'ouverture des parachutes, juste après le largage des containers.

Réception d'un container.

Maquisard préparant le sabotage d'une voie ferrée.

Crédits photos p. 1-16 : DR

patron militaire manquent de chaleur. Il constate, malgré les derniers largages, une insuffisance d'armement. Surtout, il s'interroge sur l'avenir réservé au Vercors. Qu'en est-il exactement du « Plan montagnard », approuvé au premier semestre 1943 par Jean Moulin et le général Delestraint ? Rentre-t-il toujours dans les intentions de Londres et d'Alger ? Dans l'affirmative, quelles en seraient les modalités ?

Désirant à tout prix y voir clair, Chavant prend son bâton de pèlerin. Après une tentative infructueuse, le 22 mai il débarque à Bastia. Le lendemain, il foule les trottoirs algérois. Ses rapports avec des officiers alliés, l'équipe de la DGSS de Jacques Soustelle et en particulier le lieutenant-colonel Constans [1], vont être décisifs pour le sort du Vercors.

Dans la nuit du 2 au 3 juin, un avion le dépose dans une prairie discrète de l'Ain. Sur lui un pli Top Secret qu'il présente au colonel Descour, pli qui lui a été remis juste avant son départ d'Alger :

> « République Française
> Comité français de Libération nationale
> N° 774 SGC.
> Alger, le 30 mai 1944
> *Décision* – Les Directives données en février 1943 par le général V... ("Vidal", alias Delestraint) pour l'organisation du Vercors demeurent valables. Leur exécution sera poursuivie dans le cadre de la hiérarchie régionale et départementale, sous le contrôle du DMR1 (délégation militaire de la Région 1) en liaison d'une part avec la mission maquis envoyée de Londres, d'autre part avec la base d'Alger.
> Pour le Général de Gaulle,
> Le Secrétaire général du Comité d'action,
> Jacques Soustelle. »

On ne peut être plus catégorique. Jacques Soustelle, le patron de la DGSS, le fidèle des fidèles de De Gaulle, a signé. Il ne l'a pas fait sans avoir assuré ses arrières. Le « Plan montagnard » de février 1943 est plus que jamais valable. Le Vercors doit devenir une citadelle. Mais quelle citadelle ? Un donjon fortifié narguant les assaillants, ou une tanière d'où jaillissent des commandos vengeurs ? A défaut de précisions sur ce point, Chavant a reçu des assurances. De l'aide en hommes et en matériel. Verbalement, on lui promet 4 000 parachutistes (ce qui n'est pas rien...).

1. Le futur colonel Constans, fâcheusement connu pour son attitude à Langson en octobre 1950. Sur ce sujet, voir du même auteur, chez le même éditeur, *La France coloniale*, tome II, et *Histoire de la Légion*.

De retour chez lui, Chavant trouve une situation militaire modifiée. Descour a procédé à une réorganisation du commandement. Il a confié le Vercors à une recrue de choix : le chef d'escadron François Huet, « Hervieux », 39 ans. « Cavalier sec comme un coup de trique, un nez en bec d'aigle, un regard bleu d'acier à vous glacer le sang dans les veines ; un soldat, un vrai, doté d'un sens humain exceptionnel [1]. » Huet [2] a derrière lui un passé de combattant remarquable, au Maroc et en 1940. Il appartient au réseau « Les Druides » et connaît bien la géographie du Dauphiné. A ses côtés, Costa de Beauregard et Geyer se partagent les responsabilités territoriales. Le premier commande au nord, le second au sud. Le capitaine Tanant du 6e BCA, grièvement blessé à Narvik, a pris les fonctions de chef d'état-major, entouré de plusieurs officiers.

Les PC – civil de Chavant, militaire de Huet – s'installent côte à côte, à Saint-Martin, un peu au nord de La Chapelle-en-Vercors.

*

Chavant est rentré avec un ordre de mission en bonne et due forme du CFLN. Huet et lui ont donc la « bénédiction » des plus hautes autorités françaises. Ils sont autant poussés à l'action côté Alliés. Le SHAEF, par le truchement de la BBC, incite à l'insurrection généralisée. Il veut embraser tout l'hexagone, pour ne pas révéler qu'Overlord n'intéresse que les plages normandes. Le feu au Vercors, en pleine bataille de Normandie, répond pleinement à ces opérations de dissuasion. Le Vercors sacrifié sur l'autel d'Overlord, comme les Glières sur celui de la Résistance française ? Certainement.

*

Dans l'immédiat, les chefs civils et militaires ne sauraient se plaindre d'un manque de bonnes volontés. Au contraire. A compter du 9 juin, ils sont débordés. Sédentaires et volontaires affluent. Des cars montent de la vallée avec leurs chargements de jeunes enthousiastes.

Ils proviennent d'un peu partout. Des Alpes naturellement, mais également de Lyon, de Paris. Il est un groupe de Polonais et une unité de Sénégalais. Descour et Huet ont rameuté le maximum de leurs anciens subordonnés. Cadres d'active et de réserve se brassent à la tête

1. *La section Chabal*, ouvr. cité, p. 19.

2. Le général Huet commandera la 7e DMR lors de l'expédition de Suez en 1956 et terminera sa carrière général de corps d'armée.

des unités. Le normalien Jean Prévost, qui est capitaine de réserve, commande une compagnie. L'abbé Magnet, curé d'une petite paroisse de la Drôme, est maréchal des logis. Comme Prévost, il tombera au combat. On distingue aussi des gendarmes en uniforme, ayant quitté leurs brigades pour le maquis. Un officier récemment parachuté, le capitaine Benne, assure les liaisons avec Alger.

Au jour J, les maquisards du Vercors étaient environ 450, presque tous anciens militaires rassemblés par leurs officiers. Début juillet, ils seront un peu plus de 3 000. 2 000 seront à peu près correctement armés, 1 000 à moitié, certains seront quasiment les mains nues. Le Vercors manquera de combattants, eu égard au périmètre à couvrir.

L'armement, éternel talon d'Achille du maquis... Descour, qui se rend souvent au Vercors, multiplie les demandes. D'Alger, Constans lui prodigue à flots ses amitiés, mais de mitrailleuses et de mortiers point... De canons antichars encore moins !

La montée massive au Vercors ne pouvait échapper à l'occupant, fortement implanté à Grenoble. Preuve supplémentaire s'il en était besoin, un immense drapeau tricolore planté par des maquisards au sommet des aiguilles des Trois-Pucelles qui dominent Saint-Nizier. L'emblème national se distingue très bien depuis Grenoble. Il semble indiquer qu'à Saint-Nizier commence une autre France, la France des patriotes.

Saint-Nizier. La faille dans la muraille de la citadelle, avec une large échancrure dans les falaises. Sur près de quatre kilomètres de front, des pâturages montent vers le plateau. La route Grenoble-Saint-Nizier-Villard-de-Lans emprunte cette brèche et ce glacis avant de rejoindre un peu après Lans la RN 531, plus acrobatique, arrivant par les gorges d'Engins.

Le 13 juin au matin, une colonne allemande de 300 à 400 véhicules emprunte cette route de Saint-Nizier. De nombreux maquisards connaissent les lieux. Anciens du 6e BCA, ils y venaient en manœuvres.

Le feu est ouvert à courte distance. Posément, pour ménager les munitions. Le courage supplée, le cas échéant, au manque de métier. Vers 13 heures, la section de l'adjudant-chef Chabal arrive à la rescousse. Ils ne sont que 21 mais ils en « veulent » [1]. Ils ont traversé Saint-Nizier en chantant *La Marseillaise* pour donner le ton. L'Alpin Chabal est un roc. Il a forgé sa troupe, 19 chasseurs sur 21, à son exemple. Dans le lot, un caporal de moins de 20 ans qui fera son chemin : Richard Marillier, caporal Beky pour les copains [2]. Chabal

1. 14 sur 21, dont leur chef, tomberont au combat de juin à fin août.
2. Il terminera colonel, commandeur de la Légion d'honneur.

a deux FM 24-29 et des grenades Gammon. Ses gars en feront bon usage.

Durant quatre heures, le combat fait rage, non sans pertes. L'ennemi aussi a du mal. En fin de journée, il se replie en emmenant ses morts. L'engagement a coûté 8 tués et 4 blessés au maquis. Parmi les morts, le lieutenant Israël, le caporal-chef Romeu, le caporal Garaud, le chasseur Gaston. Tous sont pieusement déposés au foyer municipal de Saint-Nizier.

Dans la nuit, un parachutage apporte des containers avec des mitrailleuses. Pour les mitrailleuses américaines de 30, très bien ! Par contre, pour les vieilles Hotchkiss, engins de guerre de position, qui en a eu l'idée ? De surcroît, elles sont insuffisamment approvisionnées. Veut-on, en haut lieu, voir le Vercors se transformer en Verdun ?

Personne ne s'illusionne. L'ennemi ne campera pas sur cet échec du 13 juin. Il reviendra en force. Descour alerte Alger :

> « Vercors attaqué 13 par un bataillon. Ennemi dut abandonner lutte après douze heures de combat. Attendons reprise offensive bref délai. Avons 8 tués et 4 blessés. Manquons armes. Vous demandons redoubler efforts pour nous venir en aide. Population se lève en masse contre ennemi. Effectif à armer augmente tous les jours. Bazookas ont fait merveille. Amitiés. »

Quelques heures après, il renouvellera son SOS, appuyé par Zeller qui vient d'arriver.

> « J'appuie demandes "Périmètre" (Descour). Il serait désolant que les zones libérées par Résistance et qui seraient d'une utilité précieuse en cas de débarquement Sud-Est soient réduites les unes après les autres. »

Ah, ce débarquement Sud-Est ! Les gens du Vercors pensent d'abord à lui. Ils se sont soulevés pour le soutenir, persuadés en retour qu'il leur apportera le salut. N'est-ce pas trop espérer ?

14 juin. Overlord ne date que de huit jours. Les Alliés pensent d'abord et surtout à ce bocage normand où leurs troupes peinent. Assurer le succès de cette mise à terre sur le continent est leur préoccupation majeure. Alger seul n'a pratiquement pas de moyens. Le Vercors ne peut espérer grand soutien mais ses chefs l'ignorent.

15 juin, 5 heures. Les Allemands reviennent en force, précédés par des tirs de 105 et de 155. Il s'y mêle des « Shrapnels » fusant haut. Costa de Beauregard ne dispose que de 300 hommes face à 1 500 ou 2 000 fantassins aguerris, bien pourvus en mortiers et en redoutables

MG 34. A 10 heures, pour éviter un débordement, Huet ordonne de décrocher. Il veut aussi éviter des représailles contre les villages. En bon ordre, les maquisards se replient au sud des gorges de la Bourne. Les trois journées de combat leur ont coûté au total 24 tués.

Les Allemands occupent Saint-Nizier. Ils y incendient 93 maisons sur 104. Ignominie, ils précipitent dans les brasiers les cercueils des tués déposés au foyer municipal.

L'adversaire a ouvert la porte du Vercors, mais dans l'immédiat il n'en profite pas. Il se contente de placer quelques avant-postes au sud de Saint-Nizier. Au-delà commencent le *no man's land* et la « zone libérée ». Le Vercors se regarde comme tel. Il est la République du Vercors. Sur tout le plateau, à l'exception du versant Saint-Nizier, le drapeau tricolore flotte librement. Chavant a pris rang de préfet et assume les responsabilités de la fonction. Dans les villages et hameaux, les maquisards se sentent chez eux. Des PC, des cantonnements s'installent, des cuisines chauffent, des liaisons téléphoniques s'organisent. Les médecins, aidés par des infirmières bénévoles, veillent sur les blessés.

L'effet Vercors joue sans interruption. Les volontaires continuent de se présenter. Le 16 juillet, la section de gendarmerie au complet de Saint-Marcellin ralliera le plateau. 44 gendarmes, huit gradés derrière leur chef, le capitaine Morel, vieux résistant. Dans ce comportement des « forces de l'ordre », il n'est pas de manichéisme absolu. Tous ces renforts ne sont pas sans aggraver les problèmes d'intendance. Un coup de main lancé contre un train immobilisé dans la vallée de l'Isère permet de rapporter un stock important de conserves.

Les journées se succèdent en travaux d'organisation et dans l'attente de parachutages. Dans la nuit du 28 au 29 juin, deux commandos américains de 15 hommes sautent sur le terrain de Bassieux. Quatre officiers de la mission Eucalyptus les accompagnent.

Quelques jours plus tard, survient la mission Paquebot, pseudonyme de son chef, le capitaine aviateur Tourmissa. A l'arrivée au sol, Francis Billon, l'un des quatre sous-lieutenants de l'équipe, se brise une jambe. Le malheureux connaîtra par la suite un destin tragique. Cette mission Paquebot doit réaliser une piste d'aviation et possède un appareil radio de guidage avions.

Le 10 juillet, la seconde partie d'Eucalyptus rejoint, avec les capitaines Conus et Pillat et le lieutenant britannique Sauverby. Elle avait été déposée dans l'Ain et a eu quelques difficultés pour arriver à destination. Son chef, le capitaine Conus, ancien de Bir-Hakeim, est Compagnon de la Libération. Ses propres aventures ne sont pas terminées.

Des visiteurs, en des séjours plus ou moins longs, viennent se rendre compte. Yves Farge passe fin juin. Un piquet de tirailleurs sénégalais en chéchia rend les honneurs au commissaire de la République. Farge revient le 3 juillet. Cette fois, une prise d'armes est organisée à Saint-Martin. Après sa venue, Chavant fait placarder des affiches sur les murs des communes :

> « Population du Vercors,
> Le 3 juillet 1944, la République française a été officiellement restaurée dans le Vercors.
> A dater de ce jour les décrets de Vichy sont abolis et toutes les lois républicaines remises en vigueur.
> Le Comité de Libération nationale du Vercors, investi dans ses fonctions par Monsieur le Commissaire de la République, détient des pouvoirs très étendus.
> Chargé de l'application de ces décisions, il désire administrer le pays avec le plus grand esprit de justice, mais aussi avec fermeté. Le Comité compte sur le concours dévoué et sur le bon sens de toute cette population du Vercors, qui pendant toute la période de résistance clandestine a manifesté un courage et un attachement à la France au-dessus de tout éloge.
> Notre région est en état de siège. Le Comité de Libération nationale demande donc à la population de faire l'impossible, comme il le fera lui-même, pour mettre à la disposition du commandement militaire, qui a la charge écrasante de nous protéger contre un ennemi toujours aussi barbare, tous les moyens dont il dispose.
> Habitants du Vercors, c'est chez vous que la grande République vient de renaître. Vous pouvez en être fiers. Nous sommes certains que vous saurez la défendre. Nous voudrions que le 14 juillet soit pour le Vercors une occasion de plus de manifester sa foi républicaine et son attachement à la grande patrie.
> Vive la République française,
> Vive la France,
> Vive le général de Gaulle. »

Simultanément, Chavant envoie un télégramme à Alger pour exprimer la fidélité du Vercors au GPRF [1].

---

1. Le 3 juin, le GPRF (Gouvernement provisoire de la République française) a remplacé le CFLN.

Les militaires, Zeller, Descour, montent souvent. Descour a du reste un PC sur place. Le Ray, maintenant chef des FFI de l'Isère, effectue des liaisons en voisin pour étudier l'aide à apporter. Démarche identique du commandant de Lassus, chef départemental de la Drôme. On voit aussi Cammaerts, dont la présence, à priori, témoigne de l'intérêt porté au Vercors par l'état-major allié. Il réclame de l'aide à ses patrons du SOE. Il demande notamment une intervention aérienne contre le terrain d'aviation de Chabeuil, à dix kilomètres à l'est de Valence.

Sans le manifester, Zeller et Descour, pour leur part, sont inquiets. Comme Cammaerts, ils multiplient les appels pour obtenir des hommes et des armes semi-lourdes.

Le 11 juillet, Koenig adresse un message personnel au Vercors :

> « Combattants des Forces Françaises de l'Intérieur du Vercors.
> Depuis trois ans, dans le Vercors, vous vous êtes préparés à la lutte dans la vie rude du maquis.
> Au jour J vous avez pris les armes, et, résistant héroïquement à tous les assauts ennemis, fait flotter à nouveau les couleurs françaises et l'emblème de la Libération sur un coin de la terre de France.
> A vous, combattants FFI, aux courageuses populations du Vercors, qui vous assistent, j'adresse mes félicitations et le vœu de voir vos succès s'étendre rapidement au territoire tout entier.
> Le général Koenig, Délégué militaire du Gouvernement provisoire de la République française, Commandant des FFI. »

Ces félicitations ont bien le caractère d'une incitation à poursuivre.

Le même jour, d'un commun accord, Chavant et Huet, qui entretiennent de bons rapports, décident la mobilisation générale des hommes de 21 à 24 ans.

Ces nouvelles recrues renforceront les maquisards déjà enrôlés. Des conseils de révision siègent à La Chapelle-en-Vercors et à Saint-Martin. Le 20 juillet, le Vercors dénombrera un effectif de l'ordre de 4 000 personnes incorporées.

*

Parachutage de commandos américains faisant figure de précurseurs. Mission Paquebot chargée de réaliser une piste d'aviation. Adresse personnelle de Koenig. Parachutages intensifiés d'armement. Comment les responsables civils et militaires ne seraient-ils pas de plus en plus convaincus de l'intérêt porté en haut lieu au Vercors ?

Comment douter de l'impérieuse mission qui leur incombe de défendre ce coin du Dauphiné, apparemment libéré ?

*

Huet et Tanant, en bons militaires, croient aux vertus de l'esprit de corps. La fierté d'appartenir à une unité au passé glorieux rassemble et galvanise les énergies, créant simultanément émulation et volonté de s'affirmer dans la ligne des aînés. Charles de Gaulle l'avait rappelé avec force dans *Vers l'armée de métier*.

Geyer a regroupé autour de lui des cavaliers de son régiment, le 11e cuirassiers. Les chasseurs du 6e BCA se serrent en groupes homogènes. Le 13 juillet, outrepassant peut-être un peu ses pouvoirs en ce domaine, Huet reconstitue des unités traditionnelles :

– 6e BCA, bataillon de Grenoble. Commandant Costa de Beauregard (« Durieu ») [1] ;

– 12e BCA, bataillon de réserve du 6e BCA. Commandant Ullmann (« Philippe ») ;

– 14e BCA, vieux bataillon dauphinois. Capitaine Bourdeaux (« Bayard ») ;

– Groupe d'escadrons du 11e RC. Chef d'escadrons Geyer (« La Thivollet »).

Sont créés conjointement :

– Une compagnie du 4e régiment de génie. Capitaine Roos (« Gerin ») ;

– Une section franche de tirailleurs sénégalais ;

– Un groupe du 2e RA (régiment de Grenoble).

Désormais, le PC du Vercors parlera par numéros d'unité. Les hommes, anciens ou jeunes, arborent le cor des chasseurs ou la fleur de lis du 11e RC. Un coup de main heureux a permis d'équiper en bleu 350 chasseurs. Les artilleurs du 2e RA attendent leurs canons. L'adjoint de Huet, le commandant Bousquet, est du reste un artilleur. Il n'est pas le dernier à espérer des pièces. Quant à la piste d'aviation, elle est pratiquement prête, bande dégagée de 1 050 mètres sur 150. Des Dakotas pourraient s'y poser et repartir [2].

Le Vercors abordera la bataille le 21 juillet avec 10 compagnies de combat, un groupe d'escadrons, plus les autres unités d'appui ou de service. Soit 3 909 hommes incorporés, dont 169 officiers et 317 sous-officiers.

1. Chabal, promu sous-lieutenant, y commande la 2e compagnie.
2. Le Douglas C 47 (Dakota DC3) emmène 2,5 tonnes de matériel et peut effectuer l'aller et retour depuis la Corse.

*

Un mois relativement calme s'est écoulé depuis les attaques sur Saint-Nizier à la mi-juin. Il a permis une certaine organisation du réduit.

Le 14 juillet, des prises d'armes avec défilés militaires se déroulent à Saint-Martin-en-Vercors et Die. Cette sous-préfecture de la Drôme est au-delà de la limite méridionale du Vercors mais s'est intégrée à la « zone libérée ». Depuis Crest [1], les Allemands ne se hasardent plus dans la vallée sinueuse et encaissée de la Drôme.

Vers neuf heures, 72 B 17 se profilent dans le ciel du Vercors et larguent sur le terrain de Vassieux 800 containers. La signification de ce parachutage massif est manifeste. Les fardeaux qui oscillent en descendant sont suspendus à des parachutes de couleur bleu, blanc et rouge.

Il serait dangereux de se congratuler trop vite devant cet approvisionnement massif. Les forteresses sont à peine devenues des points noirs sur l'horizon qu'un Focke-Wulf, suivi d'autres, pique sur Vassieux.

Dans l'après-midi, des Heinkel prennent le relais. Sous les rafales et les bombes, impossible d'effectuer le ramassage. Il faudra attendre l'obscurité pour collecter les colis et s'activer contre les incendies qui ravagent Vassieux. Cette intervention aérienne a apporté son lot de victimes.

*

Sur-le-champ ce parachutage en force et de jour du 14 juillet conforte une fois encore la certitude et l'intérêt des Alliés pour le Vercors. Sinon, pourquoi l'avoir entrepris ? Pour les chefs, cette illusion dissimule mal l'inquiétante réalité. 4 000 hommes légèrement armés, pratiquement peu instruits dans leur majorité, pour tenir la « forteresse Vercors ». Zeller, Descour ne cessent de tirer la sonnette d'alarme. Des renseignements inquiétants convergent. Les garnisons allemandes de Grenoble et Valence se renforcent. Le terrain d'aviation de Chabeuil rassemble une centaine d'appareils. Les reconnaissances aériennes sont fréquentes.

*

Mois relativement calme depuis mi-juin, a-t-il été écrit. Est-ce si sûr ? Si le cœur du plateau, hormis les bombardements et mitraillages

1. 30 kilomètres au sud-est de Valence.

aériens, donne l'impression d'un havre paisible, en périphérie la lutte est vive.

– 19 juin. Incursion motorisée allemande à partir de Saint-Nizier sur Villard-de-Lans ;

– 22 juin. Attaque aéroterrestre au sud-ouest du Vercors. Les villages de Beaufort et Plan-de-Baix sont bombardés. Un PC maquis, en partie évacué, est investi. Trois radios, dont un d'origine anglaise, sont tués ainsi qu'une dizaine de civils ;

– 24 juin. La compagnie Stéphane tend une embuscade, au sud de La Mure, à un convoi allemand qui perd quatre tués et des blessés.

Le même jour, une colonne allemande s'enfonçant dans les gorges des Ecouges (nord-ouest du Vercors) est stoppée par un avant-poste et se replie avec deux morts et des blessés.

– 28 juin. Nouvelle attaque allemande contre le plateau de Combovin au sud-ouest du Vercors. Les hameaux de Rochette et Cobonne sont détruits. Un avion est abattu ;

– 6 juillet. Accrochage au col de Grimone, au sud-est du Vercors. Cinq Allemands tués ;

– 10 juillet. L'un des commandos américains (15 hommes) et 17 maquisards montent une embuscade au col de la Croix-Haute, sur la RN 75 Gap-Grenoble, au sud-est du Vercors : 9 tués allemands, 6 du maquis.

Cet inventaire succinct ne rend pas compte du quotidien. Les Allemands jalonnent leurs passages et leurs interventions de morts et d'incendies. Des civils sont abattus sans sommation. D'autres sont victimes des bombardements. Des résistants, des maquisards tombés entre les mains de l'ennemi sont torturés et exécutés. Dans l'Isère, dans la Drôme, se découvrent continuellement des cadavres mutilés.

Cette activité, cette répression montrent clairement la volonté allemande de contrôler la région et les voies de communications. Sur le Vercors, ils sont maintenant fixés. Le parachutage massif du 14 juillet a fini de les éclairer. Des forces importantes sont rassemblées. De son côté, la construction de la piste d'aviation à Vassieux n'a pas échappé au « mouchard ». Elle est un indice caractéristique. Pour le commandement allemand, une telle situation ne saurait se prolonger. Elle représente un sérieux danger pour ses liaisons entre le nord et le midi de la France et l'Italie septentrionale.

A partir de mi-juillet, tous les renseignements concordent. Quelque chose se prépare. Des postes de guet et de bouclage se mettent en place en bordure du massif. Les reconnaissances aériennes s'intensifient.

Zeller, Descour, Huet se doutent parfaitement de ce qui se prépare.

Les messages radio avertissent Alger. Dans la nuit du 20 au 21 juillet, Zeller revient à la charge :

> « Rude bataille imminente pour prise Vercors. Sans secours de vous, résultat incertain. Demande d'urgence renfort d'un bataillon parachuté et envoi mortiers. Demande également bombardement immédiat Saint-Nizier et Chabeuil où opération combinée est impossible pour le moment. Venez-nous à l'aide par tous les moyens. »

Ce message, comme les précédents, n'est pas une surprise. A Londres et Alger, les états-majors sont renseignés. La Résistance, les reconnaissances aériennes ont fourni des informations sans ambiguïté.

*

Effectivement, les Allemands se préparent. Leur concentration s'achève. Toujours la 157e division de réserve, plus des bataillons recrutés à l'Est. Le général Pfaum, celui des Glières, assure le commandement. Son plan d'opérations prévoit :

– Un groupement est, agissant depuis Gresse et Chichilianne avec mission de franchir les pas et de marcher plein ouest sur Saint-Agnan ;

– Un groupement nord, s'enfonçant dans le massif au départ de Lans par Villard-de-Lans, Saint-Martial, La Chapelle-en-Vercors ;

– Un élément aéroporté (deux compagnies), atterrissant sur la piste de Vassieux. Assurera la liaison au nord vers Saint-Martin.

Soit :

– 4 bataillons de chasseurs de montagne,

– 2 bataillons de grenadiers,

– 3 bataillons d'Ostlegion,

– 2 batteries d'artillerie,

– 200 hommes de la Feldgendarmerie,

– des éléments du 2e régiment de sécurité et du 219e régiment de police.

Plus les 400 parachutistes de l'élément aéroporté.

L'ensemble représente environ 8 000 hommes.

Le jour J est fixé au 21 juillet. L'aviation appuiera les troupes au sol. Les éléments non engagés sur le plateau barreront les accès au Vercors. Pour l'attitude générale, le commandement ne s'est pas embarrassé de sentiments :

> « Arrêter les hommes de 17 à 30 ans qui n'ont jamais appartenu à la Résistance et qui ne l'ont jamais soutenue...

> Brûler les maisons qui, sans contestation possible, ont servi d'abri ou de dépôt aux terroristes. Ce sont en général les écoles, les mairies, des hangars. Pour empêcher la Résistance de se fixer à nouveau dans le Vercors, on ne laissera dans les fermes que le minimum de bétail indispensable à la nourriture de la population autochtone... »

Les exactions à venir sont là en puissance.

21 juillet. Il pleut. Le plafond est bas. Les nuages accrochent les crêtes. Sur la face est, les assaillants ont 800 mètres de dénivelé à gravir pour atteindre les pas. Ils grimpent par les sous-bois et les sentiers muletiers. La brume favorise la fin de leur approche.

Des Trois-Pucelles, proches de Saint-Nizier au nord jusqu'à la montagne de Glandase au sud, on dénombre une douzaine de points de passage. Une compagnie s'étire sur près de 50 kilomètres pour les garder. Soit une dizaine d'hommes par pas. C'est infime. Le groupement allemand, lui, est fort de deux bataillons d'infanterie, soutenus par deux batteries de montagne. En fait, il s'intéresse surtout au sud. Il porte son effort sur les pas des Chattons (1 827 m), de la Ville (2 050 m), de l'Aiguille et de la Selle (1 979 m) [1]. Leur occupation permettrait de prendre à revers les défenseurs du plateau.

Les poignées de maquisards qui gardent les pas s'accrochent à leurs positions mais la partie est par trop inégale. Les salves de mortiers et de canons de montagne écrasent leurs emplacements de combat. Les pas sont perdus en fin de journée.

Au nord, Villard-de-Lans a été occupé sans difficultés. Afin d'éviter les représailles contre la population, Huet avait fixé le dispositif de défense au sud des gorges de la Bourne. Sur les crêtes, au sud-ouest du village, deux compagnies légèrement renforcées du 6e BCA, sous les ordres du capitaine Prévost, ont mission de verrouiller les passages. Des sapins ont été abattus pour barrer les principaux layons, des mines camouflées aux points sensibles. Mais là aussi, comme partout, les effectifs sont trop modestes. Prévost n'a que 400 combattants, bien peu expérimentés, pour garder un front d'une dizaine de kilomètres.

Dans tout ce secteur nord, où manifestement l'ennemi se masse, la journée du 21 s'écoule paradoxalement sans incidents majeurs. Rien d'irréversible ne se produit. L'événement intervient ailleurs. Non seulement sur les pas définitivement occupés, mais plus encore à Vassieux.

1. Les pas de la Ville et des Chatttons se situent immédiatement au nord et au sud du Grand-Veymont, point haut du Vercors, à 2 341 mètres.

9 heures 30. Ciel toujours gris. Soudain des avions percent le plafond au sud de Vassieux. Les hommes sur la piste en voie d'achèvement croient un moment à l'arrivée d'appareils alliés. Pourtant, les arrivants n'ont pas la lourde silhouette des avions britanniques ou américains assurant les largages. On distingue très vite qu'ils remorquent des planeurs [1] qui bientôt se décrochent et foncent vers le sol. L'un de ces planeurs s'écrase à l'arrivée mais les autres se posent sans dommages. Aussitôt des parachutistes en jaillissent et ouvrent le feu sur tout ce qui bouge, civils ou maquisards. La surprise est quasi complète.

Tous ceux qui le peuvent se précipitent sur leurs armes et répliquent. Le caporal-chef aviateur Vermorel, avec une mitrailleuse lourde, anéantit les équipages de deux planeurs avant d'être touché. Jacques Descour, le fils du colonel, est tué en servant lui aussi une mitrailleuse. Le sous-lieutenant Haezebrouck (capitaine « Hardy ») [2] est tué. Le capitaine Tourmissa (« Paquebot ») est blessé mais parvient à échapper au carnage qui en quelques minutes fait une centaine de morts, dont 76 civils, femmes, vieillards ou enfants.

Les assaillants, bientôt renforcés, sont environ 400. Combattants aguerris, ils sèment la mort sur leur passage et se retranchent solidement dans Vassieux.

Informé de cette présence au cœur de son dispositif, Huet ordonne à Geyer d'intervenir avec le maximum de monde. Mais, sans armes lourdes, il est impossible de déloger un adversaire bien abrité derrière les murs en pierre des maisons de Vassieux. Et dans le ciel, la chasse allemande appuie ses troupes au sol.

Devant la violence de l'offensive généralisée, la mission Eucalyptus du SOE tire la sonnette d'alarme. Deux télégrammes réclament d'urgence des armes lourdes, un bombardement sur Chabeuil et une intervention chasse.

Le général Cochet s'entremet à Naples près de l'état-major allié mais sans grands résultats. D'Alger, Constans fait savoir qu'il a pratiquement les mains vides. Il ne peut envoyer qu'une trentaine d'hommes en sus de ses éternelles amitiés.

21 juillet. 22 heures. Le bilan de la première journée est lourd. Les pas ont cédé. Vassieux est occupé. Si vers Valchevrière, au nord, rien n'a craqué, qu'en sera-t-il demain ?

---

1. Ces planeurs sont de type DFS230, capables de transporter 9 passagers et un pilote (Skorzeny avait utilisé des planeurs de ce type pour se poser au sommet du Gran Sasso et libérer Mussolini, le 12 septembre 1943). Au total, une quarantaine de planeurs se posent aux abords de Vassieux.

2. De la promotion de Saint-Cyr Charles de Foucauld 1941-1942.

A Saint-Martin, les chefs du Vercors se sont regroupés en conseil de guerre à la demande de Huet. Autour de la table, Zeller, Chavant, Huet, Bousquet, Tanant, Cammaerts le Britannique, des officiers de l'état-major. Il y a aussi un général d'un certain âge, arrivé dans la matinée. Son sac sur le dos, le général Humbert a réussi à passer et s'est mis à disposition. Tout simplement pour tenir un fusil, a-t-il précisé, ne voulant en rien s'imposer à ses cadets. Un peu auparavant, le capitaine Conus s'est éloigné sous la pluie battante, accompagné du lieutenant Jail, alpiniste expérimenté. Il est parti avec mission d'aller demander à Le Ray, chef des FFI de l'Isère, d'agir sur les arrières ennemis dans le Trièves et la vallée du Drac. Son odyssée sera tragique.

Dans la petite pièce où les responsables se sont réunis, les avis divergent. Que faire devant l'inévitable rupture du semblant de front ? Le climat est tendu, même si les propos restent courtois. Tenter une sortie par le sud-est, afin de gagner l'Oisans ? Au contraire, s'échapper par petits éléments ? Finalement, sur proposition de Huet, une autre formule est retenue : éclatement et dispersion à l'intérieur du Vercors. Le massif offre suffisamment de couverts forestiers pour s'y éparpiller et s'y dissimuler.

Avant de se séparer, Chavant se retourne vers Alger. Son appel pathétique laisse éclater la colère et la rancœur des combattants du Vercors :

> « La Chapelle, Vassieux, Saint-Martin bombardés par l'aviation allemande. Troupes ennemies parachutées sur Vassieux. Demandons bombardement immédiat. Avions promis de tenir trois semaines ; temps écoulé depuis la mise en place de notre organisation : six semaines. Demandons ravitaillement et hommes, vivres et matériel. Moral de la population excellent mais se retournera rapidement contre vous si vous ne prenez pas dispositions immédiates et nous serons d'accord avec eux pour dire que ceux qui sont à Londres et à Alger n'ont rien compris à la situation dans laquelle nous nous trouvons et sont considérés comme des criminels et des lâches. Nous disons bien : criminels et lâches. »

« Criminels et lâches. » Le patron civil du Vercors n'a pas mâché ses mots. Il faudra revenir sur cet opprobre lancé aux gens d'Alger et de Londres.

*

22 juillet. Les pas de l'est sont aux mains de l'ennemi. Au pas de l'Aiguille cependant, le groupe du lieutenant Blanc – 28 maquisards – s'est retranché dans une grotte. Il y résistera près de 48 heures.

A Vassieux, aucune amélioration. Au contraire. Ni Geyer avec ses cavaliers, ni Bousquet avec des bonnes volontés de toutes origines, dont un commando américain, n'arrivent à déloger les paras allemands. Du clocher de l'église, les MG balaient dangereusement toutes les approches. Bousquet, l'artilleur, enrage de ne pas avoir une pièce ou deux d'artillerie pour les débusquer. Et dans le ciel, la chasse à croix gammée pique sans relâche.

Au sud de Valchevrière, la nuit a été marquée par des tirs de mortier et le grondement lointain des camions poussant des renforts vers Villard-de-Lans. La matinée toutefois est calme. Vers 15 heures, une reconnaissance s'en prend aux avant-postes de Chabal. Une contre-attaque rejette l'adversaire. Prévost peut rendre compte à Huet :

> « Succès à Valchevrière. Chabal repousse l'adversaire en lui infligeant des pertes sensibles. »

23 juillet. La journée décisive.

– Situation inchangée sur Vassieux avec avantage aux Allemands qui se risquent largement en dehors de leur périmètre défensif.

– Au pas de l'Aiguille, le groupe Blanc, toujours retranché dans sa grotte, résiste. Partout ailleurs, par les autres pas enlevés, les fantassins allemands progressent vers Vassieux et La Chapelle-en-Vercors.

– De Valchevrière au pas de la Sambue, petit col à huit kilomètres au sud du Belvédère, l'attaque allemande se déclenche à l'aube, précédée de tirs de mortier. Au fil des heures, la pression s'accentue. Un peu avant 14 heures, Chabal fait passer un dernier message à Prévost :

> « Je suis presque complètement encerclé. Nous nous apprêtons à faire Sidi-Brahim [1]. Vive la France ! »

Héroïque Chabal ! Il tient parole, galvanisant ses chasseurs par son exemple. Le Belvédère de Valchevrière devient la kouba de Sidi-Brahim de la 2e compagnie du 6e BCA. Chabal, au fusil-mitrailleur, tire sans relâche. Une première balle l'atteint. Il continue. Une seconde lui fracasse le crâne. C'est fini. Après sa première blessure, il avait précipité dans le vide son petit carnet mentionnant les noms de ses gars, afin que les Allemands ne trouvent rien sur lui...

1. On sait qu'en septembre 1845 une poignée de chasseurs du 8e BCP, retranchés dans la kouba de Sidi-Brahim, ont refusé de se rendre et résisté jusqu'à la mort aux guerriers d'Abd el-Kader.

Lentement, les rescapés refluent dans les bois alors que toute la ligne de défense jusqu'au pas de la Sambue s'écroule. Le lieutenant Passy, un jeune polytechnicien, est tué. A 15 heures, les Allemands pénètrent dans Valchevrière. A la grenade incendiaire, ils finissent de mettre le feu au hameau et à l'église. La route de Saint-Martin, de La Chapelle-en-Vercors, est ouverte.

16 heures. Les ordres de dispersion préparés lors de la réunion du 21 au soir partent. « Maquiser le maquis », suivant la formule de Huet. Bien placé pour juger, le commandant Tanant écrira en 1947 :

> « Hélas ! Elle sera mal comprise de beaucoup et sera la cause d'une partie de nos pertes. Seuls les vieux maquisards, ceux de Geyer et de Costa de Beauregard, l'exécuteront à la lettre. C'est une tactique qu'ils connaissent bien et qui leur a toujours réussi. »

C'est « faire du Stéphane » sans l'avouer.

Le PC de Saint-Martin est évacué. Sac sur le dos, fusil à la main, Huet quitte les lieux afin de gagner la forêt de Lente, immense domaine de 7 000 hectares, aux accès difficiles, au sud-ouest de La Chapelle-en-Vercors.

Le 25 au matin, via Londres, un message de Huet parviendra à Alger :

> « Défense Vercors percée le 23 à 16 heures après lutte de cinquante-six heures. Ai ordonné dispersion par petits groupes en vue de reprendre lutte si possibilités. Tous ont fait courageusement leur devoir dans une lutte désespérée et portent la tristesse d'avoir dû céder sous nombre et d'avoir été abandonnés seuls au moment du combat. »

Le soldat s'est contenu. Il a gardé un style sobrement militaire pour commenter la tragédie.

*

Tragédie. Le pire ne s'est pas encore produit, même si l'horreur a déjà débuté. Deux lieux illustrent la sauvagerie allemande : Vassieux, la grotte de la Luire.

Vassieux a tout subi : bombardements, fureur des aéroportés, ravages des combats, sévices des vainqueurs.

Dès leur irruption, les Allemands massacrent sans distinction le maire, des hommes, des femmes de tous âges. Certaines victimes sont octogénaires. Des maquisards faits prisonniers sont pendus. Des enfants ne sont pas épargnés. L'abbé Cagnol, curé de Vassieux, miraculeusement sauf après s'être dévoué sans souci des risques encourus [1], établira un rapport sur ce qu'il a vu et vécu. Son témoignage s'achève ainsi :

> « Sur 150 maisons que comptait Vassieux, 140 sont complètement détruites, démolies par les bombardements ou incendiées à la main. L'église n'est plus qu'un ensemble de murs calcinés. Le cheptel a totalement disparu et une bonne partie est carbonisée dans les écuries.
> Partout gisent des cadavres putréfiés, dont l'odeur nauséabonde se répand très loin. Pas un être vivant. »

96 maquisards, 82 civils ont été tués à Vassieux. Vassieux sera pour ses sacrifices l'une des cinq communes de France faites Compagnon de la Libération [2].

Vassieux ! mais le martyrologe est général. Le plateau est livré aux ravages. Partout, les Allemands incendient et massacrent. A La Chapelle-en-Vercors, 16 otages sont exécutés. Devant ces crimes et méfaits, Huet écrira, parlant des Allemands : « Ces gens-là sont la honte du XXe siècle. »

L'Histoire a ratifié son jugement.

Avant la dispersion générale, les blessés les plus graves avec l'équipe hospitalière ont été regroupés dans la grotte de la Luire à l'est de Vassieux. Ce refuge précaire, dans la forêt, à 600 mètres de la route, a été transformé en hôpital de campagne. Il accueille 28 blessés dont deux agonisants, et quatre Allemands correctement soignés, trois médecins et sept infirmières, un prêtre, le révérend père jésuite de Montcheuil. Le 27, vers 16 heures 30, il est découvert [3]. Onze blessés capables de marcher sont emmenés ainsi que le personnel médical. 10 d'entre eux seront assassinés peu après au hameau de Rousset. 14 intransportables connaissent le même sort à proximité de la grotte. Sept femmes seront déportées. L'une ne reviendra pas. Les docteurs Fischer et Ullmann, le père de Montcheuil seront fusillés au polygone de Grenoble. Au total, la grotte de la Luire a coûté 28 vies françaises. Au nombre de celles-ci, le sous-lieutenant Billon, accidenté lors du parachutage de la mission Paquebot [4].

---

1. Il sera nommé chevalier de la Légion d'honneur pour sa conduite héroïque dans la Résistance.
2. Avec Grenoble, Paris, Nantes et l'île de Sein.
3. Suite, semble-t-il, à la naïveté d'un enfant ayant guidé les Allemands.
4. Le sous-lieutenant américain Chester Meyers, regardé comme prisonnier de guerre, a la vie sauve. Un autre blessé se cachera au fond de la grotte et survivra.

*

Le calvaire de la population civile se prolongera une quinzaine de jours, les Allemands n'abandonnant le Vercors que les 8 et 9 août. Durant ce temps, les maquisards luttent pour survivre.

Appliquant les directives, les unités ont éclaté et se sont dispersées. Dans l'ensemble, les groupes demeurés sur le plateau arrivent à éviter les patrouilles ennemies qui n'osent qu'à demi s'aventurer dans les profondeurs de la forêt.

Un certain équilibre de crainte réciproque s'instaure : Allemands sur les axes, dans les villages et hameaux ; maquisards sous les couverts et sur les reliefs.

Les chefs, progressivement, regroupent leurs hommes. Geyer a disséminé ses cavaliers dans la partie occidentale de la forêt de Lente. C'est là que le retrouve Descour, remonté au Vercors. Costa de Beauregard rôde sur le plateau de Sornin. Huet, pour sa part, rayonne avec son PC, précisant à chacun sa mission de guérilla.

Tous ceux qui abandonnent le plateau et tentent de s'en éloigner pour gagner d'autres massifs sont les plus mal lotis. Des embuscades barrent les points de passage obligés sur l'Isère, le Drac ou la Drôme. Jean Prévost tombe sur l'une d'elles près du pont Charvet, au nord de Grenoble. Il est tué avec ses compagnons de route. Seul Simon Nora, un peu à l'écart, passe fortuitement. Le lieutenant Bertrand Chastenet de Gery est tué lui aussi en effectuant une reconnaissance d'itinéraire. Sur toute la périphérie du Vercors on découvrira des cadavres, comme quelques mois plus tôt aux abords du massif.

Il est un miraculé. Le capitaine Conus, on l'a vu, s'est éloigné pour rallier l'Oisans et demander à Le Ray d'intensifier ses actions sur les arrières. Son petit groupe de six, par le pas de la Balme et Château-Bernard, se rapprochait du Drac, lorsqu'il est repéré et encerclé près d'un pont sur la Gresse [1]. Rapidement, les Allemands après les avoir malmenés entraînent les six hommes à l'écart en bordure d'un ravin. Un peloton d'exécution commence sa triste besogne, par groupe de deux. Son tour arrivant, n'ayant plus rien à perdre, Conus bouscule le feldwebel qui commande le feu et plonge dans le ravin. Un arbre amortit sa chute. Seul rescapé, il gagnera l'Oisans et joindra Le Ray. Il enverra un message à Londres : « Arrêté. Torturé. Fusillé. Bonne santé. » Tout est exact dans ce texte lapidaire.

Les 70 hommes du capitaine Bennes sont plus heureux. Par la

1. Affluent du Drac, à quelques kilomètres à l'ouest.

montagne de Glandasse et le cirque d'Archiane puis le col de Menée [1], ils gagnent l'Oisans sans dommages.

Quant à Chavant, il saura patienter. Jusqu'au 11 août, il nomadisera avec quelques compagnons avant de pouvoir descendre du massif.

*

Le Vercors aura coûté 639 tués aux combattants et 201 aux civils. 41 habitants de Vassieux ont été déportés. Beaucoup ne sont pas rentrés. Les Allemands, pour leur part, auraient eu une centaine de morts dans l'ensemble des combats et plus de 56 blessés décédés par la suite à Grenoble. Le poids de la puissance de feu, de l'expérience et de la barbarie explique ces écarts.

*

« Veules et lâches. » Chavant, le 21 au soir, n'a pas mâché ses mots. Il cingle sans ménagements ceux qui dans les sécurités londoniennes ou algéroises ont laissé sans réagir se dérouler l'agonie du Vercors.

Cette réaction humaine se comprend. Tout a conduit les responsables du Vercors à estimer que le Plan montagnard trouverait exécution : ordre formel de Soustelle, parachutages massifs, détachements parachutés et regardés comme précurseurs, mission Paquebot pour réaliser une piste d'atterrissage. Toutes les apparences conduisaient à glisser vers l'hypothèse d'une intervention extérieure, le Vercors s'intégrant au plan d'ensemble des Alliés. Qui de bonne foi aurait pu supposer que les perspectives envisagées tomberaient dans le vide ? Certainement pas les exécutants sur le terrain.

Huet avait conscience de sa faiblesse militaire intrinsèque. Soldat, il a estimé devoir remplir jusqu'au bout la mission impartie : tenir un réduit pour fixer l'ennemi et réceptionner, le moment venu, un aérotransport massif destiné à épauler un débarquement dans le Midi. D'où son obstination que certains, un peu vite, lui ont reprochée. Ses supérieurs, Zeller, Descour, partageaient les mêmes sentiments.

Dans l'esprit de ses initiateurs, de Dalloz au général Delestraint et à Jean Moulin, le Plan montagnard devait être complémentaire du débarquement dans le Midi. On a vu la spirale. Le 6 juin, l'appel de De Gaulle a mis le feu aux poudres. Le Vercors a reçu un afflux de volontaires. Tout s'est accéléré sur les apparences trompeuses déjà évoquées.

1. Au sud-est du Vercors.

Zeller, Descour, Huet n'ont cessé de réclamer une aide qui n'est pas venue (encore que le parachutage du 14 juillet n'était pas anodin). Pourquoi ce manque de soutien ?

Le sort de la bataille de Normandie se joue entre les 18 et 27 juillet. Au moment même des combats du Vercors. Le 25, le VIIe CA américain déboule entre Saint-Lô et Périers. Patton percera une semaine plus tard, à Avranches. Pour le haut commandement allié, quelques milliers de maquisards français dans un coin des Alpes sont une préoccupation mineure. D'ailleurs, en cet été 1944, il est tant de partisans qui se battent pour la bonne cause quelque part en Europe.

En revanche, les Français à Londres et Alger ont-ils tenté tout ce qui était dans leurs possibilités ? La question a soulevé une vive polémique. Sur-le-champ, les communistes ont accusé de Gaulle et l'équipe de la DGSS. Grenier, ministre communiste de l'Air, s'est livré à une violente diatribe [1]. Contré sèchement par de Gaulle, il a dû faire amende honorable.

La carence française a une raison première. Les Français n'ont pas les moyens de leurs ambitions. Tout leur potentiel militaire est sous commandement allié. Les appareils, généralement d'instruction, sous contrôle d'Alger n'ont pas l'autonomie suffisante pour un aller et retour sur le Vercors. Cependant un régiment parachutiste, le 1er RCP du colonel Faure, finissait de s'entraîner en Sicile. Il était disponible. Avec plus d'insistance côté français, les Alliés l'auraient peut-être largué. Ce régiment du reste ne sera pas employé lors du débarquement de Provence, le 15 août [2].

La précarité des moyens suffit-elle à tout expliquer ? Certainement pas. L'organisation d'une unité aérienne dénommée « Patrie » avait été décidée en Comité de Défense nationale. Elle était à charge de Grenier et ne fut pas réalisée. Pourquoi le ministre n'a-t-il informé personne de la non-exécution de la mission confiée ? A-t-il joué le jeu correctement ?

Plus d'un en doute, à commencer par Jacques Soustelle, bien placé pour se rendre compte. Il n'y avait pas de FTP au Vercors. Les maquisards relevaient de l'AS-ORA. On retombe sur les accusations à l'adresse des communistes concernant des arrestations suspectes. La Résistance non communiste gênait le PC.

Le Vercors trahi ? Trahi serait excessif. Sacrifié est plus exact. Sacrifié par les Alliés, soucieux avant tout de leurs propres opérations et

1. Il perdra son ministère en septembre.

2. Pourquoi ? La question reste entière. De Gaulle tenait-il à conserver des réserves face aux communistes ? Sujet tabou.

pas mécontents de voir ces abcès se lever sous les pieds des Allemands. Sacrifié par Alger et le GPRF dépassés par les événements. 840 Français en payèrent le prix. Le Vercors est le plus lourd holocauste supporté par un maquis français.

Derrière, se dresse le courage des hommes. Pierre Tanant, qui fut l'un de ceux-là, a pu écrire :

> « Il est quelque chose de plus important que de savoir si le Vercors est justifiable sur le plan stratégique, c'est de savoir s'il l'est sur le plan moral...
> Sur ce vaste plateau, des Français de toutes origines et de toutes opinions ont su se grouper et s'unir, avec la seule ambition d'échapper à la servitude...
> Tant de sang versé a fait de ces montagnes une terre sacrée, une terre qui doit être maintenant respectée comme un sanctuaire où le flambeau de notre liberté a été rallumé, comme l'un des berceaux de la Renaissance française [1]. »

Propos qui peuvent s'appliquer à tous les maquis de France.

---

1. *Vercors*, ouvr. cité, p. 216.

Chapitre XII

GUÉRILLA – RÉPRESSION – ZONES « SEMI-LIBÉRÉES »

Juin a été le mois de l'espérance. Août sera celui du début de la délivrance. Juillet s'affirme toujours temps de souffrance.

Les Alliés continuent de piétiner en Normandie. Les Allemands, malgré la supériorité écrasante de leur adversaire, s'accrochent à la plaine de Caen et aux haies du Bocage. Dans l'intérieur de la France, ils maintiennent leur présence et leur pression. Les maquis les gênent. Ils leur livrent une lutte impitoyable. Le Vercors le rappelle.

Juillet, mois d'une répression impitoyable, voit la guérilla se muer en règle générale. Simultanément, phénomène contradictoire avec répression et guérilla, des poches « semi-libérées » se forment tandis que la phase finale se prépare activement. Les parachutages s'intensifient, prenant des proportions spectaculaires. Chacun pressent que les trois coups vont bientôt être frappés pour en finir avec une Wehrmacht lézardée malgré les apparences. Signe évident de ce délabrement, les maquis accueillent de plus en plus de déserteurs ex-prisonniers soviétiques.

*

Juillet, mois de guérilla.

Enoncer juillet mois de guérilla est excessif. Un tel propos semblerait signifier que ce mois d'été en possède l'apanage. Il n'en est rien. Les maquis, de longue date, pratiquent la guérilla. Mais après les échecs des grands rassemblements de Bretagne, du Massif central, des Alpes, chacun a compris qu'elle était la seule tactique de mise. Dans l'attente de faits nouveaux provoqués par les amis de l'extérieur.

*

Un homme est bien placé pour tirer enseignement des engagements de la Margeride. Commandant des groupes de Basse-Creuse-Corrèze [1], le commandant Craplet a fixé son PC dans la région d'Ussel. De cet observatoire, proche du Cantal, il a pu se rendre compte des aléas des combats menés par ses camarades du Mont-Mouchet et de la Truyère. Avec pertinence, il en tire les conclusions dans une note adressée à ses subordonnés, le 23 juin 1944. L'exemple du Cantal nous rappelle, écrit-il, la primauté de la guérilla. Celle-ci s'appuie sur des principes simples qu'il énonce :

– Ne jamais attaquer de front,
– Toujours refuser le combat. En cas d'attaque ennemie, « s'évanouir »,
– Opérer par petits groupes,
– Ne jamais se laisser accrocher,
– Se montrer mobile,
– Intervenir à pied, rien qu'à pied.

Sur le fond, Craplet n'innove pas. Stéphane en Grésivaudan, Pommiès dans le Sud-Ouest, Guingouin en Limousin, Romans-Petit dans l'Ain et bien d'autres appliquent les mêmes principes. Il n'est pas mauvais toutefois de les marteler : les plus beaux succès des maquis contre l'occupant avant la phase finale proviennent des coups de main, des embuscades surprises, des replis effectués sitôt le coup porté. Un franc-tireur n'est pas armé pour mener le combat d'un soldat régulier.

Si en juillet le Vercors demeure la grosse exception, partout ailleurs les maquis, renonçant aux opérations d'envergure, éclatent et frappent par petits groupes. Malheureusement, la répression exacerbée par l'ombre croissante de la défaite n'est pas éliminée pour autant. Hitler, le 7 juillet, par la voix de l'OKW, a ordonné de liquider tous les résistants.

1. Appelés aussi demi-brigade AS de Haute-Corrèze.

Au lendemain de Saint-Marcel, Koenig a recommandé d'attendre l'irruption des Alliés en Bretagne pour déclencher l'insurrection généralisée. Ses instructions n'interdisent pas les sabotages et les harcèlements. Les destructions se poursuivent avec succès contre les voies ferrées, les télécommunications. Des accrochages se produisent sur les routes. Embuscades montées par le maquis ou rencontres inopinées de patrouilles des deux camps.

Promu capitaine, Marienne est resté, on l'a vu, dans le Morbihan. Il nomadise dans les landes de Lanvaux, non loin de Saint-Marcel. La Gestapo, la Milice connaissent l'existence de ce chef de prestige dont la réputation de courage est bien ancrée chez les paras et les maquisards. Le responsable des nervis locaux des nazis est un nommé Zeller, ancien marin. Beau combattant de 14-18, il a été radié de la marine en 1924 pour trafic de stupéfiants. Engagé dans la LVF, il a été blessé en Russie. Réformé, il s'est mis au service du PPF et de la Gestapo. Installé à Pontivy, ce reître qui manifestement n'a pas froid aux yeux y a reçu mission de traquer les résistants.

Au début de juillet, le sous-lieutenant parachutiste Pessis (« Grey » chez les SAS) est arrêté en effectuant une liaison [1]. Ses papiers sont récupérés. Se les étant appropriés, un homme de main de Zeller bat la campagne en se faisant passer pour un parachutiste égaré recherchant les siens. Derrière lui, son chef et ses tueurs se tiennent prêts à agir.

Le pseudo-para finit par avoir écho d'une ferme à Kerihuel-en-Plumelec abritant un petit groupe de parachutistes et de maquisards. Le 12 juillet, au lever du jour, Zeller, ses séides et les Allemands investissent l'endroit. L'homme de garde s'est malheureusement assoupi. Les Français sont surpris en plein sommeil. Marienne, son adjoint et ses compagnons sont aussitôt abattus. 18 morts, soit 7 paras, 8 maquisards, 3 civils. Le surlendemain, cinq patriotes sont encore les victimes de Zeller. Ces drames ne sont pas les seuls. 52 résistants et maquisards fusillés à Penthièvre le 13 juillet. Le 17 juillet, un camp FTP est attaqué près d'Elven, dans le Morbihan. 32 tués, 20 prisonniers fusillés. Et la liste n'est pas close.

Cette traque du parachutiste et du maquisard, où le « Manchot » est devenu l'individu le plus recherché de Bretagne, n'interdit pas des succès. Des embuscades bien montées se soldent par des pertes allemandes (ou miliciennes).

Le 13 juillet, des rafales soigneusement ajustées ont raison des

1. Le cadavre du malheureux sera retrouvé par la suite.

deux passagers d'un side-car. Le même jour, d'autres rafales causent trois tués et plusieurs blessés à un convoi automobile. Le 18 encore, trois morts dans un convoi. Le 21, près de Pontivy, des FTP infligent des dommages certains mais non dénombrés à des camions remplis de troupes. Le 27, FFI et FTP solidaires donnent l'assaut à un café où une escouade allemande a fini par se retrancher. 7 tués, quatre survivants faits prisonniers.

Ces « coups d'épingle », parmi d'autres, payent. Ils contraignent l'adversaire à demeurer vigilant et prudent. Il n'est plus maître absolu de sa circulation.

Si dans le Morbihan FTP et AS œuvrent en harmonie, il est loin d'en être de même dans les Côtes-d'Armor. Les FTP y occupent une position privilégiée. Ils n'entendent pas la partager.

Lors des combats de la forêt de Duault le 11 juin, les lieutenants Lasserre et Botella ont été grièvement blessés. Le sergent-chef Robert se retrouve le seul para, encore que Botella bien qu'immobilisé l'appuie de toute son autorité.

L'AS Guingamp, de Georges Le Cun et Jean Dathanat, dispose d'environ 150 volontaires. Un parachutage le 27 juin à Plésidy, à 10 kilomètres au sud de Guingamp, permet enfin de les armer. Un camp destiné à remplacer « Samwest » s'organise non loin de la DZ, dans les bois de Coat-Mallouen. Robert, promu sous-lieutenant, en prend le commandement en précisant : « C'est bien, j'accepte, mais j'entends commander. »

Soldat rigoureux, avec derrière lui un glorieux passé de combattant, Robert va mener sa troupe avec une poigne militaire. Les jeunes suivent avec enthousiasme ce chef à peine plus âgé qu'eux qui sait si bien leur montrer le chemin du devoir. Jeunes, ils le sont effectivement. Pierre Ziegler n'a que 17 ans. « Loulou [1] Martin » avec ses 19 ans fait figure d'ancêtre. La majorité des autres se situent dans la fourchette. Ce sont des purs. Ils sont « montés » au maquis volontairement, sans avoir été requis pour le STO.

Entraînement, parachutages, sabotages se succèdent. La RN 12 Saint-Brieuc-Rennes n'est pas loin. Presque chaque nuit y sont tendues des embuscades. Moralement, tous se préparent avec ardeur pour le grand choc de la libération de la Bretagne. Seule ombre au tableau, les rapports tendus avec les FTP. A plusieurs reprises, les chefs ont été menacés.

---

1. Grand nom des parachutistes de la Légion étrangère, le commandant « Loulou » Martin portera la main du capitaine Danjou lors des cérémonies de Camerone, le 30 avril 1999.

Le 27 juillet, le maquis de Coat-Mallouen est fort de 250 maquisards scindés en deux compagnies. Il est solide, correctement habillé, bien armé, encadré par des petits gradés de la Royale ayant du métier. Une troisième compagnie en formation et encore en civil attend ses armes. Pour l'heure, elle ne possède qu'un colt.

Les Allemands n'avaient que des renseignements sommaires. Ils croyaient surprendre. Ils sont surpris. Ils tombent sur un camp organisé pour se défendre. Avant même de sauter de leurs camions, ils tombent sous le feu des maquisards judicieusement postés. Peut-être perdent-ils d'entrée 30 à 40 des leurs. Le dixième de leur effectif.

Ces Allemands-là sont malgré tout coriaces. Ils se lancent à l'assaut mais sont cloués sur place par les FM. Tout le maquis se bat sur ses emplacements de combat fixés depuis longtemps. Les bons tireurs – il y en a quelques-uns – peuvent se targuer de viser juste et de décimer les gradés adverses.

Vers 13 heures, Robert sent que l'attaque fléchit. Le feu s'atténue, devient presque sporadique. Cette accalmie inquiète le commandant du camp. Il se doute que l'ennemi attend du renfort. Déjà, il fait filer la troisième compagnie, devenue inutile faute d'armement. Dans la perspective d'une lutte inégale si des blindés se manifestent, il ordonne le repli sur la forêt de Duault, à 20 kilomètres à l'ouest. Par petites fractions, Coat-Mallouen se vide.

Dépassant les vaines querelles, une grosse section de FTP arrive à marche forcée. Cette diversion de flanc n'est pas inutile. Hélas ! son chef, le lieutenant Bonnet, syndicaliste convaincu et respecté, paie son courage. La bataille a coûté la vie à 13 maquisards. La citation accordant la croix de guerre au maquis de Plésidy fera état de 132 tués et 300 blessés allemands le 27 juillet. Un tel bilan est plausible. Bien enterrés, les maquisards ont tiré à coup sûr. Après quoi ils se sont éclipsés discrètement, ne perdant que les bicyclettes et les véhicules sabotés avant le départ.

Le chemin pour se mettre à l'abri sera long et pénible. Mais à l'heure fixée, les gars de Coat-Mallouen seront au rendez-vous pour la libération de Guingamp. Entre-temps, ils se seront installés près de la RN 12, toujours pour y tendre des embuscades.

Le 29, les FTP livrent à leur tour une rude bataille du côté de Paule-Pleven en limite occidentale des Côtes-d'Armor. Les maquisards sont inférieurs en nombre mais résistent bien. Les Allemands finalement se replient et s'enferment dans les gros bourgs de la région, Carhaix, Rostrenen. Par contre, dans la forêt de Loudéac [1], dans le Mené, de

1. A 30 kilomètres au sud de Saint-Brieuc.

petits maquis sont décimés. Les discussions sont âpres à ce sujet. Des éléments trop faibles ne peuvent se défendre, affirment les tenants des gros bataillons. Toutes ces violentes réactions allemandes s'expliquent par la volonté de maintenir la circulation sur les axes. Mais il est acquis fin juillet que la sécurité y est de moins en moins assurée.

*

DANS LE SUD-OUEST

Dans cette vaste région, étalée de la Dordogne et du Limousin aux Pyrénées, il est à revenir sur une unité déjà aperçue : le corps franc Pommiès, élément majeur de la Résistance et des maquis dans les dix départements du Sud-Ouest.

Ce CFP [1] portera le nom de son chef et créateur, le colonel André Pommiès. Né en 1904, André Pommiès entre à Saint-Cyr en 1924. Il a pour petits cos Dimitri Amilakvari, Robert Babonneau, Dunoyer de Segonzac, Henri Sauvagnac, Edmond Jouhaud, Henri Frenay, Jean Olié... Cette promotion du Rif est riche de fortes personnalités. Après l'école de guerre, le capitaine Pommiès sert au Deuxième Bureau. Cette expérience des services de renseignements ne lui sera pas inutile.

Après l'armistice, en septembre 1940, le capitaine Pommiès se retrouve au 18e RI à Pau. Il se consacre à la préparation d'une éventuelle mobilisation. Au lendemain de l'invasion de la zone sud, il crée ce qui sera le 6 juin 1944 le CFP, 9 000 hommes, organisés en sept groupements de combat, commandés par des officiers qui se nomment Pottier, Ceroni, de Milleret, de Rougemont, de Clerck, Ginestet...

Chef intelligent, autoritaire, peu enclin à transiger, Pommiès s'est placé volontairement en dehors de toutes incidences politiques. Il n'a qu'un but qu'il fait partager aux siens : chasser l'envahisseur. L'apolitisme foncier de ce soldat sans compromissions, animé par un seul idéal patriotique, lui créera à la Libération des frictions avec des responsables autrement engagés. Pour lui, pas question d'accepter la condition d'entente que veulent lui imposer certains interlocuteurs : « Donner la priorité à la lutte contre le régime de Vichy sur celle qui sera menée contre l'occupant. »

Large rassemblement d'individualités originaires pour l'essentiel du Sud-Ouest, ce CFP comptera en ses rangs le futur professeur Léon Schwarzenberg, l'écrivain Jean-Louis Curtis, le futur ambassadeur

1. Dans l'esprit de son créateur, initialement corps franc Pyrénées. Très vite, le nom de corps franc Pommiès s'imposera.

Francis Lacoste, le futur chef d'état-major de l'armée de l'Air, le général Fleury, le futur évêque d'Agen, Mgr de Saint-Gaudens, le futur héros des commandos d'Indochine, Vandenberghe. Quant aux cadres militaires, plus d'un, à commencer par leur chef, terminera sa carrière officier général.

Les méthodes du CFP se veulent strictement dictées par des considérations militaires. Pas d'occupation momentanée de villes ou de villages, toujours source de représailles. Pas de prélèvements à main armée sans réquisitions en bonne et due forme [1]. Pas de destruction de grande envergure afin de ne pas hypothéquer l'après-Libération. Des coupures habilement effectuées, sans plus. Surtout pas d'excès ou de méfaits du type de ceux déplorés en certains secteurs. Pas de regroupements inconsidérés. Sabotage. Guérilla.

Bien avant le débarquement, le CFP a réalisé de nombreux coups de main payants [2]. Il a su aussi se garder. De son passé au Deuxième Bureau, Pommiès a retenu l'importance d'un bon service de renseignements et de contre-espionnage. Le sien est exemplaire. Il a permis de supprimer 68 agents de la Gestapo avant le 6 juin.

Depuis ce 6 juin, le CFP se bat presque partout à visage découvert. Il a réceptionné son premier parachutage dans la nuit du 1er au 2 mai 1943. D'autres ont suivi [3]. Les brigades du CFP sont généralement bien armées, habillées de tenues militaires. Les hommes arborent l'étoile noire du Franc. La présence d'anciens régiments de l'armée de l'armistice dans la région a permis de récupérer nombre de cadres d'active. La présentation, la cohésion, la discipline feront impression à la Libération.

Cette troupe de belle allure en impose. Son équipement fait des envieux. Des groupes FTP tentent à l'occasion de s'en emparer. Le 17 juin, ils encerclent par surprise un cantonnement pratiquement sans défenseurs. Ils s'emparent des véhicules et de presque tout l'armement. De semblables incidents n'améliorent pas les rapports de Pommiès avec les FTP et leurs sympathisants [4].

Malgré tout, de ce corps franc Pommiès, relevant de l'ORA, Gabriel Delaunay, ancien chef des MUR pour la région B (Bordeaux) et conseiller d'Etat, écrira :

---

1. Elles seront toutes honorées après la Libération.

2. Voir plus haut.

3. Pommiès entretient de bonnes relations directes avec le BCRA. Il reçoit ainsi du matériel et des instructeurs.

4. En une autre occasion, une section FTP demande son intégration au CFP. Après avoir été armée, elle rejoint son noyau d'origine.

« C'est pourquoi, pour moi, le Corps Franc Pommiès n'est pas seulement la plus exceptionnelle unité de la Résistance française. Il est plus que cela. Il est la Résistance dans sa pureté originelle, la Résistance sans arrière-pensée et sans calcul, la Résistance née d'un refus venu du fond des êtres. Il a rassemblé des hommes jeunes qui préféraient mourir plutôt que d'accepter une vie dans une patrie occupée, humiliée, accablée par la force, au service d'une doctrine dégradante. Ils avaient repris leur dignité, proclamé leur droit de choisir, ils avaient commencé à rêver d'un autre avenir tout de fraternité. Pour le réaliser, ils avaient toutes les audaces et oubliaient toutes les prudences. Les soldats de l'an II de notre siècle. »

Tout au long du mois de juin, le CFP s'est manifesté à son avantage. Hélas pour lui, juillet débute très mal. Une compagnie et un PC de brigade stationnent près du hameau de Portet, au sud d'Aire-sur-l'Adour. Ce rassemblement trop important a reçu instruction de se disperser et s'y prépare. L'ennemi le prend de vitesse. Le 2 juillet, plus d'un millier d'Allemands munis de mitrailleuses lourdes, de mortiers, de canons à tir rapide et de quelques automitrailleuses encerclent le cantonnement. Les avant-postes se font massacrer pour couvrir le repli de leurs camarades. Le bilan est lourd. 10 maquisards et 6 civils tués. 43 prisonniers seront fusillés à Pont-Long près de Pau [1]. Le 2 juillet est la journée noire du CFP.

Qui a donné le maquis CFP de Portet dans les Landes ? Il est acquis qu'en plusieurs circonstances les Allemands sont parfaitement renseignés sur les activités de l'ORA. Des chefs sont arrêtés dans des conditions prêtant à suspicion. Des maquis sont localisés. Qui est à l'origine de ces dénonciations ? Il est des présomptions sans preuves formelles. Dans ses *Mémoires*, le colonel du Jonchay cite une circulaire émanant selon lui du PC :

> « L'attention des militants est attirée sur la directive récente diffusée par le siège central, et ainsi libellée : profiter de l'action clandestine pour prendre la direction du mouvement de résistance et, dans ce but, s'emparer de tous les leviers de commande même si, pour ce faire, il est nécessaire de mettre en œuvre l'occupant... »

Et Jonchay de poursuivre :

1. En représailles, 11 prisonniers allemands seront fusillés les jours suivants.

> « Ce qui en clair signifie : “même en dénonçant à l’occupant les chefs non communistes de la Résistance” [1]. »

Après le 2 juillet, plus encore qu’avant peut-être, le CFP a des camarades à venger.

Le 3, au nord-est de Pau, à un carrefour, la valeur d’une compagnie empruntant des petites routes afin d’aller réceptionner un parachutage se heurte inopinément à un fort convoi d’Allemands et de miliciens. Courageusement, les hommes du CFP engagent le combat. En face, ils sont un millier avec deux automitrailleuses. L’affaire se solde par 11 tués au maquis et 52 morts, semble-t-il, de l’autre côté.

Le 12, en pleine nuit, un commando léger se glisse dans Tarbes. Résolument, il attaque le poste de garde du quartier Larrey. La sentinelle est abattue. Deux grenades adroitement lancées explosent à l’intérieur du poste de police. Le repli s’effectue sans incidents.

Le 18, un poste de DCA est harcelé près de Mont-de-Marsan.

Le 26, embuscade sur la RN 124, entre Auch et Gimont. Trois tués au CFP, pertes ennemies non dénombrées.

Nuit du 27 au 28, destruction d’un train de munitions à Blagnac, en banlieue de Toulouse.

Le 29, embuscade sur la RN 117 Pau-Bayonne, à 26 kilomètres à l’ouest de Pau. Deux tués, plusieurs blessés dans un camion.

Le 30, embuscade dans la rampe de Capvern qui monte sur le plateau de Lannemezan (RN 117). Trois camions pris sous le feu d’un FM, des Sten, des grenades et d’un bazooka. Repli sans incidents.

Le CFP est loin d’être seul à l’ouvrage. Partout dans le Sud-Ouest, AS ou FTP enchaînent coups de main et embuscades, tout en résistant aux opérations de contre-guérilla menées par l’occupant.

De ces opérations, le bataillon néracais en sait quelque chose, bien qu’il utilise habituellement la forêt landaise proche. Le 8 juillet, 300 de ses maquisards sont menacés d’encerclement à Ambrus [2]. Ils parviennent à se dégager, perdant trois des leurs (contre quinze). Le 13, les Allemands reviennent à la charge à Sos [3]. Le combat qui se prolonge toute la journée coûte 7 tués (contre 34). Nouvelle attaque des Allemands et des miliciens le 20, près de Meylan, un peu au nord de Sos. Les maquisards ont été prévenus. Bataillon d’Armagnac, FTP du secteur et Espagnols de la MOI se sont portés à la rescousse. Les Allemands se retirent avec des pertes sensibles, un colonel sérieusement touché. 9 tués au bataillon néracais.

---

1. *La Résistance et les communistes*, ouvr. cité, p. 155.
2. A 15 kilomètres au nord-ouest de Nérac.
3. A 20 kilomètres au sud-ouest de Nérac.

Dans cette région proche de la vallée de la Garonne, la RN 113 Bordeaux-Toulouse représente l'objectif essentiel. Elle constitue un axe très fréquenté, cordon vital pour la 1re armée allemande. Elle est donc la cible privilégiée des embuscades. Le 19 juillet, à Saint-Pardoux, à l'est de Marmande, un convoi est pris sous un violent mitraillage. 7 tués, plusieurs blessés. Les Français n'ont que deux blessés.

Plus au sud, le Gers alterne heurs et malheurs. Le 3 juillet, le bataillon d'Armagnac livre un furieux combat à Estang (50 kilomètres au sud-ouest de Condom). Encore l'une des plus belles unités des maquis que ce bataillon d'Armagnac à base d'éléments de l'AS et de l'ORA. Bien organisé et bien commandé par son chef, le commandant Parisot. Il compte près d'un millier d'hommes regroupés en huit compagnies grâce à la bonne entente de son chef avec le représentant du SOE, le fameux colonel Starr (« Hilaire »). Il sort vainqueur de son engagement d'Estang (11 tués allemands, 3 au maquis).

Le 6, un détachement FTP intercepte un convoi à Castera-Verduzan, au sud de Condom. Le commandant de la place d'Auch est très grièvement blessé.

Mais, ce même mois, le Gers est marqué par un drame. Le maquis du docteur Raynaud, une centaine d'hommes, a été localisé près du village de Meilhan, à 30 kilomètres au sud-est d'Auch. 800 contre 100. L'issue est inéluctable. 71 maquisards tués ou achevés. Le 7 juillet est la journée terrible des maquis du Gers.

La Gironde connaîtra aussi sa journée d'épreuves : 17 tués au maquis de Jean Dufour et de l'aviateur René Lafond, dans le Médoc, le 25 juillet. Ils étaient 2 000 Allemands et miliciens contre 97 maquisards.

BATAILLE EN LIMOUSIN – LE MONT-GARGAN

Dans son Limousin, Guingouin occupe toujours une position de force. Les renforts en gardes mobiles du 6 juin ont gonflé son encadrement et il a reçu en outre des éléments de l'école de la garde de Guéret. Résultat, sa première brigade de marche du Limousin, maintenant bien encadrée, contrôle à peu près son fief Eymoutiers-Châteauneuf-la-Forêt, au sud-est de Limoges.

Les FTP et Guingouin notamment ont quelques raisons de se plaindre d'un certain ostracisme à leur endroit. Ni les Britanniques ni le BCRA ne tenaient particulièrement à les voir se renforcer. En juillet 1944, cette page est maintenant tournée. La bataille prime. Des armes descendent du ciel au profit de ceux qui en réclament à cor et à cri.

Vers le 10 juillet, Guingouin est informé qu'un important parachutage lui est destiné. Il sera effectué le jour de la fête nationale. Simultanément, le chef FTP apprend que plusieurs colonnes convergent vers lui depuis Guéret, Brive et Limoges. Jesser, l'homme de la répression antimaquis, se dirige vers la Haute-Vienne avec environ 2 500 hommes.

Guingouin n'a guère de choix. Ou renoncer à son parachutage ou se battre pour couvrir sa DZ. Sa décision est vite prise. L'enjeu est trop important. Ce parachutage conditionne une partie de la suite. Les maquisards se battront pour défendre les approches de la DZ située au lieudit Les Clos, à cinq kilomètres du petit village de Sussac [1]. En prévision, « la base des partisans se transforme en véritable hérisson ». Les ponts sont dynamités. Des abattis obstruent les routes. Des renforts sont appelés à l'aide. Le parachutage a lieu à la date prévue, le 14 juillet, mais l'ennemi approche. Les précieux containers doivent être ventilés avant que la région soit submergée. Les accrochages pour freiner l'avance de Jesser commencent le 17 au matin. Ce jour-là, est perdue l'automitrailleuse de la Das Reich saisie en juin. Le 18, des combats très violents se déroulent sur le Mont-Gargan, qui de ses 731 mètres domine la contrée. Evidemment, Jesser possède des armes lourdes. Sous un soleil ardent, la mêlée est âpre autour de La Chapelle-du-Mont, tenue par la section du lieutenant Dupuy avec quatre fusils-mitrailleurs. Bruyères, genêts desséchés s'embrasent aux impacts des obus. Un « rideau de flammes et de fumée » semble par moments séparer les combattants. En fin d'après-midi, le Mont-Gargan tombe. Une brèche s'ouvre en direction de Sussac qui sera atteint le surlendemain. Eymoutiers, finalement, sera occupée le 23.

Qui s'en étonnerait ? Des partisans malgré leur courage ne sauraient interdire longtemps la conquête du terrain à une armée régulière. Le fait se démontre une fois encore. Mais la bataille qui a fait rage a rempli son rôle. Jesser a été retardé. Le matériel parachuté a pu être éloigné et sauvé.

Jesser pensait capturer Guingouin et disloquer définitivement son maquis. Sur ce point, il a échoué. Pendant plusieurs jours, ses troupes rôdent sur les lieux, tandis que les miliciens se livrent à leurs habituelles exactions. Il ne saurait toutefois s'attarder longtemps. Il n'a pas les moyens de s'implanter à demeure afin de contrer un adversaire insaisissable.

Cette bataille du Mont-Gargan est la plus sévère livrée par les maquisards de Guingouin. Une semaine de combats leur a coûté 38 tués, 5 disparus, 54 blessés, mais ils n'ont pas le sentiment d'avoir été vaincus. Ils ont contenu l'adversaire qui aurait eu 342 tués et blessés [2]

1. A 20 kilomètres au sud-ouest d'Eymoutiers.

2. Chiffres, comme toujours, à prendre avec prudence, en n'oubliant ni la puis-

et qui, « gris de poussière », regagne ses bases. La région, que les Allemands ont baptisée la « Petite Russie », autant à cause de son climat que de la présence des partisans, respire. Les morts peuvent être enterrés avec les honneurs. A Eymoutiers, évacué par Jesser, le bataillon FTP du gendarme Goujard défile sous les acclamations.

Juillet n'a pas encore achevé son cours. En cette rude campagne du haut Limousin, pays des chênes, des châtaigniers, des fougères, des genêts, du seigle, et des herbages toujours verts, la Libération prend visage de perce-neige. Elle aspire à éclore au grand jour.

*

Oradour-sur-Glane, l'aura de Guingouin, d'autres raisons plus politiques d'après-Libération ont eu tendance à focaliser les regards sur la Haute-Vienne. Ce département a effectivement une très nette orientation. En août, il dénombrera 8 750 FTP pour 4 000 AS et 1 050 ORA. Rendre aux maquisards de la Haute-Vienne ce qui leur appartient n'interdit pas de souligner ce qui se déroule dans le département limitrophe, la Dordogne.

Le Périgord, coupé et couvert, relativement à l'écart des grands axes, offre une terre propice aux maquis. Selon le SHAT, 458 résistants ont été tués au combat en Dordogne contre 302 en Haute-Vienne [1].

La Dordogne, le 6 juin, aligne une soixantaine d'unités de combat [2] à forte dominante AS (les FTP dépassent légèrement l'ORA). Juin a été marqué par les sanglants combats de Mouleydier [3]. Ces engagements sont mal connus ; pourtant, ils sont loin d'être oubliés en Dordogne. Ils furent sévères et prolongés.

Du 11 au 21 juin, les maquisards, toutes origines confondues (AS, FTP, ORA), se battent pour défendre Mouleydier. Repoussés les 11, 12 et 18, les Allemands reviennent avec des blindés le 21. Ce jour-là, le village est presque entièrement détruit. 170 maisons sont incendiées sur 200. Une soixantaine de maquisards et de civils sont tués. Les Allemands auraient 200 tués ou blessés.

Pourquoi cet acharnement, côté français, à défendre Mouleydier ? Il est une certaine analogie avec le Mont-Mouchet ou le Vercors. Les chefs attendaient l'arrivée d'une division aéroportée alliée...

---

sance de feu d'un côté, ni l'élément embuscades souvent meurtrières de l'autre. Ces chiffres proviennent toutefois d'un document allemand trouvé à la Libération.

1. Il faut adjoindre à la Haute-Vienne 2 863 fusillés et assassinés (résistants ou civils) comme à Oradour ou Magnac-Laval.

2. 23 957 résistants homologués le jour J.

3. A 10 kilomètres à l'est de Bergerac.

Le début du mois de juillet voit, les 6, 7 et 8, une série d'embuscades heureuses, résultats d'une guérilla active. Plus de 50 Allemands sont tués. La réaction s'enclenche. Les 25 et 27, plusieurs opérations réussissent presque à encercler des sections de maquisards dans le sud du département. Se dégager coûte cher mais l'assaillant en supporte le prix.

Le maquis de Dordogne peut se targuer d'un autre succès défensif. Le 24, l'occupant s'efforce de reprendre le contrôle du nord du département qui lui échappe. Venant d'Angoulême par la vallée du Baudiat, il se dirige en force vers Nontron, 40 kilomètres au nord de Périgueux. La section spéciale de sabotage, unité qui compte à son actif de brillants résultats [1], est mandée en renfort. Ses 80 hommes, bien entraînés, interdisent à Javerlhac le passage aux Allemands qui font demi-tour. Le nord de la Dordogne s'affirme « zone libérée ».

GUÉRILLA DANS LE MASSIF CENTRAL

L'Auvergne, ébranlée par le Mont-Mouchet et la Truyère, se ressaisit rapidement. Les liaisons sont reprises. Coulaudon, le 1er juillet, découpe la région R6 en trente zones de guérilla. Chacune se voit préciser son territoire et sa mission. Principe général : agir avec de faibles effectifs.

Le 6 juillet, un camion du 95e régiment de sécurité est détruit à cinq kilomètres de Tauves, dans le Puy-de-Dôme. Cinq Allemands tués, deux autres faits prisonniers. Peu après, en limite de la Corrèze, un convoi de ravitaillement est entièrement détruit. Les Allemands laissent 19 morts et 15 prisonniers sur le terrain. En Haute-Loire, le 10 juillet, un autre convoi éprouve des pertes sensibles. Il en sera ainsi tout le mois.

L'ennemi, même s'il réagit encore avec force comme au sud du Plomb du Cantal où il disperse plusieurs maquis, prend des coups. Des courriers interceptés révèlent une chute du moral et la crainte des « terroristes ». Cet état d'esprit n'est pas sans répercussion sur les enrôlés de l'Ostlegion. Près de Pradelles, dans le sud de la Haute-Loire, des Arméniens désertent et passent au maquis. Au fil des semaines, les FFI se retrouveront avec de plus en plus d'éléments originaires des pays soviétiques.

En bordure méridionale du Massif central, les Cévennes, vieux pays camisard, offrent un cadre exceptionnel à la résistance armée. Relief élevé, couverture boisée, vallées encaissées, routes étroites et sinueuses,

---

1. Elle travaille, en principe, en Charente et sur l'axe Paris-Angoulême-Bordeaux.

éloignement. Dès 1943, des maquis s'y sont implantés. Le futur maquis Aigoual-Cévennes y a vu le jour au sud de l'Aigoual. Après diverses fusions, ce maquis AS comptera 2 000 hommes à la Libération.

Le 14 juillet est obligatoirement célébré avec éclat en ce secteur « semi-libéré ». Un détachement de 80 maquisards en armes défile à Vallerangue. Cette démonstration est le signe d'une autre activité, car les Allemands stationnent toujours dans les environs. A l'ouest, au camp du Larzac, à l'est, à Alès et, vers le sud, à un degré moindre au Vigan. Le 18 juillet, une embuscade est tendue à un camion effectuant une relève de poste à Pont-d'Hérault, un peu à l'est du Vigan. Les maquisards, bien embossés, ne laissent aucune chance à leurs adversaires : 7 tués, 10 prisonniers, et cela sans un blessé. L'armement correspondant est récupéré. Les heures fastes d'Aigoual-Cévennes commencent.

A moins de 100 kilomètres au sud-ouest, le corps franc de la Montagne-Noire est maintenant bien au point. Il le montre en multipliant des embuscades toujours payantes sur les routes de la région. Le 20 juillet, la Wehrmacht réagit avec de l'aviation. Durant 12 heures, les hommes du commandant de Montpezat livrent leur plus rude bataille à 900 contre 1 500. Tactiquement, ils s'en sortent vainqueurs. Trois avions sont abattus. Le 23, toutefois, à la demande des maires, pour éviter des représailles contre les villages, le chef du CFMN disperse son unité par groupes de 50 à 60 dans les départements limitrophes. La guérilla ne s'en poursuivra que plus activement, avant un regroupement général le 17 août pour participer à la Libération.

JUILLET EN DAUPHINÉ

Dans leurs épreuves, les combattants du Vercors ne se retrouvent pas complètement seuls. A défaut d'une aide de Londres ou d'Alger, leurs camarades de l'Isère et de la Drôme s'efforcent de les soutenir. Leur tâche n'est pas facile. Les Allemands, parallèlement à leur action contre le Vercors, s'en prennent à la région de Die et à la vallée de la Drôme.

Depuis les Glières, les conditions de la lutte ont énormément évolué dans les Alpes. Les maquis de juillet sont plus structurés et plus forts que ceux de février-mars (phénomène général, il est vrai). Parachutages, mobilisations du 6 juin sont intervenus. Le Vercors a du reste joué son rôle. Il a ventilé de l'armement au profit de ses voisins. A la mi-juillet, Grande-Chartreuse, Oisans, Devoluy, chaîne de Belledonne, Trièves, forêt de Chambarand représentent des môles à forte implantation de maquis. Pour ces massifs, on parle aussi de zones « semi-libérées ». L'ennemi n'ose guère s'y aventurer. Il n'y pénètre qu'en force.

Les maquis de l'Isère (commandant Le Ray) et de la Drôme (commandant de Lassus qui a remplacé le colonel Drouot, parti dans les Hautes-Alpes) mènent, à l'instar de la compagnie Stéphane, une intense guérilla sur les voies de communications. RN 92 (Valence-Grenoble), RN 75 (Serres-Grenoble), RN 85 (Gap-Grenoble-Voreppe), RN 90 (Grenoble-Chambéry) sont les plus visées. Ces actions contrarient les mouvements de l'ennemi, à commencer par celui lancé le 19 juillet au sud du Vercors.

Les contingents allemands convergent sur Die, par la vallée de la Drôme à l'ouest, par le Trièves à l'est (col de Grimone et Châtillon-en-Diois). La vallée encaissée de la Drôme permet de les retarder, mais ils finissent par occuper la sous-préfecture, évacuée par les maquisards. Le 22, à leur entrée dans l'hôpital de la ville, ils massacrent les blessés malgré les supplications des religieuses. Cette prise de Die leur ouvre la route méridionale du Vercors par le col du Rousset. Heureusement, au dernier moment, une équipe de courageux fait sauter le tunnel du col. L'accès devient impraticable aux véhicules. C'est un soulagement pour les maquisards encore dans la partie sud du Vercors même si, plus au nord, la porte reste ouverte par Saint-Nizier et Villard-de-Lans.

*

Bretagne. Sud-Ouest. Massif central. Alpes... Ces grandes régions n'ont pas l'apanage des maquis. Il en est un peu partout. Dans l'Ain, en Franche-Comté, dans l'Indre, etc. Tous hélas ne peuvent être mentionnés. Il ne peut être rapporté que quelques-uns de ces engagements impitoyables qui les opposent à une Wehrmacht encore puissante.

BATAILLE DANS L'AIN

Le mois de juin a connu de sérieux combats dans l'Ain. La partie est du département peut être regardée comme « semi-libérée ». Situation que les Allemands ne sauraient tolérer. Il y va de la sécurité dans la zone frontière avec la Suisse et de leurs liaisons de Lyon vers Bellegarde et Aix-les-Bains.

Le 10 juillet, ils lancent une vigoureuse opération avec près de deux divisions, dans la région d'Oyonnax au nord et dans celle d'Hauteville au sud. Les maquisards de Romans-Petit obtiennent quelques succès. Un PC est « bazooké » de nuit à Thoisette. Romans-Petit, lucide, reste cependant sans illusions. Pas question de se mesurer directement à un adversaire plus nombreux et mieux armé. Une fois encore, le chef des maquis de l'Ain a recours à sa tactique du « fantôme ». Il fait faire le vide devant les assaillants. Les maquisards s'évanouissent ; mais les populations tombent à la merci de ceux que l'on appelle ici les « Mongols ». Tueries, viols, incendies se succèdent. A l'hôpital de Nantua, neuf grands blessés sont massacrés.

Pourchassés dans les montagnes et forêts du Bugey, les maquisards n'en continuent pas moins la lutte. Audacieusement, nonobstant les risques, le groupement Deschamps descend dans la plaine. De jour, de nuit, il harcèle l'ennemi sur la RN 83 Lyon-Besançon et sur la voie ferrée qui court à côté. Il attaque même des postes de surveillance.

Juillet coûte à Romans-Petit 80 de ses hommes. Il n'a pas la satisfaction de connaître exactement ce qu'il en est en face. A défaut, le 2 août, il voit 72 gros porteurs larguer sur le terrain d'Echallon, au sud-est d'Oyonnax. Cette fois, il réceptionne des mitrailleuses et des mortiers de 60. Il sera prêt pour le final de la Libération.

LE COMBAT DE GENEST DANS L'INDRE

Au pays de George Sand et de la Petite Fadette, la Résistance est active. En juillet, le groupe Indre-est aligne trois bataillons à trois compagnies chacun. Le premier de ces bataillons stationne au sud-est de La Châtre, non loin de Sainte-Sévère, le village où Jacques Tati tournera *Jour de fête*. On est encore loin de ces temps paisibles et enjoués.

Le 17 juillet après-midi, l'ambiance à la 1re compagnie est plutôt au semi-repos. N'est-ce pas un dimanche ? Les hommes récupèrent après des nuits blanches (parachutages, sabotages, embuscades). Vers 15 heures, deux camions en mission sur la RN 117 proche du cantonnement tombent face à une colonne allemande. Ils parviennent à se dégager. Cette présence proche est de mauvais augure. L'alerte est donnée.

Le lieutenant Javion, commandant de l'ensemble, a du métier. Il a baroudé au djebel Druze dans les années vingt puis en 1940. Sagement, il ordonne d'évacuer et met en place des éléments retardateurs.

Javion avait raison. Les Allemands déboulent, arrivant de Sainte-Sévère avec mitrailleuses lourdes et mortiers. Les sections encore en place engagent le combat. Les débuts sont loin d'être heureux. Une roquette de bazooka frappe une branche et explose, tuant ou blessant les servants. Des mécaniciens s'affairant pour faire démarrer des véhicules sont mitraillés à courte distance.

Javion a demandé des renforts. La 1re compagnie du lieutenant Raffaldi, ancien adjudant de la coloniale, survient à propos. L'ennemi se retrouve plus ou moins piégé et enveloppé. Sentant qu'il est « tombé sur du monde », il n'insiste pas. A 20 heures 45, une fusée de ralliement est lancée. Par prudence, côté maquis, on décroche également dans la nuit.

Le journal de marche du 1er bataillon Indre-est mentionne : « Nous avons 12 tués, 4 blessés, des disparus. » Sur le monument de Genest, lieu de l'engagement [1], sont aujourd'hui inscrits 20 noms : 18 morts. 2 disparus.

D'autres camarades berrichons connaissent un pire destin. Le 19, le maquis du Cher de « Surcouf », faisant mouvement depuis la Creuse, où il s'était rendu après l'affaire Bout de l'An, est surpris au bois de Saint-Dizier-Leyrennes, au nord de Bourganeuf. Il a 13 tués dont ses deux chefs, le capitaine Van Gaver et l'aspirant Blanchard du 1er RI. 60 prisonniers seront déportés.

BATAILLE DANS LE MORVAN. COMBAT DE DONZY

Le Morvan, région de moyenne altitude mais fortement boisée, a vocation à maquis [2]. La forêt de Donzy, au nord de Nevers, abrite de longue date un maquis FTP d'environ 180 hommes (7e compagnie du capitaine Thenon, « Michel »). Elle sert même de PC au responsable FTP du département, Roland Champenier. Il s'est formé là un singulier tandem. Champenier, métallo communiste d'une vingtaine d'années, a pour adjoint un vieil aristocrate et officier de cavalerie, combattant de 14-18, le marquis de Champeaux.

Champenier est aux origines de ce maquis. Par son assurance tranquille, son intelligence, sa hardiesse et son courage sans bornes, il s'est révélé le chef incontesté. A Donzy, son maquis est bien placé pour ses coups de main. La vallée de la Loire avec ses importantes voies de communications est proche.

Fin juin 1944, des concentrations à Cosne et Nevers font pressentir une attaque proche. Celle-ci survient au matin du 1er juillet. 2 000 Allemands investissent la forêt de Donzy. Heureusement, la zone boisée est vaste. Habilement, Champenier [3] déplace sa troupe de cinq kilomètres. Les assaillants, dans un premier temps, ne découvrent que des feux éteints et des boîtes de conserve éventrées.

En fin de matinée, le contact est repris. Deux motocyclistes allemands butent sur un avant-poste. Les deux hommes sont tués mais les

1. Les combats se sont effectivement déroulés au hameau de Genest, à 6 kilomètres au sud-est de Sainte-Sévère, près de l'actuelle D 917 La Châtre-Aubusson.

2. Le Morvan est du reste regardé comme l'une des cinq grandes zones dites de maquis mobilisateur avec le Jura, les Pyrénées, le Massif central et les Alpes.

3. Parti avec le régiment du Morvan, Roland Champenier sera mortellement blessé sur le front des Vosges, le 9 novembre. Il est l'une des grandes figures des maquis FTP.

positions du maquis sont repérées. Pendant plusieurs heures, la bataille fait rage. Vers 18 heures, l'équipe de commandement décide de tenter une percée en force vers l'est et le hameau de Cerisy-les-Bois. A 19 heures 30, armes automatiques en appui, les maquisards donnent l'assaut. Sous le choc, ils font plier les nazis et passent. L'anéantissement total a été évité, même si des camarades sont restés en chemin (12 tués et 7 blessés). D'autres combats ne tarderont pas. On le constatera avec les batailles pour Autun [1].

LA TRAGÉDIE DE SALIGNEY

Ont-ils tout à fait tort, ceux qui proclament qu'un maquis trop faible en effectifs n'a pas les moyens de se défendre le cas échéant ? Réponse difficile, à en juger par Saligney.

Le maquis de Saligney, à 20 kilomètres au nord-est de Dôle dans le Jura, est un jeune maquis. Il s'est installé courant juin au sommet du Mont-Vaisange, au milieu des bois. Ils sont là une cinquantaine, presque tous originaires de la région, sous les ordres du capitaine Mercier, assisté de deux officiers. Depuis leur rassemblement, ils ont participé à des coups de main contre la voie ferrée Dôle-Besançon et les convois sillonnant la RN 73.

Le 27 juillet, il pleut. La clairière du camp des Belles-Charmes s'est transformée en véritable bourbier. A l'intérieur des tentes, les gouttières ne manquent pas. A 6 heures, la relève des sentinelles s'effectue comme à l'accoutumée. Ce matin-là, le capitaine Mercier est absent. Il est parti à un rendez-vous important à une dizaine de kilomètres.

Soudain, un jeune villageois accourt, tout essoufflé. Il se précipite pour avertir : « Les Boches ! » Aussitôt, c'est le branle-bas dans le cantonnement. Pourtant, à cause de la pluie, chacun escomptait une journée calme. Il n'en sera rien. Là encore, qui a renseigné les « Boches » ? On ne le saura jamais. Hélas, les dénonciations ne manquent pas dans la France occupée. Rivalités politiques, vengeances personnelles, tout se mêle y compris la cupidité. Ainsi la 1re armée, au sud de la Loire, a instauré des primes, en espèces ou produits naturels, s'élevant jusqu'à 20 000 francs. Elles récompensent toute information conduisant à l'arrestation de « terroristes » ou à la saisie de matériel « terroriste ».

Quelle que soit l'origine de leur information, les Allemands à Saligney sont parfaitement renseignés. Ils se précipitent directement vers l'emplacement du camp. En l'absence de leur capitaine, les deux officiers présents adoptent la solution possible : s'esquiver en deux groupes. Gagner les bois au nord.

---

1. Voir plus bas, chapitre 17.

Le bouclage était déjà en place. Près d'un millier d'hommes avec trois canons de 77 enserrent les bois où se terrent les maquisards. Leurs mitrailleuses sont postées aux lisières.

Sous la fusillade, un flottement se produit. Certains n'ont pas 18 ans ! Les chefs ont du mal à effectuer des regroupements pour tenter des passages en force, seule issue possible. Quelques résolus passent. D'autres, cernés dans les sous-bois sur lesquels s'abattent les salves de 77, finiront par tomber dans les maillons du ratissage du terrain. Quelques-uns arriveront à se dissimuler dans des fourrés et à attendre la nuit.

16 heures. Quatre tués, 21 prisonniers. Ceux-là seront presque tous massacrés peu après. Au total, 22 maquisards tombés sous les balles allemandes. Pour les survivants, une seule pensée : venger les camarades.

*

LES PARACHUTAGES DE JUILLET

Manifestement, les Alliés ont compris. Les soulèvements intervenus un peu partout après le débarquement leur ont montré l'ampleur de la révolte qui anime les maquisards français. Ils se rendent compte qu'une force est disponible. A condition de l'armer correctement. Leurs équipes en place, Jedburg ou autres, leur ont rendu compte des carences en la matière. Une arme pour deux au bataillon La Fayette du commandant Archer, le 10 juin ! Les Alliés savent aussi que l'heure de vérité approche en Normandie. Ils finiront bientôt par percer. L'aide des maquisards peut se révéler utile lorsque leurs blindés piqueront à travers la France.

En juillet, les parachutages s'intensifient donc. Ainsi, dans les Côtes-d'Armor. En juin, la Résistance a réceptionné 10 envois. En juillet, elle en recevra 54.

Partout, la grande journée est celle de la fête nationale, avec des largages massifs. Ceux du Vercors et du Limousin, mais il en est d'autres. 96 forteresses escortées par 150 chasseurs Mustang [1] larguent sur Pléaux [2] et Rilhac-Xaintrie (30 kilomètres au sud-est de Tulle) afin d'équiper les maquis de Corrèze et du Cantal. 1 152 containers tombent en ces deux points. Plus au sud, 46 avions en déverseront 432 près de Padirac, dans le Lot.

1. Le Mustang, monoplace de chasse, dans sa version P 51 D construit en 1944, a une autonomie de 1 350 kilomètres et atteint 700 kilomètres/heure à 7 600 m. Il a donc latitude d'effectuer des missions d'accompagnement au-dessus de la France.
2. Où des parachutages ont déjà eu lieu, les 7 et 11 juillet.

Ces parachutages massifs sont un bel acte de foi envers les maquisards. Ils prouvent en outre que les Alliés contrôlent le ciel, pour pouvoir lancer de semblables armadas aériennes au-dessus des territoires occupés. Ces apports massifs ne seront pas vains. Les faits le démontreront.

*

LES ZONES « SEMI-LIBÉRÉES »

Le Vercors, le Mont-Mouchet en avaient fourni durant quelque temps des modèles. On connaît leur destin. Voici qu'avec l'accélération des parachutages, améliorant l'armement, l'affaiblissement du potentiel allemand, l'attitude de plus en plus complaisante des « forces de l'ordre », gendarmerie notamment, le désaveu massif du régime de Vichy, l'occupant et l'Etat français arrivent difficilement à imposer leurs lois. La Wehrmacht, la Gestapo, la Milice ne peuvent être partout.

Ce climat permet à des pans du territoire national d'échapper aux nazis et à l'administration officielle. Si des incursions sont toujours à redouter – pour preuve les opérations de répressions –, bien des hameaux, des villages, des bourgs ne voient plus se profiler de silhouettes ennemies.

Des territoires connaissent ainsi avant l'heure le parfum de la Libération. Ce sont les zones libérées ou « semi-libérées », témoins d'une France retrouvée.

La petite cité de Mauriac (3 500 habitants) est le prototype de ces bourgades vivant en marge du pouvoir « légal ». Il est vrai que rejoindre ce coin du Cantal, à 722 mètres d'altitude, au nord d'Aurillac, n'est pas aisé. Les routes sinueuses à loisir ne cessent de grimper et de plonger dans les vallées, traversant des secteurs boisés propices à tous les mauvais coups. Ainsi, à Mauriac, du coup on vit en bleu-blanc-rouge. Depuis le 5 juillet, l'ennemi a déserté les lieux.

D'un autre petit chef-lieu de canton de 1 800 habitants, dans les monts de Lacaune cette fois, à 30 kilomètres au nord-est de Castres, un résistant écrira :

« On se comportait volontiers à Vabre comme si les Allemands étaient déjà loin. Quant à Vichy, on l'avait oublié. Je fus charmé de la déférence que les gendarmes me témoignèrent. Ils appartenaient déjà à l'administration du lendemain. Les maquisards ne se donnaient pas la peine de ressembler à des civils. Pour certains d'entre eux, c'eût été difficile. Le délégué militaire régional – on disait alors le DMR – descendait parfois dans un hôtel de tourisme. Le public s'intéressait aux parachutages qui avaient lieu aux alentours. A certains égards, ce chef-lieu de canton avait l'aspect d'une petite ville de garnison. Cela n'empêcha point les Allemands de la traverser avant de remonter vers le nord. L'hôtel où s'étaient tenus tant de conciliabules fut incendié par eux. Quelques stèles rappellent aujourd'hui le nom des maquisards qui tombèrent alors. D'autres bourgades, d'autres régions ont aussi connu et payé cher l'illusion d'une libération anticipée. Rien ne fut cependant plus utile aux résistants que d'avoir, ici et là, quelques arpents de terre ferme à fouler [1]. »

Tout y est. L'ambiance du moment. Les lendemains douloureux.

L'ambiance ! C'est le défilé du 14 juillet sur la route de Pratlong, à la sortie de Vabre. Deux compagnies du CFL 10 [2], en tenues de drap kaki [3], le fusil sur l'épaule, passant gaillardement au pas cadencé devant leurs chefs : Charles d'Aragon, Dunoyer de Segonzac, Guy de Rouville.

Lendemains douloureux ! L'ennemi ne désarme pas. 5 août : le lieutenant Chevallier, commandant la 1re compagnie du CFL 10, est mortellement blessé à Cabous lors d'une reconnaissance. 8 août : le terrain de parachutage est attaqué par des forces importantes soutenues par des blindés. 7 maquisards tués. 13 août : deux automitrailleuses traversent Vabre à vive allure. Elles tuent au passage deux jeunes maquisards en mission de ravitaillement. Le même jour, deux Américains d'un commando de 15 hommes parachutés le 6 sont tués [4].

Mauriac, Vabre ne sont que des exemples parmi tant d'autres. Des zones « semi-libérées », il en est partout. Chez Guingouin en Limousin. Chez Romans-Petit dans l'Ain. En Dordogne, dans les Pyrénées, en Haute-Loire, où l'occupant n'ose plus guère sortir du Puy, dans les Alpes où l'on découvrira bientôt ce qu'il en est...

Rentrant d'Alger fin juillet, après avoir été déposé par avion du côté de Saint-Etienne, Guillain de Bénouville fait étape dans l'hôtel d'un village de Lozère. A peine est-il installé pour se restaurer que des gardes mobiles en armes, brassard tricolore à croix de Lorraine au bras, font irruption : « Vos papiers, s'il vous plaît ! »

Non, Bénouville et ses deux compagnons ne sont pas des miliciens en mission d'observation. Loin de là ! Ils ont amplement de quoi le prouver. En ce coin du Massif central, le maquis fait la loi.

---

1. *La Résistance sans héroïsme*, ouvr. cité, p. 179.
2. Correspondant au maquis de Vabre à trois compagnies, commandé par Guy de Rouville.
3. Confectionnées avec du drap de Brassac par des réfugiés du Sentier.
4. Ce commando, sous les ordres du capitaine Legueux, est mis à la disposition de Dunoyer de Segonzac pour le Tarn-sud. Il se distinguera lors de l'attaque du train Mazamet-Castres, le 19 août.

Cette situation permet en bien des endroits de célébrer la fête nationale avec drapeaux déployés et participation des maquisards du coin.

*

Ces zones « semi-libérées » seront les grandes bases de départ des coups décisifs de la Libération. Les maquisards, regroupés en compagnies voire en bataillons, en jailliront pour harceler, encercler et souvent donner l'estocade finale à un adversaire contraint par l'avance alliée à fuir vers le nord-est.

Il n'est qu'à parcourir les rapports du GA/G pour constater combien l'état-major allemand s'inquiète de l'évolution.

> 29 juillet. « Situation bandes en zone arrière du GAG telle qu'on ne peut plus parler de souveraineté du territoire. Retrait constant de troupes de la zone du GA entraîne sévère menace sur isthme Atlantique Méditerranée. »
> 7 août. « En gros, le terme "mouvement de terroristes" n'est plus valable. Il s'agit plutôt maintenant d'une armée organisée qui se tient sur les arrières du GAG. En cas de dégradation de la situation, on peut s'attendre à un soulèvement populaire qui montrera non pas un peuple français fatigué mais des gens d'un tempérament enflammé. »

A cette date, la bataille a déjà changé de visage. Qui commande ? L'heure de la phase finale approche. Pour livrer les ultimes combats de la Libération, la Résistance armée – les maquis en l'occurrence – est-elle unie ? Globalement, non !

Deux commandements se côtoient et s'affrontent. L'un émane du général Koenig, commandant officiel des FFI. L'autre se réclame du COMAC, passé sous obédience communiste. L'affrontement est politique. Qui l'emportera ? Le GPRF par Koenig ? Ou le PC par le COMAC ?

A cette opposition de fond s'ajoutent les divergences d'ordre militaire. Koenig continue de préconiser la guérilla dans l'attente de l'arrivée des Alliés déclenchant alors l'intervention massive des maquis. Les FTP, le COMAC restent fidèles à la notion d'insurrection généralisée sans attendre.

Pourquoi aussi une nouvelle terminologie ? En certaines régions apparaissent les CFL, corps francs de la Libération. Ils sont censés regrouper AS-maquis-corps francs. Oui, pourquoi ce vocable alors que le sigle FFI répond à une définition globale des combattants ?

En certaines régions, une réelle unité existe. Ainsi dans les Alpes où l'AS-ORA est très largement majoritaire. Ce qui n'empêchera pas des éléments d'agir à leur guise. On verra les FTP lancer seuls une insurrection sur Villeurbanne.

Dans le Sud-Ouest, dans le Languedoc, l'unité n'est qu'apparente. Ce ne sera pas sans incidences après la Libération. Les FTP suivent le COMAC. Des maquis AS refusent son ingérence. Aigoual-Cévennes, corps franc de la Montagne-Noire travaillent en liaison directe avec Londres. Pommiès, avec son CFP, ne reconnaît que Koenig.

Des féodalités se sont créées qui ne sont pas obligatoirement françaises. L'Anglais Robert Landes (« Aristide ») [1], fort de sa qualité d'officier SOE, s'est imposé en Aquitaine. Son homologue George Starr (« Hilaire ») est à la tête de quelque 700 hommes dans le Gers. Les guérilleros espagnols de la frange pyrénéenne n'obéissent qu'à leurs chefs.

A côté de ces étrangers, qui pour les Britanniques ont eu l'avantage d'avoir été largement approvisionnés, des « barons » locaux se regardent comme maîtres chez eux. La forte personnalité d'un Guingouin a fait de lui le seigneur du Limousin. Romans-Petit, non sans raisons, toise de haut le commissaire de la République désigné. Robert Leblanc, dans l'Eure, s'est investi des pouvoirs d'un préfet et d'un procureur de la République. Nécessité fait loi.

Ces hommes ont le sentiment de bien servir et de ne pas usurper leurs attributs. D'autres, par contre, petits chefs de bande, en prennent largement à leur aise. Les ramener dans le rang ne sera pas obligatoirement facile.

1. Il bénéficie toutefois de la double nationalité.

Chapitre XIII

VICTOIRE DANS L'OUEST

31 juillet. Les Américains percent à Avranches.

1er août. Les Français de la 2e DB débarquent à Utah-Beach.

Les combats de la Libération qui paraissaient stagner dans le Cotentin et le Calvados entrent dans une phase nouvelle.

*

Le SHAEF a prévu la saisie des ports bretons qu'il regarde comme de futurs débarcadères pour ses convois d'outre-Atlantique. Sur la manœuvre envisagée, Eisenhower écrit :

> « A la suite de la prise de Coutances, notre plan comportait pour la IIIe armée une poussée vers le sud dans le secteur occidental, perçant par Avranches vers la Bretagne et s'emparant de la région Rennes-Fougères, puis obliquant vers l'ouest pour prendre Saint-Malo, la région de la baie de Quiberon et Brest, et nettoyer toute la presqu'île. »

La IIIe armée américaine [1], c'est d'abord un personnage. Son chef George Patton en prend le commandement le 1er août à midi. Ce cavalier possède l'impétuosité d'un pur-sang. « Blood and Guts [2] », comme l'ont baptisé les GI's, aspire à cavalcader à bride abattue à travers la campagne française. Il ne connaît qu'une règle : « En avant ! », et a « briffé » ses gens en conséquence :

> « Notre unique plan d'opérations est d'avancer et de continuer à avancer sans nous soucier de savoir si pour cela nous devons passer dessus, dessous ou au travers de l'ennemi. Nous n'avons qu'une devise : "L'audace, l'audace, toujours l'audace". »

Après ce coup de cravache à la Danton, la IIIe armée ne peut que se précipiter au galop de charge. A elle donc de s'emparer de la Bretagne. Son patron, d'entrée, n'a pas l'intention de s'enferrer complètement dans le cul-de-sac armoricain. Il voit plus large et plus loin. La Bretagne, il se contente de la confier au VIIIe CA du général Middleton. Fantassin prudent et posé, Middleton est un peu l'anti-Patton et ne veut progresser qu'avec méthode. Patton, plus d'une fois, le court-circuitera, intimant aux divisionnaires d'aller de l'avant.

Le VIIIe CA possède un puissant fer de lance, les 4e et 6e DB des généraux Wood et Grow. Ces deux divisionnaires ont l'esprit Patton. Ils ne traîneront pas en chemin. 6e DB plein ouest, direction Brest. 4e DB, sur Rennes et le sud.

Les forces allemandes en Bretagne, le 1er août, ne sont plus ce qu'elles étaient deux mois plus tôt. La Normandie a pompé. 75 000 hommes sont toujours en place, disséminés dans les zones portuaires et les villes de l'intérieur. La fraction majeure provient des 265e, 266e, 343e, et 7e DI. Dans le Morbihan, subsiste de l'Ostlegion. L'élément le plus solide est concentré dans la région de Brest. Il s'agit des parachutistes du général Ramcke. Ramcke était à El-Alamein où il fut, avec sa brigade para, l'un des piliers de la défense. L'homme n'a pas la réputation d'un tiède.

Du côté français, la participation à la libération de la Bretagne est envisagée de longue date. Les paras de Bourgoin ont sauté à cet effet. Le 4 juillet, Koenig a mis sur pied la mission Aloès, état-major chargé de coiffer les FFI bretons en liaison avec les Alliés. Il en a confié le commandement au colonel Eon, secondé par le lieutenant-colonel

1. A pleine puissance, elle comprendra 13 divisions, dont trois blindées, organisées en quatre corps d'armée.
2. « Du sang et des tripes. »

Passy, l'ancien patron du BCRA. Des équipes Jedburg doivent, en outre, intervenir dans chaque département.

*

Le 2 août, le VIIIe CA franchit la Sélune. La progression s'oriente sur Pontorson et Dol-de-Bretagne, atteints le jour même. Patton a fait le pari d'atteindre Brest en cinq jours.

Les DB avalent les kilomètres. La 6e débouche à Loudéac le 3 et aux abords de Brest le 7. La 4e enveloppe Rennes le 4 et se précipite sur Pontivy et Vannes.

Ces avancées américaines s'inscrivent en gros traits de couleur sur les cartes des états-majors. Une flèche sur une carte ne signifie pas conquête absolue du terrain. Les 75 000 Allemands de Bretagne ne sont pas tous décidés à lever les bras à l'apparition des blindés à étoile blanche. Surtout lorsqu'ils ont des chefs de la trempe de Ramcke ! Une furieuse bataille se déroule pour contrôler le réduit breton. Les Français, parachutistes ou maquisards, la vivent à part entière, exploitant à fond les coups de boutoir administrés par le VIIIe CA.

Cette armée américaine qui enfonce ses coins en Bretagne est fortement mécanisée. Dans une guerre de mouvement, c'est une suprématie. A partir du moment où les opérations se stabilisent, une telle armée peut être appelée à manquer d'infanterie. Cette piétaille qui parfois lui fait défaut, les maquisards bretons la lui fourniront. Piétaille n'a rien de péjoratif. Cette vieille terminologie militaire évoque ceux qui marchent à pied. Et les maquisards, à moins qu'ils n'utilisent des gazogènes poussifs ou des bicyclettes souvent d'un autre âge, se déplacent à pied.

Officiellement, les Français entrent en lice le 2. La compagnie Bretagne du capitaine Dampierre est larguée près de Pontivy. Elle vient soutenir le maquis paras-FFI du capitaine Deplante.

Le 3 août, à 18 heures, la BBC diffuse un message qui restera célèbre : « Le chapeau de Napoléon est-il toujours à Perros-Guirec ? »

Cette référence au couvre-chef impérial était le signal attendu. Koenig vient de donner l'ordre d'insurrection générale aux maquisards bretons. En était-il vraiment besoin ? La Bretagne s'était déjà embrasée. Les maquisards se sont joints aux chasseurs-bombardiers qui piquent sans relâche et aux blindés qui pétaradent sur les axes. Toutes origines confondues, ils ont ouvert le feu sur les Allemands, bousculés par la progression du VIIIe CA. Camouflés derrière les haies ou dans les boqueteaux, tapis près des carrefours, ils mitraillent l'occupant qui se replie sur les grandes villes afin de tenter de résister.

Car, devant la tornade qui s'abat sur la Bretagne, Hitler a prescrit de se replier sur Brest, Lorient et Saint-Nazaire.

Le 5 août, un rapport allemand mentionne :

> « Nombreuses attaques par surprise de troupes en marche et colonnes de véhicules par des bandes combatives et menées militairement. Réseau téléphonique considérablement interrompu. »

Ces « bandes combatives » possèdent maintenant un commandement unifié. La mission Aloès saute dans la nuit du 4 au 5 près de Kérien, à 15 kilomètres au sud de Guingamp. Son chef, le colonel Eon, n'avait pas reçu d'entraînement parachutiste. Il a toutefois voulu sauter. Les Britanniques, avant qu'il monte dans l'avion, ont exigé une déclaration écrite dégageant leur responsabilité [1]. Il a signé, embarqué, passé la porte et s'est réceptionné sans casse. Tous les membres de la mission Aloès derrière lui. Sauf un journaliste notoirement connu, qui a refusé la porte. Il s'était pourtant porté volontaire, ce que de Gaulle lui reprochera vertement. Sauter de nuit en territoire occupé implique un autre courage que d'être un va-t-en-guerre devant un micro de la BBC...

Les FFI bretons ont désormais un chef sur le terrain, qui sera vite accepté et s'empressera d'assurer les contacts avec les Alliés. Ces maquisards sont de l'ordre de 30 000 à pied d'œuvre. 12 000 dans les Côtes-d'Armor, à dominante FTP. Autant dans le Morbihan, ici à majorité AS-ORA. 4 000 dans le Finistère. 3 000 dans l'Ille-et-Vilaine. D'ultimes parachutages les ont renforcés. Paras de Bourgoin, équipes Jedburg étoffent les rangs de leur métier et de leur expérience. Le temps n'est plus aux petites équipes. Il est à montrer sa force pour terrasser l'ennemi et le contraindre à reddition.

Les événements s'enchevêtrent pour la libération de la péninsule bretonne. Par souci de clarté, il est nécessaire de les évoquer département par département.

DANS LES COTES-D'ARMOR

Grow et sa 6e DB n'ont marqué qu'un temps d'arrêt, imposé par Middleton, devant Saint-Malo. La 83e DI a pris leur relais et file sur Brest. A Saint-Brieuc, les FTP prennent le 4 août le contrôle de la

1. « Je soussigné déclare que bien que n'ayant pas eu d'entraînement préparatoire de parachutiste, je suis volontaire pour entreprendre à mes risques et périls un saut opérationnel comme membre de la mission Aloès. Londres, le 4 août 1944. Signé Eon. »

ville, où les Américains ne pénètrent que le lendemain et le surlendemain. Le 6, à Kerien, ils stoppent une colonne de parachutistes allemands faisant effort pour s'ouvrir une voie vers l'est. Après plusieurs heures de combat, les Allemands se replient sur Brest.

A Guingamp, le maquis de Coat-Mallouen prend sa revanche, aidé des maquis de Kerloch et Locarn. 450 maquisards au total pour attaquer la sous-préfecture le 5, à partir du château de Keribo, au sud-ouest de la ville.

Quelques blindés américains sont les bienvenus pour forcer les résistances. Le 7, vers 21 heures, les derniers défenseurs hissent le drapeau blanc. Au bilan, 650 prisonniers dont 15 officiers supérieurs. Après quoi les « Coat-Mallouen » remontent vers la côte, servant d'infanterie d'accompagnement aux Américains. Ils sont finalement 5 000 maquisards bretons pour libérer la zone Paimpol-Lézardrieux et l'île de Bréhat. Ils ont la satisfaction d'occuper des ouvrages du Mur de l'Atlantique. Dans ces combats qui s'achèvent le 17, tombe Jean Lorgeré, commandant la compagnie FTP de Plouisy.

EN ILLE-ET-VILAINE

Tout est mené rondement. Sauf sur Saint-Malo. La prudence de Middleton interdit d'enlever « à la hussarde » la cité des corsaires. La 83e DI piétine devant la ville qui ne tombe que le 14. La 4e DB de Wood, en revanche, fidèle à l'esprit Patton, se contente d'envelopper Rennes, atteinte le 2 au soir. Puis elle se précipite sur Vannes et Lorient. Il appartient aux maquisards d'entrer le 3 dans la capitale bretonne. Ils prennent possession de la préfecture et de l'hôtel de ville, faisant le coup de feu avec les groupes ennemis qui n'ont pas réussi à s'esquiver. Il en est de même à Dinard, écornée par les Américains et libérée le 6.

DANS LE MORBIHAN

Dans ce département qui a connu Saint-Marcel et tant d'exactions, la volonté de rendre au centuple les coups reçus est grande. Le 3, à 18 heures, sitôt réceptionné le message de Koenig à la BBC, « Morice » donne l'ordre à ses douze bataillons de gêner les déplacements adverses. Il recommande toutefois d'éviter les accrochages trop importants.

Des arbres sont abattus, des pylônes sabotés pour entraver déplacements et communications. Des embuscades frappent les unités qui se replient des Côtes-d'Armor vers Lorient. Toute la région de Pontivy est le théâtre de durs combats. Les Allemands éprouvent des pertes dont il faut payer le prix. Le capitaine Jacques de Beaufort est tué dans la nuit du 3 au 4. Déjà les Américains se profilent au nord-est du département. Leur pression aide les maquisards qui s'emparent du camp de Coëtquidan. 600 prisonniers. Pontivy est évacuée le 4. Il reste cependant à réduire quelques nids de résistance.

Dans le désordre du reflux allemand, il n'y a pas de règle absolue. Des résolus se font tuer sur place. Des découragés lèvent les bras. Des Géorgiens massacrent leurs gradés allemands, afin de changer de camp. Il est, hélas, toujours des exactions de l'occupant avant de partir ainsi que des méprises. Le lieutenant SAS Chatenay est malencontreusement tué par des camarades.

Au chef-lieu, les Allemands commencent à s'éloigner le 3. Sur ordre de Bourgoin, plus actif que jamais, le bataillon « Hervé » [1] se précipite sur la ville. Ses compagnies s'avancent par les principaux accès et doivent à plusieurs reprises livrer combat. 5 000 à 6 000 Allemands rôdent autour de Vannes. Certains tentent de fuir. D'autres essaient de réoccuper la cité pour assurer les communications entre Lorient et Redon. Auray, Sainte-Anne-d'Auray vivent des heures tragiques. La 4e DB arrive en temps opportun. Maquisards et Américains nettoient de concert la région. Vannes est définitivement libérée le 5. Rares sont les détachements allemands qui parviennent à s'échapper. Durant plusieurs jours, les patrouilles de FFI traqueront les rescapés réfugiés dans les bois.

Il est clair que tous ces Allemands, conscients des crimes commis, redoutent de tomber entre les mains des « terroristes ». Ils attendent les Américains pour se rendre lorsqu'ils sont encerclés.

C'est à Lorient, conformément aux ordres du Führer, que le commandement local a décidé de tenir. Il s'y est préparé de longue date. Outre les protections propres à la base sous-marine, Lorient est ceinturée par toute une ligne de fortifications. Environ 500 ouvrages pour canons, mitrailleuses, lance-flammes ont été édifiés. Des émissaires français tentent en vain d'obtenir la reddition de la garnison afin d'épargner des vies humaines. Le général Fahrmbacher reste intraitable. Il se battra. Au matin du 7 août, Américains et maquisards abordent Lorient. La 4e DB se heurte à un gros point d'appui et accuse 20 tués et 85 blessés. Pour les responsables américains, la preuve est faite. Lorient est solidement défendue. Pas question d'insister. Le général Wood déclare « qu'il ne dispose que d'engins blindés et que les chars ne sont pas faits pour prendre les villes ». Il s'éloigne, laissant aux FFI le soin de ceinturer Lorient. Une poche de 250 kilomètres

1. Colonel Le Vigouroux.

carrés se forme avec 28 000 défenseurs. Les maquisards avec leurs Sten n'ont pas les moyens de réduire les blockhaus et les défenses allemandes. Ils ne sauraient réussir là où les Américains avec leurs avions et leurs blindés ont renoncé. Un long siège commence. Il se prolongera jusqu'en mai 1945.

La situation est identique sur Saint-Nazaire, avec une poche de 200 kilomètres carrés.

DANS LE FINISTÈRE

Patton voulait prendre Brest en cinq jours. La 6e DB arrive dans les délais mais se heurte à une résistance farouche. Ramcke a ventilé ses paras pour durcir la garnison.

Américains et maquisards mettront un mois pour en venir à bout. Son port détruit, Brest ne tombera que le 19 septembre.

Les choses seront plus rapides à Concarneau investie par les maquisards le 7. Les Allemands se décident à évacuer par mer le 24 et à rejoindre Lorient. Tous ces combats ont coûté cher. 286 maquisards tués à l'ennemi dans le Finistère. De cette libération de la Bretagne, Eisenhower écrit :

« Il convient de signaler de façon spéciale l'aide considérable qui nous fut apportée par les FFI dans l'entreprise de réduction des ennemis en Bretagne. Les forces de résistance démasquées dans cette région avaient été constituées depuis le mois de juin autour de troupes spéciales du 4e bataillon français de parachutistes et atteignaient une force totale de 30 000 hommes. Dans la nuit du 4 au 5 août, l'état-major avait été envoyé pour prendre la responsabilité des opérations. Au fur et à mesure de la progression des colonnes alliées, ces forces françaises prenaient en embuscade l'ennemi en retraite, attaquaient les groupes isolés et les centres de résistance et empêchaient la destruction des ponts. Une fois dépassées par les blindés, elles se virent confier la mission de nettoyer les localités qui renfermaient encore des nids d'Allemands, et de maintenir ouvertes les voies de communications des Alliés. Elles apportèrent également à nos troupes une aide inestimable en leur fournissant des renseignements sur les dispositifs et les intentions de l'ennemi. Enfin, ce qui n'est pas moins important, par leur action incessante de harcèlement, elles ont baigné les Allemands dans une ambiance terrible de danger et de haine qui rongea peu à peu l'assurance des chefs et le courage des soldats [1]. »

Ce texte n'est pas à usage diplomatique. Il n'est que le compte

---

1. *Les opérations en Europe*, ouvr. cité, p. 80.

rendu honnête d'un commandant en chef à sa hiérarchie. Il n'en a que plus de valeur.

*

La Libération et ses lendemains en Bretagne anticipent ce qui adviendra en maintes régions de France libérées. Les Allemands et leurs comparses ont semé trop de haine. Ils sont condamnés à en recevoir les dividendes maudits : prisonniers et collaborateurs sommairement exécutés, suspects malmenés, femmes tondues. Le phénomène était inévitable avant que les pouvoirs publics ne reprennent le contrôle de l'administration et de la police.

La Bretagne est touchée. Dans des proportions moindres cependant que le Sud-Ouest et le Centre de la France. On peut à certains égards s'en étonner. Les maquisards bretons font des prisonniers, beaucoup de prisonniers. Si quelques-uns de ceux-ci n'échappent pas à la vindicte de parents ou de camarades – voire de forcenés –, l'immense majorité est simplement dirigée vers des centres d'internement. Le sort que les Feldgrau réservaient à leurs propres prisonniers est rarement le leur. Cette attitude est à mettre sur le compte de la discipline imposée par les chefs et d'un humanisme à la française bien éloigné de celui des nazis.

DANS LE VAL DE LOIRE

Patton aspirait aux grandes chevauchées et aux larges horizons. Il n'a propulsé que son VIIIe CA en Bretagne. Il s'empressera d'en retirer les DB sitôt le gros œuvre achevé. La progression vers le sud et vers l'est prime à ses yeux. Il se veut au plus tôt sur la Loire et la Seine, pour prendre les Allemands de vitesse et les envelopper. Au-dessus de lui, on ne voit pas toujours aussi loin et aussi vite... Qu'importe ! « Blood and Guts » déboule. Il surprend Allemands et supérieurs par sa vitesse. Il est au Mans le 9, à Nantes le 10, à Chartres et Orléans le 17 [1]. Le 19, il franchit la Seine près de Melun. Le 22, il sera à Sens. La pénurie d'essence sera seule susceptible de l'arrêter [2]. Dans cette course en avant, pas question de franchir la Loire. Du moins dans

1. Les éléments de tête pénètrent dans Orléans par la route de Paris et le faubourg Bannier, théâtre des combats des Français contre les Prussiens en 1870.

2. Ce qui finira par se produire, Montgomery ayant accaparé l'essentiel du carburant pour son opération sur Arnhem. Voir à ce sujet, du même auteur, chez le même éditeur, *La Grande Histoire de la Seconde Guerre mondiale*, ouvr. cité, tome 2.

l'immédiat [1]. Le fleuve, avec ses ponts coupés par les bombardements aériens, assure la couverture méridionale. De Nantes à Orléans, ce large fossé antichars met à l'abri d'une éventuelle contre-attaque de flanc.

Comme en Bretagne, il y a, à l'intérieur des rets lancés par Patton, à occuper le terrain, à réduire les résistances éparses, à protéger les points sensibles, en particulier les ponts. Les maquisards du val de Loire (au sens géographique large) reçoivent la même mission que leurs homologues bretons. Ils ont en outre à maintenir les Allemands au sud de la Loire (ou au minimum à informer sur leurs éventuels desseins de traversée).

Depuis le 6 juin, il s'est levé bien des maquis en ces départements de la Loire-Atlantique, du Maine-et-Loire, de l'Indre-et-Loire, du Loir-et-Cher, du Loiret. Et aussi plus au nord, en Mayenne, Sarthe, Eure-et-Loir. Ces maquis se sont implantés dans la partie septentrionale fortement boisée, vers Noyant, Château-La-Vallière, Vihiers, Saint-Peravy-la-Colombe et en bien d'autres endroits. La forêt d'Orléans, au nord-est de la ville, a vu d'importants rassemblements. Trop importants, peut-être ! Constitués de locaux, de provinciaux et de Parisiens, dont des candidats à Saint-Cyr [2] commandés par le futur ministre Albin Chalandon, ils représentent une sérieuse menace sur les arrières de l'occupant. Une première opération est lancée le 18 juillet, puis une autre le 6 août. Devant ces attaques, le maquis de la forêt d'Orléans se replie un peu plus à l'est vers Lorris. Le 9 août, il est renforcé par une véritable mobilisation en masse au village même de Lorris. 400 volontaires se présentent. Tous ne peuvent être enrôlés, mais il s'agit là d'une concentration imposante. La Kommandantur locale en a écho et rend compte :

> « Dans la forêt d'Orléans, formation de bandes terroristes. Une action contre elles est en cours. »

Une embuscade le 12 sur la RN 60 [3] coûte neuf morts au maquis mais le convoi allemand intercepté doit se replier. L'attaque généralisée se déclenche le lundi 14, menée par le 56e régiment SS.

Au terme d'une journée de combats, 49 maquisards et civils ont été tués, mais les Allemands ne peuvent prétendre avoir éliminé le danger. Le gros des maquisards est toujours là. Les uns se joindront aux Américains pour entrer dans Orléans. Les autres, un fort détachement

---

1. Ainsi Tours et Saumur, villes bâties au sud de la Loire, ne seront libérées que fin août, avec le repli généralisé des Allemands.
2. Sous couvert de préparation à HEC.
3. Orléans-Nevers par la rive droite de la Loire.

sous les ordres du colonel Marc O'Neill [1], à la 2e DB. Ils seront les « maquisards » [2] de la libération de Paris et participeront aux attaques de l'Ecole militaire, de la Chambre des députés et du ministère des Affaires étrangères. Ils auront 27 tués.

Dans tout ce val de Loire, les maquis vivent leur période la plus active en juillet et août. Si dans la partie nord les forêts autorisaient des regroupements, le terrain au sud, avec une forte densité d'habitat et un réseau routier très dense, ne permettait que de la petite guérilla. Le grand coup d'écouvillon donné par Patton bouleverse les conditions générales d'action. Ainsi, en Indre-et-Loire (Tours), les embuscades montées par les maquis passent de 3 au second trimestre à 66 au troisième (pratiquement sur deux mois). L'ennemi désarçonné est assailli de toutes parts. Toujours en Indre-et-Loire, 241 Feldgrau sont faits prisonniers en août, contre 15 en juin-juillet (67 maquisards sont tués au combat dans ce département).

MAQUISARDS ET « GARS DE LECLERC »

La IIIe armée de Patton est en Bretagne, sur la Loire et également sur l'Axe Alençon-Argentan. En ce dernier secteur, elle remonte vers le nord afin de fermer la fameuse poche de Falaise. Parmi les unités qui progressent cap sur Argentan, une division appelée à devenir chère au cœur des Français : la 2e DB du général Leclerc.

*

Lorsque, à l'aube du 12 août, André Mazeline s'extrait de la hutte où il a passé la nuit sur un matelas de fougères, il ne se doute pas qu'il s'apprête à vivre une journée exceptionnelle dans son existence. Ce garçon de 29 ans est depuis le 20 juin le chef départemental des FFI de l'Orne. Il a été nommé à ce poste par le général Allard [3] pour remplacer Daniel Desmeulles, arrêté le 13 [4]. Par trop repéré en sa bonne ville d'Argentan, il a installé son PC le 25 juillet dans le Bois-l'Evêque, au nord de la forêt d'Ecouves. Des collines du Perche à celles de Normandie, le sud de l'Orne offre de bons refuges [5]. La forêt d'Ecouves, immédiatement au nord d'Alençon, en est un. Au-delà, passé Argentan,

1. Le colonel O'Neill sera tué en Algérie en 1956.
2. L'insurrection des FFI parisiens repose sur des citadins et non sur des maquisards au sens littéral du terme.
3. Chef de la subdivision militaire M4 des FFI (Mayenne-Orne-Eure).
4. Daniel Desmeulles mourra en déportation
5. Le sixième du département de l'Orne est couvert de forêts

s'ouvre la champagne caennaise. Mais là, sur 15 000 hectares, genêts, bruyères, fougères de la taille d'un homme, chênes rabougris, bouleaux nains, bouquets de pins fournissent un vrai cadre de maquis, dans un silence pesant. Les sentiers s'effacent sous la bruyère et la mousse. Les ronces tendent aux pieds leurs lacets sournois.

En ces sous-bois éloignés des habitations, Mazeline, « Marsouin » dans la clandestinité, a ses habitudes. Une clairière a été homologuée terrain de parachutage. Un ruisseau court au pied du campement. Un chêne trois fois séculaire, à 300 mètres de l'orée du bois, sert de point de rendez-vous. Bien des résistants de l'Orne se sont retrouvés sous le « chêne du Bois-l'Evêque ».

Les maquisards de l'Orne étaient environ 600 le 6 juin. La moitié d'origine OCM, le reste, par tiers, FTP [1]-Libération Vengeance-Mouvement de Libération nationale. Parachutages et mobilisation ont, ici comme ailleurs, permis d'étoffer les effectifs. L'entente est bien réalisée. Mazeline de l'AS a pour adjoint un FTP. La guérilla est vive, respectant les ordres stricts du général Allard. Utilisant au mieux un terrain qui permet de « chouanner » mais interdit les grosses concentrations, elle se répartit en une quinzaine de zones d'activité intense. Contre des partisans mobiles et insaisissables, l'Allemand y a laissé et y laissera du monde. Du 6 juin au 20 août, il aura 464 hommes hors de combat, dont deux généraux. Il laissera 2 282 prisonniers aux mains des maquisards qui auront de leur côté perdu en tués et fusillés 250 de leurs camarades.

Après quelques ablutions au ruisseau, Mazeline a pris connaissance des derniers bulletins de la BBC. Les blindés pousseraient des pointes vers Domfront et Laval. Le tout est assez imprécis.

Le chef FFI désire en savoir plus. Il doit également prendre contact avec un lieutenant de parachutistes SAS. Il décide de commencer par une reconnaissance à bicyclette vers la RN 158 Alençon-Argentan. Près de Mortrée, sur la nationale, des Allemands embossés dans un fossé laissent passer ce civil déclarant partir chercher des pommes de terre. Ils se contentent de lui lancer : « Si vous allez sur cette route, vous Kaput. Américains à Sées. »

Américains à Sées ! A mi-route entre Alençon et Argentan ! Mazeline en sait assez. Il connaît parfaitement la région. Par un petit chemin vicinal, il pédale sans encombre vers Sées. A l'entrée nord-ouest du bourg, de gros mastodontes attendent en position de tir. Mazeline

1. Le premier noyau de résistance FTP fut constitué à Flers en 1941 par Pierre Georges (futur colonel Fabien).

apprendra vite qu'il s'agit de chars Sherman américains [1]. Derrière, toute une panoplie de véhicules aussi inconnus : half-tracks, scout-cars, Jeeps.

La population est dans la rue, contemplant avec curiosité ces libérateurs arrivés d'Alençon. Mazeline poursuit vers le centre ville. L'officier auquel il s'est fait connaître pour proposer ses services n'a pas paru en faire cas. Peut-être n'a-t-il pas compris. Sur la place de la cathédrale [2], mêmes silhouettes trapues des Sherman, mais un détail qui surprend : des croix de Lorraine peintes en blanc sur le blindage. A côté, une Jeep avec un grand capitaine barbu, coiffé d'un képi noir orné d'une ancre de marine. Mazeline a de suite reconnu un marsouin. Ancien des 23e et 4e RIC, n'est-il pas lui-même un marsouin ? Dans la clandestinité, il ne se dénomme pas « Marsouin » pour rien. Ce capitaine barbu, à képi des troupes coloniales, s'appelle Raymond Dronne [3]. Dans quelques jours, il aura l'honneur d'être le premier officier français à gagner, en libérateur, l'Hôtel de Ville de Paris. Mazeline s'avance et se présente. Ni Dronne, ni Mazeline n'ont en cet instant conscience de l'importance de l'événement. Il est la première rencontre entre un chef de maquis et des Français venus d'outre-mer. Certes, il y eut la fraternité des paras de Bourgoin et des maquisards bretons [4]. Mais les soldats descendus du ciel n'étaient encore que des enfants perdus, surtout armés de leur formidable courage. Ces Français que découvre Mazeline apportent un autre symbole. Ils ont la puissance et l'apanage d'une armée moderne avec ses chars, ses canons, ses liaisons radio. Avec eux, aucun doute ! La Libération est bien en marche.

Des rencontres comme celle de Sées au matin du 12 août 1944, il y en aura bientôt beaucoup d'autres. Les hommes de De Lattre, dans les jours à venir, en feront presque à chaque pas. Celle de Sées prend valeur historique, étant la première. Combattants de l'intérieur et de l'extérieur œuvrent désormais au coude à coude.

Il serait cependant excessif d'affirmer que le climat de chaleur et de cordialité Dronne-Mazeline est effectif partout. Il arrive à des nouveaux venus de se montrer surpris et de ne pas le cacher. Tenue, discipline n'ont pas obligatoirement la rigidité imposée dans une armée régulière. Des galons étonnent. Des scènes d'épuration brutale

---

1. Char Sherman M4 AI, poids 36 tonnes, un canon de 75 sous tourelle, une mitrailleuse de capot de 12,7 m/m, une mitrailleuse à l'avant de 7,62 ; équipage : 5 hommes.
2. Sées est le siège d'un évêché.
3. Compagnon de la Libération.
4. Sans oublier les équipes Jedburg, la section Muelle du bataillon de choc parachutée dans la Drôme près de Dieulefit début août.

provoquent à l'occasion des algarades sévères. Des maquisards croient traduire des pensées : « Heureusement que nous arrivons pour remettre les choses à l'endroit ! » Les intéressés ne sont pas enclins à recevoir des leçons. Ils estiment avoir des titres pour cela.

L'osmose forces de l'intérieur et forces de l'extérieur que de Lattre baptisera l'amalgame ne sera pas toujours aisée [1]. Mais dans l'immédiat, ce 12 août à Sées, tout est au beau fixe. Dronne, apprenant les responsabilités de son interlocuteur, a un bon réflexe : « Je vais vous présenter au général. »

Son général, c'est Leclerc, le patron de la DB où Dronne commande la 9e compagnie du RMT, la célèbre « Nueve » [2]. Le vainqueur de Koufra est assis à l'arrière de son command-car, une carte déployée sur les genoux, sa canne légendaire entre les jambes. D'instinct, par vieille réaction militaire, Mazeline s'est figé au garde-à-vous [3]. L'ancien marsouin de 40 entend saluer au mieux le personnage prestigieux qu'il a devant lui et qui, sans attendre, questionne :

> « Vous êtes le chef de la Résistance ?
> – Quels sont vos effectifs ?
> – Où sont-ils stationnés ?
> – Quel est votre armement ?
> – Qu'ont fait vos maquis jusqu'à ce jour ? »

Leclerc soudain se fait plus précis.

Il interroge sur le maquis de la forêt d'Ecouves, celui-là même que Mazeline vient de quitter :

> « Ce maquis est-il en mesure d'appuyer éventuellement l'action d'un des éléments de la DB ?
> – Certainement, mon général, ce maquis sera à votre disposition dès que mes ordres lui parviendront. »

Leclerc marche vers le nord pour participer à la fermeture de la poche de Falaise. Il a compris le concours possible des maquisards. En quelques mots, il explique son intention : atteindre la RN 24 bis [4], voie de retraite allemande, à Ecouché, 10 kilomètres au sud-ouest d'Argentan, en s'infiltrant par la forêt d'Ecouves. Il ajoute :

---

1. Voir plus bas, chapitre 20.
2. A cause de son fort pourcentage d'hispanophones, souvent anciens combattants de l'armée républicaine.
3. Après la Libération, André Mazeline restera dans l'armée et terminera sa carrière comme colonel.
4. Argentan-Flers.

« Vous connaissez bien la région ?
– Oui, mon général.
– Pouvez-vous guider vous-même un des éléments tactiques montant vers Ecouché ?
– Certainement
– C'est bien ! Soyez à 14 heures à la sortie ouest de la ville, près du passage à niveau, à la disposition du commandant Putz [1]. »

Calé dans une Jeep, un PM Thompson à la main, Mazeline guidera la colonne Putz. Plusieurs de ses camarades effectueront des missions identiques auprès des colonnes Warabiot, Minjonnet, Dio, Massu. A Ecouché, Mazeline retrouvera l'un d'eux à l'agonie. Conduisant la colonne de Dio, il a reçu une rafale d'arme automatique dans le ventre. Entre-temps, les maquisards d'Ecouves auront patrouillé pour débusquer les pièges et mauvaises rencontres et collecter les prisonniers. Plus de 200 !

A Ecouché même, durant quatre jours, une compagnie légère se bat aux côtés des gars de la 2e DB. Au terme de ces journées de vie commune, le capitaine Dronne, avant qu'il ne prenne la route de Paris, délivrera une attestation sans équivoque :

> « Le capitaine Dronne Raymond, commandant la 9e compagnie du RMT, certifie que les FFI de l'Orne lui ont apporté une aide précieuse du 12 au 16 août, qu'elles ont assuré de nombreuses patrouilles et de nombreuses missions de jour et de nuit, qu'elles ont en particulier exécuté un coup de main dans l'après-midi du 14 qui a permis de ramener 129 prisonniers allemands, de capturer un important matériel (armes et véhicules) et de délivrer 8 Américains, dont 7 blessés.
> PC, le 17 août 1944, à 9 heures 30. Signé Dronne. »

Des témoignages identiques proviendront d'Américains ou de Britanniques. A Flers, les maquisards entrent en ville avec le premier char allié. Dans la forêt de Longny [2], ils font une soixantaine de prisonniers. A Montmerrei [3], la section Pottier capture plusieurs officiers. Son chef sera cité pour ce fait d'armes. D'une extrémité à l'autre du département, les maquisards de l'Orne répondent présent, justifiant un rapport britannique :

---

1. Commandant le 3e bataillon du RMT.
2. A l'est de Mortagne-au-Perche.
3. A l'ouest de Mortrée.

« Leurs membres, comme combattants et comme guides, se montrent d'une intrépidité et d'une audace extraordinaires. Depuis le début des opérations, c'est la première fois que nous avançons sans souci pour nos ailes, les maquis du secteur se chargeant du nettoyage. »

Dans cette Résistance de l'Orne, l'histoire a retenu une analogie. A l'instar de l'île de Sein, tous les hommes du village de Tanville, 322 habitants, sont partis au maquis. Sauf deux ! Le maire et un cultivateur. Le premier pour veiller sur ses administrés, le second trop âgé. Le 12 juin, ils sont tous les deux fusillés par les Allemands furieux de voir le village vide de présences masculines. Tanville, pour le courage de ses enfants, recevra la croix de guerre.

*

EN BORD DE SEINE

Tenir le maquis pratiquement sur les arrières de la ligne de front relève de l'exploit. Pourtant, dans le Calvados, l'Eure, la Seine-Maritime, des maquis existent. Le plus célèbre est le Surcouf de Robert Leblanc qui, éclaté, travaille dans le Lieuvin. Il est loin d'être le seul. La forêt de Breteuil, au sud-ouest d'Evreux, est bien fréquentée. Verneuil-sur-Avre, important nœud routier [1], est environnée de maquisards qui ne cessent de harceler les convois, de tendre des embuscades avant de se replier au plus profond des halliers.

Le 4 août, suite à une trahison, la section de Bouquelon, au nord de Pont-Audemer, est en partie décimée. 7 tués, 3 disparus. Il est grand temps que les Alliés arrivent. La fin de la bataille de Falaise l'annonce [2]. Les Allemands refluent vers la Seine.

Le secteur, au nord d'une ligne Dreux-Mantes, est dévolu à Montgomery. Le vicomte d'El-Alamein n'a pas l'impétuosité d'un Patton. S'il goûte autant que le commandant de la IIIe armée qu'on parle en bien de lui, il refuse les grandes chevauchées [3]. Il a tellement peur d'être battu ! Aussi il avance à pas comptés. La poche de Falaise enfin réduite, il progresse vers l'embouchure de la Seine à une cadence de Home Guards.

Bien en avant de ses éléments de tête, le Surcouf travaille à son profit et réussit des coups heureux. Le 13 août, il capture un officier

1. La RN 12 Paris-Brest y passe.
2. La poche de Falaise est pratiquement fermée le 19 août au soir.
3. Sauf à Arnhem pour redorer son blason, opération qui se retournera contre lui.

supérieur de l'état-major du Feldmarschall von Kluge. Le 15, il détruit une pièce lourde d'artillerie. Le 24, peu avant l'arrivée des Britanniques, il libère la petite ville de Cormeilles [1]. Le surlendemain, la liaison est réalisée avec les éclaireurs de Montgomery qui écrira par la suite :

> « L'avance foudroyante des unités britanniques de Pont-L'Evêque à la Seine fut due essentiellement à l'aide des forces résistantes du secteur qui harcelèrent l'ennemi et qui pilotèrent nos troupes dans les campagnes du bocage. »

En bordure même de la Seine, les maquis implantés dans la forêt de Bizy, au nord-ouest de Mantes, s'emparent le 18 des petits villages de Saint-Marcel et de Saint-Pierre-d'Autils. Le 19, ils entrent dans Vernon et délogent la garnison du Reich. La ville se regarde comme libérée. Elle entend la canonnade à courte distance. Elle a écho de l'approche des avant-gardes alliées.

Mais quand déboucheront-ils, ces Alliés, pour soutenir les gens du maquis ? Les Américains occupent Mantes. De Mantes à Vernon, à peine 20 kilomètres. A Vernon, les maquisards se sentent « légers ». Les Allemands, bien qu'en retraite, n'ont pas renoncé. Leurs canons et leurs mitrailleuses, de la rive droite de la Seine, se manifestent avec force. Des patrouilles n'hésitent pas à traverser le fleuve et à tenter des incursions vers Vernon.

Les responsables pressent les Américains de Mantes de se manifester. En vain ! Les ordres sont formels. Vernon se situe en secteur britannique. Pas question de piétiner les parterres de Montgomery. Ce dernier est pointilleux sur le respect de son pré carré. Falaise ne l'a que trop prouvé [2]. Les heures, les jours passent. 20, 21, 22, 23 août. Les maquisards sont seuls à faire le coup de feu pour défendre Vernon. Les soldats de Sa Majesté ne montrent pas leurs « plats à barbe » [3].

Enfin, le 24, le 43e Sussex, régiment de reconnaissance, pointe le bout de l'oreille. Vernon a tenu cinq jours ! Après quoi, les maquisards passeront sur l'autre rive afin de poursuivre leur combat.

---

1. A 15 kilomètres à l'est de Pont-l'Evêque.
2. La poche a été fermée tardivement, suite au refus catégorique de Montgomery de laisser les Américains remonter vers Falaise, au-delà d'Argentan, secteur qu'il regardait comme sa « chasse gardée ».
3. La désignation traditionnelle des casques anglais, étant donné leur forme.

Chapitre XIV

AU SUD DE LA LOIRE

Patton va vite, très vite. On l'a vu aborder Orléans le 17 août. Un regard sur la carte est instructif. Orléans, à quelques kilomètres près, se situe sur le méridien de Paris. Dans une progression d'ouest en est sur le sol de France, plus de la moitié du parcours a été effectuée. Si l'avance de Patton se poursuit au même rythme, tout le Midi de la France sera bientôt isolé.

Hitler n'aime pas reculer et abandonner le terrain conquis. Stalingrad a donné une illustration dramatique de son entêtement. Dans le cas présent, le Führer est devant l'évidence. A défaut d'un repli rapide, les forces allemandes au sud de la Loire seront prises au piège. Car il faut faire vite. Patton ne traîne pas la savate.

Sud de la Loire ? Cette entité est vaste. Elle englobe près du tiers de l'hexagone, du fleuve lui-même aux Pyrénées. La Wehrmacht y maintient des forces importantes, même si elles ont été laminées au profit de la Normandie (et bientôt de la Provence). Pour les sauver, Hitler se résigne le 16 août. Il ordonne d'abandonner la partie de la France du sud située à l'ouest d'une ligne Orléans-Clermont-Ferrand-Montpellier.

Le 17, le GAG reçoit les ordres de l'OKW. Il répercute aussitôt les mesures pratiques sur des grands subordonnés : LXIVe CA à Poitiers, EMP 564 à Toulouse, EMP 788 à Clermont-Ferrand.

Le LXIVe CA, début août, a remplacé la 1re armée partie assurer un front défensif au sud de Paris. Cette 1re armée, fortement affaiblie, gardait le littoral atlantique de Saint-Nazaire à Bayonne. Schématiquement, le LXIVe CA et avec lui les troupes de la région bordelaise doivent se replier sur Poitiers, puis sur Châteauroux, Bourges, Nevers, Auxerre, Troyes. L'EMP 564 couvre en gros Midi-Pyrénées. Son itinéraire de repli, par un axe Toulouse-Avignon, doit le conduire dans la vallée du Rhône pour ensuite remonter vers le nord. L'EMP 788 correspond sensiblement au Massif central. Pour lui, départ sur Moulins et Dijon.

L'intention générale est claire. Que ce soit par la vallée du Rhône ou les espaces dégagés (seuil du Poitou, champagne berrichonne), gagner la Bourgogne. De là, les vallées de la Saône et du Doubs mènent à la trouée de Belfort et au Rhin. Dans ces itinéraires, pour celui de l'Ouest tout au moins, il est un obstacle obligé : le Morvan.

Dans le repli de la Bretagne, Hitler avait sacrifié Lorient (27 000 hommes) et Saint-Nazaire (17 000). Il récidive avec Royan (8 000 hommes dont 3 000 au Verdon). Et La Rochelle (17 000 hommes). A l'exception de ces laissés-pour-compte, les unités du sud de la Loire appelées à faire retraite peuvent être estimées à 120 000 hommes [1], effectif non négligeable même s'il est assez hétéroclite. Des marins, des aviateurs y côtoient de l'Ostlegion ou des Hindous...

Les combats des maquisards français, pour les semaines à venir, s'inscrivent dans ces plans de retraite allemands. Les plus importants se dérouleront aux abords des axes de marche et des places évacuées. Evidemment, la Résistance française pourrait envisager de laisser le flux ennemi se retirer. Elle n'aurait plus qu'à se manifester sur la grève abandonnée. La Libération s'effectuerait sans heurts. En principe…

Une telle attitude irait violemment à l'encontre de l'esprit du moment. Comment les résistants, les maquisards n'auraient-ils pas des comptes à régler ? Pas question de laisser repartir impunément les assassins, les tortionnaires, les incendiaires, les violeurs. Ils ont à payer leurs crimes. Comment ne pas penser également que les Feldgrau qui resteront en chemin ne seront plus là pour barrer la route vers le Reich nazi

---

1. Soit au LXIVe CA, deux divisions (24 000 hommes) plus 55 000 marins et aviateurs ; total 79 000, sur lesquels défalquer les 24 000 laissés à Royan et La Rochelle. Plus deux fois 30 000 par EMP.

Il convient d'adjoindre à ces chiffres près de 10 000 miliciens. A défaut d'être de valeureux combattants, ils sont toujours capables de fournir des tortionnaires.

aux combattants américains, français, britanniques [1] ? Comment surtout des patriotes français n'estimeraient-ils pas être tenus de participer activement à la libération du pays, pour l'accélérer et contribuer à effacer la honte de 1940 ?

L'avenir immédiat est fixé. A l'heure du repli de l'ennemi, il est de la mission du maquis de lui interdire le passage, de le contraindre à capituler. Le 17 août, le SHAEF ira plus loin. Il donnera l'ordre d'occuper les grandes villes et les centres de communication importants : Poitiers, Châteauroux, Limoges, etc.

Les maquisards sont ainsi appelés à se battre à outrance pour la phase ultime de la libération de leur terroir. Les réactions allemandes, les possibilités locales procureront des situations contrastées. Parfois, l'occupant réussira à s'éclipser sur la pointe des pieds, en limitant au maximum les affrontements. Cas de Toulouse, Bordeaux, Clermont-Ferrand, Cahors, etc. Ailleurs, des unités seront encerclées et menacées d'anéantissement. Elles déposeront les armes en ville (Brive, Le Puy, Castres...) ou en rase campagne (Estivareilles, L'Isle-Jourdain, La Bruguière, etc.). La plus notable de ces redditions interviendra début septembre. La colonne Elster, sous l'étreinte des maquis berrichons, sera contrainte de capituler. 20 000 prisonniers [2].

Au sud de la Loire, jusqu'à fin août les Alliés n'interviennent pas, on l'a vu. Ils ont trop à faire pour exploiter vers l'est et le nord-est l'effondrement du front normand. Les maquis français sont pratiquement seuls (sous réserve des missions alliées, équipes Jedburg, commandos SAS ou américains, avant-gardes de l'armée de Lattre). A eux de fournir les gros bataillons, gonflés par les ouvriers de la « onzième heure ». Eu égard aux homologations effectuées après-guerre, sur la quarantaine de départements intéressés, il est possible d'estimer le nombre de combattants en armes engagés entre 180 000 et 200 000 [3].

Cette bataille du sud de la Loire ne sera en rien une opération d'ensemble. Impossible pour Koenig et son état-major de diriger une action coordonnée. Les événements se déroulent trop vite et simultanément. Les renseignements précis, les moyens de liaison manquent. La guerre au sud de la Loire est une guerre de « petits chefs ». Ceux qu'on peut appeler les féodaux du maquis : Pommiès, Guingouin, Coulaudon, Fayard, Adeline, Dussarat, Chomel, Bertrand. Ces patrons-là portent galons (d'active ou FFI). Au-dessous d'eux, combien encore de

1. Et canadiens ou polonais.
2. Voir chapitre 15.
3. Chiffres correspondant aux personnels ayant obtenu un certificat d'appartenance aux FFI (mais tous les ayants droit ne l'ont pas demandé).

« seigneurs locaux » plus ou moins disciplinés ? Tous mènent leurs activités dans leur pré carré. Ils ont à prendre des initiatives et des responsabilités, faute le plus souvent d'instructions précises de leurs supérieurs officiels. Certains, parfois, ne sont pas dépourvus d'arrière-pensées. Quelques-uns privilégient la conquête territoriale à la destruction de l'adversaire.

De ce manteau d'Arlequin, il est impossible de tout rapporter. Par souci de clarté, il est loisible de regrouper les faits marquants en plusieurs grandes régions :

- Toulouse, Région de Toulouse,
- Limoges-Clermont-Ferrand-Massif central,
- Bordeaux-Aquitaine-Poitou,
- Montpellier-Languedoc.

Ces régions correspondent du reste sensiblement aux zones d'action et de repli du LXIVe CA et des EMP.

TOULOUSE-RÉGION DE TOULOUSE

Toulouse, la métropole régionale, s'entoure de satellites : Montauban, Albi, Castres, Foix, Tarbes, Auch, Cahors pour les principaux. Partout, la présence de l'occupant a été importante.

Dans la nuit du 18 au 19 août, ce qui restait du contingent allemand de Toulouse accélère ses préparatifs de départ. Au jour, la ville rose sent que la fin approche. Des escarmouches se produisent à la gare, aux sorties nord et est de la ville. En périphérie, les maquisards se rapprochent. Conscient de sa faiblesse intrinsèque intra-muros, le polytechnicien Asher (« colonel Ravanel »), chef des FFI de R4, par son ordre d'opérations n° 7, leur a prescrit de se préparer à entrer dans Toulouse le lundi 21.

Cet ordre intéresse des maquis relativement éloignés [1] : bataillon du Lot de Noireau, bataillon d'Armagnac du Gers, éléments du CFP et du Tarn. 4 000 à 5 000 hommes sont ainsi prévus pour converger sur la ville. De leur côté, les forces de gendarmerie du commandant Desfontaines, rallié à la Résistance, s'apprêtent à en prendre le lendemain le contrôle.

Les événements se précipitent. Le 19 au soir, Toulouse est globalement libérée. L'ennemi a fui.

Toulouse libérée, les portes de la prison Saint-Michel s'ouvrent. Parmi les écroués, un écrivain célèbre, André Malraux. Il a été arrêté par hasard, un mois plus tôt, circulant en tenue militaire dans le Lot

1. La vallée de la Garonne permet difficilement l'implantation de maquis.

avec un officier britannique. Entré en résistance au printemps 1944, il se présentait comme « colonel Berger », chef régional des FFI. Ce tard venu se faisait poliment éconduire... Heureusement pour lui, il n'est pas exécuté sur-le-champ après son arrestation et échappe aux convois de déportation [1]. Rendu à la liberté, il prendra alors le chemin de la Corrèze pour y organiser la brigade « Alsace-Lorraine ». Il saura s'y créer une légende de maquisard bien usurpée, qui fera de lui un Compagnon de la Libération. Un authentique maquisard parlera à son sujet « d'une Résistance qu'il ne fit qu'effleurer [2] ».

Toulouse reflète ce qui se déroule en divers endroits. Le retrait allemand conduit à la libération sans qu'il y ait de véritable bataille rangée. Interviennent toutefois des réductions d'ultimes résistances – retardataires, égarés, miliciens ou autres –, occasionnant des victimes des deux côtés. Ainsi, 11 Allemands dont 3 officiers sont tués près de Muret, en grande banlieue. La Résistance locale, dans les divers accrochages urbains, a 35 morts dont un capitaine de la 35e brigade MOI.

CAHORS

La libération de Cahors rejoint celle de Toulouse. A la mi-août, les maquis du Lot comprennent environ 6 000 hommes sous les ordres du FTP Robert Noireau (« colonel Georges »), chef départemental FFI. Noireau est communiste mais « peu virulent », écrira Larminat [3]. Sa porte est largement ouverte et l'homme sait inspirer confiance. Deux de ses adjoints, les capitaines Gaudusson et Poirier d'Orsay, sont des officiers d'active, anciens saint-cyriens.

Les « Veny » représentent une composante importante des maquis du Lot. Ils ont été créés par deux vieux soldats : le colonel Lefevre, alias Vincent (diminutif « Veny »), résistant de la première heure, et le commandant Collignon. Avec le temps, en cette vieille terre radical-socialiste, leur organisation est devenue une unité paramilitaire, rattachée à l'AS, du parti socialiste. Ces Veny ont, entre autres, à leur actif le sabotage des usines Ratier à Figeac [4].

Est également implantée dans le Lot la brigade Chamaussel, du CFP. Non négligeable dans le rapport des forces contre l'occupant, la gendarmerie a rallié derrière le commandant Drouot. FTP, Veny, CFP !

---

1. Le dernier quitte Toulouse le 14 août. Pourquoi Malraux a-t-il échappé à l'exécution sommaire et à la déportation ? La question reste posée.
2. G. Noireau, *Le temps des partisans*, ouvr. cité, p. 144.
3. *Chroniques irrévérencieuses*, ouvr. cité, p. 282.
4. Voir plus haut.

La forte personnalité de Noireau a fini par raboter les divergences (il y en eut de sérieuses entre CFP et FTP). Les maquisards du Lot sont unis. A l'exception de Cahors, le 15 août, le département est entre leurs mains. Ils ont surtout rendu inutilisables la RN 20 et la grande ligne ferroviaire Toulouse-Paris. Pour les Allemands, impossible de s'échapper en remontant vers le nord.

La garnison de Cahors – un millier d'hommes – le sait. Elle évacue discrètement les lieux le 17 après-midi. Des embuscades sur la nationale étaient prévues à cet effet. Pour des raisons assez mal élucidées – liaisons de commandement défectueuses, semble-t-il –, elles ne sont pas en place.

Seul le bataillon Wurstensen du CFP est au rendez-vous. A hauteur de Montat, à 8 kilomètres au sud de Cahors, la compagnie Malgorn prend sous son feu un premier convoi de véhicules transportant notamment la Gestapo de Cahors. Les maquisards sont judicieusement postés. De leurs emplacements, ils dominent la RN 20 en contrebas. Un témoin écrira de cette embuscade meurtrière : « Sur la route c'est la panique. » Pas question toutefois de s'attarder. L'ennemi, la surprise estompée, engage des mortiers. Sur les pentes rocailleuses, les explosions des obus propulsent de redoutables éclats de fonte et de cailloux. La compagnie Malgorn décroche. Mission payante accomplie.

Le 17, à la nuit tombée, Cahors est occupée par de petites colonnes s'avançant pratiquement l'arme à la bretelle. Un officier FTP est désigné, par Noireau, comme commandant de place.

MONTAUBAN

Les Allemands ayant quitté Cahors marquent une journée d'arrêt à Caussade. Ils en profitent pour troquer leurs gazogènes à bout de course contre des véhicules hippomobiles et des bicyclettes. Réquisitionnées également par le maquis, les voitures deviennent rares.

Montauban a été abandonnée le 18. Les Montalbanais fêtent leur délivrance lorsque le lendemain les premiers Feldgrau de Cahors apparaissent à l'entrée nord de la ville. Quelques poignées de civils courageux tentent de leur barrer la route. Des éléments AS, un groupe FTP alertés accourent en renfort, mais vers 18 heures la situation devient dramatique. Les résistants sont sur le point d'être encerclés s'ils ne se replient pas. Montauban alors serait livrée aux représailles. L'arrivée du bataillon Wurstensen renverse le rapport des forces. Une contre-attaque bien menée conduit l'adversaire à renoncer à entrer en ville. Montauban est sauvée. Des prisonniers restent aux mains des Français, de l'ordre de 150. Les maquisards ont eu sept tués. Les rescapés de Cahors éclateront par de petites routes afin de contourner Toulouse et gagner Carcassonne. Le 20, le capitaine Poirier, envoyé par Noireau en précurseur sur Toulouse, tombera sur l'un de ces éléments et sera tué à Fronton.

La mort de Poirier et de ses trois compagnons montre, s'il en était besoin, que l'Allemand, même en retraite, demeure dangereux.

DANS LE TARN

Carmaux, à 20 kilomètres au nord d'Albi, sur la route de Rodez, est une cité minière. Les maquis environnants en portent la marque. Veny, FTP sont majoritaires.

Le 16 août, des Veny et un groupe de déserteurs géorgiens [1] occupent Carmaux. Un groupe d'une soixantaine d'Allemands est fait prisonnier. Si l'occupation de Carmaux s'est opérée sans obstacles majeurs, le danger persiste. Il provient d'Albi, tenue par une garnison d'un millier d'hommes. La vigilance s'impose.

Informé des initiatives locales, le colonel Redon, chef départemental FFI, « saint-cyrien quadragénaire dont un casoar semblait flotter au-dessus du béret basque [2] », rameute du monde. 1 500 maquisards se massent autour de Carmaux. Des barrages sont mis en place. Le plus important à Garric, à mi-chemin entre Carmaux et Albi. Ces précautions s'avèrent utiles. Elles permettent de repousser plusieurs tentatives pour reprendre Carmaux. Garric, perdu durant quelques heures, sera finalement reconquis.

La situation générale évolue très vite. A partir du 17, les ordres du Führer concernant le sud de la Loire tombent. Un repli d'Albi et Mazamet est prescrit sur Castres, dans l'espoir d'y organiser une forte colonne.

Un officier de liaison britannique, parachuté quelques semaines plus tôt, se tient près de Redon. Il parvient à signaler le départ de la garnison d'Albi. La chasse alliée intervient. C'est une troupe étrillée qui atteint Castres.

Le détachement de Mazamet est attendu par les maquisards du Tarn-sud de Dunoyer de Segonzac. Le train Mazamet-Castres, assurant son évacuation, est immobilisé par un sabotage dans la nuit du 19 au 20, deux kilomètres avant Labruguière. Les Feldgrau de Mazamet, pour la plupart du personnel de Flak (DCA), pris sous le feu du maquis, passent des heures difficiles. A l'aube, ils lèvent les bras après avoir eu cinq tués. Les maquisards comptent onze blessés, dont un mortellement

1. 60 Géorgiens environ ont rallié les maquis.
2. C. d'Aragon, *La Résistance sans héroïsme*, ouvr. cité, p. 177.

atteint. Ils récupèrent 56 prisonniers et plusieurs canons antiaériens de 37. Des armes précieuses !

Dimanche 20 août. Mauvaise journée pour le colonel Macht, commandant d'armes à Castres. Ses 5 000 hommes sont démoralisés par les échos des événements d'Albi et Mazamet. Ils se savent encerclés, sans grand espoir de pouvoir se dégager. Segonzac, lui, entend exploiter la reddition de Labruguière. Il entre personnellement en contact avec Macht à Castres. La discussion se prolonge plusieurs heures. Segonzac n'hésite pas à gonfler ses forces et finit par impressionner l'Allemand. A 19 heures, l'accord est conclu, signé par Macht et Segonzac [1]. Les maquisards entreront dans Castres le 21 à 9 heures et les Allemands seront désarmés. Engagements tenus des deux côtés [2]. Le 21, dans la matinée, 5 000 Allemands se retrouvent prisonniers.

Cette libération de Castres, obtenue sans dommages pour la ville et ses habitants, est à mettre à l'actif des maquisards du Tarn-sud, dont les 447 du maquis de Vabre de Guy de Rouville.

Elle est de loin le plus spectaculaire des succès remportés par les FFI du Sud-Ouest, et même en France, car obtenue sans appui extérieur [3]. Même ayant bénéficié d'un contexte favorable, les maquisards du Tarn-sud de Dunoyer de Segonzac peuvent se targuer d'avoir vaincu seuls. Pourtant, la libération de Castres ne figure pas au premier rang dans les annales de la Résistance. On se doute pourquoi...

Le Tarn se croit libéré. Il ne l'est pas encore complètement. Le 23, les Allemands, débouchant de la vallée de la Garonne, déferlent dans Albi. Des cadavres des deux camps jonchent l'avenue principale. Les maquisards présents ne peuvent empêcher le passage de la majeure partie des fuyards, cherchant une trouée vers l'est [4].

LA BATAILLE DE L'ISLE-JOURDAIN

Le 19 août, vers 15 heures 30, la garnison d'Auch prend la direction de Toulouse par la RN 124. Elle compte rejoindre le gros des troupes se repliant vers le nord. Commandée par le colonel Priepke, elle est forte d'environ 300 hommes, troupe composite mais non sans valeur militaire, car bien encadrée.

1. Voir annexe.
2. Sous réserve d'échauffourées à l'arsenal, où des SS refusent de se rendre.
3. Ce qui n'est pas le cas pour Paris et l'affaire de la colonne Elster. Le seul appui étranger provient des 15 Américains du capitaine Legueux.
4. Voir plus bas.

La brigade Le Magny, du CFP, l'attendait, multipliant les obstructions et les embuscades. Vers 21 heures, Priepke, pressé de rejoindre Toulouse, est bloqué par une grosse barricade élevée au pont sur la Save à l'entrée de L'Isle-Jourdain. La section du CFP qui barre la route tient suffisamment pour assurer l'intervention du bataillon d'Armagnac du capitaine Parisot, appelé en renfort. Les 625 hommes du bataillon, bien armés, se mettent en position d'interdire les accès du bourg. Dans la nuit, le gros de la brigade Le Magny les rejoint.

Priepke campe sur place, n'osant s'aventurer dans l'obscurité. A l'aube, il veut reprendre son mouvement, bien décidé à passer. La bataille de L'Isle-Jourdain débute, une tentative de négociation menée par Parisot ayant échoué.

La colonne allemande s'étire sur la longue ligne droite de la nationale, avant L'Isle-Jourdain. Son PC est à hauteur du passage à niveau et du château de la Come. Les maquisards ont l'avantage de la position. L'Isle-Jourdain se niche dans une cuvette de la vallée de la Save et ils tiennent les hauts, le bataillon d'Armagnac en défense sur la rivière, le CFP brigade Le Magny plus deux compagnies en encerclement par l'ouest. Un mortier, des mitrailleuses permettent de harceler l'ennemi.

Toute la journée, les combats font rage. A plusieurs reprises, Priepke tente de se dégager sans y parvenir. Pris sous le feu, plusieurs de ses véhicules flambent.

A 19 heures 15, le CFP passe à l'attaque afin de repousser l'adversaire sur le bataillon d'Armagnac solidement retranché sur la Save, pour interdire toute fuite vers l'est. Peu à peu, les six compagnies du CFP gagnent du terrain. L'étau se resserre sur le château de la Come. A 20 heures, se rendant compte que la partie est perdue, Priepke annonce sa reddition. Il a perdu 62 tués et 192 prisonniers, dont deux colonels. Ces Allemands-là ne seront pas sur le Rhin. Les maquisards – Armagnac et CFP – ont eu 10 morts et 28 blessés. Pour une fois, ils avaient l'avantage du nombre et de la position.

L'Isle-Jourdain, le 20 août 1944, est une victoire significative. Des maquisards bien encadrés, motivés, prennent le meilleur sur des troupes dites régulières. La preuve est faite que, dans certaines conditions, ils peuvent l'emporter. Il y aura d'autres « L'Isle-Jourdain ».

*

DANS LES PYRÉNÉES

Pyrénées, porte de la liberté, a-t-il été écrit. L'expression n'est pas fausse. De 1940 à 1944, 30 000 Français franchissent leur barrière pour rejoindre la France Libre et la France combattante [1]. Pour les maquisards, mis à part les rigueurs de la vie en montagne et les zones réservées instaurées par les Allemands, elles représentent un refuge. Le CFP, les FTP, les guérilleros espagnols s'y sentent un peu chez eux. Les derniers nommés sont estimés à 10 000, implantés principalement en Haute-Garonne et Ariège. Bon nombre sont regroupés sous l'égide de l'Union nationale espagnole (UNE), émanation du PCE, le Parti communiste espagnol.

Les Allemands maintiennent des effectifs assez importants dans les agglomérations du piémont, Pau, Tarbes, Lannemezan, Foix, et dépêchent des postes de surveillance dans l'intérieur et au débouché des vallées. A la mi-août, avec l'insécurité ambiante, ils ont commencé à replier la majeure partie de ces petits éléments.

Au matin du 19 août, les maquisards (AS-FTP-CFP) encerclent Lourdes où ont été regroupés les détachements de Luz-Saint-Sauveur, Cauterets, Argelès-Gazost. Vers 10 heures, ils adressent un ultimatum au commandant d'armes. A 13 heures, le procès-verbal de reddition est signé. Lourdes est libérée sans effusion de sang. On compte un peu plus de 200 prisonniers.

Le terrain d'aviation d'Ossun, à mi-chemin entre Tarbes et la cité mariale, est occupé sans attendre. Les 17 aviateurs encore sur les lieux sont capturés. Dans les hangars, le CFP récupère un Dewoitine D 520 en partie démonté. Remis en état de marche, orné sur le fuselage de l'étoile noire du CFP, il sera opérationnel à partir du 23. Fait exceptionnel, des maquisards disposent d'une aviation ! Le CFP utilisera son Dewoitine, appareil moderne et performant [2], en mission d'observation et d'appui durant sa marche sur Bordeaux.

Pour le CFP, pièce maîtresse des maquis des Hautes-Pyrénées, une question essentielle se pose : vers où et par où l'ennemi, au départ de Tarbes, va-t-il se replier ? A toutes fins utiles, des embuscades sont mises en place sur les routes de Bordeaux, Auch et Toulouse.

Le général Mayr, patron à Tarbes, choisit Toulouse par la RN 117. Avec ses 400 hommes, il quitte Tarbes le 19 vers 16 heures 30. Les embuscades remplissent leur rôle. Attaqué à plusieurs reprises, bloqué dans la rampe de Capvern, Mayr quitte la nationale et emprunte des petites départementales plus au nord par Galan et Castelnau-Magnoac. Sur cet itinéraire insolite, il ne cesse d'être harcelé par les compagnies

---

1. Après un internement plus ou moins long dans les prisons ou les camps de Franco.

2. Vitesse 529 km/h, autonomie 1 000 km, un canon, quatre mitrailleuses. Les premiers 520 sont sortis en petite quantité en 1940.

du CFP. Une fraction de la colonne arrivera à glisser entre les mailles et sera finalement interceptée entre Carcassonne et Montpellier. Une autre avec Mayr lui-même, blessé au cours d'un accrochage, est capturée par le CFP.

Hélas, tout au long de leur retraite, les fuyards restent égaux à eux-mêmes, multipliant les exactions. Ainsi à Lhez, hameau sur la RN 117 à 10 kilomètres au sud-est de Tarbes, une maison est incendiée avec ses occupants. Deux femmes, deux enfants, un maquisard grièvement blessé périssent carbonisés. En représailles, quatre prisonniers seront exécutés sur les lieux. (Ce cas ne sera pas le seul en France afin de tenter d'enrayer la barbarie nazie.)

Le 24 août, Tarbes fêtera officiellement sa libération. Depuis le 20, les Allemands n'occupent plus les Hautes-Pyrénées et ceux qui s'y étaient installés ne seront pas sur le Rhin. Seuls quelques isolés, un peu par miracle, réussiront à gagner l'Espagne.

EN HAUTE-GARONNE ET ARIÈGE

Pour rejoindre le val d'Aran espagnol, le sud de la Haute-Garonne n'offre qu'un mince couloir par Saint-Béat, cité natale du maréchal Gallieni. Au début de juillet, un bon millier de SS stationnaient dans cette « botte » du département. Ces combattants fanatiques préfèrent essayer de s'enfuir par le nord plutôt que de connaître un internement sans gloire sur le sol espagnol. Les uns partageront le sort des garnisons de la région toulousaine ; les autres se retrouveront dans l'Ariège proche, dans l'espoir d'atteindre Carcassonne.

L'Ariège est le domaine par excellence des guérilleros espagnols de Ramon Rubio. A côté d'eux, existent des maquisards AS et FTP, ainsi qu'une mission alliée parachutée le 8 août. Dans cette petite équipe de parachutistes, un certain capitaine Aube, futur général Marcel Bigeard. Le para d'Indochine et d'Algérie commence à édifier sa légende en ce vieux pays cathare chargé d'histoire.

La bataille de la libération de l'Ariège s'engage le 19 août. Les guérilleros attaquent Foix. Des colonnes allemandes descendant d'Ax-les-Thermes et de Tarascon surviennent en renfort. Maquisards français et espagnols réagissent conjointement. Pris à partie sur la rive gauche de l'Ariège, près de Prayols, les Allemands laissent sur place des tués et des prisonniers. Les rescapés chercheront en vain un refuge dans la montagne.

A Saint-Girons, attaquée le 20 par le maquis de la Crouzette (Espagnols plus FTP), se sont regroupés des effectifs allemands importants, grossis par un détachement arrivé de Saint-Gaudens. Le 21, ils sont près de 1 500 à prendre la direction de Foix. A Rimont, à mi-chemin, ils se heurtent au maquis AS de l'endroit. La lutte est âpre durant quarante-huit heures. Le village est incendié, une dizaine d'habitants massacrés par l'Ostlegion à laquelle il sera peu pardonné (elle aurait eu 150 tués). Le soutien des FTP et des Espagnols assure l'encerclement de l'ennemi. Le 22 au soir, l'ennemi met bas les armes. Un bon millier de prisonniers marquent le terme des combats en Ariège.

La libération de la région toulousaine acquise, un conflit éclate entre Asher et Pommiès, résultat d'un vieux contentieux. Celui-ci était dans la logique de deux tempéraments diamétralement opposés. Le jeune chef régional FFI penche vers l'extrême gauche et entend faire prévaloir l'autorité qui lui a été conférée. Pommiès s'affirme soldat hors des ingérences politiciennes, soucieux uniquement d'expulser l'envahisseur du sol national. Le premier réclame au second des troupes pour « assurer la protection de Toulouse ». Pommiès s'appuie sur un ordre de Koenig lui fixant de garder la frontière espagnole afin d'éviter les fuites. L'accord est difficile à réaliser, caractéristique des tensions entre les diverses fractions de la Résistance. Un compromis finit par s'élaborer. Pommiès gardera la frontière mais détachera un bataillon sur Toulouse. La formation de la colonne Schneider, fin août, mettra seule un terme au différend opposant deux personnalités tout autant que deux conceptions de la mission des maquis.

EN LANGUEDOC MÉDITERRANÉEN

Du Midi-Pyrénées, la voie traditionnelle pour gagner la vallée du Rhône emprunte l'itinéraire séculaire du canal du Midi par le seuil de Naurouze, Carcassonne et Narbonne. Après Béziers, elle longe le littoral via Montpellier. Après quoi elle s'oriente résolument nord-est par Nîmes, pour atteindre le fleuve aux abords d'Avignon. Ce parcours suivi par la RN 113 et la voie ferrée Lyon-Toulouse est presque partout en terrain largement découvert.

Un repli par Carcassonne-Narbonne-Béziers-Montpellier-Nîmes s'annonce donc comme le tracé le plus rapide et le plus sûr pour l'occupant. Mais s'il le met en partie à l'abri des embuscades du maquis, il le livre aux coups de l'aviation alliée, maîtresse absolue du ciel. Les mitraillages y sont constants sur les cibles parfaitement repérables des convois roulant vers l'est. Ce danger aérien, les sabotages sur la voie ferrée incitent la Wehrmacht à utiliser des petites routes secondaires plus au nord. Celles-ci courent au pied de la Montagne-Noire, des monts du Minervois et de l'Espinouse ou sur les contreforts méridionaux des Cévennes. Les combats les plus violents maquis-occupant sont ainsi appelés à se dérouler en moyenne altitude entre plaine et montagne.

Pour les Allemands, toute la région Languedoc-Roussillon dépend de la XIXe armée, responsable de la défense des côtes méditerranéennes. Au moment du débarquement, à l'ouest du Rhône elle ne compte plus que trois divisions affaiblies, étirées jusqu'à Perpignan. Support principal du précédent dispositif, la 11e PD a reçu ordre, le 13 août au soir, de se porter sur le Rhône qu'elle franchira du 14 au 20, non sans difficultés. Sous réserve d'accrochages, lors de son passage dans la région de Canges [1], elle est destinée à être employée contre les Franco-Américains nouvellement débarqués, et non contre les maquis.

Les maquisards régionaux, Tarn-sud, Aude, Hérault, Gard, Sud-Lozère, ont été éprouvés en juillet et début août. On en a vu quelques aspects. Les Allemands tenaient à les disloquer afin d'assurer leurs communications. L'annonce du débarquement de Provence stimule une ardeur nouvelle et des engagements. La victoire approche. Les signes du retrait de l'occupant se précisent. Chacun sent que les « fuyards » du Midi-Pyrénées en transit en Languedoc, ou ceux en train de précipiter leur évacuation, sont une proie à portée. Leur moral est atteint, leur mobilité réduite mais les Allemands ne sont pas à sous-estimer. Ils possèdent toujours la supériorité d'armement. L'encadrement n'est pas disposé à tomber entre les mains des « terroristes ».

Par la nature du terrain et l'absence d'un véritable commandement unifié, ici plus qu'ailleurs la lutte menée sera une guerre de « petits chefs ». Le responsable régional FFI, Gilbert de Chambrun, crypto-communiste, est contesté. AS et ORA reconnaissent très mal son autorité. Il n'a pu véritablement transmettre qu'une directive : descendre de la montagne pour retarder l'ennemi. Sur ce point, il sera suivi. Pour le reste, seuls des accords locaux assureront des coordinations temporaires. Pour mener ce combat libérateur, ils sont environ 4 500 en R3 [2], dont 2 500 AS-ORA et 1 200 FTP.

Appoint non négligeable : trois missions Jedburg, parachutées au début du mois dans le Gard et le Sud-Aveyron, apportent leur concours. Ces équipes disposent de moyens radio. En plusieurs circonstances, elles déclencheront les interventions décisives de la chasse alliée sur des concentrations.

*

Avant même l'amorce de l'évacuation, dès le 15 août les maquis intensifient leur action. Le 15, le corps franc des Ardennes, dans le

1. A 40 kilomètres au nord de Montpellier.
2. Départements de l'Aude, de l'Hérault, des Pyrénées-Orientales, de la Lozère et de l'Aveyron.

Gard, détruit deux camions et un canon de 105. Près de Bédarieux, dans l'Hérault, le 17, les FTP repoussent un convoi de quatre camions et deux voitures. Non loin, le 18, des gendarmes passés au maquis tuent trois Allemands et font trois prisonniers. L'ennemi est prévenu. Sa retraite ne sera pas facile.

Le 19, départ général dans l'Aude. Les garnisons de Carcassonne et Narbonne prennent la route non sans se livrer au préalable à leurs exactions coutumières : destructions, exécutions de prisonniers. La haute vallée de l'Aude, Quillan, Limoux peuvent se regarder libérées le 20. Béziers, Sète, Bédarieux sont abandonnées à partir du 20, précipitant le retrait des Pyrénées-Orientales et de Perpignan. A Sète, le port subit avant le départ des dommages importants. A Montpellier et Nîmes, on commence à plier bagage le 20 au soir.

Evacuation ne signifie pas libération totale et définitive. Les villes, les villages sont encore à la merci de colonnes en retraite prenant des otages, fusillant des innocents, incendiant les bâtiments. Ces colonnes sont d'importance variable, d'une centaine d'hommes à plusieurs milliers. L'histoire de la libération du Languedoc est celle de l'interception et si possible de la destruction de ces détachements en mouvement vers la vallée du Rhône. Que ce soit sur les pentes du Cabarès, du Minervois, puis dans les calcaires de l'Hérault et les garrigues du Gard.

Saint-Pons, entre monts du Minervois et de Lacaune, est sur un axe de repli privilégié. La RN 112 Castres-Béziers serpente en fond de vallée. Ses abords boisés offrent des défilements et des aires de camouflage contre l'aviation. Des troupes allemandes l'utiliseront.

Le 19 vers minuit, onze véhicules sont bloqués par des abattis et une embuscade de l'AS peu avant l'entrée dans Saint-Pons. Le lendemain matin, ne pouvant forcer le passage, leurs occupants acceptent de se rendre. 26 prisonniers, 2 tués. Quelques heures plus tard, survient une compagnie du 171e régiment de la Luftwaffe. L'ennemi est cette fois d'une autre envergure. Les maquisards locaux se précipitent. La coordination manque mais l'ardeur supplée. A l'aube du 21, les aviateurs lèvent les bras. Une compagnie disparaît avec l'intégralité de son matériel.

Décidément, Saint-Pons est un point de passage privilégié. Peu après, les gens de la Luftwaffe se présentent : environ 6 000 hommes en six éléments distincts. L'ensemble est stoppé et s'entasse sur six kilomètres avant Saint-Pons. Tous les maquis du secteur – AS, FTP, CFMN – courent au canon. Numériquement, ils sont beaucoup moins nombreux et s'ils tiennent les hauts, ils manquent d'armes lourdes pour « matraquer » les véhicules immobilisés. Impossible d'interdire l'accès même de Saint-Pons, alors que le commandement allemand se livre à un odieux chantage : il menace de détruire la cité (3 200 habitants) si on continue à lui faire obstacle.

Au matin du 22, la colonne ennemie s'éloigne, alourdie par ses pillages : chevaux, charrettes, vélos, bétail... Elle n'est pas sauvée pour autant. S'enfilant dans la vallée de l'Orb, elle n'échappe pas aux harcèlements. De petits groupes de maquisards l'attaquent sans relâche. Teigneux, ils s'approchent au plus près, vident leurs chargeurs et décrochent aussi vite qu'ils se sont manifestés. Une belle leçon de guérilla ! A chaque rencontre, l'ennemi laisse des tués, des blessés, parfois des prisonniers, et doit abandonner des véhicules endommagés. La combativité s'en ressent. Le découragement s'installe. Le commandement se fait hésitant. Finalement, ayant franchi l'Hérault, le convoi se scinde vers Alès, Uzès et Saint-Hippolyte-du-Fort. L'élément le plus important, d'environ 2 000 hommes, est attaqué le 25 du côté de Saint-Hippolyte-du-Fort par le maquis de l'Aigoual-Cévennes. Il perd une quarantaine de morts et une centaine de prisonniers. Un peu plus loin, à Guissac, il est à nouveau attaqué par des groupes FTP et MOI, bientôt renforcés par l'AS et des gendarmes ralliés. En fin de journée, il se résout à hisser le drapeau blanc. Son chef, le général Martin, se suicide. Les maquisards s'emparent de 28 canons, 35 FM et 800 fusils.

Une autre forte colonne – 2 000 hommes encore –, venant de la région toulousaine par Albi et Lacaune, est accrochée le 23, au pont de la Mouline, aux limites du Tarn et de l'Hérault. Les 120 maquisards du CFMN qui mènent l'action livreront une rude bataille toute la journée, sans parvenir à lui interdire le passage. La fin de ces 2 000 Feldgrau se jouera dans l'Hérault et le Gard. 600 d'entre eux, soumis à un violent mitraillage de la chasse alliée, se résignent près de Sommières, à l'ouest de Nîmes. Les derniers lèveront les bras du 28 au 31. Le bilan final pour le Gard donnera 3 000 prisonniers et plusieurs centaines de tués et blessés.

Parallèlement à ces attaques de convois, à ces traques aux détachements épars – qu'il est impossible de toutes mentionner –, les maquisards languedociens ont à protéger leurs agglomérations. Des hérissons défensifs sont installés autour de Montpellier et Nîmes, afin d'écarter toute velléité d'entrer en ville. Ainsi, le 25, un important engagement se déroule un peu au nord de Montpellier, à Montferrier [1].

1. Ce combat de Montferrier engage 350 maquisards de toutes origines, renforcés par 250 tirailleurs coloniaux libérés par l'évacuation allemande et nouvellement armés.

5 maquisards, 5 civils sont tués. L'ennemi, qui faisait effort sur la ville, abandonne une dizaine de véhicules, le gros de son train de ravitaillement, ainsi que des morts, des blessés et des prisonniers.

Pour les rescapés, il n'est plus à espérer. Le 26, l'armée de Lattre touche le Rhône près d'Avignon. Sitôt le fleuve franchi, le 1er RFM lance une reconnaissance en force sur Nîmes, imité par le 8e RCA sur Montpellier et Béziers. Piquant résolument vers le nord, le 2e RSAR, par Remoulins, fonce sur Pont-Saint-Esprit. La retraite est définitivement coupée aux éléments de la Wehrmacht encore à l'ouest du Rhône qui n'ont pas réussi à remonter à temps vers le nord.

La rencontre du 12 août, entre Dronne et Mazeline, était empreinte de cordialité. Les premiers contacts maquis-armée B à Rognognas ou Avignon manquent de chaleur. « Le déchaînement méridional des maquisards produit sur les cadres réguliers une assez mauvaise impression [1]. »

Certains spectacles de villes libérées accentuent cette impression. Le tout sur fond de politisation. A Nîmes, les FTP sont entrés en ville sans respecter les ordres, avec manifestement des arrière-pensées. La prise de possession s'accompagne d'une épuration expéditive [2]. Ignorant quasiment tout des réalités de la collaboration, de la Résistance et de la répression subie, les soldats venus d'outre-mer ne peuvent être que surpris, voire choqués par les comportements de leurs compatriotes à brassard FFI. La rencontre, le 2 septembre, entre de Lattre et Gilbert de Chambrun sera houleuse.

Ces querelles intestines ne sauraient dans l'immédiat estomper un fait capital : fin août, le Languedoc-Roussillon, comme la région de Toulouse, est définitivement libéré. Dans l'Aude, l'Hérault et le Gard, 272 maquisards ont payé cette liberté de leur vie.

*

DANS LE MASSIF CENTRAL

Pour la Résistance, le Massif central comporte deux grandes régions, R5 et R6. Soit le Limousin et l'Auvergne (la frange orientale, avec les départements de la Loire et de l'Ardèche, dépend de R1, Lyon). Ces deux régions ont été deux zones d'activité maquis intense. En un certain sens, elles sont toutes les deux marquées par un passé récent.

Le Limousin a connu les ignominies de Tulle et d'Oradour-sur-

1. *La Libération de la France*, colloque international, ouvr. cité, p. 629.
2. Neuf miliciens sont fusillés, pratiquement sans jugement, place des Arènes à Nîmes.

Glane. D'autres s'y sont ajoutées. Ainsi à Magnac-Laval, 50 kilomètres au nord de Limoges, le 8 juillet. Allemands et miliciens, après un pillage de la ville, ont massacré 19 habitants en se retirant.

Ces actes de barbarie, certains hélas commis par des Français, créant incontestablement des haines irréversibles qui se répercuteront à la Libération (et même avant), incitent les responsables à la modération. Après tous les précédents malheureux de Tulle, Ussel, Guéret, etc., pas question de s'engager dans des entreprises susceptibles d'entraîner des représailles impitoyables sur les populations. Cette attitude sera très nette à Brive et Limoges. Les maquisards encercleront les deux villes sans tenter d'y pénétrer en force. Ils rechercheront la décision par la négociation, reprenant, sans le savoir peut-être, la vieille formule de Lyautey : « Montrer sa force pour ne pas avoir à s'en servir. »

L'Auvergne, de son côté, a vécu les grands engagements du Mont-Mouchet et de la Truyère. La leçon en est claire et a été retenue : une bataille conventionnelle n'est pas de mise. Elle ne peut être acceptée qu'avec le bénéfice de l'avantage du terrain et de la supériorité des effectifs. Le principe sera appliqué. On le constatera à Thiers, au Puy, à Estivareilles...

EN LIMOUSIN

Tapie au fond de sa cuvette, la garnison de Brive-la-Gaillarde se sent de longue date mal à l'aise. La Das Reich l'avait constaté le 8 juin. Agés, peu motivés, les 500 Feldgrau de Brive savent combien il leur est difficile de sortir du trou dans lequel ils sont enfermés. La RN 20, sinueuse, accidentée, souvent dominée, fait peur. La RN 89 sur Clermont-Ferrand est pire. Regarder vers Périgueux est identique et éloigne du pays. Oui, s'extraire de Brive est périlleux, avec un maquis qui ne cesse de se manifester.

Ce maquis de Corrèze a le nombre pour lui. Près de 14 000 seront homologués. Un des plus forts pourcentages du Sud-Ouest, à légère dominante FTP (7 250 contre 6 750 AS). Pratiquement en dehors de Brive, Tulle et Ussel, tout le département est maintenant entre leurs mains. A Meymac, Bort-les-Orgues, ils circulent comme chez eux. A Argentat, chef-lieu de canton à 30 kilomètres au sud-est de Tulle, un poste de police FTP rend les honneurs au préfet ! Il y a de quoi s'étonner. Mais ce préfet de Vichy, Pierre Trouillé, est en sous-main un résistant notoire et chacun lui sait gré de son attitude à Tulle le 9 juin.

Sur le plan militaire, l'accord AS-FTP est à peu près réalisé, même si des tensions subsistent. Le 8 août, un convoi de 350 hommes a été bloqué à Egletons, sur la RN 89, et s'est retranché dans les bâtiments de l'école technique. AS et FTP mènent conjointement l'attaque.

Ce climat général d'insécurité, la démoralisation de sa troupe incitent le commandant d'armes de Brive, le colonel Bohne, à négocier par le truchement du sous-préfet, acquis lui aussi à la Résistance. Le 15 août, Bohne accepte de déposer les armes. 493 prisonniers avec 14 canons tombent sans effusion de sang aux mains des maquisards. Ce résultat éloquent est à mettre à l'actif de la pression exercée par les maquis corréziens.

Bohne a signé non seulement pour Brive, mais aussi pour l'intégralité des forces de Corrèze dont il est le supérieur hiérarchique. La garnison de Tulle se trouve engagée par sa signature. De nouvelles négociations s'engagent néanmoins et débouchent. Le 17 août, à 7 heures, les maquisards prendront possession de la ville et de toutes les installations tenues par les Allemands. Chose faite. 40 officiers allemands deviennent les prisonniers de ceux qu'ils regardaient comme des francs-tireurs.

AS et FTP devaient entrer de concert dans Tulle. Les FTP, toujours soucieux d'assurer leur influence, ne respectent pas l'accord. Ils se présentent les premiers. L'incident grave est évité de justesse. Certains chefs de l'AS parlaient de déloger les intrus à coups de mitraillette...

Il ne faut jamais crier victoire trop tôt. Les drapeaux tricolores sont accrochés aux fenêtres depuis moins de 48 heures qu'une incursion allemande est annoncée. On découvrira par la suite qu'il s'agit d'une partie de la colonne Jesser (celle du Mont-Mouchet). Elle a l'intention de gagner la Dordogne en recueillant au passage les garnisons allemandes. Elle a ainsi, le 18, dégagé le détachement d'Egletons, encerclé depuis dix jours et sur le point de succomber par manque d'eau.

A l'annonce de cette approche, Tulle se vide de ses maquisards qui emmènent avec eux leurs prisonniers. Nombre de citadins les imitent. Le souvenir du 9 juin est dans tous les esprits.

Le 20, vers 14 heures, les Allemands sont au cœur de la cité où le préfet parlemente courageusement, afin d'éviter le pire. Heureusement, sur un ordre écrit lancé par un petit avion de reconnaissance, ils font demi-tour et remontent vers le nord le soir même. Tulle, le 20 août, ne connaîtra pas de nouvelles horreurs [1].

Le 21 août, il n'y a plus d'Allemands en Corrèze. Il en est de même en Haute-Vienne. Cette Haute-Vienne est de longue date présentée comme la chasse gardée de Georges Guingouin. Cette version n'est pas fausse mais n'est pas absolue. Si Guingouin a une position personnelle très forte, ses FTP ne sont pas les seuls à l'ouvrage. Ils ne sont même

1. La ville le doit en bonne partie au courage et au sang-froid du préfet Pierre Trouillé. Ce dernier, après la Libération, sera fait citoyen d'honneur de Tulle.

pas majoritaires. Le département compte 4 300 AS et 3 700 ORA pour 7 000 FTP. Donc 8 000 pour 7 000. Par ses antécédents, par sa carrure, le colonel FTP Guingouin fait néanmoins figure de numéro un. Il a été nommé chef départemental FFI. Cette fonction l'amène à travailler en liaison avec les deux patrons de l'AS et de l'ORA, les commandants Huard et Delille.

Limoges est une citadelle de l'occupation allemande. Début août, les Feldgrau sont encore 1 400 dans la ville, « renforcés » par 350 miliciens sous les ordres de Vaugelas. Le commandant d'armes, le général Gleiniger, n'est pas un exalté mais il doit compter avec deux compagnies de SS et le chef de la Gestapo.

Les miliciens savent qu'ils n'ont aucune mansuétude à attendre. Personne n'oublie la traînée de sang qu'ils ont laissée derrière eux depuis des mois. Le 16 août, Vaugelas tente le tout pour le tout. Ses 350 hommes, accompagnés de 200 femmes et 150 enfants, se lancent en direction d'Argenton-sur-Creuse. Le convoi qui s'étire sur la RN 20 comprend 95 véhicules de tous types.

A peine sorti de Limoges, l'élément de tête écope de rafales de FM de la compagnie FTP 2 404. Aucun dommage, mais le ton est donné. Nouvel harcèlement par la compagnie 2 414 à Grossereix, dix kilomètres plus loin. Un milicien est fait prisonnier mais le convoi passe. Vaugelas s'engage alors sur la D 914, direction Guéret. Il espère sans doute suivre là un itinéraire moins surveillé par le maquis que la RN 20. Espoir déçu. Autre accrochage. Un tué chez les FTP, un blessé à la Milice.

En fin de journée, Vaugelas s'arrête à La Jonchère et s'organise en point d'appui fermé. 40 kilomètres à peine parcourus. La nuit s'écoule calmement.

Départ à l'aube et bientôt accrochage. L'embuscade cette fois est sérieuse. Les maquisards ont bien choisi leur emplacement et leurs grenades sont meurtrières. Les miliciens comptent trois tués et une dizaine de blessés. Impossible de poursuivre. Vaugelas revient sur La Jonchère et grâce à un émetteur radio lance un SOS aux Allemands.

17-18 août. Vaugelas et les siens sont immobilisés à La Jonchère. A la moindre tentative pour s'éloigner, ils tombent sous le feu des maquisards.

Le 19 en milieu de matinée apparaît une compagnie allemande, envoyée par Limoges. Ce renfort puissamment armé permet à Vaugelas de se dégager et de gagner Bourganeuf, non sans une dernière embuscade à l'entrée de la ville. Trois miliciens sont blessés.

A Bourganeuf, subsiste encore une petite garnison allemande. Le 23, Allemands et miliciens partent de concert pour Guéret, où ils se livreront à des saccages et brigandages. De là, ils prendront la route de Moulins. Les miliciens sont provisoirement sauvés mais les maquis de Limoges à Guéret leur ont fait du mal.

Sur le fond, au bord du gouffre, les hommes de Vaugelas [1] ont risqué la sortie et l'ont malgré tout réussie. Sur place, à Limoges, Gleiniger n'a pas ses audaces. Il sait sa troupe sans grand ressort, à l'exception du noyau SS. Par l'intermédiaire du préfet régional et du consul de Suisse, il entre en relation avec Guingouin. Certains dans l'entourage de ce dernier voudraient une victoire par les armes mais sagement le chef FTP y renonce. Il a en mémoire les précédents. Il a appris que Meier, le chef de la Gestapo, a annoncé son intention de fusiller la plupart des prisonniers avant son départ. Dans ses mémoires, il écrira :

> « Pour les soldats de la Liberté les vies humaines sont précieuses. Aussi, la stratégie choisie sera l'encerclement, et non l'attaque frontale. Certes, le dispositif sera plus long à mettre en place mais ainsi le sinistre Meier ne pourra pas exécuter sa menace [2]. »

Depuis le 12 août, il a fait resserrer le dispositif. FTP, AS, ORA encerclent la ville.

Le chef-lieu de la Haute-Vienne dispose également de plusieurs escadrons de gardes mobiles [3]. Ces unités sont censées contribuer à la défense de la ville. Leur commandant en second appartient à l'ORA. Suppléant son colonel démissionnaire, il fait passer ses gardes dans le camp du maquis et les place sous les ordres de Guingouin (nuit du 20 au 21 août). Les Allemands sont désormais complètement isolés dans un environnement hostile.

Les négociations se poursuivent. Deux officiers d'une mission interalliée, un Américain, un Britannique, y participent aux côtés de deux officiers français, un des FFI, un des Forces françaises combattantes. Ces présences apportent une caution d'armée régulière, Gleiniger ayant refusé de traiter avec les seuls « terroristes ». Le 21, en fin d'après-midi, la reddition paraît acquise. A 20 heures 30, Gleiniger devrait signer l'acte ordonnant aux unités allemandes de la Haute-Vienne de déposer les armes. Brutalement, coup de théâtre. Les SS s'insurgent et arrêtent Gleiniger. Celui-ci est-il exécuté ou forcé de se suicider ? Tout

---

1. Par la suite, Jean de Vaugelas, arrêté en Pologne, parviendra à s'échapper et à gagner l'Argentine. Il sera tué dans un accident de voiture en 1954 (probablement provoqué par les services spéciaux français).
2. *Quatre ans de lutte sur le sol limousin*, ouvr. cité, p. 203.
3. Ainsi que des GMR et des gendarmes.

est remis en question. Les Allemands cependant évacuent Limoges. Seul un capitaine, entraînant 12 officiers et 350 hommes, accepte de se rendre aux maquisards qui investissent la ville.

La victoire est incomplète. Un millier d'Allemands réussissent à s'échapper. L'essentiel est sauvé. Les prisonniers sont libérés et Limoges délivrée sans dommages. Les combats en Haute-Vienne ont coûté la vie à 302 maquisards.

*

EN CREUSE

Guéret avait connu une fausse libération, qui aurait pu être tragique, les 7 et 8 juin. A partir du 17 août, l'occupant commence à évacuer le département, mais il est toujours à redouter le passage d'éléments en retraite plus ou moins disciplinés. On a vu Allemands et miliciens à l'œuvre à Guéret et Bourganeuf, avec l'exode du convoi de Vaugelas.

Les maquisards creusois (5 000 à l'AS, 3 000 chez les FTP) s'en prennent à tous ces détachements pressés de laisser derrière eux le Massif central. La seconde quinzaine d'août voit une série d'accrochages où les Allemands perdent du monde :

- 23 à Basseneuil le 17,
- une quarantaine à Sauviat-sur-Vige le 19,
- 12 à Rossignol le 20,
- une trentaine au sud de Guéret le 21.

Fin août, la Creuse est totalement libérée. Il n'est plus de mouvement ennemi sur l'axe Limoges-Guéret-Montluçon. Cette situation ne peut être que bénéfique quant à ce qui se déroule simultanément en Auvergne.

*

En dépit de l'appartenance au même massif montagneux et du rattachement à une commune région, chaque département de R5 présente sa spécificité. Le Puy-de-Dôme se centre sur Clermont-Ferrand. Le Cantal se partage entre Aurillac et Saint-Flour. La Haute-Loire, essentiellement rurale, vit un peu en marge, lovée autour du Puy-en-Velay, pittoresque mais modeste chef-lieu (27 000 habitants). Quant à l'Allier, où le relief s'atténue, son regard se porte déjà vers le nord. Depuis 1940 s'y trouve un symbole notoire de l'Etat français : Vichy. La petite ville d'eaux s'est vue hissée au rang de capitale nationale.

Le Führer n'a pas encore prescrit le repli général du sud de la Loire que déjà l'occupant a choisi de se retirer du Cantal. Le 8 août, le 66e CA reçoit ordre de regrouper les garnisons isolées « devant la possibilité d'une action importante de la Résistance en liaison avec des unités aéroportées et mettant en œuvre des armes lourdes ». Manifestement l'activité des maquis produit des effets, et à défaut d'exécution, un plan comme « Caïman » aura eu au moins valeur d'intoxication. Les Allemands en ont certainement eu écho. Après cet ordre de regroupement, un message tombe au PC du 4e bataillon du 95e régiment de sécurité : « Aurillac est à évacuer le 10 août. »

Le télégramme précise de gagner Saint-Flour par Murat et le tunnel du Lioran. Traverser le massif du Lioran est certes le seul itinéraire vraiment possible, mais il ne ressemble en rien à une promenade de santé. Les maquisards du Lioran et du Cantal, malgré les coups reçus, n'ont rien perdu de leur combativité.

Le 10, à la nuit tombante, les Allemands quittent la préfecture du Cantal, avec les miliciens dans leurs fourgons.

Les services de renseignements ont pleinement fonctionné. En connaissance de cause, le commandant Erulin, maintenant chef d'état-major des FFI du Cantal, met en place un plan d'interception. Embuscades sur l'avant et sur les arrières.

Les combats s'engagent dans l'après-midi du 11, aux approches du tunnel du Lioran. Pendant 48 heures, les Allemands harcelés, mitraillés, peinent pour se dégager. La Luftwaffe doit se manifester. Des renforts sont dépêchés de Clermont-Ferrand. Ce n'est que le 14 à midi que le convoi d'Aurillac fait jonction à Murat avec des éléments débouchant de Saint-Flour. Trois jours et demi pour effectuer 50 kilomètres, au prix de 4 tués, 16 blessés, deux disparus [1]. L'absence d'armes semi-lourdes, de mortiers spécialement, explique que ces pertes ne soient pas plus élevées. Les maquisards avec leurs Sten sont tenus à distance par les MG allemandes. Ils ont eu en revanche des pertes relativement sévères : 12 tués, 7 blessés et 4 prisonniers.

Le convoi d'Aurillac a réussi à passer. Il n'en est pas toujours ainsi. Un groupement de 120 hommes, chargés du gardiennage d'une usine et d'un barrage, est isolé à Rueyres en limite de l'Aveyron et du Cantal. Durant trois jours, il est soumis au feu des maquisards qui l'encerclent avec l'aide d'un commando américain. En désespoir de cause, il accepte de se rendre dans la journée du 20 août.

---

1. Premier bilan annoncé dans la chaleur de l'action : 40 Allemands tués ou blessés. Ce cas illustre les bilans erronés annoncés de bonne foi.

COLLECTION BLANCHE ET ROUGE

Editions Pygmalion 70 avenue de Breteuil 75007 Paris

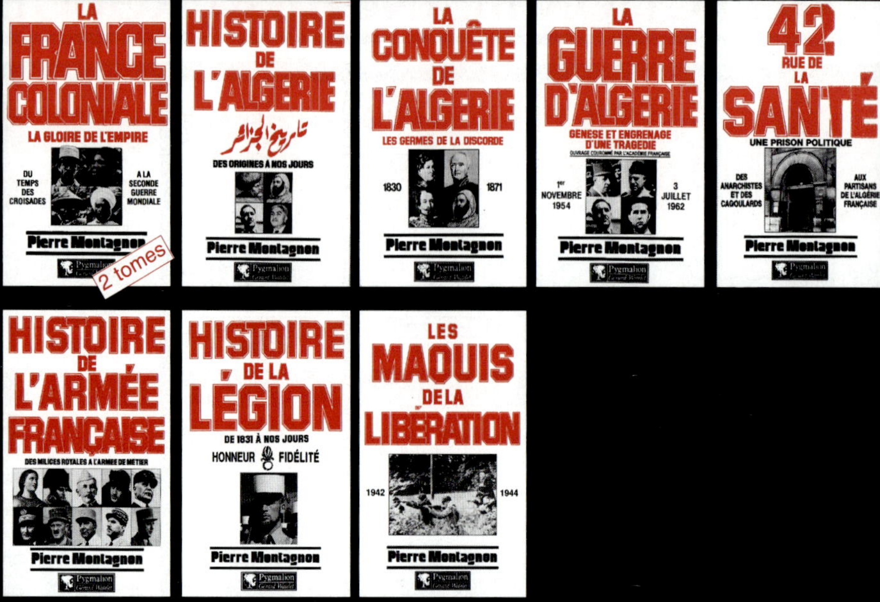

La collection « ROUGE ET BLANCHE »

Des études exhaustives sur de grands sujets écrits par des journalistes de renommée internationale ou des historiens confirmés. La plupart de ces ouvrages ont été traduits dans le monde entier et font office de référence. La Presse mondiale a été unanime à les saluer et à reconnaître leur utilité et leur mérite. Leur lecture passionnante vaut tous les romans d'espionnage.

COLLECTION MULTIPAGES

Pierre Montagnon
La Grande Histoire de la Seconde Guerre mondiale
tome 1 : Septembre 1938 à Octobre 1943
tome 2 : Octobre 1943 à Octobre 1946

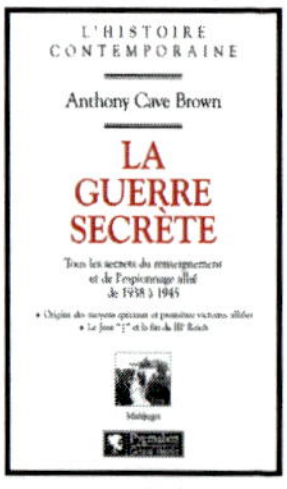

Anthony Cave Brown
La Guerre secrète
(à paraître en avril 2000)

BON DE COMMANDE

Anthony Cave Brown
❑ **LA GUERRE SECRÈTE** Tome 1
456 p. - 8 p. hors-texte - 135 F
ISBN 2.85704.097.0 - FD 0041
❑ **LA GUERRE SECRÈTE** Tome 2
472 p. - 8 p. de hors-texte - 135 F
ISBN 2.85704.098.9 - FD 0042
❑ **PHILBY, PÈRE ET FILS**
704 p. - 16 p. de hors-texte - 189 F
ISBN 2.85704.503.4 - FD 0316

Philippe Franchini
❑ **LES GUERRES D'INDOCHINE** Tome 1
444 p. - 16 p. de hors-texte - 129 F
ISBN 2.85704.266.3 - FD 0057
❑ **LES GUERRES D'INDOCHINE** Tome 2
456 p. - 16 p. de hors-texte - 129 F
ISBN 2.85704.267.1 - FD 0058

Gérard Sandoz
❑ **CES ALLEMANDS QUI ONT DÉFIÉ HITLER**
254 p. - 12 p. de hors-texte - 120 F
ISBN 2.85704.455.0 - FD 0038

Filip Müller
❑ **TROIS ANS DANS UNE CHAMBRE À GAZ D'AUSCHWITZ**
252 p. - 120 F
ISBN 2.85704.457.7 - FD 0039

J. Rusbridger - E. Nave
❑ **LA TRAHISON DE PEARL HARBOR**
312 p. - 16 p. de hors-texte - 139 F
ISBN 2.85704.371.6 - FD 0047

Général (c.r.) Michel Franceschi
❑ **LA DÉMOCRATIE MASSACRÉE**
432 p. - 8 p. de hors-texte - 139 F
ISBN 2.85704.552.2 - FD 0392

John Costello
❑ **LA GUERRE DU PACIFIQUE** Tome 1
444 p. - 16 p. de hors-texte - 129 F
ISBN 2.85704.128.5 - FD 0051
❑ **LA GUERRE DU PACIFIQUE** Tome 2
444 p. - 24 p. de hors-texte - 129 F
ISBN 2.85704.129.3 - FD 0052

Dominique Venner
❑ **HISTOIRE CRITIQUE DE LA RÉSISTANCE**
504 p. - 159 F
ISBN 2.85704.444.5 - FD 0036
❑ **HISTOIRE D'UN FASCISME ALLEMAND**
384 p. - 16 p. de hors-texte - 139 F
ISBN 2.85704.479.8 - FD 0037
❑ **LES BLANCS ET LES ROUGES**
400 p. - 16 p. de hors-texte - 139 F
ISBN 2.85704.518.2 - FD 0352
❑ **HISTOIRE DE LA COLLABORATION**
(à paraître en mai 2000)

Gordon W. Prange
❑ **LE RÉSEAU SORGE**
528 p. - 12 p. de hors-texte - 139 F
ISBN 2.85704.234.5 - FD 0050

Peter Padfield
❑ **DÖNITZ ET LA GUERRE DES U-BOOTE**
468 p. - 16 p. de hors-texte - 150 F
ISBN 2.85704.209.4 - FD 0046

René Moreau
❑ **HUIT ANS OTAGE CHEZ LES VIETS**
324 p. - 120 F
ISBN 2.85704.458.5 - FD 0040

Max Hastings
❑ **LA DIVISION DAS REICH ET LA RÉSISTANCE**
384 p. - 16 p. de hors-texte - 128 F
ISBN 2.85704.150.0 - FD 0043

Glenn B. Infield
❑ **SKORZENY, CHEF DES COMMANDOS DE HITLER**
384 p. - 12 p. de hors-texte - 139 F
ISBN 2.85704.167.5 - FD 0044

Joseph-Barthélemy
❑ **MINISTRE DE LA JUSTICE - VICHY 1941 - 1943**
648 p. - 16 p. de hors-texte - 165 F
ISBN 2.85704.284.1 - FD 0045

John Toland
❑ **ADOLF HITLER (1889 - 1938)** Tome 1
512 p. - 32 p. de hors-texte - 160 F
ISBN 2.85704.039.3 - FD 0048
❑ **ADOLF HITLER (1938 - 1945)** Tome 2
512 p. - 32 p. de hors-texte - 160 F
ISBN 2.85704.040.7 - FD 0049

Pierre Montagnon
❑ **HISTOIRE DE L'ARMÉE FRANçAISE**
368 p. - 139 F
ISBN 2.85704.520.4 - FD 0357
❑ **42 RUE DE LA SANTE**
416 p. - 135 F
ISBN 2.85704.500.X - FD 0317
❑ **LA GUERRE D'ALGÉRIE**
456 p. - 16 p. de hors-texte - 139 F
ISBN 2.85704. 172.1 - FD 0055
❑ **LA CONQUÊTE DE L'ALGÉRIE**
456 p. - 16 p. de hors-texte - 120 F
ISBN 2.85704.204.3 - FD 0056
❑ **LA FRANCE COLONIALE** Tome 1
516 p. - 16 p. de hors-texte - 149 F
ISBN 2.85704.280.9 - FD 0053
❑ **LA FRANCE COLONIALE** Tome 2
504 p. - 16 p. de hors texte - 149 F
ISBN 2.85704.319.9 - FD 0054
❑ **HISTOIRE DE L'ALGÉRIE**
400 p. - 8 p. de hors-texte - 139 F
ISBN 2.85704.542.5 - FD 0382
❑ **HISTOIRE DE LA LÉGION**
448 p. - 16 p. de hors-texte - 139 F
ISBN 2.85704.564.6 - FD 0404
❑ **LES MAQUIS DE LA LIBÉRATION**
416 p. - 16 p. de hors-texte - 139 F
ISBN 2.85704.621.9 - FD 0459

François Broche
❑ **L'ÉPOPÉE DE LA FRANCE LIBRE**
(à paraître en avril 2000)

MULTIPAGES

Pierre Montagnon
❑ **LA GRANDE HISTOIRE DE LA SECONDE GUERRE MONDIALE** Tome 1
1036 p. - 150 F
ISBN 2.85704.610.3 - FD 0448
❑ **LA GRANDE HISTOIRE DE LA SECONDE GUERRE MONDIALE** Tome 2
1120 p. - 150 F
ISBN 2.85704.611.1 - FD 0449

Anthony Cave Brown
❑ **LA GUERRE SECRÈTE**
1100 p. env. - 150 F
ISBN 2.85704.636.7 - FD 0470

BON DE COMMANDE

Je, soussigné, vous prie de :

❒ tenir à ma disposition en votre librairie

❒ m'adresser, dès parution (participation aux frais d'expédition en sus : 10 % de votre commande, **mini 36 F** ou 50 F par tranche de 5 ex. - Option recommandé + 14 F)

_________ ex. dont les titres sont cochés d'une croix

soit un total de :

___ exemplaire(s) x 120 F = ______
___ exemplaire(s) x 128 F = ______
___ exemplaire(s) x 129 F = ______
___ exemplaire(s) x 135 F = ______
___ exemplaire(s) x 139 F = ______
___ exemplaire(s) x 149 F = ______
___ exemplaire(s) x 150 F = ______
___ exemplaire(s) x 159 F = ______
___ exemplaire(s) x 160 F = ______
___ exemplaire(s) x 165 F = ______
___ exemplaire(s) x 189 F = ______

Montant total : _________ F + frais d'expédition _____ F = __________ F

Ci-joint mon règlement de __________ Francs

par ❒ chèque bancaire ❒ chèque postal ❒ mandat international pour l'étranger

❒ Veuillez m'informer de vos parutions

Nom______________________________ Prénom__________________

N°______ Rue____

Code postal _________________

Ville ____

Date _______________________

Signature :

Cachet du libraire :

janvier 2000

Tous les prix sont TTC. Ils sont donnés à titre indicatif et peuvent être réajustés. Nous dégageons notre responsabilité pour les envois non recommandés.

Le svastika, dans le Cantal, ne flotte plus que sur Saint-Flour. A partir du 17, la ville est cernée de toutes parts par les unités d'Erulin mais elle est bien défendue. Le 4e bataillon venu d'Aurillac s'est joint aux troupes déjà en place.

L'objectif des Français est clair : bloquer les défenseurs de Saint-Flour et les contraindre à capituler tout en évitant une bataille rangée. De là, une série de harcèlements et d'attaques contre les positions adverses.

Dans la nuit du 23 au 24 août, profitant d'un violent orage qui étouffe les bruits, l'ennemi s'engage sur la RN 9 menant à Clermont-Ferrand. Abattis, destructions, embuscades l'attendent. Heureusement pour lui, un fort groupement – 120 véhicules – descend de Clermont-Ferrand pour lui apporter son aide. Le commando américain, toujours présent, possède quelques mortiers légers. Les maquisards ont surtout des Sten. De tels moyens, malgré le courage, ne permettent pas d'arrêter des forces bien armées. Le repli ennemi, par Lempdes, s'effectue sur Issoire et Clermont-Ferrand. Le 25 août au soir, il n'y a plus d'Allemands dans le Cantal.

Parmi les membres d'une mission interalliée parachutée le 12 août, qui mène le combat avec les maquisards devant Aurillac et Saint-Flour, il est un authentique légionnaire d'origine tchèque, Charles Hora. Grièvement blessé en juin 1940 dans les rangs du 11e REI, il a été réformé en 1941. Ce handicap ne l'a pas empêché de franchir les Pyrénées, de gagner l'Angleterre et de s'engager dans les parachutistes. Devenu le lieutenant Charles, le voici avec une section de maquisards et un groupe de paras américains.

EN HAUTE-LOIRE

« Ça sent le Chinois ! » disaient les légionnaires français de Tuyen-Quang en 1885. « Ça sent le maquis ! » pourraient dire les Allemands de la Haute-Loire à l'été 1944 (il n'y a pas qu'en Haute-Loire d'ailleurs qu'ils pourraient faire une telle réflexion...).

Dans cette insécurité ambiante, la garnison du Puy-en-Velay s'est soigneusement retranchée. La Kommandantur, en plein centre, s'est hérissée de blockhaus en béton. Des chicanes avec des postes de garde barrent les entrées. Pas question de risquer un faible détachement en campagne. Le danger commence aux dernières maisons.

Si les FFI sont fortes en Haute-Loire, elles sont divisées. Les FTP travaillent pour leur compte. Quelques groupuscules en prennent à leur aise avec les bonnes manières... Plus grave, la Résistance manque de coordination, chaque organisation prenant ses initiatives. Cette situation conduit à des succès mais également à des revers.

Le 15 août, le groupe La Fayette réédite l'exploit d'octobre 1943 contre la prison du Puy. 80 résistants internés sont sauvés par un coup de main bien orchestré. Le lendemain, six camions sont détruits par une embuscade à l'ouest de Brioude. Mais, le même jour, une autre embuscade sur la RN 102, au nord de Brioude, se déroule mal. Les maquisards perdent 23 des leurs. Parmi les tués, le lieutenant de Grossouvre, accouru avec un détachement du 8e dragons reconstitué [1]. Ce combat, dit de Bard, est le plus meurtrier de ceux livrés dans la région de Brioude.

C'est sans doute le manque d'unité qui va laisser échapper aux seuls maquis de la Haute-Loire un succès qui se conclura dans la Loire sous l'égide des FFI de ce département. Une forte colonne allemande – un millier d'hommes dont une cinquantaine de miliciens – a quitté Le Puy le 18 août. Elle remonte plein nord par la RN 106. Sur son parcours, elle est harcelée à plusieurs reprises avant de se retrouver au matin du 20 à Usson-en-Forez, 50 kilomètres à l'ouest de Saint-Etienne. De là, elle peut soit poursuivre sur Lyon, soit se diriger sur Saint-Etienne. Dans ce dernier cas, il y aurait grave péril pour l'agglomération stéphanoise qui devant l'évacuation allemande commence à fêter sa libération.

Le commandant Marey, chef des FFI de la Loire, décide d'intervenir et de barrer coûte que coûte l'accès à Saint-Etienne. Il peut s'appuyer sur 3 000 maquisards et une compagnie de gendarmerie de Saint-Etienne qui s'est ralliée. Le barrage s'établira à hauteur du village d'Estivareilles (1 000 habitants), cinq kilomètres à l'ouest de Saint-Bonnet-le-Château

Dans la journée du 20, les premiers éléments de Marey retardent la colonne à la sortie d'Usson-en-Forez. Le piège Estivareilles se ferme le 21 au matin. L'ennemi est pratiquement encerclé dans la cuvette du village. Toute la journée, la bataille fait rage. En fin d'après-midi, des maquisards de la Haute-Loire [2], des déserteurs russes arrivés en renfort attaquent sur les arrières. Une tentative de percée est déjouée. Par haut-parleur, le commandement allemand est exhorté à capituler. La reddition interviendra le 22 au matin, après la rencontre entre Marey et le colonel allemand. L'évidence s'imposait : encerclement sans espoir d'être secouru. 18 officiers, 60 sous-officiers, 850 hommes sont entre les mains du maquis [3], avec tout leur matériel et armement.

1. Le 8e dragons d'Issoire a été reconstitué par le chef d'escadrons Merlat dans le cadre du maquis du Puy-Mary (Cantal).

2. Compagnie FTP Vial-Marsat.

3. Ainsi qu'une grosse cinquantaine de miliciens, dont le chef de la Milice du Puy, Le Tellier. Ce dernier sera fusillé au Puy quelques jours plus tard.

Les hommes de Marey [1] comptent 9 morts et 3 blessés. Il y a une cinquantaine de tués en face et une centaine de blessés. Cet écart assez exceptionnel s'explique par l'avantage de la position et la qualité des combattants.

Entre-temps, Le Puy a été libéré. Le 19, un peu avant 16 heures, le reliquat de la garnison est attaqué par un ensemble assez disparate de gendarmes, de policiers, de maquisards du groupe La Fayette, bientôt soutenus par d'autres groupes de maquisards. Retranchés dans la caserne Romeuf et ses abords, les Allemands tiennent toute la nuit tandis que la traque aux miliciens se poursuit en ville. Des fusillades crépitent sur les toits. Au matin du 20, le combat se resserre sur la caserne Romeuf. A 15 heures enfin, le colonel Metger signe l'acte de reddition. 7 officiers, 168 Allemands sont prisonniers. Le Puy-en-Velay s'est libéré par ses propres moyens. C'est l'une des premières préfectures de France à connaître une telle délivrance.

DANS LE PUY-DE-DOME

La présence allemande dans le Puy-de-Dôme est forte. L'existence d'importants établissements industriels – Michelin notamment – l'explique. Ces effectifs ennemis sont basés principalement à Clermont, d'où partent les détachements envoyés en répression ou au secours des places attaquées.

Le colonel Garcie, l'ancien du Mont-Mouchet, est maintenant chef départemental FFI. Il a fixé ses intentions par son ordre d'opérations numéro un :

> « 1. Sur le plan militaire, tout en continuant à harceler et à anéantir les colonnes en retraite, protéger contre les destructions les organes indispensables à la reprise immédiate de la vie du pays.
> 2. Sur le plan politique, prendre le pouvoir dans les délais les plus courts et assurer le maintien de l'ordre en première urgence à Clermont-Ferrand et à Vichy. »

Vichy ! S'en emparer est affirmer haut et fort l'effondrement du régime et la victoire de la Résistance. Garcie, qui voit plus loin que le strict plan tactique, a raison. En cette région d'Auvergne, la partie sera politique et militaire. C'est pourquoi, afin de remplir les missions qu'il s'est imparties, le colonel a prévu de scinder ses maquisards en deux :

---

1. Le colonel Marey sera tué en Algérie en 1958, alors qu'il commandait le secteur d'El-Milia (Nord-Constantinois).

– Les formations des armées chargées de s'en prendre à l'ennemi et de lui interdire la retraite ;

– Les formations du territoire responsables de la protection des ouvrages d'art et des bâtiments industriels et du maintien de l'ordre.

Pour ce faire, Garcie peut compter sur une relative unité. AS et ORA ne se regardent pas en frères ennemis. Ce bon voisinage n'interdit pas toutefois certaines initiatives. Le corps franc des Truands, implanté désormais dans la région de Riom, n'est pas sur ce plan le dernier à se distinguer.

*

Les Allemands ne sont pas qu'à Clermont-Ferrand. Ils occupent également plusieurs localités dont Issoire, 7 000 habitants, 40 kilomètres au sud. Autour d'Issoire, le maquis local est renforcé par un commando de parachutistes américains. Ce contingent n'intervient pas seulement dans les opérations. Son chef représente une armée régulière. Parlant en son nom et en celui de ses compagnons maquisards, il est en position forte pour sommer la garnison d'Issoire de se rendre. Sommation sans suite mais non sans portée. Les Allemands évacuent les lieux le 25. Issoire a évité combats de rues et représailles.

A Thiers (17 000 habitants), cité de la coutellerie, stationne un bataillon de Waffen SS, unité combien dangereuse. Oradour-sur-Glane ne l'a que trop rappelé. Au matin du 24 août, il est manifeste que ce bataillon se prépare à partir. Un renseignement de déserteur apprend au maquis qu'il se dirigera sur Vichy. Dans la nuit du 24 au 25, l'encerclement de Thiers, déjà en partie effectif, est renforcé. Les hauteurs proches sont tenues par le 103e bataillon FTP qui a reçu de ses chefs l'ordre d'occuper la ville.

Le 25, vers 7 heures 30, les premières rafales claquent. SS et FTP sont face à face. Des combats intermittents s'engagent. La Kommandantur avise la mairie « des graves conséquences qu'entraînera pour la ville une attaque contre les troupes allemandes à l'intérieur de la ville ».

Pour éviter le pire et en dépit de l'impatience de quelques-uns, le sous-préfet s'efforce de négocier. A 16 heures 30, un accord de cessez-le-feu est acquis. Les Allemands évacueront la ville à 18 heures. Des renforts AS sont arrivés, accentuant la pression sur l'ennemi. La volonté d'en découdre est vive mais les accords doivent être respectés, dans l'intérêt de la population.

Avec la nuit, le bataillon SS ne va pas loin. Il s'installe en bivouac à quelques kilomètres de Thiers, environné par les maquisards. Au jour, l'affaire est entendue. Le bataillon SS, fortement éprouvé par la journée du 25 (12 tués, 80 blessés), reçoit de Clermont-Ferrand l'ordre de se rendre. Les maquisards font 325 prisonniers avec, élément non négligeable, l'intégralité de leur armement.

Ce 25 août à Thiers révèle malgré tout les divergences sous le couvert de la subordination officielle. Au début, les FTP ont engagé seuls l'opération, non sans gros risques pour la population.

Depuis le 16 août, l'état-major régional FFI s'est installé près du Mont-Dore. Les anciens du Mont-Mouchet – Ingrand, Coulaudon, Huguet – y sont en contacts étroits avec Garcie, le colonel Fayard et le lieutenant-colonel Plantier des FTP. A priori, l'unité de la Résistance est bien réalisée, sous réserve de dérapages locaux (comme à Thiers).

Il y a certes volonté de libérer Clermont-Ferrand mais aussi souci d'éviter un déchaînement de violence dont les civils seraient les victimes. Dans le cadre de ses « formations des armées », Garcie a mis sur pied ce qu'il appelle des « colonnes rapides ». Ces unités, au nombre de sept, sont relativement mobiles. Trois d'entre elles, dans l'immédiat, se contentent provisoirement de s'installer en arc de cercle à une dizaine de kilomètres au nord de Clermont.

Le 25 août, l'ennemi précipite une partie de son évacuation par train. Le reste, le lendemain, s'éloigne par la route. Hormis des destructions de dernière minute, ce départ se déroule sans incidents. Le 27, le cercle du maquis se ferme sur Clermont-Ferrand et quelques affrontements interviennent en périphérie avec des retardataires. En fin de matinée, la 2e compagnie rapide et le corps franc des Truands pénètrent dans Clermont au milieu de la liesse populaire.

Le 28, la capitale de l'Auvergne peut être regardée comme totalement libre. Ingrand, commissaire de la République, s'installe à la préfecture. Pour les maquisards auvergnats, il s'agit maintenant d'assurer l'ordre et de poursuivre l'ennemi en fuite à travers l'Allier.

VICHY ET LE MAQUIS

Les maquis de l'Allier n'ont pas la consistance de leur voisin du Puy-de-Dôme. 700 hommes à l'est du département, 1 500 à l'ouest autour de Montluçon. Le terrain, il est vrai, est beaucoup moins favorable. La plaine de la Limagne n'offre pas les bastions naturels de l'Auvergne. Ce département, largement ouvert, est d'abord une zone de passage.

Son importance, le 15 août 1944, provient d'un nom : Vichy. Avec une question : l'occupant se retirant, que se passera-t-il dans la petite ville d'eaux ? L'Etat français agonise. Son gouvernement n'est plus qu'un aréopage de fantoches presque tous en fuite. Cette page est donc pratiquement tournée. Mais à Vichy se dresse toujours la statue du commandeur de cet Etat français : Philippe Pétain. Le vieux maréchal, hier adulé, maintenant largement décrié, n'est pas un politicien ordinaire. Le vainqueur de Verdun, chef de l'armée française en 1918, personnifie le régime édifié par son prestige. Quelle décision prendra-t-il ? Tentera-t-il de fuir ? Ira-t-il se présenter aux Américains ? Ou plus simplement, s'obstinant à demeurer à Vichy, tombera-t-il entre les mains des maquisards, futurs maîtres probables des lieux ? A la mi-août, cette dernière éventualité devient plausible. Alors, pour les maquisards, quelle revanche ! Ils détiendront le chef du régime qui lançait contre eux ses gendarmes, ses gardes mobiles, ses GMR, ses miliciens.

Philippe Pétain a pleinement conscience de l'imminence de sa fin de règne. Le 11 août, il a signé un acte autorisant l'amiral Auphan à

> « prendre éventuellement contact de sa part avec le général de Gaulle, à l'effet de trouver au problème politique français au moment de la libération du territoire une solution de nature à empêcher la guerre civile et à réconcilier tous les Français de bonne foi ».

Pour sa part, il préférerait de loin rejoindre les Américains. Sa dignité, sa sécurité seraient, lui semble-t-il, pleinement respectées. Ne lui avaient-ils pas en 1940 délégué un ambassadeur exceptionnel, aujourd'hui conseiller très écouté du président Roosevelt [1] ? Il doit cependant compter avec les Allemands et la Résistance. Les premiers sont très présents à Vichy. La seconde se manifeste de plus en plus. Des maquis sont signalés non loin de Vichy.

Maquis pour maquis, le maréchal préférerait avoir affaire avec un « bon maquis ». Traduire maquis ORA. Non sans raisons, le vieux soldat escompte trouver un accueil plus déférent chez des maquisards commandés par des officiers d'active qu'auprès de ceux que son entourage appelle des « rouges ».

Des officiers membres de son cabinet militaire prennent discrètement contact avec Ingrand et le colonel Fayard. Un scénario s'élabore. Le Maréchal quitterait secrètement Vichy, escorté par des volontaires en civil. Il irait se placer sous la sauvegarde des FFI et ferait une déclaration officielle. Il indiquerait se retirer en conseillant aux Français de suivre le général de Gaulle.

On en est là le 18 août. Non sans hésitations du côté de Pétain. Le vieillard (88 ans) a du mal à se déterminer. Le projet, par ailleurs, a pris dans ses dernières clauses une sérieuse connotation politique. Pétain

1. L'amiral Leahy.

semble passer très officiellement le relais à de Gaulle. Ingrand se rend compte qu'il avance là sur un terrain miné et que les décisions à prendre ne sont pas de son niveau. Il rend compte à ses supérieurs des pourparlers engagés et fait demander des instructions à Alger. La réponse viendra de Jacques Soustelle le 21 :

> « 1. Aucun pourparler entre personne mandatée de l'entourage de Gaulle avec l'entourage Pétain ;
> 2. Gouvernement provisoire ne peut que repousser toute tentative et notamment déclaration pour établir un lien entre usurpation Vichy et gouvernement provisoire ;
> 3. ... Si Pétain est fait prisonnier par les FFI, il devra être tenu à disposition justice pour être jugé comme tout membre gouvernement Vichy conformément à déclaration faite par CFLN. »

Aucune ambiguïté. Si Pétain rejoint un maquis, il sera regardé comme prisonnier à tenir à la disposition de la justice.

Mais les Allemands ont pris les devants. Le 20, à 6 heures 30, par un coup de force, ils ont enlevé Philippe Pétain. Captif, le chef de l'Etat français sera transféré en Allemagne. Il ne tombera pas entre les mains des maquisards. Son départ marque la fin de l'Etat français.

*

L'enlèvement brutal de Pétain montre bien que les Allemands préparent leurs propres bagages. Au 20 août, ils occupent encore cependant les principales villes de l'Allier : Montluçon, Gannat, Vichy, Moulins.

A Montluçon, un groupement assez hétérogène de 800 hommes a contre lui un effectif presque double : cinq compagnies de l'AS et deux compagnies FTP placées sous les ordres du commandant Franck, chef de l'état-major départemental FFI. Son moral n'est pas glorieux. Informé de cet état d'esprit, Franck décide de lancer une attaque sur la ville. Alors que l'opération, engagée le 20 vers 9 heures, paraît se conclure heureusement, un peu avant minuit surgit un fort détachement allemand. Le 21, se déroulent de durs combats pour tenter d'enlever la caserne où l'ennemi s'est retranché. De même les 22 et 23. Les maquisards ont coupé les arrivées d'eau. Les assiégés sont contraints de récupérer dans des toiles de tente l'eau des orages.

Le 24, des renforts FFI arrivent dont un GMR passé au maquis. Mais le 2e bataillon du 19e régiment SS, débouchant de Guéret, bouleverse une nouvelle fois le rapport des forces. La caserne est débloquée et l'ennemi ne s'attarde pas. Il prend la route avec tout son personnel. Au matin du 25 août, Montluçon peut enfin sortir ses drapeaux tricolores. 38 maquisards ont été tués. Les Allemands auraient eu une centaine d'hommes hors de combat.

L'effort dans l'Allier est maintenant à harceler les convois qui s'éloignent. Longue action payante de guérilla, surtout sur la RN 7, axe principal de repli des places abandonnées. Vichy est évacuée dans la nuit du 24, Gannat le 19. Moulins le sera le 6 septembre.

A Vichy, les effectifs français sur place (gardes mobiles, garde du Maréchal, etc.) [1], soit près de 4 500 hommes, répondent présent à un ralliement préparé de longue date. L'apport de ces professionnels ne sera pas inutile. Les nouveaux venus se battront fort correctement aux côtés de leurs compatriotes maquisards. Mais si les actions sont payantes, elles sont souvent chèrement acquises. Des hommes tombent au combat. Des prisonniers, des civils sont exécutés.

Tout au long de sa route, l'ennemi perd du monde et du temps. Ces retards imposés par les coups de boutoir des maquis de R6 permettront de fermer la nasse.

Le 12 septembre, un peloton du 1er RFM de la 1re DFL fera jonction à Montbard [2] avec un peloton du 1er RSM de la 2e DB [3]. Les troupes débarquées en Normandie et Provence se donnent la main et elles sont françaises. Il y aura à revenir sur la fin de l'enveloppement du GA/G allemand du sud de la Loire [4].

*

EN AQUITAINE ET POITOU-CHARENTES

La disparition de l'emprise allemande en région toulousaine, Languedoc-Roussillon et Massif central, portions centrale et méridionale du sud de la Loire, s'effectue conjointement à la libération de la frange atlantique. De Bayonne à Poitiers, l'ennemi s'éclipse du 20 août au 5 septembre. Pas complètement toutefois. Il parvient à se maintenir dans deux bastions : autour de Royan et de La Rochelle.

Pour leur mouvement de repli, les unités du 64e CA (et celles qui

1. Soit gardes mobiles : 1 600 ; garde du Maréchal : 510 ; gendarmes : 400 ; GMR : 1 200 ; police urbaine : 510. Ces éléments sont, dans l'ensemble, disciplinés, instruits et bien armés, avec FM, mitraillettes et fusils. La majeure partie de leur encadrement est acquise à la Résistance.

2. 80 kilomètres au nord-ouest de Dijon.

3. La destinée a voulu que cette jonction soit effectuée par deux unités ayant combattu ensemble en Afrique dans les rangs de la 1re DFL.

4. Voir chapitre 15, « La reddition de la colonne Elster ».

lui sont rattachées) empruntent un large couloir entre l'Atlantique et la bordure occidentale du Massif central. Elles s'écoulent par Bordeaux, Angoulême, Poitiers, avant d'obliquer franchement vers l'est, dans l'espoir de gagner Dijon par le Berry et le Morvan. Tout au long de leur déplacement, les maquis collent à leurs basques, s'efforçant de les retarder ou de les neutraliser. La fortune, en final, sourira à certains d'entre eux. La colonne Elster, l'un des plus gros détachements de fuyards, sera prise dans la tenaille.

*

Ils sont nombreux, les départements de l'Ouest impliqués dans cette migration de la Wehrmacht : Pyrénées-Atlantiques, Landes, Gironde, Dordogne, Charente, Charente-Maritime, Vienne. S'y adjoindront bientôt des départements du Centre : Indre, Cher. Seront également comprises dans cette zone d'action la Vendée, les Deux-Sèvres, une partie de la Loire-Atlantique, du Maine-et-Loire, de l'Indre-et-Loire, du Loir-et-Cher, du Loiret. Soit en gros 16 départements.

En l'absence de reliefs marqués, le terrain ne se présente pas de prime abord comme une terre de maquis. A côté de larges étendues dégagées (seuil du Poitou, champagne berrichonne), il offre cependant de vastes surfaces boisées (forêt des Landes), des pays de bocage (Vendée, Indre, Cher), des paysages coupés (Dordogne). A une époque où le remembrement n'est pas encore intervenu, où les voies de communications ne sont pas dans l'état de celles de la fin du millénaire, il y est encore possible de « chouanner » activement. Sous réserve de mobilité et d'effet de surprise.

*

24 heures après celle de Tarbes, les garnisons de Pau et de Bayonne évacuent le 20 août et prennent la route de Bordeaux. Sur les longues portions rectilignes des nationales, leurs véhicules peuvent rouler sans obstacles majeurs. Difficile d'y monter de grosses embuscades.

Pau s'est esquivé sans se soucier des petits postes encore en place dans le piémont, en bordure de frontière espagnole, ou dans des villes de moyenne importance : Mauléon, Oloron-Sainte-Marie. Dans tout ce secteur, le CFP est bien implanté. Il mènera le gros de l'action, épaulé à l'occasion par des groupes de l'AS ou des guérilleros espagnols.

A Arthez-de-Béarn [1], CFP et AS mettent hors de combat une

1. A 10 kilomètres à l'est d'Orthez.

quinzaine d'Allemands, apparemment « oubliés » par leurs supérieurs. A Oloron-Sainte-Marie, les 150 Feldgrau espèrent gagner l'Espagne, distante de 55 kilomètres, par la vallée d'Aspe et le col du Somport (1 632 m). Ils sont dans un premier temps arrêtés à Bedous par des guérilleros espagnols, ce qui permet à une compagnie du CFP d'accourir. Une section de l'AS, qui a obligé les occupants du fort du Portalet à se rendre, les stoppe à nouveau. L'intervention de plusieurs compagnies du CFP permet d'en finir. L'ennemi laisse 90 prisonniers, 12 tués et une dizaine de blessés. Le chef de la Gestapo d'Oloron a préféré se suicider. Quelques fuyards seront encore rattrapés et seuls quelques individus atteindront l'Espagne en empruntant le tunnel ferroviaire [1].

Les Allemands qui quittent Pau, Bayonne, Dax finissent par être obligés de traverser les Landes, secteur favorable à des embuscades. En cette région, l'homme fort s'appelle Léonce Dussarat, dit le « Lion des Landes ». Grand résistant, bien soutenu par l'agent britannique du SOE, Robert Landes (« Aristide »), il a mis sur pied une solide organisation. Le 11 août, il a été nommé chef départemental FFI par un comité régional. Cette nomination n'a pas été sans contestation. Le colonel de Milleret (« Carnot »), du CFP, avait été désigné pour ce poste par les généraux Koenig et Moraglia [2]. Un compromis a tranché : Dussarat conservera le titre, Milleret commandera sur le terrain. Effectivement, ce dernier mènera les opérations militaires. Cet imbroglio rend compte des rivalités locales. AS, FTP, ORA cohabitent mal dans les Landes. Leur fusion dans le cadre des FFI est très théorique, dans ce département où travaillent 12 compagnies de l'AS, 10 des FTP, une brigade du CFP, une compagnie du bataillon d'Armagnac (AS).

Aire-sur-l'Adour, important carrefour routier en limite du Gers, des Landes et des Pyrénées-Atlantiques, a été évacuée dès le 12 août. Le bataillon d'Armagnac est aussitôt entré dans la ville. A Mont-de-Marsan, un millier d'aviateurs défendent toujours la base aérienne située en périphérie nord. Dans la nuit du 20 au 21, le CFP commence à établir des barrages autour. Une compagnie se dirige sur le hameau de Cèpe [3] pour contrôler la D 651 menant à Bordeaux. Elle est à peine en place qu'elle se heurte à du « dur ». La base aérienne vient de décrocher. Il y aurait 105 véhicules avec des mitrailleuses lourdes. La compagnie du CFP est vite débordée. Un des siens blessé et fait prisonnier est exécuté. Les gens de la Luftwaffe peuvent poursuivre. Un

1. Il existait à l'époque une liaison ferroviaire Oloron-Sarragosse par le tunnel du Somport (on sait qu'il est question de la remettre en service).

2. Chef régional FFI pour la zone B (Bordeaux).

3. A 10 kilomètres au nord-ouest de Mont-de-Marsan.

peu plus loin, ils menacent le maire du village de Labrit de tout détruire si un coup de feu est tiré contre eux. Exécutions, exactions. L'Allemand traîne toujours le même sillage derrière lui.

A cette heure, des unités de Dussarat et du CFP ont pénétré dans Mont-de-Marsan, où des volontaires viennent s'enrôler. Soudain, l'allégresse générale est interrompue par l'annonce d'une forte présence allemande à Tartas, à 27 kilomètres au sud-ouest. On apprendra par la suite qu'il s'agit d'aviateurs arrivant de Pau et cherchant à rejoindre leurs camarades de la base aérienne en traversant Mont-de-Marsan. Des sections de l'AS et du CFP se portent aussitôt au-devant afin de parer à la menace sur la ville. Une barricade, des défenses s'organisent près du pont de Bats sur la RN 124. Vers 16 heures 30, l'avant-garde allemande bute sur la position. La lutte se prolonge jusqu'à la nuit. Les capitaines Croharé (CFP) et Mellows (Canadien d'une mission interalliée), ainsi que deux adjudants sont tués. Le colonel de Milleret est légèrement blessé. Les cadres, souvent à la tête de troupes inexpérimentées, se doivent de payer largement de leur personne. Faute de moyens de transmissions, ils ont aussi à se porter de l'avant pour se renseigner et commander. C'est la règle du combat des maquis. Ayant perdu plusieurs véhicules, les Allemands renoncent à pénétrer dans Mont-de-Marsan et modifient leur itinéraire.

Les jours suivants apportent la saisie de trois chars R 35 en bon état avec leurs munitions. Le CFP libère également deux camps renfermant 5 000 prisonniers nord-africains et africains. Ces soldats de l'empire y étaient détenus depuis la défaite de 1940. Il sera possible de former avec eux un bataillon de marche [1].

*

Les regards maintenant se portent essentiellement sur Bordeaux, point de passage quasi obligé pour les troupes débouchant de la côte et des Landes. S'ajoute à Bordeaux l'intérêt de son port.

Le 19 août, la 159e DI, centrée sur Bordeaux, a reçu ordre de faire mouvement vers le nord. Elle doit au préalable détruire les installations portuaires et les ponts routiers et voies ferrées (en liaison avec les marins de la Kriegsmarine).

Le commandement allemand est persuadé d'être entouré de maquis très importants, prêts à passer à l'attaque. Ce sentiment l'incitera à négocier. De fait, la guérilla est active dans le Bordelais, visant les groupements ayant entamé leurs déplacements vers le nord. Sainte-Foy-la-

1. Les Africains, par la suite, constitueront le 14e RTS.

Grande passe aux mains des maquisards le 17, La Réole le 23, Langon, Arcachon le 24. Dans le Médoc, des combats sanglants se sont déroulés près de Sainte-Hélène (27 tués au maquis). Le 23, à Montendre, en limite de la Gironde et de la Charente-Maritime, un engagement de quatre heures met aux prises 400 maquisards avec une colonne de blindés. André Bouillard, « Dédé le Basque », figure historique de la Résistance, est mortellement blessé. Un peu plus loin, en Dordogne, Bergerac a été libérée le 21. Dans la vallée de la Garonne, les maquisards du Lot-et-Garonne, émanant de l'AS, des FTP, des groupes Veny, de l'ORA [1], ont harcelé sans répit les garnisons d'Agen, Tonneins, Marmande, qui se replient « en tiroir » sur La Réole. Ils ont fait 420 prisonniers.

Incontestablement donc, la pression de la Résistance est vive autour de Bordeaux où convergent de surcroît des maquis plus éloignés : brigade du colonel de Milleret (arrivant des Landes), groupements des colonels Adeline et Druilhe de Dordogne [2], groupement du commandant Duchez d'Arcachon, pour ne citer que les principaux.

Le colonel de Milleret a raconté sa marche sur Bordeaux :

> « Le 23 commencent à démarrer les deux colonnes que je lance sur deux axes en direction de Bordeaux... La plus importante se forme à hauteur de Morcenx... L'autre peu fournie et moins armée me sert de flanc-garde. Toutes deux rallient en route de nombreux groupes FFI qui veulent prendre part à la bataille finale, mais c'est la colonne Ouest qui connaît le meilleur sort car elle reçoit les renforts successifs du bataillon Nord-Landais (commandant Lartigau), de la compagnie Belin-Beliet (lieutenant Franck Cazenave) et surtout du bataillon d'Arcachon (commandant Duchez). Ma tactique est de toute prudence car je sais ma faiblesse en armes et projectiles aussi bien que l'hétérogénéité de mes troupes... Je cherche, par le harcèlement des arrières ennemis,

---

1. Le 6 juin, le Lot-et-Garonne alignait 5 000 maquisards. Il en comptera 12 000 fin août... (homologués : 7 600 AS et Veny, 3 000 FTP, 800 ORA).

2. Ce mouvement des maquisards de Dordogne, commandés par deux officiers d'active, Adeline et Druilhe, a été diversement commenté. Pourquoi ce long déplacement de 2 000 hommes en direction de Bordeaux ? Est-il justifié uniquement par des impératifs militaires ? D'aucuns ne le pensent pas. Alors ? Crainte d'une « soviétisation » locale ? Le danger à Bordeaux paraît moins élevé qu'à Toulouse, Limoges ou Montpellier. Volonté de contrer Robert Landes, l'homme du SOE et agent britannique ? Il n'y a rien d'impossible. De surcroît, une mésentente totale règne à Bordeaux entre le général Moraglia, le DMR, le colonel Gaillard et Robert Landes que Cusin, le commissaire de la République désigné, parvient mal à arbitrer.

à accentuer en ces derniers l'impression de déroute générale afin qu'ils abandonnent du matériel et des armes, voire qu'ils se rendent par petits groupes ou unités. C'est à ce moment qu'intervient l'escadrille Carnot... Un Morane 315 (biplace-école), un Mauboussin 195 (cerf-volant à moteur), un Luciole biplan suranné... Le Luciole, trop lent, sera réservé pour l'observation à distance et le réglage des tirs ; le Mauboussin, planeur à hélice, servira aux déplacements spécifiques à distance [1]. »

Quant au Morane 315, Milleret s'en servira pour du mitraillage.

Sur place, à Bordeaux, le maire et des notables essayent de traiter avec l'occupant, mais ils appartiennent déjà au passé. Suite à l'explosion sur les quais d'un important dépôt d'explosifs provoquée par un Allemand antinazi, les responsables allemands finissent par être persuadés que la Résistance est omniprésente. Entrés en contact avec des représentants du colonel Adeline, arrivé aux portes de Bordeaux, ils signent le 26 août un accord qui stipule :

« Les troupes FFI ne pourront occuper la ville qu'à partir de 0 h 1 minute, lundi matin 28 août. »

Le protocole signé a un mérite : il préserve l'intégrité de la ville et du port. En contrepartie, 20 000 Allemands et Italiens quittent les lieux sans être inquiétés. Certains ne l'admettent pas. Des FTP pénètrent dans Bordeaux le 27 après-midi. Les escarmouches avec les derniers éléments sur le départ feront une dizaine de morts côté français.

Comme prévu, les maquisards, le 28 au matin, prennent possession de Bordeaux mais chacun campe de son côté. Le colonel Druilhe [2] aura fort à faire pour imposer la « légalité républicaine » à des groupes de FTP ou des guérilleros espagnols, ces derniers accourus en masse. Il y a aussi Landes, auréolé des services rendus au maquis et qui se regarde d'abord et avant tout comme un sujet de Sa Majesté. C'est de Gaulle lui-même qui lui signifiera assez vertement son congé, lors de son passage à Bordeaux mi-septembre [3].

Bordeaux est sauf mais, conformément aux ordres du Führer, Royan

---

1. *Les combattants racontent : Le Front du Médoc. Une brigade FFI au combat*, Bordeaux, 1989.

2. Investi du commandement militaire de la 18e région militaire, le 11 septembre. Cette 18e RM englobe à cette date la Gironde, la Charente-Maritime, les Landes, les Pyrénées-Atlantiques, les Hautes-Pyrénées.

3. De Gaulle aura eu la veille à Toulouse le même comportement vis-à-vis d'un autre Britannique, G. Starr, « Hilaire ».

et la pointe de Grave ne sont pas abandonnés. Les Allemands contrôlent ainsi l'embouchure de la Gironde, interdisant tout trafic maritime avec le port de Bordeaux. Investir ces places encore occupées incombe aux seules troupes disponibles, les maquisards du Sud-Ouest [1]. La brigade de Milleret (dite brigade Carnot), s'enfonçant dans le Médoc, se fixe sur la pointe de Grave. Le groupement Adeline s'oriente sur Royan. Une autre bataille commence, changeant de caractère. Les maquisards abandonnent leur pelure de francs-tireurs et se transforment en soldats d'une armée régulière, pour une guerre qui sera essentiellement une guerre de position [2]. D'ores et déjà comment ne pas souligner que la majorité de ceux qui poursuivent la lutte contre l'occupant proviennent de l'AS-ORA et des Veny [3] ? Les FTP sont rares. Ils préfèrent « s'occuper » de l'intérieur.

*

L'accord intervenu sur Bordeaux accordait du temps mais non de l'espace. Autrement dit, dès leur sortie de Bordeaux et surtout une fois franchie la Dordogne, les Allemands sont à la merci des embuscades des maquis de Charente et de Dordogne.

Dans la légende des maquis, le département de la Dordogne est injustement oublié. Son voisin de la Haute-Vienne, avec Guingouin, lui a volé la primeur. Et pourtant ! Les chiffres parlent : 30 000 maquisards homologués en Dordogne, 15 000 en Haute-Vienne [4]. Mais, en Dordogne, la grosse majorité des effectifs provient de l'AS (20 000) et de l'ORA (3 000). Ceci explique cela. Les pertes confirment ces données. 671 maquisards tués, fusillés ou déportés en Dordogne, 302 en Haute-Vienne.

Ces maquis de Dordogne ont livré de nombreux combats. Mussidan, Mouleydier ont été évoqués. Le mois de juillet a encore été marqué par une série d'affrontements le 6, le 15, le 25, puis les 3, 4, 7 et 9 août. Avec toujours le même lot de crimes de l'occupant.

L'activité du maquis est telle que la garnison de Périgueux, pour se replier, n'ose s'aventurer sur les routes conduisant directement à Angoulême. Elle emprunte la RN 89 qui lui impose un long détour par l'ouest. Cet itinéraire, à priori moins périlleux, ne l'empêche pas

1. Les Alliés sont trop occupés par ailleurs (nord de la Seine, Sud-Est, etc.) pour dépêcher des forces dans le Sud-Ouest.

2. Voir chapitre 20.

3. Ainsi que des coloniaux libérés et mobilisés.

4. La Haute-Vienne est toutefois légèrement moins peuplée.

de perdre 11 tués et 87 prisonniers à Saint-Astier (20 kilomètres sud-ouest de Périgueux).

Retrait allemand. Pression du maquis. Tout le département de la Dordogne est libéré le 25 août. Les maquisards locaux peuvent se consacrer à d'autres opérations. On a vu le groupement Adeline, de Dordogne-sud, marcher sur Bordeaux. D'autres groupes se portent sur l'axe matérialisé par la RN 10 Bordeaux-Paris par Poitiers. Ils travailleront là avec leurs camarades charentais, notamment ceux de Bir-Hakeim.

Ce maquis Bir-Hakeim (simple homonymie avec le maquis Bir-Hakeim décimé à La Parade), sous les ordres du colonel Chabanne, atteint le 30 août la valeur d'un régiment (3 000 hommes). Depuis le 6 juin, il a multiplié les actions de sabotage et de harcèlement. Le 10 août sa 3e compagnie, en forêt de Saint-Amant-de-Boixe, sur la RN 10 [1], a détruit au bazooka cinq camions allemands. Bir-Hakeim semble du reste s'être spécialisé dans les attaques au bazooka. Cette arme, à condition d'être bien utilisée et à courte distance – ce qui implique un beau courage de la part de ses servants –, est particulièrement efficace contre les véhicules et engins blindés.

Dans les derniers jours d'août, plusieurs maquis convergent donc pour prendre de flanc l'ennemi remontant sur Poitiers. Du nord au sud interviennent :

– le groupement Foch (maquis AS d'environ 500 hommes) ;
– le maquis Bir-Hakeim ;
– le maquis FTP du colonel Bernard (2 000 hommes), provenant de la Haute-Vienne et de la Charente [2] ;
– le groupement Ricco et Rac, originaires de la Dordogne.

Plus, évidemment, des maquis locaux moins étoffés.

Tous ces maquisards s'en prennent aux troupes défilant sur la RN 10 et contrarient leur repli. La vitesse moyenne journalière du 64e CA est éloquente : 353 kilomètres de Bordeaux à Châteauroux parcourus en 13 jours (du 27 août au 10 septembre). Soit 27 kilomètres par jour. Le déplacement d'un homme au pas !

Le 1er septembre, Bir-Hakeim, maquis Bernard et section spéciale de sabotage entrent ensemble dans Angoulême où subsiste une garnison italienne. Pourquoi cette ultime présence ? 7 officiers, 180 soldats relevant de la République fasciste de Mussolini sont faits prisonniers.

---

1. A 20 kilomètres au nord d'Angoulême.
2. A ne pas confondre avec le maquis du même nom, AS-OCM, d'une centaine d'hommes, opérant dans la région de Jonzac et qui participera le 4 septembre à la libération de Saint-Jean-d'Angély.

Angoulême occupée, la voie principale de repli est définitivement coupée. Cependant, l'intégralité des Allemands a déjà pris du champ. Poitiers, le 5 septembre, finit de les voir défiler. De là, ils obliquent franchement vers l'est. En maints endroits, ils se heurtent aux maquisards poitevins, à Chauvigny, Rouillé, Verrières, Lussac-lez-Château, Saussé, Savigny-Lévescault.

Sur ce parcours menant vers l'est, Châteauroux est destinée à connaître une terrible douche écossaise. Le dimanche 20 au matin, les Allemands s'éloignent. A midi, le 1er escadron à cheval du 3e bataillon du 1er régiment de France [1] (capitaine Colomb), passé secrètement le 10 août sous les ordres du chef d'escadrons de Beaumont qui reconstitue le 8e cuirassiers, reçoit l'ordre de foncer sur Châteauroux. Cet escadron est une belle unité : 300 cavaliers instruits, encadrés par des gradés de valeur [2]. Il le montrera à Ecueillé le 24 août : 30 Allemands tués, 40 prisonniers, 6 canons de 88 saisis. Le 1er escadron « libère » donc Châteauroux, occupe les casernes et fait partout hisser les couleurs nationales au milieu d'un enthousiasme fou.

A la tombée de la nuit, les « vrais maquisards » se présentent à leur tour. Rencontre orageuse avec les « soldats de Pétain ». Pour éviter des incidents, l'escadron est relevé et expédié sur Saint-Maur [3], en périphérie de la ville.

Soudain, après une décade agitée par les soubresauts de la Libération, le 30 août, un flot couleur vert et gris se déverse sur Châteauroux. Le 950e régiment indien, mis sur pied en 1942 dans des camps de prisonniers par le nationaliste Chandra Bose, occupe Châteauroux, rapidement évacuée par le maquis. Il s'installe au Poinçonnet [4], en banlieue. Durant dix jours, des colonnes de fuyards en provenance du Sud-Ouest traverseront Châteauroux. Le dernier contingent nazi ne

1. On sait que le 1er régiment de France, cantonné près de Bourges et dans le Berry, fut formé en 1943. Il était la seule unité autorisée par les Allemands après la dissolution de l'armée de l'armistice. La grosse majorité de son effectif y servait dans l'espoir d'être armée pour la revanche.

2. Dans les rangs de cet escadron, il est un jeune brigadier dont une promotion de Saint-Cyr (1976-1978) porte le nom. Entré à Saint-Cyr, replié à Aix-en-Provence, en octobre 1942, Gérard de Cathelineau ne connaît que six semaines de vie d'école. En 1944, il s'engage au 1er régiment de France, dans l'espoir de reprendre les armes contre les Allemands. Il reçoit la croix de guerre pour son courage à Ecueillé et aux combats suivants. Après deux séjours en Extrême-Orient, le capitaine de Cathelineau est tué en Algérie, en juillet 1957.

3. Peu après, pour estomper les réminiscences du passé, cet escadron sera intégré au 8e cuirassiers.

4. Les Hindous s'y comportent en affreux soudards, violant et pillant (ils auront la même attitude à Ardentes, le 31 août).

s'éloignera que le 10 septembre. Châteauroux, épargnée grâce au courage du secrétaire général de la préfecture, Roger Brac, s'interposant quotidiennement [1], ne sera vraiment libre qu'à cette date. Les drapeaux pourront ressortir, mais le cœur ne sera plus le même. Cette liberté est endeuillée par l'explosion le 10 d'une bombe à retardement à la caserne Bordessoulé – 11 maquisards sont tués.

*

A l'ouest d'une ligne Angoulême-Poitiers-Tours, l'évacuation allemande permet aux maquisards d'occuper les localités : Saumur (nuit du 29 au 30 août), Tours (nuit suivante), Niort (6 septembre), etc.

Mais comme sur Royan, et toujours conformément à la volonté du Führer, une poche de résistance s'organise pour couvrir La Rochelle et La Palice [2]. 16 000 Allemands défendent un secteur de 400 kilomètres carrés en s'appuyant sur 200 casemates avec le soutien de 150 pièces d'artillerie. Encercler ces obstinés et leur interdire l'arrière-pays incombe ici encore aux maquis, ceux de Charente-Maritime, des Deux-Sèvres et de Vendée. Ceux-là sont relativement étoffés :

- 7 200 en Charente-Maritime (4 500 AS/OCM – 2 700 FTP) ;
- 7 500 dans les Deux-Sèvres (4 200 AS – 3 300 FTP) ;
- 5 300 en Vendée (3 800 AS – 1 500 FTP).

Un calcul rapide montre que leurs effectifs excèdent très légèrement ceux de l'ennemi. Mais tous ne sont pas engagés. Des maquisards du Centre-ouest, berrichons notamment, viendront les renforcer. Une fois organisées, fin octobre, les forces françaises de La Rochelle placées sous le commandement du colonel Chene compteront 10 700 hommes.

Si l'armement est relativement satisfaisant, artillerie et blindés manquent. Heureusement, les Français pourront compter sur l'appui de l'aviation alliée [3], alors que la Luftwaffe est réduite à des unités de DCA.

Des heures difficiles attendent les combattants, face à un adversaire qui ne renonce pas. Le 6 septembre, il tente une reconnaissance offensive en vue d'élargir sa zone d'action et d'accroître ses possibilités de ravitaillement. Les maquisards des Deux-Sèvres du colonel Chaumette, chef départemental FFI, stoppent cette incursion à Mauzé (25 kilomètres au sud-ouest de Niort). Au prix d'un violent combat, AS et

1. A sa mort, Châteauroux donnera son nom à une place de la ville.
2. Ainsi que les îles de Ré et d'Oléron.
3. S'adjoindront assez vite d'importantes forces navales françaises.

FTP, solidaires, contraignent les assaillants à se replier. Peu à peu, les positions se stabilisent. Une guerre de tranchées débute, en n'oubliant pas que certains maquisards sont arrivés en tenue d'été, shorts et sandales !...

*

Enoncer que les FFI ont libéré le sud de la Loire est aussi inexact qu'injustifié. Le sud de la Loire a été libéré parce que l'Allemand a décampé sous la menace des armées alliées. Tous les historiens objectifs sont unanimes sur ce point.

Le cas de Brive libérée le 15 août, avant même les ordres de repli généralisé du Führer, n'est pas contradictoire. Si la situation créée par l'avance de Patton n'avait pas été ce qu'elle était, Brive aurait connu le sort de Tulle. Après quelques heures d'euphorie, une colonne allemande aurait repris la ville et semé la mort.

Cette réserve fondamentale n'enlève rien à la valeur de l'action des maquis. Ces derniers ont joué un rôle à leur portée. Ils ont retardé l'ennemi et l'ont assommé de coups, affaiblissant d'autant son potentiel pour l'empoignade finale. Il est admis que sur les 200 000 Allemands du sud de la Loire, 130 000 ont réussi à s'échapper. Les autres sont restés en chemin. Exemple, l'intégralité de la garnison de Castres contrainte de se diriger vers les camps de prisonniers. Ces résultats ne sont pas déjà si mauvais.

Evidemment, il sera toujours possible d'affirmer que sans manifestation des maquis, la Libération se serait effectuée sans dommages. Est-ce si sûr ? L'ennemi aurait eu toute latitude pour piller et détruire avant de s'éloigner. Que serait-il advenu du port de Bordeaux, s'il n'y avait eu la présence proche des maquis imposant au commandement allemand d'accepter un biais ?

De ces actions pour neutraliser l'adversaire au sud de la Loire, il en est une qui mérite un regard plus poussé : la reddition de la colonne Elster. Elle est le résultat d'une opération militaire d'envergure, habilement et courageusement menée. Elle s'affirme la réussite des maquis français.

Chapitre XV

LA REDDITION DE LA COLONNE ELSTER

Pour bien appréhender le déroulement de l'anéantissement de la colonne Elster, il est nécessaire d'en situer le cadre. La phase finale se déroule en Berry, soit donc dans les départements de l'Indre et du Cher. La partie septentrionale de l'Allier, le Bec-d'Allier, entre la Loire et son principal affluent rive gauche, s'y intègre également.

Le sud de l'Indre et du Cher se prête à des actions de guérilla. Bois, chemins creux, haies vives, assurent des défilements discrets pour mettre en place des embuscades et décrocher rapidement. L'habitat dispersé avec ses fermes, ses granges disséminées dans la verdure, certaines abandonnées, fournit des retraites sûres pour l'hébergement et la nourriture. En dehors des grands axes, sous le tapis de feuillage de l'été, la Luftwaffe a du mal à repérer des regroupements. Quand elle se manifeste ! En août-septembre 1944, les chasseurs-bombardiers alliés règnent dans le ciel. Ils participent activement à la destruction des convois allemands.

*

Dans l'Indre, la Résistance est parvenue à une assez bonne unité. Le 20 juin, à Mézières-en-Brenne, le colonel Chomel, de l'ORA, a été nommé adjoint militaire du colonel Mirguet, « Surcouf », chef départemental de l'AS. Les jours suivants, au nom des FTP, le colonel Despains a entériné. Chomel, ancien chef d'état-major de De Gaulle à la 4e division cuirassée en mai-juin 1940, est ainsi appelé à conduire les opérations militaires dans l'Indre jusqu'à la Libération.

Les maquis de l'Indre, en août 1944, représentent plusieurs milliers de combattants. Les effectifs sont passés de 3 000 en juin à 8 000. Ils atteindront 16 000 en septembre, inflation classique... Les FTP, sous le commandement de Despains, alignent plusieurs bataillons d'environ 400 hommes. Le 27 juillet a été pour eux une journée noire. Le camp de Dampierre, 20 kilomètres au sud-est d'Argenton-sur-Creuse, a été investi par Allemands et miliciens. 13 maquisards tués, dont trois officiers. L'ORA, sous l'impulsion de Chomel, a formé la brigade Charles-Martel. 2 350 hommes avec une centaine d'officiers d'active et de réserve. Elle est surtout présente en Brenne avec le 17e BCP reconstitué par son ancien chef de corps, le commandant Costa de Beauregard [1]. Quelques grands noms ont rejoint ce 17e BCP : le prince Napoléon (« sergent Monnier »), le prince Murat de Pontecorvo (« lieutenant Joachim »), qui sera tué au combat le 20 juillet 1944.

L'AS représente l'organisation la plus importante, avec près d'une dizaine de bataillons. Le GIE (groupement de l'Indre-est), commandé par le lieutenant-colonel Robert Vollet (« Robert ») [2], issu de l'école nationale des cadres du maquis du Haut-Jura [3], en dénombre trois. Ce GIE provient essentiellement du Boischaud-sud, la région de La Châtre, chère à George Sand. L'histoire de l'une de ses compagnies donne une image fidèle de l'activité d'un maquis berrichon du 6 juin à la Libération.

Cette compagnie voit le jour sous le nom de maquis « Albert », de l'indicatif de son organisateur et patron, le sergent-chef Albert Gouliard, militaire de carrière. Gouliard fait appel aux enfants de Cluis, village dont il est originaire. Presque tous, comme Raymond Mariotat ou Roland Pourinet, ont de 18 à 20 ans, guère plus. Le regroupement

---

1. A ne pas confondre avec son homonyme, commandant le 6e BCA dans le Vercors. Se reconstitue également, dans le cadre de la brigade Charles-Martel, le 32e RI de Loches avec le commandant Costantini, le 27e RI du Blanc, commandant Fox. En final, la brigade Charles-Martel comprendra un groupe de reconnaissance (8e cuirassiers, 17e BCP) et deux demi-brigades (27e et 32e) à deux bataillons.

2. A son état-major appartient le commandant Besson, futur général d'armée.

3. Ecole mise sur pied, on le rappelle, par Robert Soulage, officier d'active et ami d'Henri Frenay. Bien des cadres du maquis y ont effectué un stage.

commence à l'annonce du débarquement au lieudit Combes, sur la commune de Velles, à une quinzaine de kilomètres au sud de Châteauroux. Le 18 juillet, ce maquis Albert devient officiellement la 7e compagnie du GIE, sous le commandement de Gouliard promu lieutenant. Un gendarme y est chef de section.

Jugeant ses hommes insuffisamment instruits et armés, Gouliard les oriente d'abord principalement sur les sabotages. Le JMO de l'unité en rapporte de nombreux : 7, 11, 16, 18, 20, 24, 26, 27, 28 juin, 15, 17, 24, 30 juillet, puis 6 et 7 août. Voies ferrées, dont la grande ligne Paris-Toulouse, ponts, pylônes électriques sont visés. Des anciens estiment qu'ils firent là la tâche la plus à leur portée et peut-être la plus utile.

Des parachutages intervenus les 21, 23 juin et le 21 juillet donnent confiance, mais les 8 et 17 juillet ainsi que le 21 août les campements sont déplacés par mesure de sécurité. Entre-temps, quelques miliciens ou collaborateurs notoires ont été arrêtés. Le 8 août, la 2e section intercepte et fait prisonnier le général Berlon [1], commandant le 1er régiment de France. Cette capture sera bénéfique. Elle aidera en partie les cadres du régiment à reprendre leur liberté (cas de l'escadron Colomb par exemple).

La seconde quinzaine d'août, la 7e compagnie, plus expérimentée maintenant et mieux armée, s'en prend résolument aux Allemands. Le 18 août, une embuscade coûte quatre tués et quatre blessés à l'ennemi.

Le 25, la compagnie, sur ordre, fait mouvement vers la vallée du Cher. Elle y reçoit mission de s'intégrer au dispositif visant à interdire le franchissement de la rivière. Mission parfois risquée. Le 28 août, à Villefranche-sur-Cher, une contre-attaque allemande contraint une partie de la compagnie à traverser le Cher à la nage pour s'échapper.

Les Allemands tendent aussi des embuscades sur lesquelles viennent buter les maquisards berrichons. Le 28 août encore, un aspirant et son chauffeur sont ainsi faits prisonniers et les deux malheureux aussitôt exécutés. Gouliard lui-même sera victime d'une rencontre inopinée le 10 septembre à Mareuil, dans le Cher.

La 7e compagnie a perdu au combat trois tués, dont son chef, un disparu, deux prisonniers et a eu trois blessés.

*

Le département du Cher a été durant longtemps coupé par la ligne de démarcation. L'organisation de la Résistance s'en ressent. Elle est

1. Il sera traduit en justice en 1948.

moins unie. Dans la portion hier non occupée du département, elle s'est rapprochée de celle de l'Indre. Ce passé n'empêche pas les maquis d'être actifs. Ils l'ont montré avec l'attaque contre la Milice à Saint-Amand-Montrond en juin.

Comme partout, ils comprennent des gens de l'AS et des FTP. Ici, on parle volontiers des « maquis blancs » et des « maquis rouges ». Chez les premiers, la compagnie Surcouf a perdu son chef, le capitaine Blanchard, ancien aspirant du 1er RI et s'est regroupée vers Culan. Les seconds, sous les ordres des capitaines Hubert (un ancien des Brigades internationales), Renaudin et Baptiste, sont dans la région de Saint-Florent et de Culan.

Cependant, la principale force repose sur le 1er RI reconstitué dans la clandestinité. Ce 1er RI est l'héritier du plus vieux régiment de l'armée française, le régiment de Picardie, créé en 1569 à partir de vieilles bandes françaises de Picardie [1]. Fin 1942, le régiment en garnison dans le Cher est dissous. Son chef, le colonel Bertrand, adopte de suite des dispositions pour qu'il puisse un jour reprendre le combat. Les contacts se nouent avec les officiers, les sous-officiers et la troupe, afin de préparer une mobilisation dans le maquis. A la mi-août 1944, c'est chose faite. Le 1er RI reformé compte 1800 maquisards, en majorité des Berrichons, bien encadrés, en trois bataillons. L'afflux de volontaires a même permis la mise en route d'une formation parallèle, la 33e demi-brigade, commandée par le lieutenant-colonel Trousseau. L'ensemble, 1er RI, 33e demi-brigade, renforcé par le maquis Surcouf et plusieurs unités FTP, formera le groupement Bertrand, d'environ 5 000 hommes.

*

Se trouve encore, éclaté en Berry, un régiment qui pose de plus en plus de problèmes : le 1er régiment de France. Le désir profond des colonels Chomel et Bertrand est de le récupérer avec armes et bagages [2]. Il est cependant à compter avec certains de ses chefs. Le général Berlon est arrêté, on l'a vu, le 8 août, par la 7e compagnie du GIE. Ses adjoints se montrent hésitants à s'engager ouvertement du côté du maquis. Finalement, le 21 août, le colonel Bertrand, investi de l'autorité de fait dans le Cher, prescrit la dissolution des deux bataillons du 1er régiment

1. Créé en 1569, il ne prend toutefois l'appellation de régiment de Picardie qu'en 1585 et devient 1er régiment d'infanterie en 1794. Quatre palmes au drapeau en 14-18, deux palmes au drapeau en 39-45, médaille de la Résistance, fourragère aux couleurs de la médaille militaire. Voir *Histoire de l'Armée française*, du même auteur, chez le même éditeur.

2. En exécution des ordres formels reçus de Londres à ce sujet.

de France et la mise en disponibilité des chefs. Les compagnies sont appelées à rejoindre séparément le maquis [1].

Dire que tous ces éléments maquisards berrichons sont correctement armés serait excessif. Depuis juin, ils ont cependant reçu des parachutages. Les combattants disposent des rituelles Sten, des carabines US MI, de FM 24-29 français et de quelques bazookas. De quoi mener une guérilla sérieuse. Ils bénéficient également d'un soutien bienvenu. Plusieurs missions interalliées ont été parachutées à leur profit. Leurs membres servent d'instructeurs, de techniciens pour les sabotages et participent à l'encadrement. En outre, ces équipes disposent de moyens radio. Les liaisons avec Londres seront plus qu'utiles pour déclencher et orienter la chasse amie sur les convois allemands. Tous les maquisards gardent fidèlement le souvenir de ces Américains, Britanniques et Français descendus du ciel une nuit d'été. Non sans risques. Le sergent Lexis Goddard se tue lors de son parachutage dans le Cher, dans la nuit du 6 au 7 août. Son parachute ne s'est pas ouvert.

Il reste à évoquer le Bec-d'Allier, qui commande les ponts sur la Loire à Decize, Gannay-sur-Loire, Dingouin, Bourbon-Lancy, en direction d'Autun et du Morvan. Les maquisards de l'Allier, comme on l'a vu, sont relativement faibles. Pour barrer cette zone de passage vers l'est, interviendra la DLA (division légère d'Auvergne) du colonel Fayard. Organisée dans le cadre de la colonne Schneider au lendemain de la libération de Clermont-Ferrand, elle comprend trois grands groupements issus des maquis auvergnats :

– Groupement Le Pozz (2/3 AS, 1/3 FTP) ;

– Groupement Colliou du Puy-de-Dôme (9/10 ORA, 1/10 AS) auquel se sont joints des FFI du Cantal (1/2 ORA, 1/2 AS) [2] ;

– Groupement Thollon du Cantal (3/4 ORA, 1/4 AS) [3].

---

1. La fin de ce 1er régiment de France intervient assez vite. Sous la pression des événements et de ses éléments patriotes, le régiment se disloque. Individuellement, par petits groupes ou en unités constituées comme l'escadron Colomb, les hommes rejoignent la Résistance berrichonne. Un petit bataillon cependant, sur ordre de Vichy, a pris la route de l'Est. En Haute-Marne, son chef, le commandant Meyer, parvient à entrer en contact avec le colonel de Grouchy, chef départemental FFI. Le 22 août, le bataillon, en trois petites compagnies (250 hommes au total), passe au maquis. Il participera activement aux combats de la Libération. L'aspirant Pasquet et cinq de ses hommes seront tués le 11 septembre en attaquant une forte colonne allemande.

2. Voir plus bas, chapitre 17. Le colonel Colliou s'était efforcé de reconstituer le 152e RI dans la clandestinité.

3. Ce groupement Thollon est né du passage au maquis, le 2 juin 1944, de l'école des cadres de « Jeunesse et Montagne » et de divers personnels émanant de l'armée de l'air.

Unité à fort pourcentage ORA, la DLA dispose d'un bon encadrement. Son armement est satisfaisant. Il a été en grande partie récupéré sur l'ennemi.

La bataille qui s'engage sera dans la pratique conduite par trois colonels : Chomel dans l'Indre, Bertrand dans le Cher, Fayard dans l'Allier. Si ces trois officiers partagent un point commun – leur volonté farouche de détruire l'ennemi –, ils souffrent d'un handicap : le manque de coordination entre eux. Chacun connaît la zone d'action où il doit travailler et y agit de son mieux. Mais aucune autorité supérieure ne les coiffe directement.

De véritables liaisons de commandement font défaut. Il n'est que Koenig pour superviser l'ensemble. Il est loin, sans renseignements précis et réguliers, sans grandes possibilités pour conduire la manœuvre. Le résultat final, dans de telles conditions, n'en est que plus remarquable.

*

Depuis le Befehl (ordre) du Führer du 17 août, les convois allemands, débouchant du Sud-Ouest, défilent vers l'est. Leur objectif est connu : Dijon. Tous ces convois, une fois arrivés en Berry, n'échappent pas à leur destin. Ils continuent d'être harcelés. Les maquisards leur mènent la vie dure sur l'axe Issoudun-Bourges-Nevers et sur celui Châteauroux-Saint-Amand-Montrond-Sancouins plus au sud. Le 20 août, gros accrochage à Saint-Pierre-le-Moutier (Bec-d'Allier). Pertes sensibles de part et d'autre. Le même jour, un convoi de la base aérienne de Châteauroux perd sept camions et six voitures légères. Le 23, une attaque de la 2e compagnie du 1er RI cause une vingtaine de tués à l'ennemi, entre Laugère et Saint-Maignan. Il n'est pas de journées sans harcèlements et embuscades pour enrayer le flot massif qui roule vers l'est, avec son cortège de viols et de tueries.

Le 4 septembre, le « gros » de ces troupes en repli est passé, submergeant par son nombre et sa puissance de feu les maquis en place. 60 000 Feldgrau ont réussi à s'éclipser. Soudain est annoncée l'arrivée d'une très forte arrière-garde, le Marschgruppe Süd, en provenance de la région de Biarritz et de la côte landaise. Elle sera appelée la colonne Elster, du nom de son chef, le général Elster, ancien patron de la Kommandantur de Dax.

Cet ensemble assez hétéroclite, de l'ordre de 18 000 hommes, comporte du bon et du moins bon. Il est articulé en trois groupements d'effectifs sensiblement identiques. Les deux premiers, l'un de marins, l'autre d'aviateurs, ont du mordant. Ils veulent passer, c'est-à-dire franchir la Loire. Au-delà, leur semble-t-il, se situe le salut. Le troisième groupement, à base d'éléments de défense côtière, est beaucoup plus cosmopolite. On y voit des Tchèques, des Danois, des Hindous. Ceux-là entendent d'abord « sauver leur peau » au moindre prix. Elster lui-même est bien résolu à se conformer aux ordres du Führer et à gagner Dijon. Ses adjoints également. L'appréciation objective de la situation le conduira à infléchir sa décision.

Les 30 et 31 août, cette lourde et lente colonne (une partie est hippomobile) a été attaquée sur les RN 10 et 11 au sud de Poitiers. Ayant obliqué vers l'est, elle est prise à partie par les maquis Roland (FTP) et Guillebon (AS).

En Brenne, à partir du 5 septembre, elle tombe dans le secteur de la brigade Chomel et des maquis de l'Indre. Elle y subit 93 embuscades. Chomel, de surcroît, réussit à faire intervenir l'aviation alliée entre Châteauroux et Issoudun. Ces attaques aériennes imposent à Elster d'éclater et d'utiliser de petites départementales.

Le 6 septembre marque une étape importante dans la libération du Cher. Le 1er bataillon du 1er RI entre dans Bourges, bientôt rejoint par trois compagnies FTP. La cité de Jacques Cœur se transforme en hérisson, de traversée périlleuse pour les Allemands. Elster est contraint de suivre un axe nettement au sud de la ville, par Châteauneuf-sur-Cher, Levet, Dun-sur-Auron, Blet, Sancoins, Saint-Pierre-le-Moutier, Decize. Sa progression y est ainsi canalisée car, plus au sud encore, des abattis continuels rendent impraticable l'itinéraire Saint-Amand-Montrond-Sancoins. Le pont sur l'Allier à Veurdre est coupé [1].

Ce même 6 septembre, le groupement Bertrand, sur lequel pèse maintenant le gros de l'effort, reçoit un soutien de poids. Le contact est pris avec le détachement Puech-Samson du 2e RCP, débouchant de Bretagne. Avec l'accord de Koenig, sept sections de paras sur Jeeps s'intègrent au dispositif Bertrand et seront en place les 7 et 8 septembre. Joignant la mobilité à l'audace, les paras sur « roulettes » remontant les colonnes y sèmeront le désarroi et la mort par leurs mitraillages.

Sur les cinquante kilomètres du parcours Châteauneuf-sur-Cher – Sancoins, Bertrand dispose de 23 compagnies. Il peut ainsi aligner 9 fusils-mitrailleurs sur deux kilomètres. Mais ses consignes sont précises : pas d'engagements massifs ; des coups multiples et répétés ; créer chez l'ennemi une angoisse perpétuelle de jour comme de nuit.

C'est une colonne fatiguée par 20 jours de marche incessante, de camions en panne, d'embuscades, de « straffing aérien », qui voit ses

1. En revanche, celui de Mornay à l'est de Sancoins n'est pas touché. Volontairement, car il est utilisé par les renforts du maquis.

avant-gardes quitter Châteauneuf-sur-Cher le 7 septembre au matin. Impossible de remonter vers Bourges. Un barrage du maquis interdit de pousser vers le nord. Dans la journée, un renseignement de prisonnier apprendra que, devant les attaques aériennes, Elster a décidé de réduire les déplacements de jour et de forcer les étapes de nuit.

La lutte s'organise en conséquence. Les Jeeps des paras ont été réparties entre le III/1er RI et le 1/33e DB. Elles intensifient leurs raids meurtriers, n'hésitant pas à mitrailler de nuit, tous phares allumés, les convois ennemis. Les maquisards vivent sur un rythme infernal. Attaques sans relâche à toute heure. Attaques suivies d'un décrochage rapide, pour éviter d'être forcés à l'affrontement. Puis retour sur l'ennemi pour frapper à nouveau.

Les Allemands s'épuisent. Chaque accrochage leur coûte des tués, des blessés, parfois des prisonniers. Mais ils ne sont pas sans moyens. Ils utilisent en permanence des balles traçantes qui leur permettent de mieux cibler les tirs de leurs armes automatiques.

Le 9 septembre, la 11e compagnie du 1er RI réussit un coup de maître. Elle capture le major von Lahr, chef d'état-major d'Elster. Par lui se découvrent les difficultés croissantes du Marschgruppe Süd : liaisons rompues, évacuation des blessés impossible, sentiment d'avoir été abandonné par le haut commandement.

Ces renseignements stimulent les énergies. Bertrand lance à ses troupes un mot d'ordre énergique : « Mordez-les aux fesses, mordez-les au c.../Allez-y plus fort, ils sont tous foutus [1] ! »

Etait-ce nécessaire ? Ils sont tous là au rendez-vous : 1er RI, 1/33e, maquis Surcouf, FTP du Cher, FFI de l'Allier, paras du 2e RCP. Tous bataillant sans répit de Châteauneuf-sur-Cher à Sancouins.

Le journal des marches et opérations de la 9e compagnie (capitaine Feral) du 1er RI rend compte de cette pugnacité continuelle dans les opérations menées du 19 août au 11 septembre dans le secteur Blet-Nerondes (zone d'environ 10 kilomètres sur 10 à 40 kilomètres au sud-est de Bourges).

– 19 août : 3 camions détruits. Un tué, un blessé ennemis,

– 20 août : 1 camion, 2 VL détruits. Deux tués ennemis,

– 21 août : accrochage avec la Milice. Un camion détruit. 6 tués, un prisonnier,

– 22 août : 3 tués ennemis,

– 24 août : 2 VL détruites,

– 26 août : accrochage,

1. Cette injonction à la Cambronne sera reprise en refrain par la musique du régiment.

– 28 août : sabotage sur voie ferrée,
– 29 août : accrochage,
– 2 septembre : 2 prisonniers ennemis,
– 3 septembre : 2 prisonniers ennemis,
– 4 septembre : 1 VL détruite. 2 tués ennemis,
– 5 septembre : accrochage,
– 8 septembre : 1 camion détruit, plusieurs blessés ennemis ; 1 VL détruite. 2 tués ennemis, 2 prisonniers ; accrochage. 1 tué ennemi,
– 9 septembre : accrochage ; 1 prisonnier ennemi,
– 10 septembre : accrochage. Plusieurs blessés ennemis,
– 11 septembre : 1 camion détruit, 1 tué ennemi ; 1 VL détruite. 1 officier prisonnier.

Cette guérilla qui lamine l'adversaire finira par payer.

Combats dans le Cher mais aussi combats dans le Bec-d'Allier. Koenig, à son échelon, supervise de son mieux l'action des trois colonels. Informé de ce qui se déroule dans le Cher, il prescrit à Fayard d'interdire sur la Loire les débouchés vers l'est en direction d'Autun et du Morvan. Les premiers éléments de la DLA qui montent du sud ont franchi la Loire à Digouin le 7 septembre. Dès le lendemain, le gros des « Auvergnats » a poussé vers le nord dans le Bec-d'Allier. Decize a été occupée. Un violent accrochage s'est produit à Saint-Pierre-le-Moutier le 8 au matin, avec une avant-garde allemande ayant franchi l'Allier à hauteur de Sancouins.

Dans la journée du 9, Fayard poursuit son bouclage. Ses unités s'efforcent de tenir les passages de la Loire à Digouin. Il pense à l'avenir. Les ponts ne doivent être détruits qu'en cas d'urgence absolue.

Partout, chez Bertrand comme chez Fayard, la nuit du 9 au 10 est particulièrement chaude. Les Allemands exercent de violents efforts pour se dégager et franchir la Loire. Ils y voient toujours le salut. La lutte est sévère pour la sauvegarde du pont de Decize, défendu par les deux sections du lieutenant Caillaud. Le jeune officier vient de commencer une carrière de chef de guerre exceptionnel, qui des maquis d'Auvergne le mènera à Diên Biên Phu et en Algérie [1]. La veille, il a personnellement abattu trois Allemands. Au matin du 10, le pont tenu par Caillaud et ses maquisards est resté inviolé. Aux abords, on dénombrera plus de 20 cadavres et un important armement.

Ce coup d'arrêt de Decize est capital. Il démontre aux Allemands qu'il leur est impossible de passer la Loire. Ils sont bloqués dans la

1. Le lieutenant Caillaud, promotion de Saint-Cyr 1941-1942, finira général de division, grand-officier de la Légion d'honneur, après un parcours retentissant de maquisard, légionnaire et parachutiste.

nasse tendue par les maquisards dans le Cher et le Bec-d'Allier. Deux commandants d'avant-garde ont été tués. De nombreux détachements sont isolés et se sont installés en point d'appui fermé, dans des villages et des fermes proches de leur itinéraire de repli.

*

Devant cette situation, qui ne cesse d'empirer pour Elster, des négociations ont débuté discrètement mais avec un fait nouveau. Les Américains qui commencent à apparaître au sud de la Loire s'en mêlent. Certains leur reprocheront, dans cette affaire, de tirer les marrons du feu.

Suite à des premiers contacts d'interlocuteurs civils français, deux officiers de la brigade Charles-Martel, les capitaines Husser (active) et Mirault (réserve) ont rencontré discrètement Elster le 8 septembre en fin d'après-midi [1]. Le général allemand a exposé ses conditions pour une éventuelle reddition :

– Secret des négociations en cours ;

– Démonstration énergique sur le pont de Decize où veut passer la colonne, « afin de montrer à la troupe qu'elle ne peut plus passer » (ce qui adviendra effectivement avec la résistance des sections Caillaud) ;

– Cessation des attaques des maquis et des bombardements de l'aviation américaine ;

– Fixation d'un lieu de rendez-vous où les armes seront déposées après honneurs militaires.

Il n'est pas à s'étonner d'une dernière exigence sur laquelle Elster s'est montré formel. S'il veut bien se rendre, il refuse de tomber entre les mains des « terroristes ». Il ne traitera qu'avec une armée régulière. Les Américains, en l'occurrence, qu'il sait proches.

La clause d'arrêt des bombardements aériens par les Américains impose aux maquisards de les joindre. Le colonel Ghislain, qui remplace provisoirement Chomel, convoqué à Limoges, prend sur lui de les informer et de demander leur accord. Le 9, arrive sur les lieux une délégation de la 83e DI US [2]. Quelques heures après, les deux officiers français peuvent faire savoir à Elster que les Américains acquiescent.

Le 10, nouvel entretien. Cette fois, les deux émissaires français sont accompagnés de deux officiers alliés, un Américain, un Britannique. Elster se montre réticent. Toujours sa hantise de se retrouver prison-

---

1. Un contact mené sur ordre par le sous-lieutenant FTP Ponz, parlant l'allemand, a eu lieu le 6, sans résultats immédiats.

2. Cette 83e DI US a participé à la libération de Saint-Malo.

nier d'un « maquis rouge ». Vers 14 heures, il se résigne à suivre ses interlocuteurs à Issoudun pour une rencontre avec le général américain Macon et le colonel Chomel (rentré entre-temps de Limoges). En fin d'après-midi, la reddition est effective, signée par Macon pour les Américains, Chomel pour les Français.

Par la force des choses, Bertrand a été tenu à l'écart des négociations. Il finit par être joint et souscrit à ce qui a été conclu, n'y plaçant qu'une condition : qu'Elster effectue une démarche auprès de lui pour confirmer sa décision. Le commandant du 1er RI tient, non sans raisons, à ce que ses maquisards soient étroitement associés à l'acte de capitulation de leurs adversaires.

La cérémonie aura lieu avec une certaine emphase, le 11 septembre à 15 heures, non loin du PC de Bertrand, à la mairie d'Arçay, village à 20 kilomètres au sud de Bourges. Une section de « Petits gars du Berry », en tenue kaki, rend les honneurs. Le conseil municipal, la population, des officiers alliés et français se pressent autour du bâtiment communal.

Dans la petite salle du conseil, Bertrand préside l'acte qui marquera la victoire des maquis. Elster et deux de ses officiers sont introduits. La discussion se prolonge. Bien des points non envisagés à Issoudun doivent être réglés, en particulier l'évacuation immédiate de Sancouins et Levet, encore aux mains des Allemands. Ces derniers, en trois colonnes partant de Saint-Florent, Levet et Sancouins, remonteront sur la Loire. Ils y seront alors pris en charge par les Américains.

Elster, pour sa part, ne voulait déposer les armes qu'entre les mains d'une armée régulière. Le principe en a été accepté à Issoudun, par souci d'efficacité immédiate et afin de ne pas prolonger les combats. Il a toutefois été précisé que l'intégralité de cet armement serait reversé par les Américains à l'armée française. Quant au matériel civil réquisitionné par la colonne Elster, il doit être restitué à leurs propriétaires français.

La suspension d'armes est théoriquement effective depuis le 11 au matin. Encore n'est-il pas possible qu'un clairon sonne le cessez-le-feu, comme en novembre 1918. Les liaisons entre Chomel, Bertrand et Fayard sont aléatoires. Des affrontements se produiront jusqu'au 11 au soir.

L'un d'eux est dramatique. Un officier allemand abat sans motif un civil français. Preuve de son emprise sur l'ennemi, Bertrand exige et obtient que le coupable soit passé par les armes par ses compatriotes.

*

Le bilan de cette reddition en rase campagne est impressionnant : 18 000 prisonniers dont 470 officiers et deux généraux [1]. 29 canons de campagne, 14 DCA, 24 000 armes individuelles, 557 mitrailleuses sont saisis ainsi que 375 camions, 591 VL et 2 000 chevaux.

Naturellement, il y aura des commentaires. Certaines apparences laissent supposer qu'Elster s'est rendu aux Américains. Ce n'est pas entièrement faux. Les Américains ont été partie prenante pour l'acte officiel de capitulation et par leur aviation. L'efficacité redoutable de celle-ci ne saurait être écartée. Sur le fond cependant, le succès incombe aux maquis. Depuis son départ des Landes, la colonne Elster n'a cessé d'être attaquée dans le Sud-Ouest, en Poitou, en Berry, dans le Bec-d'Allier. Les maquisards ont sapé peu à peu son moral et sa résistance militaire. Finalement, ils l'ont stoppée et lui ont interdit de poursuivre. Elster lui-même l'a reconnu : « Comment pouvais-je commander cette colonne de 18 000 hommes sur une seule route, harcelée de tous côtés et de façon incessante par le maquis ? »

Le Feldgrau « moyen » estimait – à tort, la suite l'a prouvé – qu'il serait en sécurité à l'est de la Loire. Bloqué sur le fleuve, il n'a pu que se résigner au protocole signé par son chef.

La reddition de la colonne Elster, la plus grande victoire des maquisards français avec la capitulation de Castres.

*

Le 19 mai 1945, à Stuttgart, le général de Gaulle épingle au drapeau du 1er RI une sixième palme obtenue avec la citation suivante :

> « Splendide corps, dont la foi ardente dans les destinées de la Patrie n'a pu être abattue par la dissolution de 1942. En dépit des arrestations, déportations et perquisitions, a réussi à mettre à l'abri une partie importante de son armement, de son habillement et de ses approvisionnements. A établi entre la troupe et ses cadres des liens tels qu'en juin 1944, à l'appel de son chef, le colonel Bertrand, le régiment a pu se regrouper autour de ses équipes clandestines qui n'avaient jamais cessé de mener le combat. Conduisant une guérilla continuelle, du 8 août au 12 septembre 1944, a manifesté les plus belles qualités d'une troupe de choc par ses actions de harcèlement au cours desquelles il a causé à l'ennemi des pertes dépassant 500 tués, un millier de blessés, 150 prisonniers et

1. Général Elster, vice-amiral Weber.

a contribué à la reddition d'un groupement de colonnes ennemis fort de 18 000 hommes.

La présente citation comporte l'attribution de la Croix de Guerre avec palme et sera publiée au *Journal officiel de la République française*.

Fait à Paris, le 3 avril 1945,
Signé : de Gaulle. »

Le régiment avait mérité cette distinction. S'il fut l'élément moteur du combat, il est juste d'y associer ses frères d'armes : brigade Chomel, bataillons FTP du régiment populaire du Berry du colonel Hubert, FFI de l'Indre et du Cher, maquis Surcouf, division légère d'Auvergne. Tous ces maquisards de la revanche ont bien œuvré.

Chapitre XVI

LA REVANCHE DES ALPINS

Au strict plan militaire, les Allemands l'ont emporté au Vercors. Ils ont disloqué le maquis, occupent les villages, contrôlent les axes.

Ce succès n'est en aucun cas absolu. Le colonel Huet avait environ 4 000 hommes sous ses ordres. 3 000 d'entre eux sont encore disponibles. Les autres ont été tués, ont disparu ou renoncé, accablés par un destin contraire. Une fois le contrecoup de la défaite estompé, les rescapés aspirent à la revanche. Les chefs reforment leurs unités avec dans l'immédiat un objectif premier : survivre. Soit donc échapper au « ratissage » adverse, se nourrir, s'abreuver. Les points d'eau sont rares en été dans le Vercors. La soif ne sera pas la moindre épreuve. Le salut se situe souvent auprès de fermes et de bergeries isolées. Dans cette nomadisation, les anciens s'en sortent mieux que les « recrues du 6 juin ». Ils ont l'expérience de la vie d'hommes des bois.

Le 7 août Huet, qui lui aussi erre sous les couverts forestiers, réussit à faire passer des consignes précises :

> « Formation de petits groupes de guérilla de 25 à 30 hommes maximum, solides et bien encadrés. Non seulement tout n'est pas fini mais tout continue à l'extérieur du Vercors…

> Changez fréquemment de place, la forêt domaniale est un abri à toute épreuve. »

Manifestement, c'est du « pur Stéphane ». La mission précédemment impartie au Vercors interdisait à Huet une telle tactique. Cependant, par crainte des représailles contre une population qui n'a que trop souffert, l'activité opérationnelle se limite. Elle ne reprendra qu'avec le repli allemand du Vercors, du 8 au 12 août. L'annonce du débarquement du 15 août déclenchera une autre bataille, dans la plaine cette fois, les unités s'étant reconstituées.

*

Dès le 25 juillet, le dispositif allemand du Vercors commence à s'alléger. Le gros de la 157e division de réserve redescend sur Grenoble et Vizille. Une autre opération antimaquis d'envergure se prépare.

Le 2 août, un avertissement du commandant Defrasne [1] est formel :

> « Opération imminente contre Bourg-d'Oisans par Vizille. Probablement le 9 août. »

Bourg-d'Oisans, à 50 kilomètres de Grenoble par la vallée de la Romanche, est au cœur de la zone « semi-libéré » de l'Oisans. Le 14 juillet, le maquis y a effectué un important défilé type Oyonnax de novembre 1943.

Le commandement allemand s'intéresse à l'Oisans pour préserver ses voies de communications : RN 6 menant à l'Italie par la vallée de la Maurienne, RN 85, la fameuse route Napoléon qui du Midi monte sur Grenoble par Grasse, Digne, Sisteron, Gap, La Mure et Vizille. La présence des maquis du sud de l'Isère (secteurs 4 et 5, Trièves et Matheysine-Oisans) fait peser une sérieuse menace sur ces axes. Pour la contrer, les colonnes allemandes s'avancent en force dans les vallées.

Le 8 août, les chasseurs bavarois atteignent La Mure, au cœur d'une zone de guérilla active contre la RN 85. De là, ils s'enfoncent plein est sur Entraigues, refoulant les maquisards sur les hauts. Puis résolument, par le col d'Orna, ils progressent plein nord, direction Bourg-d'Oisans. Ils y pénètrent le 10. D'autres détachements encore plus au nord, par Allemont et Oz, visent le col du Glandon et la Maurienne. Partout sur leur passage, des chalets, des fermes brûlent, des otages sont exécutés.

Inquiet, Descour rend compte : « Les Boches occupent les fonds de

1. Responsable du secteur sud-est du 2e bureau de l'ORA.

vallées. Il ne reste à mes forces pour se disperser et pour vivre que des pentes n'offrant aucune ressource... »

Pour les Alpins, le vrai refuge se situe en haute montagne. A cette altitude, ils sont chez eux. Leurs camarades de la plaine apprécient moins ces allées et venues au-dessus de 2 000 mètres. Après le Vercors, l'Oisans a souffert. Les combats ont été rudes, les exactions toujours aussi odieuses. Mais le salut est en vue. Le débarquement tant attendu dans le Midi approche. Les données de la bataille seront bouleversées. L'Allemand attaqué de toutes parts lâchera pied.

*

LE PÉRIPLE DU COLONEL ZELLER

Le 22 juillet, le colonel Zeller a quitté le Vercors. Sa présence y était inutile et il ne lui était plus possible de diriger quoi que ce soit en R1 et R2 (Alpes-Provence). A pied, par le sud du Vercors et les monts du Diois, il a atteint Saint-Nazaire-le-Désert [1]. Au terme d'une marche épuisante, il y a été chaleureusement accueilli par l'état-major FTP de la Drôme, avec lequel il était en liaison de par ses fonctions. De là, il entreprend une large tournée dans le sud de la Drôme, les Hautes-Alpes, le Vaucluse. Partout, il constate qu'à l'exception du voisinage de la vallée du Rhône, le terrain appartient au maquis. Les voies ferrées au départ d'Aix-en-Provence vers Grenoble et Briançon ne fonctionnent plus. L'ennemi n'ose s'aventurer dans les vallées. La montagne fait peur au Feldgrau. Les courriers interceptés en font foi. Dans le Vaucluse, un capitaine du 152e RI de Colmar, devenu l'un des chefs du maquis du Ventoux, est formel : « A l'est de Carpentras et Cavaillon, les incursions allemandes sont rares. »

Zeller était marqué par le Vercors et la pression ressentie autour de Grenoble. La situation qu'il découvre dans les Alpes centrales et méridionales lui ouvre des horizons nouveaux. Sans attendre, il demande à se rendre à Alger pour informer de ce qu'il a constaté [2].

Dans la nuit du 1er au 2 août, un Lysander l'emmène à Calvi. Le 3, un Dakota le dépose à Maison-Blanche, l'aéroport d'Alger. Il demande aussitôt un rendez-vous à Jacques Soustelle et lui fait part de ce qu'il en est dans les Alpes. Soustelle en voit tout de suite l'intérêt et ouvre au colonel la porte du bureau de De Gaulle. Certes, Zeller laisse d'abord

---

1. A 20 kilomètres au sud de Dié.

2. Ce ne sera pas son premier voyage. Il avait déjà été en mission à Alger et Londres en octobre 1943.

parler son cœur. Pour lui, le Vercors passe mal mais il s'empresse d'aborder l'essentiel : le tableau de la France du Sud-Est. Le chef du GPRF est à son tour convaincu et sort un dossier Dragoon, le débarquement en Provence maintenant imminent. Tout est parfaitement préparé. Point de débarquement, effectifs, moyens, timing. Un chiffre au passage frappe Zeller : Grenoble : J + 90.

Le patron militaire du Sud-Est ne se contente pas de sursauter. Grenoble à J + 90 : non, il n'est pas d'accord. Arguments à l'appui, il s'engage :

> « La manœuvre projetée me semble beaucoup trop timide. J'admets que sur la côte et dans les ports, où les Allemands sont relativement forts, les Forces françaises de l'Intérieur ne puissent pas apporter aux divisions françaises et américaines une aide déterminante pour le succès des opérations. Les résistants pourront tout au plus fournir des guides, des indicateurs, des éclaireurs, et, suivant les circonstances, mener des actions locales ou de nettoyage. En revanche, le massif alpin est pratiquement entre leurs mains. Une fois la côte occupée sur une vingtaine de kilomètres de profondeur, les Alliés doivent avoir le « culot » de lancer sur tous les itinéraires sud-nord des colonnes motorisées légères avec quelques blindés et quelques canons.
> – Indiquez-moi les itinéraires.
> – Il y en a sept, à mon avis. Les voilà, mon général. Les effectifs de ces colonnes motorisées n'ont pas besoin, au début, d'être considérables. Quinze cent à deux mille hommes suffisent. Aidées puissamment par les FFI, ces troupes n'auront qu'à cueillir les garnisons allemandes à Sisteron, à Digne, à Gap.
> – Vous en êtes sûr ? »

Ah, il se « mouille », le colonel !

> « Absolument sûr. Quand ils auront atteint la ligne Draguignan-Brignoles-Aix-en-Provence, les Alliés n'auront plus qu'à foncer sur Grenoble. Je pense qu'ils ne devraient pas mettre plus de quarante-huit heures pour y arriver. De là, ils pourront se rabattre sur la vallée du Rhône, pour couper la retraite aux Allemands, aux environs de Valence ou, si possible, de Lyon [1]. »

---

1. *Vercors*, ouvr. cité, p. 282.

Toutes ces perspectives apportent une véritable révolution au plan prévu. De Gaulle en est conscient, mais les forces terrestres appelées à manœuvrer après le débarquement ne dépendent pas de lui. Françaises ou américaines, elles sont sous les ordres du général Patch, commandant la VIIe armée. La décision est à Naples.

Le lendemain 6 août, à l'aube, Zeller reprend un Dakota. Trois heures après, il est face à Patch entouré de ses collaborateurs immédiats. Cartes à l'appui, il refait son exposé de la veille devant de Gaulle. Et dépeint l'ambiance :

> « Dans tout le massif alpin, les Allemands ne peuvent plus lancer un agent de liaison isolé, une voiture sur les routes. Aucun train ne circule plus depuis le 15 juin sur les deux voies Aix-Grenoble et Livron-Briançon. Aucun barrage, aucun contrôle n'existent en dehors des villes de garnison. Pas de traces de travaux de campagne, de champs de mines, de menaces de destruction. Les Allemands sont pratiquement prisonniers de leurs garnisons dont ils ne sortent qu'en force pour leur ravitaillement ou quelques expéditions de représailles – et ces convois, ces colonnes sont attaqués une fois sur deux par un ennemi insaisissable...
> Après deux mois de ce régime, le soldat allemand est démoralisé. Il considère avec crainte ces montagnes, ces forêts, ces rochers, ces vallées étroites d'où à tout instant peut sortir la foudre. Il attend le débarquement avec autant d'impatience que nous [1]. »

Le général américain écoute longuement l'officier français, qui conclut :

> « Direction générale, la route Napoléon. Mais pour l'amour de Dieu, foncez ! Le maquis vous ouvrira la route ! »

Zeller s'est montré convaincant. L'état-major de la VIIe armée rectifie sa manœuvre. Le VIe CA américain, le premier à débarquer, foncera à travers le massif alpin.

Il est difficile de faire le bonheur de tous. De Lattre, avec l'armée B [2], s'est vu confier la mission d'enlever Toulon et Marseille avant de remonter la rive droite du Rhône. Les Alpes lui échappent. Pourtant, il a bien vu la manœuvre préconisée par Zeller, le « Plan Faisceau », du

1. Témoignage de Henri Zeller au Comité d'Histoire de la Deuxième Guerre mondiale, *La Libération de la France*, Paris, Editions du CNRA, 1976.

2. Future 1re armée française.

nom de l'indicatif de son auteur. Il plaide pour aller donner la main à ses compatriotes, les maquisards alpins, au lieu de se cantonner sur la côte dans de difficiles combats avant d'exploiter vers le nord. Patch ne veut rien savoir. Son VIe CA poussera par les Alpes. De Lattre garde son champ d'action initial. Les maquis, il les retrouvera plus vite qu'il ne pense. Dans les Cévennes, le Forez, à Lyon et au-delà.

Pour atteindre le triangle Grenoble-Lyon-Bellegarde, Patch a adopté « Faisceau », mais il a gardé son timing :

– Toulon J + 20 (4 septembre),
– Marseille J + 40 (24 septembre),
– Lyon et Grenoble J + 90 (15 novembre).

A tous niveaux, soldats de De Lattre ou maquisards alpins, les Français vont bouleverser son calendrier. Pour le plus grand succès des Alliés.

L'OPÉRATION DRAGOON

Un débarquement dans le Midi de la France était prévu depuis la conférence de Téhéran (novembre 1943) entre les trois Grands. Il trouve enfin exécution le 15 août 1944 sous le nom de Dragoon, qui a remplacé Anvil le 1er août, pour dérouter les Allemands [1]. Cette irruption sur le sol provençal, réplique de celle de Normandie le 6 juin, a été programmée en plusieurs temps :

– Jour J : débarquement de trois DI du VIe CA américain et d'un combat-command français.

– J + 1 : débarquement de deux DI françaises et d'un autre combat-command français.

Après quoi, de J + 5 à J + 9, arrivée d'une autre DI française, des tabors et du bataillon de choc.

Au grand dam de De Lattre [2], cavalcader par les crêtes alpines et la route Napoléon est resté dévolu au VIe CA du général Truscott. Celui-ci a délégué le « job » de pointe à la Task Force Butler. Butler, le patron de cette Task Force, ne dispose au départ que d'un élément assez modeste, de l'ordre de 1 500 hommes [3]. Heureusement, il a derrière lui la 36e DI du général Dahlguist au complet.

1. Exécution retardée par une première priorité donnée à la campagne d'Italie et suite au problème du tonnage maritime disponible.

2. Dans son *Histoire de la Première Armée française*, le général de Lattre revient longuement sur son désir de se voir attribuer l'opération alpine aux Français, « dont les FFI formaient l'avant-garde clandestine ».

3. Un escadron de reconnaissance ; deux escadrons de chars ; un escadron de chasseurs de chars ; un bataillon d'infanterie portée ; un groupe d'artillerie ; une compagnie du génie.

Il n'est pas que de Lattre à regarder du côté des Alpes. Zeller voudrait se faire parachuter pour reprendre sa place auprès des siens. Il sait trop de choses sur l'opération Dragoon. Prendre le risque de le voir tomber aux mains de l'ennemi est inconcevable. Il débarquera avec le gros de l'armée de Lattre.

*

Dragoon débute bien. Les commandos franco-américains, à une exception près, accomplissent leurs missions au prix d'authentiques exploits. Les 396 avions venus d'Italie larguent sans trop d'erreurs leurs paras aux horaires fixés. Le 15 au soir, 30 000 hommes sont à terre. Deux larges têtes de pont sont tenues, du cap Nègre à Saint-Aygulf et à l'est de Saint-Raphaël.

La suite sera de la même veine.

L'annonce du débarquement en Provence exalte les énergies dans tout le massif alpin. La guérilla s'intensifie. Dans les Alpes-Maritimes (capitaine Lecuyer [1]), dans le Var (colonel Lelaguet), dans le Vaucluse (capitaine Juan), elle frappe les arrières de la 19e armée allemande chargée de la défense du littoral méditerranéen. En montagne, le maquis assure son emprise, encerclant et neutralisant les garnisons de la Wehrmacht.

Ceux des Glières, du Vercors et tous leurs camarades aspiraient à une revanche. Elle se dessine. Ils s'y sont préparés malgré la pression allemande en maints endroits.

La Haute-Savoie a repris force. Le 1er août [2], 800 hommes de l'AS et 400 des FTP ont couvert un parachutage de 36 avions aux Glières mêmes. 30 parachutes ne se sont pas ouverts. Une vingtaine de containers se sont écrasés sur des rochers. Malgré tout, les maquis de Haute-Savoie – FTP du commandant Grant, AS du capitaine Godard – se sentent moins vulnérables. Plusieurs centaines d'hommes ont pu être armés.

La Savoie, qui souffrait cruellement d'un manque d'armement, a été servie le même jour. 78 avions ont effectué un parachutage massif au col des Saisies [3], dans le secteur du capitaine Jean Bulle. Ont été livrés : 298 FM Bren, 1 350 fusils, 1 096 Sten, et un lot important de

1. Successeur du commandant Pourchier, qui devait mourir en déportation.

2. Ce 1er août connaît une intense activité de parachutage sur la France (opération Buick), avec 195 avions, 2 286 containers, quatre terrains dont les Glières et le col des Saisies.

3. A mi-distance de Megève et Albertville, au cœur du massif du Beaufortin.

grenades [1]. La ventilation entre AS et FTP s'est effectuée équitablement au prorata des effectifs. Le département disposera bientôt d'environ 4 000 maquisards à peu près correctement armés (sauf en mortiers).

Ce largage a connu un drame. Sept paras américains ont sauté en vue de servir d'instructeurs. Deux d'entre eux sont des anciens légionnaires : le major Chambellan, le capitaine Coolidge, combattants éprouvés. Hélas, l'un des paras, le lieutenant Sergent Perry, s'est écrasé au sol. Au crépuscule, après une cérémonie religieuse et militaire, le jeune Américain a été inhumé sur place, enveloppé dans un drapeau américain confectionné en hâte par des paysannes.

Ces possibilités nouvelles n'ont pas tardé à se faire sentir. Le 14 août, à Balmont, à 10 kilomètres au sud d'Annecy, les maquisards – avec bon nombre de rescapés des Glières dans leurs rangs – ont stoppé une colonne allemande, au terme d'un violent combat. La route Annecy-Chambéry est désormais interdite. Les répercussions de la situation seront immédiates pour les garnisons ennemies de Haute-Savoie.

*

Patch avait été convaincu. Le 18 août, son VIe CA s'aligne sur une base de départ Grasse-Brignoles-Aix-en-Provence (Draguignan a été libérée la veille par les parachutistes). Fort de quoi le commandant de la VIIe peut mander à son interlocuteur de Naples : « Le VIe CA est sur le point d'exécuter le Plan Faisceau. »

Autrement dit, s'enfoncer plein nord dans les Alpes. Tout se déroule très vite, aussi bien côté français qu'américain. Toulon tombe aux mains de De Lattre le 25 août. De Monsabert finit de s'emparer de Marseille le 28. De la frontière italienne au Rhône, la côte appartient aux Alliés [2].

Sur la route Napoléon, le processus sera encore plus rapide, confirmant les propos de Zeller : « Le maquis vous ouvrira la route. »

*

L'ordre 779 916 du 17 août a prescrit au GA/G une évacuation générale derrière une ligne Marne-Saône-Suisse. La 1re armée (Sud-

1. Conditionnement initial. Des containers s'égareront ou ne seront pas perdus pour tout le monde. L'un d'eux avec des pistolets sera retrouvé en 1964.
2. Voir du même auteur, chez le même éditeur, *La Grande Histoire de la Seconde Guerre mondiale*, ouvr. cité, tome 2.

Ouest), la 19e armée (Sud-Est) doivent donc se retirer en direction générale de Besançon. Seules exceptions, les garnisons sacrifiées pour conserver les ports de l'Atlantique et de la Méditerranée [1].

Pour la 19e armée, l'axe de repli s'inscrit sur le terrain : vallée du Rhône par la nationale 7. Véhicules de tous types et de tous gabarits s'y engouffrent, d'autant que s'aventurer dans le massif alpin serait se précipiter dans les embuscades. Ils sont attendus. De chaque versant du couloir rhodanien, maquisards de l'Ardèche, du Vaucluse, de la Drôme, puis de la Loire et du Rhône descendent dans la vallée pour mitrailler les colonnes. Au nord de Montélimar, des panneaux préviennent : « Attention, zone terroriste, ne circulez qu'en convois ! »

Preuve que les ordres de Descour d'attaquer à fond la RN 7 sont pleinement exécutés.

Dans la nuit du 16 au 17, le groupe Albert, de la Drôme, a réussi un exploit. A Livron, 20 kilomètres au sud de Valence, il a fait sauter le pont sur la Drôme. De surcroît, la rivière est en crue. La RN 7 est coupée. Le pont le plus proche se situe à Crest, 16 kilomètres en amont. Pour y accéder, il n'est que des petites routes propices aux coups de main des maquis. En quelques heures, de Montélimar à Livron, la RN 7 connaît un gigantesque embouteillage, cible de choix pour l'aviation alliée. Impossible également de passer sur la rive droite du Rhône. Les ponts sur le fleuve ont été bombardés. Le génie allemand n'a guère possibilité d'assurer, même de nuit, des transferts d'une rive à l'autre. La portion de nationale de Montélimar à Livron devient un immense cimetière de véhicules.

Plus à l'est, dans l'intérieur des Alpes, le Plan Faisceau se réalise avec une précision d'horloge bien réglée. La Task Force Butler traverse des zones « semi-libérées ». Au passage si besoin, avec les maquis locaux, elle règle le sort des petites garnisons encore en place. Celles-ci, isolées en pays hostile, sont le plus souvent démoralisées. Leur résistance ne se prolonge pas. Castellane, Barrême, Digne tombent. Le 19, Butler atteint Sisteron avec la 36e DI sur ses talons. Il est presque à hauteur de Montélimar, ce qui explique les ordres qu'il reçoit le lendemain : « Vous ferez mouvement aux premières heures du 21 août sur Montélimar à la vitesse maximum. Bloquez dans ces parages la route de retrait de l'ennemi remontant la vallée du Rhône. »

Butler aurait aimé un coup de filet plus large, en poussant encore plus vers le nord. Pourquoi pas directement sur Lyon ? Sa chevauchée est si rapide et si aisée, dans ces Alpes que les Allemands ne contrôlent

---

1. Voir plus haut, chapitre 14.

plus. Mais « *Ein befehl ist ein befehl* [1] ». Ce qui est vrai dans l'armée allemande l'est également dans l'armée américaine.

Butler s'exécute et fait un « A gauche toute ! ». Sa Task Force fonce vers l'ouest pour assurer le bouclage oriental de l'embouteillage devant Livron. Quelques heures plus tard, il sera sérieusement accroché dans la forêt de Marsa, au nord-est de Montélimar. Heureusement, il est rapidement épaulé par un Regimental Combat Team de la 36e DI qui suivait. Constamment, les maquisards assurent le guidage et l'orientation, ainsi que la couverture latérale des mouvements.

Derrière, le gros de la 36e DI s'est scindé en deux. Le 142e RCT pique sur Gap, le 143e sur Grenoble. A Gap, la garnison allemande compte 4 000 hommes. Tout autour du chef-lieu des Hautes-Alpes, les maquisards du colonel Drouot bloquent les issues. Les Allemands connaissent le poids des exactions qu'ils ont commises. Plutôt que de tomber aux mains de ceux qu'ils traitent de « chiens » ou de « cochons », ils préfèrent se rendre aux Américains.

Gap libérée, la RN 85, par le col Bayard et La Mure, conduit à Grenoble distante de 90 kilomètres.

Partout, le maquis tient les hauts. En Isère, les hommes de Le Ray prennent le relais de ceux de Drouot. Dans la Drôme, ce seront ceux de Lassus. Au col de la Croix-Haute, ces derniers voient défiler les éléments de la 36e DI qui ont emprunté la RN 75. Grenoble n'est plus qu'à 75 kilomètres. Grenoble que les maquis du Vercors et de l'Isère s'apprêtent à investir.

Huet a préparé sa revanche. Ses lieutenants, Bousquet, Tanant, Costa de Beauregard, Geyer, ont rassemblé leurs troupes et sont descendus dans la vallée au sud de Grenoble. Au nord, les bataillons de Chamborand (commandant Mariotte) et de la Chartreuse (commandant de Loisy) accourent pour participer à la bataille. Les unités FTP du Bas-Dauphiné (8e bataillon de « Ferry ») se joignent au mouvement. Au-dessus, Descour coordonne l'opération. Ils doivent être ainsi environ 5 000 à courir au canon pour libérer Grenoble, cité qui n'a que trop souffert. Le 14 août, 20 maquisards du Vercors ont encore été fusillés près du pont du Drac [2].

Le 21, Grenoble vit une journée fiévreuse et inquiète. Que va-t-il se passer ? Les maquisards sont signalés à quelques kilomètres de la ville. Les Allemands donnent l'impression d'être sur le point de déménager. Ils mettent le feu au PC de la Gestapo. Déjà, le 18, une colonne

1. Un ordre est un ordre.

2. Il s'agit de jeunes chasseurs de la 1re compagnie du 12e BCA, faits prisonniers au Vercors (presque tous ont de 21 à 24 ans).

d'une cinquantaine de véhicules a quitté la ville. A trois reprises, elle a été accrochée par les maquisards de la Chartreuse et la compagnie Stéphane, dont les groupes multiplient les coups de main autour des Echelles (RN 6) et de Voreppe (RN 75).

Dans la nuit du 21 au 22, les Grenoblois entendent sans arrêt des pétarades de moteurs. Les Allemands évacuent. Au matin, les emblèmes à svastika ont disparu. Plus d'uniformes vert et gris. Grenoble est libre. Les maquisards qui encerclaient la cité déboulent dans des camions et des voitures arborant des drapeaux tricolores et des croix de Lorraine. Huet, après un passage rapide au centre ville, se porte sur la route de Gap au-devant des Américains. A Pont-de-Claix, huit kilomètres au sud, il tombe sur leurs avant-gardes. Le colonel américain n'a pas grand monde autour de lui : un escadron blindé, une compagnie d'infanterie, une batterie d'artillerie. Il se sent un peu léger, mais Huet insiste : « Grenoble vous attend. » L'Américain l'écoute d'autant qu'il est le premier à le reconnaître : depuis Sisteron, il n'a pas tiré un coup de fusil. « Pas un coup de fusil ! » Les maquisards alpins ont bien ouvert la route.

Une heure après, les GI's pénètrent dans Grenoble, follement acclamés. Ils auraient dû y parvenir à J + 90. Ils y sont à J + 7, le 22 août. Une avance fulgurante à mettre au compte de leur audace et de tous ces Alpins qui leur ont assuré une marche royale par la route Napoléon. Zeller avait raison.

*

Grenoble libérée s'organise. Reynier, le « commandant Vauban », prend les fonctions de préfet. Le général Humbert, l'ancien du Vercors, s'installe à l'hôtel de la division militaire, Le Ray à ses côtés. Les gens du maquis assurent ainsi l'autorité civile et militaire dans la capitale du Dauphiné.

Descour arrive. Avec Huet et le commandement américain, il envisage la suite. Beaucoup reste à faire. La libération de Grenoble plante une sérieuse épine dans le dos de la Wehrmacht. Une contre-attaque est à craindre pour forcer ce verrou au cœur de la vallée de l'Isère qui interdit un repli vers le nord ou vers l'Italie.

Les Américains sont encore peu nombreux. L'essentiel de leurs forces a été orienté vers la vallée du Rhône qu'emprunte la XIXe armée. Les maquisards prennent à leur compte la défense de Grenoble. Geyer, avec ses cavaliers, s'oriente sur Romans, Bousquet sur Voreppe et Le Ray sur le Grésivaudan. Ces précautions étaient nécessaires.

Le 23, une colonne allemande de 25 véhicules arrivant de Lyon tente de percer sur Grenoble. Des combats violents les forcent à rebrousser chemin avant Voreppe. Dans le Grésivaudan, Américains et maquisards obligent un millier de Feldgrau encore dans la région à lever les bras. Ces prisonniers appartenaient à la trop fameuse 157e division de réserve. Les voici entre les mains des « terroristes ». Mais l'humanisme à la française n'est pas celui d'outre-Rhin. Pas d'exécutions sommaires. Les blessés sont soignés.

Quant aux combattants, descendus de la montagne, de passage à Grenoble ou dans les gros bourgs, ils font connaissance avec une faune qui pousse comme les champignons en cette fin d'été : les « résistants de septembre ». Ah, ils en ont à raconter ceux-là !... Les Alpins n'ont pas à s'étonner : le phénomène n'est pas propre à leur région.

Ces braillards et ces va-t-en-guerre d'après la bataille donneront une impression fâcheuse de la Résistance et des maquis. Aussi bien auprès des populations, surprises et déçues, que des armées régulières habituées à une autre rigueur. Cette avalanche de faux matamores et de nouveaux galonnés créera au départ plus d'un malentendu. Il faudra peu à peu dégager le bon grain de l'ivraie [1]...

*

La vallée du Rhône en amont de Valence se resserre souvent en défilés propices aux embuscades. Les maquis de l'Ardèche et de la Drôme ne s'en privent pas. Soumis de surcroît au « straffing » continuel de la chasse alliée, les Allemands ont du mal à forcer ces passages délicats. S'échapper par la vallée de l'Isère reste pour eux l'une des rares possibilités. Deux bonnes routes (RN 92 et RN 531) courent de part et d'autre de la rivière. En évitant Grenoble, il y a moyen de filer vers le nord.

Geyer a bien compris l'intérêt de cet itinéraire. Descendu du Vercors, son 11e RC mène une « action de guérilla » entre Romans et Saint-Marcellin.

Le 22, à 9 heures 30, ses escadrons passent à l'attaque de Romans. La garnison se défend vigoureusement, mais à 13 heures 30 tout est terminé. L'ennemi a eu 35 tués et a laissé 109 prisonniers aux mains des maquisards, qui de leur côté ont perdu 6 des leurs.

De la suite, Alban-Vistel, patron de la Résistance en Rhône-Alpes [2], écrit :

1. Voir plus bas, « L'amalgame », chapitre 20.
2. Futur Compagnon de la Libération.

« Sans doute jaloux des lauriers de Geyer, les FTP décident de libérer Valence à l'insu de Geyer qui commande pourtant l'ensemble du secteur. Environ 300 hommes et 14 véhicules se heurtent près de Saint-Marcel à un fort barrage allemand. Après un court accrochage, ils doivent se replier en désordre, perdant 150 tués et la majeure partie de leurs véhicules. Opération par trop improvisée, douloureusement coûteuse [1]. »

Les Américains, à leur tour, en liaison avec le gros des forces de De Lassus, tentent un nouvel effort sur Valence. Second échec. Valence continue de voir défiler les éléments de la XIXe armée, qui ont réussi à contourner l'obstacle du pont de Livron.

Geyer lui-même prend des risques : il est par trop exposé. Ses cuirassiers abandonnent Romans, indéfendable dans l'immédiat avec leurs seuls moyens. Les blindés allemands débouchant du sud réoccupent la ville qui connaît son cortège habituel de représailles. Un quartier de Bourg-de-Péage, la cité jumelle, est incendié. Des habitants sont massacrés, des otages arrêtés.

Heureusement, le VIe CA américain finit par enlever Montélimar et progresse plein nord, bien épaulé par la guérilla qui se manifeste sans relâche sur la RN 7. Le 30 août à l'aube, Américains et maquisards relancent l'attaque sur Valence. Le chef-lieu de la Drôme est enfin libéré. Deux jours plus tard, les Américains entrent dans Saint-Rambert-d'Albon. Lyon n'est qu'à 50 kilomètres. La manœuvre pour s'en emparer peut s'amorcer.

LA LIBÉRATION DE LYON

La capitale des Gaules, haut lieu de la Résistance, attend avec hâte sa délivrance. Elle l'attend aussi, hélas, dans le sang. Le cauchemar ne s'atténue pas. Le souffle de la défaite semble au contraire attiser la folie germanique.

Le colonel Chambonnet, commandant régional RI, et quatre de ses compagnons ont été abattus au cœur de la ville, le 27 juillet. Le 19 août, une centaine de prisonniers sont extraits de la prison de Montluc. Peu après, ils sont massacrés par les Allemands et les miliciens. Cette tuerie, sans la moindre justification, provoque une réaction sans précédent des chefs de la Résistance lyonnaise, annoncée par lettre à diverses personnalités [2] :

1. Alban-Vistel, *La nuit sans ombres*, ouvr. cité, p. 533.
2. Préfet régional, président de la Croix-Rouge, consul de Suède.

« Monsieur,
Notre lettre du 20 août vous exposait les raisons qui nous obligeaient à considérer comme otages les 752 prisonniers allemands faits par les Forces françaises de l'Intérieur en Haute-Savoie, le 17 août dernier,
Dans la soirée du 20 août, la police allemande a sorti de la prison Montluc à Lyon 80 Français qu'elle a fusillés à Saint-Genis-Laval. En conséquence, nous avons donné l'ordre à l'état-major des Forces françaises de l'intérieur en Haute-Savoie de passer par les armes 80 des prisonniers allemands détenus dans ce département.
Cet ordre sera exécuté lorsque cette lettre vous parviendra.
En vous priant de bien vouloir communiquer cette décision aux autorités allemandes, nous vous chargeons de leur faire savoir que les Forces françaises de l'Intérieur de la Loire se sont saisies d'un contingent de police allemande commandé par un nommé Buhl, accompagné de son interprète Leuman. Nous considérons d'ores et déjà ces prisonniers comme des otages et nous vous prions de notifier au colonel Knapp, chef de la police allemande à Lyon, que Buhl et Leuman sont inscrits en tête de la liste des otages qui seront immédiatement fusillés dans le cas où d'autres patriotes français seraient exécutés.
Nous nous excusons de la pénible mission dont nous vous chargeons et nous vous présentons, Monsieur, l'assurance de nos sentiment distingués.

Le délégué du gouvernement français, Maillet.
Le Commissaire régional de la République,
Yves Farge.
Le colonel délégué par l'état-major pour la zone Sud des opérations, Berniquet. »

Si la réplique est inhumaine, elle se veut salvatrice. Tant de vies françaises sont en péril ! Les Allemands hésiteront par la suite à exécuter des prisonniers et des otages. Trop des leurs sont désormais entre les mains du maquis.

Chambonnet disparu, Descour, son chef d'état-major, devrait le remplacer. Mais il n'a pas le profil. Officier de carrière émanant de l'ORA, il est suspect. Les communistes et d'autres [1] le récusent. Alban-Vistel, authentique grand résistant comme Descour, prend le commandement

1. Dont Darciel, responsable militaire R1 sur la rive droite du Rhône.

de Rhône-Alpes avec rang de colonel. Mais sur le terrain, Descour, le professionnel, dirige la bataille du maquis.

Dans cette manœuvre sur Lyon, les Américains engagent la 36e DI entre Isère et Ain. L'armée de Lattre, qui progresse sur la rive droite du Rhône, pousse la 1re DB et la 1re DFL. Au passage, à Bagnols-sur-Cèze, elle a incorporé le maquis Ardennes du commandant Vigan-Braquet, noyau du futur 20e BCA. Ce maquis est la première unité FFI intégrée à l'armée régulière. Ce n'est qu'un début. Enfin, pour la marche sur Lyon, les FFI alignent une bonne partie des effectifs des départements limitrophes.

Au cœur de la ville, avec l'accord de Farge et de Degliame [1], les FTP veulent déclencher l'insurrection. N'oubliant pas les précédents, Romans, Aubenas, Valréas, Alban-Vistel et Descour se refusent à une action prématurée. L'offensive sur Lyon ne peut se mener qu'avec le concours des troupes régulières disposant de blindés et d'artillerie. Quitte à perdre un peu de temps afin d'éviter des ruines et des massacres.

Le 28, Descour donne ses ordres. Trois groupements de maquisards marcheront sur Lyon.

– Le premier, à l'ouest, avec les bataillons de l'Ardèche et de la Loire ;

– Le second, au nord, avec les bataillons du Rhône et de l'Ain ;

– Le troisième, au sud, avec les bataillons de l'Isère et de la Drôme.

Parmi eux, des anciens du Vercors, du 11e cuirassiers et du 6e BCA.

La veille, le bataillon de la Chartreuse du commandant de Loisy a lancé une pointe sur l'aérodrome de Bron, à l'est de Lyon. L'opération a réussi : sept avions incendiés ainsi que des dépôts d'essence. Mais les Allemands réagissent avec des chars. Le bataillon doit se replier, ayant eu 17 tués.

Le 31, les FTP, répondant toujours à la même ambition politique de se placer, tentent de s'emparer de Villeurbanne. Ils provoquent un soulèvement général. Ce que Descour redoutait se réalise. L'Allemand est encore fort. Les pertes sont sévères. Il est clair que pour occuper Lyon, la nasse doit se refermer autour de la ville, manœuvre qui s'amorce le 31

Au nord-est, le VIe CA américain, qui a largement débordé, franchit l'Ain à Pont-d'Ain, le 1er septembre. Sa 45e DI tient Ambérieu-en-Bugey.

Au sud-ouest, le groupement du Vigier (éléments des 1re DB et

---

1. Cryptocommuniste, membre du CNR, remplaçant Claude Bourdet arrêté. La lutte politique ne perd pas ses droits. Alban-Vistel le fait nettement ressortir dans ses *Mémoires*.

1re DFL) fonce par le plateau ardéchois, Saint-Etienne et Saint-Chamond. Le souci premier pour les Français s'appelle l'essence. Les difficultés d'approvisionnement freinent l'avance. Les chars sont stoppés. Ne peuvent poursuivre que des éléments légers. Du moins, le 2 septembre au soir, le 2e RSAR [1] coupe la RN 6 à Tassin-la-Demi-Lune, dans la banlieue ouest de Lyon.

A cette heure, la XIXe armée, consciente de la menace d'encerclement, a évacué Lyon après avoir fait sauter les ponts.

Vers 15 heures 30, les éléments de tête des anciens du Vercors (commandant Bousquet) sont entrés dans la ville. En fin de journée, la rive gauche du Rhône est libérée. Les derniers îlots retardateurs ont été réduits.

Le 3 au matin, les autres groupements ouest et nord rejoignent, appuyés par la 1re DFL. La division de Bir-Hakeim a ainsi l'honneur d'entrer dans Lyon en avant-garde de l'armée de Lattre. Elle a participé à la réduction des ultimes noyaux de miliciens ou auxiliaires de la Gestapo qui n'ont pas pu embarquer dans les fourgons de l'ennemi. Son chef, le général Brosset, est nommé gouverneur militaire de la place. Sa présence n'est pas inutile pour mettre un peu d'ordre dans une certaine cacophonie due à l'ivresse de la libération et aux exaltés traditionnels de la onzième heure. Onzième heure souvent plus que dépassée...

Lyon libérée à J + 18. La ville devait l'être à J + 90. Les maquisards du Vercors ont le sentiment de tenir là une splendide revanche.

*

Par la suite, l'exégèse prendra un tour polémique. A qui attribuer la libération de Lyon ? Aux Américains ? Aux soldats de De Lattre ? Aux maquisards ? Ni aux uns ni aux autres plus particulièrement. Les maquisards seuls n'auraient jamais pu enlever Lyon. C'est une évidence. Il aurait fallu la formidable machine de guerre américaine, l'ardeur généreuse des hommes de De Lattre pour l'emporter si la Wehrmacht avait défendu la ville. Néanmoins l'action des maquis, à commencer par la destruction du fameux pont de Livron, a singulièrement facilité et accéléré la tâche des armées régulières. Partout, les maquisards plus ou moins organisés ont fourni « une piétaille » – le terme, une fois encore, n'est pas péjoratif – qui a fait masse et a contribué à contenir les réactions adverses.

1. Régiment de spahis algériens de reconnaissance.

*

LA LIBÉRATION DE LA SAVOIE ET DE LA HAUTE-SAVOIE

Alors que se déroulaient les batailles pour Grenoble et Lyon, Savoie et Haute-Savoie prenaient de l'avance sous le commandement du colonel de Galbert, commandant des FFI des deux départements.

En Haute-Savoie, Lambroschini (« Nizier ») a, sous son autorité, réalisé l'accord entre AS et FTP. L'activité opérationnelle s'en ressent.

Le 16 août, les FFI s'en prennent aux garnisons allemandes d'Evian et de Thonon-les-Bains, assez isolées sur les bords du lac Léman. L'occupation de Bonneville, le même jour, permet de bloquer l'entrée de la vallée de l'Arve et l'accès direct vers Saint-Gervais. Les petits postes de Chamonix et du Fayet n'auront pas le recours de s'esquiver en Suisse par le col des Montets. Ils se rendront le 18, au moment où Annemasse est libérée. Tout le nord de la Haute-Savoie échappe aux Allemands, sous la seule pression des maquis (les Américains sont encore loin).

Dès lors, Annecy, en position délicate depuis les combats de Valmont, devient un objectif à portée. Le chef-lieu d'où étaient parties les opérations contre les Glières n'a plus de liaison avec Chambéry. Les routes conduisant à Bellegarde ou Nantua sont dangereuses. Avec tous ces atouts en main, Lambroschini paie d'audace. Dans la nuit du 18 au 19, il adresse un ultimatum au général Oberg, commandant la place :

> « Monsieur,
> Les succès remportés par les Forces françaises de l'Intérieur sur l'ensemble du département, aussi bien à Thonon, Evian, Annemasse, Le Fayet, Chamonix et aujourd'hui Cluses, prouvent qu'à l'heure actuelle l'armée allemande n'est plus en mesure de combattre ou de tenir sur des positions définies.
> Afin d'éviter une effusion de sang inutile, je vous donne jusqu'à 3 heures du matin le 19 août pour opérer la reddition de vos troupes dans la ville d'Annecy.
> Je vous informe qu'il ne sera pas procédé à une discussion des conditions posées et vous donne l'assurance que vous, vos officiers et vos hommes traitant avec le chef des FFI de la Haute-Savoie seront traités selon les prescriptions de la Convention de Genève.
> Passé ce délai, la ville sera prise d'assaut par nos troupes. A titre d'information, je vous indique que je dispose à l'heure actuelle, dans le département, de plus de 1300 prisonniers. »

Le coup de poker réussit. Le 19 au matin, Oberg accepte de se rendre. Avant même, dans la nuit, un groupe de maquisards avait réussi à s'introduire jusqu'à la prison de la ville. Les patriotes qui attendaient l'aube fatale sont sauvés.

A côté des Allemands capturés à Annecy se trouvent 109 miliciens. Ils se sont rendus, sous condition qu'ils soient jugés en toute légalité. Le 22, Lambroschini, en tant que commandant des FFI de la Haute-Savoie, signe un décret ordonnant la comparution de 97 d'entre eux devant la cour militaire du département. Des avocats sont commis d'office. La cour est présidée par le commandant « Grand » (FTP), assisté de cinq juges, trois AS, 2 FTP. Les accusés ont été transférés au Grand-Bornand, au pied des Glières. Le 23, à 10 heures, ils comparaissent devant la cour. 76 sont condamnés à mort. 21 sont relaxés au bénéfice du doute. Les exécutions ont lieu le lendemain à l'aube. Certains des suppliciés étaient d'affreux tortionnaires. D'autres peut-être simplement des égarés de bonne foi. La Milice, en ces montagnes de Haute-Savoie, avait laissé derrière elle tant de sang, dont celui des maquisards des Glières, que la *vox populi* criait vengeance.

*

La Savoie présente pour les Allemands un intérêt essentiel : la liaison avec l'Italie par les vallées de la Maurienne et de la Tarentaise. Après la chute de Rome le 4 juin, Kesselring, commandant en chef allemand en Italie, a replié son dispositif et s'est retranché sur la « Ligne gothique ». Il a besoin de contrôler ses arrières et de ne pas risquer d'être tourné par le nord-ouest de la péninsule. Ces impératifs expliquent la vigueur des réactions allemandes en Oisans, afin de rester maîtres des axes menant de l'est de la France à la plaine du Pô (cols du Petit-Saint-Bernard et du Mont-Cenis, tunnel de Fréjus).

Début août, les maquis de Tarentaise ont réussi à chasser l'occupant d'une bonne partie de la vallée, de Notre-Dame-de-Briançon à Bourg-Saint-Maurice. Ils l'ont même repoussé au pied du col du Petit-Saint-Bernard. Décidée à réagir, la Wehrmacht, avec près de 3 000 hommes, entre en Tarentaise au départ d'Albertville, le 11 août. La situation devient rapidement critique. Bourg-Saint-Maurice est réoccupé le 16.

Pour soulager leurs camarades, les maquis voisins interviennent de leur mieux. L'unité du Beaufortin du capitaine Bulle (1 200 hommes) arrive à la rescousse et livre de brillants combats.

L'opération Dragoon, l'ordre de repli donné par Hitler le 17 août lèvent la pression allemande. L'ennemi amorce son repli. Les maquis de Savoie reprennent l'avantage.

Le 20 août, ils encerclent Albertville. Le capitaine Bulle, qui dirige les opérations, espère renouveler le précédent d'Annecy et amener la garnison à capituler. Il envoie en parlementaire un officier prisonnier. L'émissaire ne rentre pas. Courageusement, Bulle se risque seul pour négocier afin d'éviter une effusion de sang. Ce saint-cyrien de 29 ans est chevaleresque. Il voit le monde à son image et ose croire à l'honneur militaire de l'adversaire. Hélas, sur ce point il se trompe. On retrouve son cadavre le lendemain, non loin de Chambéry. Avec Bulle disparaît un autre Morel. Morel. Bulle [1]. Stéphane. Les maquis alpins ont donné avec eux des images particulièrement nobles et attachantes de chefs et de soldats.

Bulle n'est plus. Le lieutenant-colonel Vergezac, son supérieur direct, assume la direction des opérations autour d'Albertville. Vergezac fait partie de ces officiers qui vivent depuis longtemps pour la revanche. Commandant une demi-brigade alpine démobilisée en juillet 1940, il proclame à ses hommes devant la presse locale stupéfaite :

> « Alpins ! quoique vous entendiez, quoique vous lisiez dans les journaux et ailleurs, n'oubliez jamais qu'un seul homme a voulu cette guerre : Hitler ! Je n'admets pas l'armistice ; notre devoir est, d'une manière ou d'une autre, de continuer la lutte. »

La garnison d'Albertville ne se rend pas. Elle s'éclipse, partie vers Montmélian, partie vers la Tarentaise. La ville est libérée le 23. Entretemps, Aix-les-Bains l'a été le 21, Chambéry le 22. Les seuls éléments ennemis sérieux sont ceux qui errent en Maurienne et en Tarentaise, cherchant à gagner l'Italie.

Les maquisards terminent seuls le dégagement de la Tarentaise. La « Ligne de front », dans la mesure où cette expression peut être avancée, se stabilise sur le col du Petit-Saint-Bernard.

En Maurienne, la décision est plus difficile à enlever. Des renforts de la 90e PD proviennent d'Italie. En stoppant l'avance allemande vers le Grésivaudan, le capitaine FTP Giabiconni, commandant la compagnie 92/02, est tué à La Rochette, au sud de Montmélian. Les Américains, qui avaient promis leur concours, n'accordent qu'une batterie d'artillerie. Ils préfèrent se tourner vers la vallée du Rhône.

Fin août-début septembre, les combats font rage en Maurienne. Argentières est pris, perdu, repris. En se repliant, les Allemands se

1. Jeune lieutenant, commandant de SES, Bulle s'était illustré en juin 1940 contre les Italiens dans un exploit aussi sportif que guerrier : descendant en rappel, il avait neutralisé au FM une résistance ennemie.

livrent à leurs horreurs habituelles. Le petit village d'Hermillon, près de Saint-Jean-de-Maurienne, est incendié. Heureusement, ses habitants ont pu s'enfuir à temps dans les bois. D'autres hameaux sont aussi la proie des flammes, avec souvent un destin encore plus sanglant. A Villarclément, Villargondran, La Sausse, des hommes de 18 à 60 ans sont fusillés sans raison. Si Saint-Jean-de-Maurienne est libéré le 2 septembre, les pertes sont lourdes. Le lendemain, un peu au-delà de la ville, une section de FTP a encore 11 tués.

L'arrivée d'un bataillon du 5e RTM de la 2e DIM et de trois tabors [1] modifie le rapport des forces. Le 13 septembre, l'offensive est déclenchée contre Modane. La ville est libérée le lendemain. Après quoi, en Haute-Maurienne comme en Haute-Tarentaise, la guerre devient une guerre de positions. Les maquisards savoyards, devenus les soldats de la 27e division alpine [2], s'y battront tout l'hiver. Ces combats de Maurienne qui se prolongent sont pratiquement l'ultime aspect [3] d'un ensemble : la libération du Sud-Est, effectuée pour la majeure partie en un temps record.

1. Relevant le 3e RTA arrivé le 3 septembre.
2. Voir plus bas, chapitre 20.
3. Avec l'Authion et l'intervention de la 1re DFL en avril 1945.

Chapitre XVII

LES MAQUIS DU MORVAN ET LA COLONNE SCHNEIDER

Fin août 1944. Si les trois quarts de la France sont libérés, la guerre n'est pas terminée. Loin de là ! Bien des provinces françaises du nord-est sont encore sous la botte nazie.

Le patriotisme pur, un peu partout, incite les meilleurs à poursuivre la lutte. L'afflux vers l'armée de Lattre le montrera. A Toulouse, dans ce midi « difficile » où la politique partisane n'est pas absente, débarque fin août en provenance d'Alger un envoyé du BCRA, fidèle d'Henri Frenay, le capitaine Chevance-Bertin. Promu général pour la circonstance, Chevance-Bertin vient prendre le commandement territorial de tout le grand Sud-Ouest afin d'y constituer un corps FFI. S'agit-il d'une manœuvre pour contrebalancer l'influence communiste ? Ce n'est pas impossible. Le risque d'affrontements n'est pas également à écarter. La tension est vive entre « maquis rouges » et « maquis blancs ».

De Gaulle, informé de cette initiative de l'équipe d'Alger, prescrit à Chevance-Bertin « de porter vers la 1re armée la plus grande partie possible des forces de sa région ». Décision traduite au plan local par la note suivante, en date du 1er septembre :

« En vue d'assurer la participation des FFI de la zone sud à la poursuite des troupes allemandes en retraite, il est décidé d'organiser sans délais dans chacune des régions R3, R4, R5 et éventuellement R6 et B1 [1], une colonne mobile des FFI. »

L'ensemble de ces colonnes doit constituer un groupement aux ordres du colonel Schneider. Ce dernier est arrivé à Toulouse avec Chevance-Bertin. Le groupement prendra le nom de son chef, à une modification près : on ne parlera pas du groupement, mais de la colonne Schneider.

Chevance-Bertin et Schneider ratissent large. Ils regroupent des maquisards en provenance de tout le sud de la Loire (sauf de l'Aquitaine à cause des poches de l'Atlantique). Apparaissent ainsi cinq colonnes, désignées au départ par l'indicatif de leur région d'origine :

R3 (Languedoc), colonel Thomas, 4 170 hommes ;

R4 (Toulouse), colonel Redon, 7 900 hommes ;

R4 bis (Lot-et-Garonne), colonel Montagnie, 3 160 hommes ;

R5 (Corrèze), colonel Vaujour, 3 770 hommes ;

R6 (Auvergne), colonel Fayard, 6 315 hommes.

Soit, avec l'état-major et les services, un total de 25 000 hommes. Presque tous sont d'anciens maquisards ou résistants. Ne s'y mêlent que quelques bonnes volontés de dernière heure.

R3, dénommé aussi « Brigade du Languedoc », compte 6 bataillons AS, un bataillon FTP, un bataillon ORA, plus le maquis de la Montagne-Noire du commandant de Montpezat et du capitaine de Kervanoel. Ils constitueront, en fin d'année, les 80e et 81e RI [2].

En R4, l'unité mise sur pied s'appellera « Colonne des FFI de Toulouse », puis « Division légère de Toulouse R4 » Après divers remaniements, elle englobe :

– Le CFP avec une unité de marche de 3 800 hommes [3] ;

– Les FTP du Tarn et les Veny du Lot, 1 500 hommes ;

– Les FTP du Lot (Ajax), 1 500 hommes ;

– Le Groupe de reconnaissance du 3e dragons (de Segonzac), 400 hommes.

Le CFP fournit ainsi la moitié de cette colonne.

---

1. B1 : Deux-Sèvres, Vienne, Vendée, Charente.

2. Après une chute des effectifs à 2 500 suite à une démobilisation des mineurs et des cheminots pour remise en route de l'économie (ainsi qu'à un certain découragement).

3. Le reste du corps franc Pommiès est affecté :

– à la pointe de Grave (brigade Milleret),

– à la garde de la frontière franco-espagnole, de l'Atlantique à l'Ariège.

R4 bis s'appellera aussi « Brigade Main-Noire ». R5 et R6 proviennent essentiellement des maquis AS et ORA. R6 s'intitulera « Division légère d'Auvergne ». On a vu sa composition.

Chevance-Bertin et Schneider se fixent pour objectif de s'insérer entre les deux gros tronçons des forces allemandes en retraite (le premier suivant un axe sud-ouest-nord-est par les vallées du Massif central, le second marchant ouest-est par le Poitou et le Berry). S'ils parviennent à gagner le Morvan, ils barreront la route de Dijon à l'ennemi et serviront dans le même temps de flanc-garde ouest à l'armée de Lattre.

Le 6 septembre (tout a donc été très vite), les mouvements commencent vers le nord, en utilisant au mieux les moyens disponibles. Voies ferrées, autant que faire se peut. Camions et véhicules réquisitionnés à défaut.

*

La Division légère d'Auvergne est la plus proche du Bec-d'Allier. Elle y est immédiatement envoyée et participe donc aux opérations contre la colonne Elster. On a vu son rôle capital pour interdire le franchissement de la Loire.

Les autres détachements, notamment le CFP qui, bien organisé, a filé rapidement de l'avant, atteignent le Nivernais. Ils vont s'y battre en liaison avec le groupement Demetz de la 1re DB et les maquisards du Morvan.

Le Morvan. Ce massif, puisque telle est sa désignation malgré sa faible altitude (600 mètres en moyenne, culmine à 902 m), offre encore un cadre privilégié pour des maquis. Ce haricot de 80 kilomètres sur 50, centré sur Château-Chinon, empiète sur quatre départements : Nièvre, Saône-et-Loire, Côte-d'Or, Yonne, et draine du monde des quatre points cardinaux. Sa draperie de forêts couvre le tiers de sa surface. Elle atteint même 60 % dans le haut Morvan. L'habitat dispersé [1], parfois abandonné suite à l'exode rural, offre des fermes, des granges, des cabanes. La contrée est peu pénétrée. Un seul axe majeur : Nevers-Autun par Château-Chinon. Encore est-il passablement tourmenté.

Le Morvan se présente ainsi en refuge tout trouvé des hors-la-loi. Les Allemands se méfient de ce cadre hostile. Ils le pénètrent peu, ne s'installant à demeure qu'à Château-Chinon, Avallon, Autun, Clamecy. Contrepartie importante à ces éléments favorables, le climat est rude, l'hiver rigoureux. Durant l'hiver 1943-1944, les maquisards ont connu

1. Densité de population faible : 17 à 25 au kilomètre carré.

des temps difficiles, dans leurs abris sans feu. Car là où il n'y avait rien, ils ont édifié des huttes, des baraques de fortune (après, avec les parachutes, ils dresseront des tentes en forme de marabout abritant des groupes ou des sections).

Les maquis du Morvan ont vu le jour très tôt, mais avec de faibles effectifs. Le maquis Vauban (FTP) apparaît fin 1942, avec six membres seulement. Même participation initiale au maquis de Montsauche en mars 1943. Comme partout, le STO a gonflé les rangs, où les Morvandiaux sont très largement majoritaires. Ces enfants de la terre ont l'habitude d'une vie rustique. Ils s'adaptent bien. La transition est plus brutale pour les « Parisiens ».

Armement, nourriture, encadrement sont les grands problèmes traditionnels des maquis. Il faudra attendre les parachutages massifs de juillet-août 1944 pour disposer de suffisamment d'armes. En attendant, la récupération de fusils et FM abandonnés en juin 1940 par l'armée française a permis de parer au plus urgent. Pour subvenir au ravitaillement, la population rurale se montre complice et généreuse. Quant à l'encadrement, il provient souvent, paradoxalement, de la gendarmerie. Bien des petites brigades passent au maquis dès juin 1944. De gros paquets « monteront » ensuite, comme les 250 gendarmes du Creusot derrière leur chef. Et il y a toutes ces personnalités qui émergent, comme Georges Moreau, fondateur du maquis Le Loup, ou Louis Boussin, patron du maquis Valmy, tous deux deuxième classe dans l'armée régulière.

En cette région, qui vote plutôt à gauche tout en étant catholique, l'origine et la composition des maquis sont assez diversifiées. Au 11 septembre 1944, le Morvan comptera environ 9 000 maquisards (6 000 correctement armés), répartis en une trentaine d'unités d'importance inégale. Il est des petits maquis de 200 hommes, parfois moins, comme Vauban (FTP), Sanglier (Libération-Nord), Maurice (AS). L'un d'eux – Chaumard (Libération-Nord) – a été anéanti par les Allemands, le 30 juillet 1944. Les gros s'appellent Louis, Verneuil, Valmy.

Le maquis Louis relève du SOE et aligne 1 900 maquisards. Il a été créé le 1er octobre 1943 et porte le pseudonyme de son chef, Paul Sarette, « Louis », officier français parachuté avec un autre officier, écossais celui-là, Mackenzie Kenneth. « Louis », figure emblématique des maquis du Morvan, sera tué accidentellement le 5 septembre 1944 [1].

Ce maquis Louis est à fort recrutement d'obédience Libération, comme Verneuil, remontant au 1er avril 1943. Verneuil (1 900 maquisards) est commandé par un tout jeune homme, Jean Chapelle.

1. Il sera alors remplacé par un vieil officier de 14-18, le commandant Fradet.

Le maquis Valmy, futur régiment Valmy, ne cache pas sa couleur : FTP. Il remonte à septembre 1943 et a été fondé par un ancien mineur de fond, Louis Boussin, « commandant Charlot », dans la région de Montceau-les-Mines. Cette origine explique que l'un de ses trois bataillons de septembre 1944 soit à base de Polonais, eux aussi anciens mineurs. Autre maquis FTP, Serge (700 hommes), commandé par Gérard Drouin.

Entre les uns et les autres, plusieurs maquis de moyenne importance tiennent parfaitement leur rang :

- Bernard et Joseph (Libération-Nord et ORA), 1 200 maquisards ;
- Bayard (ORA), 900 maquisards ;
- Le Loup (Libération-Nord), 770 maquisards ;
- Camille (Libération-Nord), 750 maquisards ;
- Socrate (Libération-Nord-ORA), 700 maquisards [1].

Ce maquis Socrate, même s'il n'est pas le plus important en nombre, est sans doute celui qui a laissé le plus grand souvenir. A cause de son chef : Georges Leyton, « Socrate », fait figure de personnalité marquante – avec « Louis » – parmi les responsables de maquis. Militaire de carrière, il lance son maquis le 26 avril 1944 et tombe à La Celle-en-Morvan (Saône-et-Loire), le 10 août 1944. L'un de ses maquisards écrira :

> « Je n'oublierai jamais le respect et l'amour que tous les maquisards avaient pour leur chef Socrate qui était en même temps un vrai ami. Lorsque ce dernier s'absentait pour accomplir des missions auprès du colonel anglais [2] ou du chef départemental, nous ressemblions durant l'absence de Socrate à des enfants perdus dans les bois... A son retour, dès que sa grande silhouette nous apparaissait, et qu'en s'approchant de nous, nous voyions son franc sourire, bien vite nous retrouvions l'espoir que nous avions formé en lui...
> Quand Socrate nous réunissait devant son PC, souvent il disait : "Dans la vie, soyez toujours des hommes propres et courageux, travaillez pour l'avenir de la France et un jour vous en serez récompensés." Notre chef nous donnait l'exemple de ce qu'il nous conseillait : personne ne pouvait le critiquer. »

---

1. Chiffres parfois contestés, donnant 900 à Socrate et de 1 200 à 1 400 à Bayard.
2. Hutchinson. Voir plus bas.

Il ne peut être de plus bel hommage rendu à son ancien chef, et on comprend l'emprise du capitaine Leyton sur ses hommes.

Cet éloge donne l'occasion de mieux appréhender un aspect fondamental de la réalité d'un maquis. Pour des maquisards, isolés dans un univers de dangers et d'épreuves, le premier point d'ancrage est le chef autour duquel ils se sont regroupés. Ils le suivent et lui obéissent parce qu'ils lui font confiance et subissent son ascendant. Hommes forts au rayonnement incontesté, Morel, Guingouin, Stéphane, Romans-Petit, Pommiès, Dussarat, Champenier, Leyton, pour ne citer que les plus connus, l'étaient. Chaque maquis fournit plus ou moins l'illustration d'une telle situation. S'il perd son chef ou si, à l'épreuve, celui-ci ne s'avère pas à la mesure de la charge, il se disloque.

Ces maquis du Morvan ne sont pas sans particularités. Ils ont parmi eux un parlementaire, le Dr Bondoux, député de la Nièvre, une religieuse, infirmière-major, quatre moines, des aumôniers, un commandant en retraite de 71 ans, des jeunes de 16 ans. L'un des moines, capitaine de réserve, est même chef de maquis. Par contrecoup, on parle du « maquis du curé ».

Et dans le Morvan, comme souvent ailleurs, se glissent des subtilités et des appréciations. Notables et bourgeois regardent le maquis Louis comme un bon maquis. Il a de l'ordre, de la discipline. Bien approvisionné par les Britanniques, il paie avec régularité... Ce qui n'est pas toujours le cas avec d'autres qui ont la réquisition facile [1].

Au bilan global des orientations politiques, les FTP, qui feront largement parler d'eux suite à leur tentative malheureuse sur Autun le 8 septembre, représentent le sixième des effectifs maquisards. Ils sont donc loin d'être majoritaires. Leur influence toutefois ne sera pas négligeable à la Libération.

*

Le Morvan n'a pas échappé à la vision théorique des réduits. De Londres et d'Alger, il a paru possible de réaliser un « hérisson du Morvan ». Des équipes ont été parachutées à cet effet : un colonel britannique, Hutchinson, arrivé le 11 juin, puis un colonel français, Viat,

1. Les réquisitions, il n'est pas à le contester, sont un aspect non négligeable et obligatoire du quotidien des maquis. Pour se déplacer, se nourrir, etc., il faut réquisitionner un camion, une voiture, du ravitaillement. Certaines réquisitions sont établies en bonne et due forme, avec tampon et signature autorisée en vue de régularisation par la suite (restitution, règlement, dédommagement). D'autres le sont moins, sources possibles de contestations et litiges.

arrivé en juillet. Tous les deux dans le cadre d'une mission Verveine. Le projet n'a pas abouti, évitant les trop gros rassemblements (suite aux divergences entre Koenig et le COMAC, aux rivalités personnelles sur le terrain entre le DMR, le colonel Rondenay et le colonel Roche, chef des FFI de la Nièvre). Verveine a néanmoins eu un côté bénéfique : des parachutages d'armes en juillet-août 1944, la présence d'une centaine de parachutistes SAS dans le massif.

*

Bien qu'assez mal implantés, les Allemands, assistés des miliciens, ne pouvaient accepter une présence de plus en plus dangereuse. Le maquis Socrate, installé dans la région d'Anost, au nord-ouest d'Autun, a été attaqué à plusieurs reprises : le 26 avril, le 2 mai, le 2 juin, le 14 juillet. Le maquis Saint-Vincent l'a été le 10 juin, le maquis Camille le 21, le maquis Valmy le 15. Presque chaque fois, il y a eu prisonniers, tortures, exécutions sommaires, fermes et villages incendiés.

Les affrontements les plus importants débutent toutefois véritablement en juillet. Les maquisards mieux armés peuvent passer résolument à l'action, tandis que les Allemands, de leur côté, intensifient leurs efforts pour réduire des poches qui créent un danger sur leurs arrières. Le maquis Chaumard est décimé le 30 juillet.

Du 12 au 16 août, une violente bataille se déroule près de Crux-la-Ville (40 kilomètres au nord-est de Nevers). 800 maquisards des maquis Julien et Mariaux se battent à un contre quatre durant plusieurs jours. Sept maquis viennent à la rescousse et s'efforcent de faire diversion afin de desserrer l'étreinte. 48 tués, 55 blessés graves sont la rançon de l'héroïsme déployé. L'ennemi, finalement contré en dépit de ses moyens, aurait eu 400 hommes hors de combat. Le capitaine Leyton, chef de Socrate, disparaît, on l'a vu, le 10 août. Assurant une liaison pour récupérer un blessé, il débouche malencontreusement avec sa traction avant à un carrefour sur un convoi allemand. Tentant d'échapper, il est mortellement atteint, ainsi qu'une jeune infirmière venue s'occuper du blessé. Les deux autres occupants de la VL parviennent à filer et à donner l'alarme. Les victimes, récupérées quelques heures après, quitteront ce monde entourées de visages amis.

Si ces coups sont rudes, ils n'entament ni l'ardeur ni l'agressivité. Les maquisards morvandeaux savent que l'heure de la liberté approche. Vers le 20 août, ils manquent de peu d'être mêlés à l'affaire Pétain. Celui-ci, prisonnier de fait, a quitté Vichy le 20 août à 8 heures 15. Son itinéraire le conduit par Moulins, Luzy, Autun, Saulieu où il fait étape pour la nuit du 20 au 21. Plusieurs maquis seraient susceptibles d'intervenir, mais ils sont alertés trop tard. Une embuscade, prévue le 21 entre Autun et Saulieu, s'avère inutile. A cette heure, Philippe Pétain et ses gardiens sont loin.

*

Autun se situe sur la route du repli vers Dijon et Belfort, pour les unités allemandes arrivant du sud de la Loire. A partir du 20 août, la petite ville voit passer un défilé ininterrompu et cosmopolite : Allemands, mais aussi Italiens, Roumains, Baltes, Hindous, Soviétiques de l'Ostlegion. Des paysans français réquisitionnés avec leurs chariots et leurs bêtes font souvent partie de ces convois largement hippomobiles. Le butin des pillages s'entasse dans les véhicules, à moins qu'ils ne soient par nécessité abandonnés le long de la route.

Le désengagement accéléré de la Wehrmacht autorise des occupations de villes et de villages synonymes de libération : Clamecy, Avallon [1] le 19 août, Vézelay le 23, Lormes le 25... Heureusement, l'armée Patton se rapproche. Certains de ses éléments atteignent Coulanges-sur-Yonne (10 kilomètres nord-est de Clamecy) le 22. Les Allemands n'ont plus le temps et les moyens de réagir devant la double menace : Américains et maquisards. Ils ne le feront qu'à Autun, contraints et forcés.

LA BATAILLE D'AUTUN

Pour les maquisards du Morvan, Autun est l'objectif par excellence. Même si la ville n'est que sous-préfecture, elle a haute valeur symbolique. Les Allemands l'occupent de longue date. Ils y ont implanté une Kommandantur avec une importante garnison. Début septembre 1944, la cité s'affirme un carrefour stratégique, sur l'axe vital Nevers-Dijon [2].

Deux maquis FTP stationnent non loin. Serge, au nord de Lucenay

1. Si Avallon, évacuée par sa garnison, est libérée effectivement le 19 août au matin, la ville doit être défendue durant une semaine. Les Allemands s'efforcent de réoccuper ce nœud de communications sur leurs routes de retraite. Du 19 au soir au 25, les maquis Verneuil, du Loup, du sud de la Puisaye (1re demi-brigade de l'Yonne), de Chalaux et des compagnies dites de corps francs résistent aux pressions ennemies. Les combats meurtriers, menés souvent contre un adversaire pourvu de blindés, font plusieurs dizaines de tués et blessés chez les maquisards.

2. L'usine de distillation des schistes d'Autun assure également un stock de carburant (près de 200 000 litres d'essence).

et Ignornay, Valmy au sud, dans le massif d'Uchon [1]. Leurs chefs ont le regard sur la ville. S'en emparer les premiers serait pour eux une fructueuse opération. Ils auraient latitude de placer des gens à eux à la sous-préfecture. Se présentant en libérateurs, ils bénéficieraient d'un gain de prestige auprès d'une population plutôt réservée à leur endroit.

Le 7 septembre, en fin de journée, le 2e dragons du lieutenant-colonel Demetz, en flanc-garde ouest du 2e CA du général de Monsabert, atteint Paray-le-Monial. Il y fait jonction avec des éléments de tête de la colonne Schneider (CFP de Pommiès, 8e dragons du commandant Merlat). Spontanément, Pommiès et Merlat se placent à la disposition de Demetz.

Le 8, à l'aube, ce dernier a reçu ordre de s'emparer d'Autun avec l'apport du 1er BLE (commandant de Sairigné) et un escadron du 1er RFM (lieutenant de vaisseau Savary). Le patron du 2e dragons dispose ainsi d'un groupement relativement puissant, avec blindés, infanterie et même une batterie d'artillerie. Il peut avec confiance prendre la route plein nord direction Montceau-les-Mines, Le Creusot puis Autun, qui est encore à 100 kilomètres.

Les deux commandants de Valmy et de Serge ont appris la position de Demetz et son arrivée prochaine. Les TD et les AM du 2e dragons ne musent pas en chemin. Ils seront là dans quelques heures. Leur avance est à la fois un réconfort et un souci. Réconfort d'être soutenu, si besoin. Souci d'être coiffé à Autun par l'armée régulière. Les deux responsables FTP ont aussi appris qu'en ville la Kommandantur et la Feldgendarmerie avaient été évacuées. Mais ils ignorent qu'il reste intra-muros une unité d'élite, le groupement Reinhardt, et que 1200 hommes de l'Ostlegion viennent de faire leur entrée.

Pressés, craignant d'être devancés et sous-estimant les effectifs allemands, Boussin et son collègue décident de prendre l'affaire à leur compte et d'occuper Autun sans attendre [2]. Pourtant Demetz, informé de leurs intentions, leur fait savoir de patienter quelque peu. Mais l'enjeu d'Autun est politique tout en apportant une légitime satisfaction de succès aux partisans tapis dans les forêts et la montagne depuis des semaines ou des mois.

Le 8 septembre, à 8 heures, Valmy commence à pénétrer dans Autun.

---

1. Trois autres maquis, non FTP, stationnent également à proximité :
- Socrate, au nord-ouest, vers Anost,
- Maurice, à l'ouest, vers Saint-Prix,
- Lucien, au sud-ouest, vers Marly-sur-Arroux.

2. Louis Boussin affirmera par la suite en avoir reçu l'ordre de sa propre hiérarchie. C'est tout à fait possible. La mainmise sur une ville comme Autun s'inscrit tout à fait dans les vues des FTP.

La résistance rencontrée se révèle une amère surprise. Le coup de main projeté avorte et s'achève en drame : 40 maquisards tués, 35 autres faits prisonniers et sommairement exécutés. Valmy doit se retirer. Les Allemands demeurent maîtres des lieux.

Demetz, qui a quitté Paray-le-Monial, ne chôme pas mais la liesse populaire freine sa progression. La traversée de Montceau-les-Mines, sous les acclamations, lui fait perdre quelques heures. Il est condamné à arriver trop tard pour appuyer Valmy. Son intention, du reste, n'est pas d'attaquer directement Autun. Il préfère envelopper la ville pour contraindre la garnison à se rendre.

La véritable bataille d'Autun commence. Elle crée un précédent d'importance. Les maquisards de la colonne Schneider, des FFI de Saône-et-Loire du commandant de La Ferté, « Ferrand » [1], de Valmy qui ont à venger leurs morts, de Lucien, de Socrate, Serge, de Maurice, qui dépêchent des éléments, ne vont pas se contenter de jouer les valets d'armes pour harceler et ouvrir la route. Ils se battront, dans un affrontement d'envergure, aux côtés des hommes de la 1re armée.

Demetz a ventilé ses forces en deux colonnes principales, les maquisards servant d'infanterie portée. La première colonne contourne la ville par l'est. La seconde déborde plus largement à l'ouest par Etang, Fontaine-la-Mère, Saint-Léger-sous-Beuvray. Outre deux escadrons du 2e dragons, elle comprend plusieurs compagnies de chez Pommiès ou Merlat. A Fontaine-la-Mère, elle taille en pièces un convoi allemand en provenance de Digouin. Ayant enfin contourné Autun, elle se heurte au nord de la ville, à Dracy-Saint-Loup, à une forte résistance. Le jeune fils du commandant de la 1re armée, Bernard de Lattre, 16 ans, engagé volontaire au 2e dragons, est blessé. Il sera soigné par l'équipe médicale du Dr Alec Prochiantz, du maquis [2].

Le 8 au soir, Autun est encerclée. Des TD, escortés par les maquisards de La Ferté, ont même réussi à pousser jusqu'au cœur de la vieille ville. Mais demeurent de solides résistances, en particulier à l'école militaire.

La nuit est agitée. La fusillade crépite de partout. La garnison assiégée dans Autun tente de se dégager. Plus grave, un Kampfgruppe

---

1. Chef des FFI de Saône-et-Loire, le commandant de La Ferté, successeur de son camarade de promotion le commandant de Bellecombe, fusillé par les Allemands, a participé avec ses hommes à la libération de Chalon-sur-Saône. Il marche sur Autun par le sud-est, avec le sous-groupement du commandant Lambert, de la 1re armée.

2. Cette équipe médicale dessert sept maquis du Morvan. Elle rejoindra ensuite la 1re armée. Au total, une trentaine de médecins, dont trois chirurgiens, opèrent pour les maquisards du Morvan.

débouche du sud-ouest par la RN 73 [1]. Les 4000 hommes du colonel Bauer veulent franchir le carrefour de Fontaine-la-Mère (sud-ouest d'Autun) tenu par un peloton de TD, quelques sapeurs et un escadron de Merlat. Le combat, très sévère, se prolonge jusqu'à 4 heures du matin.

Le 9, dès 7 heures, « réguliers » et maquisards entrent en force dans Autun. Deux heures plus tard, la ville est entièrement libérée, mais une menace persiste au sud. Bauer fait toujours effort du côté de Fontaine-la-Mère, afin de poursuivre sa route. C'est là que tombe un preux : le commandant de Neuchèze, évadé de France en emportant l'étendard du 2e dragons, est tué sur le TD Notre-Dame-de-Paris, où il avait remplacé le chef de char mortellement atteint. Toute la journée, les combats continuent contre le Kampfgruppe Bauer. Les légionnaire de Sairigné bloquent les entrées méridionales d'Autun. Les maquisards du CFP attaquent sans répit de flanc la colonne allemande.

Le 10 au matin, Monsabert, renseigné par les reconnaissances aériennes sur l'importance du danger, dépêche un groupe de 155. Les obusiers, bien réglés par le Piper, font des ravages dans les rangs ennemis.

Bauer a compris. Il a déjà 500 hommes hors de combat et il ne passera pas. Légionnaires, maquisards, artilleurs, cavaliers lui ont enlevé tout espoir d'aller au-delà d'Autun. A 15 heures, il se rend sans conditions [2]. 3 200 hommes sont prisonniers.

Avec Autun, tout le Morvan est définitivement libéré le 11 septembre. Dans l'intérieur du massif, les maquisards ont fini d'occuper villes et villages, rejoints en plusieurs endroits par des détachements de la 1re armée française. La bataille d'Autun laisse un bel exemple de travail en commun entre combattants de toutes origines. L'amalgame a commencé de fait sur le terrain.

Le CFP, devant Autun, a eu 200 hommes hors de combat (tués, blessés, portés disparus). En témoignage de son action, le 22 novembre 1944, le général de Lattre le citera à l'ordre du corps d'armée :

> « Corps franc à l'effectif d'une brigade, déjà réputé pour ses brillantes actions contre l'ennemi dans la région du Sud-Ouest, prend, sous le commandement du colonel Pommiès, une part décisive dans la poursuite de l'ennemi.
> Transporté dans la région du Morvan, s'est, par une marche audacieuse et rapide, jeté en travers des colonnes ennemies,

---

1. Actuelle RN 81.
2. Il sera jugé à Dijon le 18 octobre 1945 pour crimes de guerre, suite à l'exécution à Autun de trois maquisards faits prisonniers.

les harcelant durant les 7, 8, et 9 septembre, jusqu'aux portes d'Autun.
A provoqué, après de durs combats, en liaison avec l'Armée d'Afrique, la capitulation d'un groupe de 3 500 Allemands, dont plus de 850 ont été faits prisonniers par les seules unités du corps franc.
Brigade très manœuvrière et ardente, qui incarne l'esprit offensif des troupes du Sud-Ouest. PC, le 22 novembre 1944.

Signé : de Lattre [1]. »

1. Devenu 49e RI, le CFP obtiendra une autre citation à l'ordre de l'armée, suite aux campagnes des Vosges, d'Alsace, de Bade et du Wurtemberg.

Chapitre XVIII

AU NORD-EST

Après ce qui a été rapporté précédemment, on pourrait penser que les maquis n'existent pas au nord de la Seine et dans l'Est. Le silence presque total à leur endroit le laisserait supposer. Impression fallacieuse. Dans cette portion septentrionale de la France, où la Résistance est active (renseignements, sabotages, acheminement d'aviateurs alliés, etc.), les maquis ne sont pas absents. Mais le terrain, l'ennemi imposent des formules adaptées et souvent différentes de celles du Sud.

Hormis les Ardennes, les Vosges et le Jura, les bastions naturels ne sont pas évidents. Le Nord est un plat pays aux larges étendues dégagées. Le même type de paysage se retrouve dans les plaines de Champagne. Il faut gagner les vallées de la Meuse et de la Moselle pour découvrir des régions plus accidentées et boisées, annonçant le massif vosgien et plus au sud les contreforts du Jura.

Partout la présence allemande est pesante, situation qui s'explique aisément : menace du débarquement, liaisons à préserver avec l'Allemagne, exploitation au profit du Reich des ressources minières et industrielles.

Faisant face à la Grande-Bretagne, les départements du Nord et du Pas-de-Calais ont été déclarés zone interdite. La Wehrmacht y est particulièrement puissante et sur ses gardes (Hitler s'attendra longtemps à un nouveau débarquement, dans le Pas-de-Calais cette fois, et y maintiendra inutilement une grande partie de la XVe armée). La situation est quasiment identique pour les territoires situés à l'est d'une ligne Amiens-Rethel-Vouziers-Sainte-Menehould-Chaumont-Dôle-Champagnole. Pis encore, l'Alsace-Lorraine a été annexée. Regardés comme enfants du Grand Reich, 140 000 Alsaciens-Lorrains ont été incorporés de force dans la Wehrmacht et transférés sur le front de l'Est [1]. Ces fils de France, devenus des « Malgré-nous », manquent à l'appel de la Résistance.

Il s'avère difficile, voire parfois impossible, d'implanter des maquis permanents dans des conditions raisonnables de sécurité [2]. Il s'en créera pourtant ! Mais ce n'est véritablement qu'à l'annonce de l'approche des armées alliées que les patriotes qui se sont préparés dans l'ombre « montent au maquis » [3]. Les combats prendront alors souvent l'aspect d'actions en liaison avec ces armées amies. Il est du reste normal qu'il en soit ainsi. Aucune analogie avec ce qui se déroule au sud de la Loire. L'Allemand se replie en s'efforçant d'établir une ligne de défense (ce qu'il finira par réaliser dans les Vosges et les Ardennes). Les forces alliées le talonnent, apportant avec elles l'heure tant attendue de la Libération. Les maquis organisés à l'arrière du « front mouvant » interviennent à leur profit pour les guider, les assister en tant qu'infanterie d'accompagnement et assurer le « nettoyage du terrain » (opérations qui n'ont pas empêché au préalable le sabotage et le harcèlement).

*

Il est des rapprochements curieux. La situation géographique, la présence allemande ont conduit la Résistance à créer dans le Nord et l'Est trois grandes régions :

- A. PC Amiens,
- C. PC Châlons-sur-Marne,
- D. PC Dijon.

Schématiquement, à quelques exceptions près, notamment en Alsace, chacune de ces grandes régions est libérée par des troupes alliées bien

1. 38 000 ne rentreront pas.

2. Un rassemblement tenté par les FTP en Artois et Picardie, afin de constituer un important maquis dans les Ardennes, se solde par une catastrophe : 34 tués, 68 fusillés, 86 morts en déportation. Cette tragédie illustre les difficultés et les risques rencontrés lorsque ni le terrain ni l'armement n'autorisent un combat en rase campagne.

3. Il y eut aussi, là comme ailleurs, le phénomène STO. Beaucoup de jeunes ont gagné les maquis de l'intérieur pour y échapper.

définies : A par les Britanniques, C par les Américains, D par les Français.

Cette observation donne l'occasion de situer les zones d'avancées des trois grands alliés. Les Britanniques (21e GA), ayant franchi la Seine, progressent à l'ouest de l'axe Mantes-Amiens-Bruxelles. Les Américains (12e GA), sur leur droite, se développent sur un large front orienté nord-est et marchent vers les Ardennes et le Luxembourg par Reims et la région Metz-Nancy. Enfin, débouchant de Provence, les Franco-Américains (futur 6e GA), soit VIIe armée US et 1re armée française, montent plein nord. La VIIe armée américaine dans les vallées du Rhône et de la Saône est flanquée à l'ouest par le 2e CA français (Monsabert), à l'est par le 1er CA français (Béthouart). A l'arrivée au pied des Vosges, une implantation plus rationnelle regroupera l'intégralité de la 1re armée française de Remiremont à la frontière suisse. La VIIe armée US ripera sur sa gauche pour assurer la liaison avec le gros des forces américaines (IIIe armée, atteignant la Lorraine).

*

EN RÉGION A

La région A, quatre départements (Somme, Seine-Maritime, Pas-de-Calais, Nord), est presque partout un plat pays sévèrement occupé. La densité des troupes allemandes y est la plus élevée de France [1]. Dunkerque, Calais, Boulogne, Le Havre ont été transformées en forteresses. La DCA renforcée rend les parachutages pratiquement impossibles. Les armes manquent.

Dès lors, il n'est pas à s'étonner que la région A ne connaisse que très peu de vrais maquis (du côté d'Erloy [2] ou aux environs de Maubeuge).

L'activité dominante de la Résistance (OCM, Libé-Nord, ORA, FTP) est consacrée avec efficacité au sabotage. A la Libération, patriotes et éventuellement maquisards participent aux combats à Lille, Valenciennes, Amiens, Le Havre (deux des fils du général Leclerc font partie des groupes de la région d'Amiens).

Si cette participation est glorieuse – et hélas sanglante en bien des endroits –, elle ne peut toutefois être rangée sous l'étiquette maquis. Elle relève des FFI au sens large.

1. La XVe armée allemande, étalée de l'Escaut à l'Orne, compte 18 divisions. Sont également implantées dans son secteur des unités de réserve générale (PD et troupes aéroportées).

2. A 10 kilomètres au nord-ouest de Vervins, dans les collines de Thiérache, officiellement dans l'Aisne.

Après la Libération, seront constitués deux bataillons de 600 hommes, dénommés Jean-Bart et Dunkerque. Sous les ordres du colonel Le Hagre, ils formeront provisoirement le 110e RI [1], participant à l'investissement de Dunkerque farouchement défendue.

*

Dans la Meuse, les maquis n'apparaissent vraiment qu'après le débarquement en Normandie. Toutefois, un petit maquis FTP s'organise dans la seconde quinzaine d'avril 1944. Dans ce département où le PC n'avait qu'une faible audience, ce sont des militants venus du Pas-de-Calais qui assurent le noyau initial. Des casemates de la Grande Guerre leur servent de premier refuge (elles ne manquent pas en ce secteur de Verdun où les vestiges de 14-18 sont encore très présents). A la Libération, les FTP grouperont environ 500 maquisards, dont bon nombre sont loin d'être communistes. Habilement, ils ont su mettre leur drapeau dans leur poche pour n'effrayer personne. Ainsi, un de leurs responsables est un vieux soldat, le commandant en retraite Jolly, maire de Souilly et plutôt « pétainiste » aux origines. Réaction fréquente chez les anciens combattants et plus encore lorsqu'on réside non loin de Verdun.

Un maquis repose d'abord sur son chef. La Meuse n'échappe pas à la règle. L'une des personnalités marquantes de ces maquis FTP s'appelle Charles Duquesnoy, « commandant Frédé », 25 ans. Duquesnoy est un garçon ouvert, qui s'impose par son expérience et son courage. Il sera tué au combat le 27 août, à quelques jours de la Libération. En 1945, Jolly écrira de lui :

> « Le commandant Duquesnoy Charles était un chef dans toute l'acception du terme. Ses connaissances militaires et son aptitude au commandement égalaient celles d'un bon officier d'une armée régulière, fait remarquable chez un homme qui n'avait jamais reçu aucune formation professionnelle.
> Sa mâle figure où brillaient deux yeux intelligents, sa haute et fière stature, son allure martiale, toute sa personne contribuaient à donner à tous une impression de force et de sécurité. Il en imposait, comme il avait aussi conquis l'estime et l'affection de tous. »

1. Ce 110e RI sera dissous et remplacé par le 51e RI, renforcé par un bataillon de l'Oise et deux bataillons du 33e RI. On sait que le 33e RI était de tradition un régiment du Nord. En 1914, le colonel Pétain, commandant le régiment d'Arras, y avait reçu le jeune sous-lieutenant Charles de Gaulle.

OCM et ORA, de leur côté, se sont organisés. L'ORA, sous la direction du commandant Laure, dispose de deux maquis : en Argonne et en forêt de Spincourt, au nord-est de Verdun. Dans la nuit du 20 au 21 août 1944, une forte équipe Jedburg est parachutée.

La progression au galop de charge de Patton prend les 1500 maquisards meusiens quelque peu de court, avec les libérations sans affrontements majeurs de Bar-le-Duc, Verdun, Commercy le 31 août et de Saint-Mihiel le 1er septembre. Depuis le 6 juin, ils étaient sur la brèche. Sabotages, embuscades se succédaient. A partir de la mi-juillet, les Allemands avaient installé le long de la RN 3 (Paris-Metz par Sainte-Menehould et Verdun) des panneaux mentionnant :

VORSICHT TERRORISTEN GEFAHR
(Attention danger d'attaques terroristes)

Si ces actions ont causé du mal à l'ennemi, elles ont également provoqué des pertes amies. Rien que pour les FTP sont signalés : 10 août, deux tués ; 24 août, trois tués ; 27 août, cinq tués dont le commandant Duquesnoy ; 30 août, trois tués.

EN RÉGION C

Cette région C est très vaste, puisqu'elle englobe neuf départements, s'étendant des Ardennes au Rhin [1].

Dans les Ardennes, à la tête de la mission Citronnelle, a été parachuté un FFL de la première heure, le commandant Paris de Bollardière (grièvement blessé à El-Himeimat, le 24 octobre 1942, alors qu'il commandait le 1er bataillon de la 13e DBLE, Bollardière est passé aux parachutistes après sa convalescence). Près de Revin, à 25 kilomètres au nord-ouest de Charleville-Mézières, il met sur pied un maquis qui porte son indicatif : « Prisme ». « Prisme » voit vite affluer les volontaires. Trop ! Les maquisards sont mal armés et sans expérience du combat. Une attaque allemande tourne au drame. 150 hommes, derrière Bollardière, parviennent à rompre l'encerclement. 100 autres, privés d'encadrement, sont capturés et exécutés. Ce revers sanglant n'empêche pas Bollardière de poursuivre dans des conditions qui conduiront Gilbert Grandval, chef FFI de la zone C, à écrire :

> « Le maquis "Prisme", grâce à l'esprit manœuvrier de son chef, à son courage et à celui de ses camarades, obligea l'ennemi à maintenir dans le massif ardennais des forces importantes et accomplit donc ainsi parfaitement sa mission. »

1. Soit Marne, Meuse, Ardennes, Aisne, Moselle, Meurthe-et-Moselle, Bas et Haut-Rhin, Vosges.

En septembre en particulier, les hommes de Bollardière épaulent habilement les Américains de la 1re armée.

*

La Moselle ne possède pas de maquis pour bien des raisons : pénurie d'armement (les Britanniques refusent les parachutages en « Lorraine allemande »), population hétérogène [1], lourde férule policière nazie, etc. Beaucoup de patriotes se manifesteront au grand jour à l'approche des Américains, notamment lors des combats de novembre pour la libération de Metz.

Le 28 août, les unités FFI, dénommées ici brigades [2], commenceront à sortir de la clandestinité… Elles prendront contact le 1er septembre avec la 7e DB de Patton. Agents de renseignements, orienteurs, combattants, les hommes des FFI s'efforceront d'assister au mieux leurs alliés.

Par la suite, dans la partie libérée du département, ils s'engageront dans les corps en formation : 8e [3], 16e, 30e BCP et 26e RI. Metz n'étant libérée que le 20 novembre, ce laps de temps explique la présence de ces unités « régulières » durant les combats pour le nettoyage de la ville.

*

En Meurthe-et-Moselle, jonglant avec les approvisionnements en carburant, la 4e DB US, du 11 au 14 septembre, parvient à franchir la Moselle en amont et en aval de Nancy. Les Allemands, le 14, devant la menace d'encerclement, précipitent leur évacuation. Grandval sent la capitale de la Lorraine à sa portée et juge venu le moment d'intervenir. Le 15 à l'aube, les résistants français s'infiltrent dans la ville, réduisant les quelques positions encore tenues. En fin de matinée, ils sont rejoints par les Américains [4]. Nancy peut célébrer sa libération. Une libération qui vient de coûter 24 tués à la Résistance.

---

1. Suite aux immigrés allemands.
2. Aux effectifs sans analogie avec ceux d'une véritable brigade (ils varient de 40 à 200).
3. Ce 8e BCP se forme à partir du 8e BCP issu du maquis limousin (bataillon de Sidi-Brahim, le 8e BCP est cher au cœur des chasseurs).
4. Conscient de sa faiblesse, Grandval avait la veille au soir câblé à Londres pour accélérer cette arrivée : « Déclenchement cette nuit action pour Libération Nancy. Compte tenu modicité armement et surtout munitions, vous demande insister auprès IIIe armée américaine pour qu'elle hâte son entrée en ville ou nous envoie quelques chars. »

Dans cette libération de Nancy, un authentique maquis a joué un rôle non négligeable, le groupe « Lorraine 42 » (GL 42). Pourquoi 42 ? Sans doute parce qu'il remonte à 1942, date où il a été fondé à Blainville-sur-l'Eau (10 kilomètres sud-ouest de Lunéville). Le 26 août 1944, une forte mission Jedburg, des paras canadiens, est venue l'étoffer. Début septembre, il regroupe environ 800 maquisards bien armés. Non seulement il livre de rudes combats en forêt de Goviller (sud-ouest de Nancy), ouvrant la route aux Américains, mais surtout il assure la protection des ponts sur la Moselle en amont de Nancy. La 4e DB peut ainsi franchir rapidement la rivière et développer sa manœuvre d'encerclement.

*

Les Alliés sont maintenant aux approches des Vosges où, sous le couvert forestier, des maquis se sont organisés avec des fortunes diverses et, hélas, souvent malheureuses.

A une quinzaine de kilomètres au sud de Saint-Dié, le maquis de Corcieux, conformément aux directives de Londres, est passé à l'action dès le 6 juin. Il a même livré le combat le plus important de la zone C, attaquant avec succès une station allemande et la garnison allemande de Taintroux. L'ennemi a eu des pertes. Le maquis a même emmené 52 prisonniers.

La réaction n'a pas tardé. La région a été « ratissée ». 47 maquisards et civils ont été tués dans cette vaste opération de représailles.

Un peu plus au nord, vers Raon-l'Etape, s'est constitué un autre maquis dénommé GMA-Vosges (groupe mobile Alsace-Vosges). Le 30 août, il reçoit le renfort de parachutistes français et britanniques. Au total, ils se retrouvent 200, maquisards et paras, à la ferme de Viambois, le 3 septembre au soir. Ceux-là, bien armés, ont les moyens de se défendre. En revanche, à côté d'eux, 600 volontaires à peine arrivés sont totalement démunis.

Le lendemain, 4 septembre, la Wehrmacht, débouchant de Baccarat et de Raon-l'Etape, investit le camp. 120 Français, pour beaucoup sans armes, laissent leur vie dans un combat plus qu'inégal. Avec les prisonniers déportés, près de 300 maquisards disparaîtront dans cette tragédie.

Ces drames sont suivis d'autres. Le maquis de Grandrupt-de-Bois, à 12 kilomètres au nord-est de Saint-Dié, est encerclé le 7 septembre au matin. Le capitaine Arnould, chef du maquis, accepte de déposer les armes avec ses 250 hommes épuisés afin que les habitants des trois villages proches, pris en otages, ne soient pas fusillés. Ces maquisards, qui devaient être traités en soldats prisonniers de guerre, seront déportés. 117 ne reviendront pas.

Les 20 et 21 septembre, autre face à face inégal. Sur un millier d'hommes du maquis de la Piquante-Pierre, au sud de Gérardmer, 400 seulement sont armés. Après deux jours de combat, le maquis laisse 33 tués et 48 prisonniers qui seront tous fusillés après avoir été torturés. Ces journées cependant auraient coûté cher à l'ennemi en tués et blessés. Le chiffre de 700 – qui paraît excessif – a été avancé.

Encore un affrontement sanglant. Le 3 septembre, le GL 42 a dépêché des éléments à Charmes avec mission de tenir le pont sur la Moselle jusqu'au 5 septembre. Les maquisards résistent trois jours aux SS et aux chars. Le 6 au matin, à court de munitions, ordre leur est donné de se disperser. Ils ont eu 12 tués et 36 prisonniers (futurs déportés)... Les Allemands ont 50 morts. Furieux, ils se vengent sur le village et emmènent 154 otages. Quatre seront fusillés à Epinal.

La résistance allemande se durcit. L'hiver surgit en avance sur la saison. Le front des Vosges se stabilise. Avec la neige et le froid, les maquis derrière les lignes ne sont plus possibles. La Résistance Lorraine se poursuivra sous une autre forme.

*

EN RÉGION D

Cette région D s'allonge sur dix départements, de la Loire à la frontière suisse. Le relief, la couverture boisée permettent l'existence de nombreux et importants maquis :

– Maquis du Morvan, déjà évoqués avec la reddition de la colonne Bauer ;

– Maquis de Haute-Marne ;

– Maquis de Bourgogne ;

– Maquis de Franche-Comté, ces derniers avec notamment le maquis du Lomont.

Lyon n'a été libérée que le 3 septembre. Sans s'attarder, les Franco-Américains, accrochés aux arrière-gardes de la XIXe armée en retraite, poursuivent leur route nord-nord-est (progressant jusqu'au 15 septembre, on l'a vu, VIIe armée US au centre, 2e CA sur la gauche, 1er CA sur la droite).

Au cours de leur avance, les troupes de Monsabert, outre les maquis du Morvan, œuvrent avec ceux de Bourgogne. En Saône-et-Loire, ceux-ci s'appellent : maquis de la Grande-Verrière, de Cruzille, de Louhans, de Brancion. Hormis ceux des FTP, ces maquis n'arborent pas d'étiquette spécifique. AS, ORA, mouvements de zone nord, sont unis.

Le maquis de Cruzille, dans les monts du Mâconnais, a dû livrer de terribles combats pour repousser les attaques allemandes. Il y a perdu 21 des siens. Le maquis de Cluny a réalisé un coup d'éclat. Depuis le 10 août, la cité médiévale est de fait entre ses mains. Allemands et miliciens n'osent plus s'y risquer.

En Côte-d'Or, département de la capitale de la Bourgogne, les maquisards le 6 juin 1944 s'élevaient à 800, en onze campements. Le plus important stationnait dans la forêt domaniale de Châtillon, 350 hommes répartis en trois compagnies. Partout, la pénurie d'armement avait contraint à interrompre les arrivées de volontaires.

Localisé, le maquis de Châtillon est attaqué le 11 juin. Pour éviter de perdre son matériel et ses véhicules, son chef ordonne tout d'abord de résister. Mais la pression allemande est trop forte. Tout doit être saboté avant la tentative de percée qui réussit.

Le commandement des FFI de Côte-d'Or tire leçon de cet engagement sanglant : 33 tués, 22 prisonniers torturés et exécutés. Plus de gros maquis. Priorité à une guérilla active. Il en sera ainsi durant l'été. Début septembre, les parachutages, le repli allemand autorisent des effectifs plus importants qui tendront la main au 2e CA (ce dernier libère Dijon le 11 septembre).

Les maquis bourguignons donneront à la 1re armée de belles unités : 1er bataillon du Charolais, commando de Cluny, 2e bataillon du Charolais, bataillon du Louhannais...

EN HAUTE-MARNE

Ce département est appelé à connaître quatre types de libérateurs :

– Dans le nord du département, vers Saint-Dizier, les Américains de Patton ;

– Au centre, la 2e DB de Leclerc, filant sur l'axe Bar-sur-Aube-Vittel ;

– Au sud, le 2e CA, atteignant Langres ;

– Et, mêlés à tous ces « réguliers », les maquisards locaux d'un vieil officier de chasseurs, le colonel de Grouchy, « Michel ».

Grouchy, à soixante ans bien sonnés, n'a pas hésité à reprendre le harnais pour lutter contre son adversaire de 14-18, « le Boche ». Il le fait habilement, avec détermination et sagesse. Curieusement, personne ne l'accuse d'attentisme. Sans doute parce qu'attendre pour faire surgir les maquis est, en cette région, la tactique la plus justifiée (elle n'interdit pas au préalable l'organisation de groupes francs, la réception des parachutages, les sabotages, la transmission des renseignements, etc.).

Le 23 août, Grouchy estime que la situation générale lui permet de se dévoiler. Dans l'après-midi, il fait passer ses ordres : « Ordre de guérilla générale. Abattage d'arbres sur les routes. Formation des maquis. »

Les hommes vivaient dans cette attente. Tout était prêt. Dès le lendemain, les maquis s'organisent : maquis de Varennes, de Fresnay, de Bussières, de la Hêtraie, de Mauguet, du Val, d'Auberive, de Mathons, etc. Quelques-uns, comme Mathons ou Mauguet, sont FTP. Les autres relèvent de l'AS ou de l'ORA.

Au sein du maquis de Varennes, se bat une vieille connaissance du Mont-Mouchet, Pierre Francoville. Après l'éclatement, il a regagné sa province natale et s'est mis au service de la résistance locale. Est-ce son titre d'ancien du Mont-Mouchet, est-ce son ascendant personnel et parce qu'il parle trois mots de russe ? Il lui a été confié une responsabilité peu ordinaire : il commande une section de déserteurs soviétiques. Avec eux, il tend des embuscades sur la RN 19 Langres-Vesoul. Le 11 septembre, son obstination est récompensée. Un petit convoi tombe sous son feu. Deux véhicules sont détruits, une quinzaine de leurs occupants mis hors de combat. Le tout en quelques minutes, avant un repli judicieusement agencé.

Tous ces maquisards de Haute-Marne participent avec les Alliés à la libération des principales cités. Saint-Dizier avec les Américains. Langres aux côtés de la 1re DB française, après de durs affrontements. Après quoi les enfants du pays, habitués des lieux, procèdent au nettoyage du terrain, traquant les retardataires égarés en campagne.

Ces opérations se mènent rarement « l'arme à la bretelle ». L'ennemi, même en fuite, reste dangereux. Bien des fanatiques [1] n'acceptent pas la défaite qui se profile. Certains ont foi en la parole du Führer et en la vertu des armes nouvelles qui inverseront le cours de la guerre.

Le 30 août, à Chancenay, au nord de Saint-Dizier, le maquis Mauguet se heurte à une compagnie de rescapés de l'Afrika-Korps [2]. Malgré son infériorité technique, il n'hésite pas à croiser le fer. Deux pelotons de chars américains arriveront à temps pour conclure heureusement un engagement que le maquis paie de onze tués.

Le 11 septembre, le maquis de Bussières, avec le petit bataillon rallié du 1er régiment de France, se trouve aux prises devant Grenant [3] avec un convoi de 35 véhicules. S'accrochant au terrain, les Français

---

1. Il est toutefois honnête de préciser que le sentiment patriotique, la volonté de préserver son pays animent également des combattants de tous grades.

2. Fait assez exceptionnel. Le gros de l'Afrika-Korps n'a pu être évacué et a disparu avec la reddition allemande de mai 1943 en Tunisie.

3. A 20 kilomètres au sud-est de Langres.

parviennent à stopper la colonne ennemie. A mi-journée, le lieutenant Hutinet, « Henry », le chef du maquis, parvient à obtenir par radio une intervention de chasse. Cinq chasseurs de la RAF surgissent et pendant trois quarts d'heure se livrent à un « straffing » consciencieux. Les Feldgrau survivants sont contraints de s'échapper à pied. Mais avant de partir ils se vengent : ils massacrent trois jeunes infirmières au château de Saules.

Le curé de Bussières-les-Belmont écrira en 1945 :

> « Que les Allemands ne s'avisent pas de venir à Bussières ou dans la région. Nous ne sommes pas des barbares. Nous les conduirons au cimetière.
> La tombe de nos jeunes filles est là. Pour des générations, elle demeurera un témoignage, aussi éloquent que douloureux, de la barbarie allemande [1]. »

Les maquisards livrent un autre violent combat, le 12 septembre, à Andelot, à 25 kilomètres au nord-est de Chaumont. Dans cette rude mêlée, ils ne se sentent pas seuls. Les « gars de Leclerc » [2] donnent généreusement. Le bilan d'ensemble est éloquent : 900 prisonniers.

La libération de Langres marque pratiquement la fin des combats en Haute-Marne. Les maquisards locaux ont la satisfaction d'avoir fait 1682 prisonniers, mais 109 des leurs sont tombés en chemin.

*

EN FRANCHE-COMTÉ

Le 1er CA, débarqué en deuxième échelon, se positionne sur la droite du dispositif franco-américain. Passé le Rhône, il borde la frontière suisse qui lui sert de main courante. Il est ainsi appelé à obliquer nord-est vers la trouée de Belfort. Devant lui, l'Ain avec les maquis de Romans-Petit, puis le Jura et le Doubs avec les maquisards de Franche-Comté.

Depuis leur création, les maquis de Romans-Petit ont écrit de belles pages. A Oyonnax, le 11 novembre 1943, ils ont donné l'image d'une France qui, sur le territoire national occupé, refusait la défaite et se préparait à la revanche.

Après cette manifestation, preuve éclatante d'existence et d'espoir, les hommes de Romans-Petit ont connu des heures difficiles. Conditions climatiques éprouvantes. Offensives allemandes. Pertes de cadres.

---

1. Les officiers responsables, hitlériens acharnés, seront faits prisonniers et fusillés.
2. Eléments du 501e régiment de chars et du régiment de marche du Tchad.

Avec le débarquement, les coups de main contre les gares de triage et les voies ferrées se sont intensifiés. Progressivement, des zones entières ont été libérées. Dans la nuit du 7 juillet, un C 47 s'est posé sur le terrain parfaitement balisé d'Izernore (10 kilomètres au sud-ouest d'Oyonnax). L'appareil apportait du matériel et des officiers américains venus se rendre compte. Quarante-huit heures après, il a ramené des visiteurs conquis par ce qu'ils avaient constaté dans les camps des maquisards de l'Ain.

A l'approche de la Libération, les maquisards de l'Ain, environ 5 500 et toujours sous la férule de Romans-Petit, sont organisés en trois groupements :

– Le groupement sud de Girousse, « Chabot » ;
– Le groupement nord de Perrotot, « Montréal » ;
– Le groupement est de Deschamps, « Ravignan ».

L'idée de manœuvre de Romans-Petit n'a pas varié : entretenir une insécurité permanente, immobiliser le maximum de troupes ennemies. Fin août, les embuscades s'intensifient contre les voies ferrées et les routes menant à Morez et Pontarlier. Le 29 août, 400 Allemands pris au piège choisissent de passer en Suisse pour s'y faire interner, faute d'autre voie de salut.

Le groupement Girousse participe à l'encerclement nord de la capitale des Gaules. Le 1er septembre, les Allemands en retraite contre-attaquent avec force pour reprendre Meximieux, au nord du camp du Valdahon, point de passage obligé dans leur retraite. Sous les ordres du capitaine Colin, un millier de maquisards résistent au-delà du raisonnable. Parmi ces combattants héroïques, se distinguent les jeunes enfants de troupe d'Autun. Age moyen : 16 à 18 ans.

Des TD américains finissent par arriver à la rescousse. L'Allemand s'éclipse en déroute mais les maquisards comptent 75 tués.

Durant ce temps, la bataille fait rage dans la montagne vers Morez, Pontarlier, Saint-Claude, afin d'interdire les replis ennemis. Les maquisards de l'Ain et du Haut-Jura, au contact avec les avant-gardes de la 1re armée, obtiennent une victoire sans appel : capitulation ou fuite des garnisons allemandes vers la Suisse.

De leurs crêtes refuges, les maquisards de l'Ain distinguaient au loin dans la plaine Bourg-en-Bresse. Le chef-lieu du département était leur terre promise. Ils ne s'y risquaient que dans de rares et brèves incursions, pour rafler du ravitaillement et des équipements. Y rentrer en vainqueurs serait le point d'orgue de leur combat. L'avance américaine au-delà de Lyon permet enfin de concrétiser cette heure tant attendue. Durant trois jours, GI's et maquisards luttent côte à côte aux abords de la ville. Enfin, le 4 septembre au matin, deux chars à étoile blanche suivis de deux sections de maquisards en infanterie d'accompagnement pénètrent dans Bourg-en-Bresse. C'est fini. Cette libération sonne pour les garçons de Romans-Petit la fin de leur vie d'hommes des bois. Ils ont gagné.

*

Après Bourg-en-Bresse, durant quelque jours, la progression alliée s'accélère. Manifestement, l'ennemi a renoncé à se rétablir avant la trouée de Belfort vers laquelle il reflue. Dôle, Besançon sont libérées, rendant disponible la vallée du Doubs.

Simultanément se libère le Jura, département riche en maquis. Les premiers camps se sont montés sous les sapinières du haut pays de la région de Saint-Claude. D'autres ont suivi. Des DZ étaient utilisées près de Lons-le-Saunier et Salins. D'un terrain de fortune, près de Cosges, au nord-ouest de Lons-le-Saunier, Jean Moulin et le général Delestraint s'étaient envolés pour Londres en février 1943. Mais les maquis du Jura ont vécu aussi la tragédie de Soligney, le 27 juillet 1944 [1].

Avant la Libération, les maquisards du Jura, tout en menant la guérilla, songent à l'avenir. Ils préservent les ouvrages d'art contre les destructions ennemies. Puis, avec le débouché de la 1re armée, ils participent aux libérations de Lons-le-Saunier, Saint-Claude, Morez, Poligny...

Le Jura dénombre 126 maquisards tués au combat et 837 blessés. Il faut y ajouter la longue liste des civils massacrés et des déportés qui ne rentreront pas. Sans oublier, comme toujours, les ravages causés par les nazis avec une liste terrible de villages détruits, de bâtiments publics ou de maisons incendiés.

*

DÉSERTION MASSIVE EN HAUTE-SAONE

Les maquis sont nombreux dans les forêts du piémont vosgien de la Haute-Saône. Soudain ils reçoivent un renfort inattendu, résultat de négociations bien menées.

Le 15 août 1944, est arrivé dans la région de Vesoul un bataillon d'Ukrainiens. Ce bataillon (III/1er RI de la 30e division SS) a été formé en Prusse-Orientale avec des prisonniers qui ont accepté, comme tant

1. Voir chapitre 12.

d'autres, de servir dans la Wehrmacht pour ne pas mourir de faim [1]. Peut-être certains d'entre eux agissent-ils aussi par anticommunisme ?

Un résistant de Vesoul réussit à entrer en contact avec eux. Le 20 août, il obtient leur accord pour un ralliement massif au maquis, sous condition formelle que tout l'encadrement allemand soit éliminé. Le 27 août, à 10 heures 30, la mutinerie se transforme en carnage. 205 Allemands sont abattus, dont 24 officiers. Les 650 Ukrainiens révoltés se réfugient ensuite dans les bois de Confracourt (20 kilomètres à l'ouest de Vesoul) et gagnent le maquis du capitaine Bertin (futur général). Evidemment, ces ralliés posent problème par leur nombre. Heureusement, ils sont partis avec armes et bagages. Ils peuvent se battre et subsister quelque temps (les armées alliées ne sont plus très loin).

Au maquis, ces déserteurs ukrainiens se comporteront correctement, payant au feu leur manque de véritable instruction militaire. Formés aux méthodes soviétiques, ils attaquent de front et en masse, sans souci des pertes.

Après la jonction avec la VIIe armée US, les Américains veulent renvoyer en URSS ces ressortissants soviétiques [2]. Bertin s'y oppose formellement. Il se sent engagé et considère son bataillon d'Ukrainiens comme une unité FFI. De Lattre résoudra provisoirement le problème. Il acceptera que les Ukrainiens s'engagent à la Légion [3], où ils se montreront des combattants au courage unanimement reconnu [4].

---

1. On estime que trois millions de prisonniers soviétiques sont morts de faim dans les camps d'internement.

2. Le destin de ces Ukrainiens sera tragique : Staline exigera leur retour. On devine leur sort.

3. Ils partiront principalement à la 13e DBLE.

4. Cette désertion collective de 650 Ukrainiens a fait date. Elle révèle la fragilité de la confiance que la Wehrmacht peut accorder à ce type de recrues. La Légion arménienne en Lozère en fournit un autre exemple.

Le 4 juillet 1944, 154 Arméniens de cette unité passent au maquis bien implanté dans le département. Des groupes plus faibles les imitent. Un projet d'insurrection générale est abandonné, par crainte des retombées sur les habitants de Mende, le chef-lieu. A défaut, les désertions reprennent : 48 individus le 29 juillet, 56 le 4 août, 160 le 8 août...

Tous ces Arméniens seront rassemblés au sein d'un 1er régiment de partisans soviétiques, qui participera à la libération du Gard. Avant d'être rapatrié en URSS, ce régiment, pour ses combats dans le cadre des FFI, recevra la croix de guerre avec la citation suivante : « Unité symbolisant l'ensemble des ressortissants soviétiques ayant rallié la Résistance française et combattu l'ennemi commun sur notre territoire. De juin à septembre 1944, a pris une large part aux combats qui ont abouti à la Libération, tuant et capturant de nombreux Allemands, faisant un butin de guerre important, luttant héroïquement avec nos Patriotes à contribuer à la défaite de l'adversaire.

« Demeure, après avoir lutté fraternellement à nos côtés, le Témoignage vivant

*

Le Jura, la partie méridionale du Doubs, Vesoul et l'ouest de la Haute-Saône libérés par les actions conjuguées des Américains, des Français et des maquisards, apparaissent les « Montagnes du Lomont », le Lomont… Ce Lomont dont le général Béthouart écrira : « Le Lomont, c'était la clef du Pays de Montbéliard, la porte de la trouée de Belfort et de l'Alsace, la route du Rhin. »

Ce chaînon du Jura, d'une quarantaine de kilomètres d'ouest en est, coupe la grande boucle du Doubs, de Clerval à Pont-de-Roide, avant de se prolonger jusqu'en Suisse. Relativement peu élevé, 800 mètres en moyenne, coiffé par le vieux fort abandonné du Lomont [1], il possède à bien des égards une situation stratégique. Il constitue une barrière et un bastion naturels. A son ouest, il domine la vallée du Doubs, la RN 83 Besançon-Belfort et la voie ferrée qui la jouxte. A son est, il assure une liaison directe avec la Suisse. De ses hauteurs, il apporte des vues cavalières sur la région de Montbéliard et la trouée de Belfort. Enfin, par sa proximité du centre industriel Sochaux-Montbéliard fortement peuplé, il peut bénéficier de larges réserves humaines d'où drainer des volontaires. Il en a du reste été ainsi. Tout le pays de Montbéliard a fourni des hommes au Lomont et à son maquis.

Le point de départ est le maquis d'Ecot, village au nord du Lomont. Il est créé par un officier de carrière, le lieutenant Joly, « Valentin », ancien du 3e hussards de Montauban. L'intense activité de ce maquis d'une centaine d'hommes déclenche une violente réaction allemande. Le 8 juillet 1944, il est décimé. 22 maquisards sont tués, dont Joly qui, blessé, préfère se donner la mort plutôt que de tomber aux mains de l'ennemi.

La disparition de Joly, chef prestigieux, laisse un vide. En mai, a été parachutée une petite mission interalliée dirigée par un officier américain, le capitaine Ernest Fred Floege. Ce dernier sera bientôt connu sous le nom de « commandant Paul ». De mère française, marié à une Française, il a longtemps vécu en France. Bien que de nationalité américaine, il peut parfaitement passer pour un Français. Si sa forte personnalité ne lui attire pas que des sympathies chez ses homologues, il a cependant un atout capital : la liaison avec Londres pour les parachutages.

---

de l'Amitié franco-soviétique scellée sur le même champ de bataille pour la défense des mêmes libertés. »

Cette attestation a t-elle contribué à infléchir le destin réservé par Joseph Staline aux anciens de la Wehrmacht ?

1. A six kilomètres au sud-est de Pont-de-Roide.

Par souci d'efficacité, le colonel Maurin, chef régional FFI, accepte de le voir remplacer temporairement Joly disparu. De la suite, Floege écrira :

> « Paul fut enchanté de la position (le Lomont). Il choisit un endroit propice pour installer ses hommes en attendant d'occuper tout le plateau, ce qui était la première phase de son plan. Ensuite, une fois le plateau bien en main, l'état-major allié pouvait envoyer des troupes par parachutages massifs, et, avant que l'ennemi ne réalise la portée du danger, il pouvait s'emparer de Montbéliard, Belfort et des forts environnants. »

Ces quelques lignes touchent du doigt la propension, souvent fréquente, de plus d'un responsable de maquis à se mettre en avant, déformant la stricte vérité historique.

Dans le cas présent, Floege n'est pas seul à percevoir l'intérêt du Lomont et de son occupation. Le commandement local FFI raisonne de même. Il prescrit l'implantation d'un fort maquis. Il est prévu toutefois que Maurin, officier français, viendra en prendre le commandement.

Maurin est arrêté le 15 août par la Gestapo [1]. Floege se retrouve au premier rang, homme fort du secteur. Par la force des choses, il devient le patron du maquis en gestation.

A partir du 17 août, le Lomont commence à être occupé par des unités de volontaires montant de la vallée et des cités et villages environnants : Audincourt, Selmoncourt, Sainte-Suzanne, Montenois, Delle, Hericourt... Le 21 août, quatre compagnies, soit 850 maquisards, sont en place. Une DZ a été reconnue.

Une telle animation n'est pas passée inaperçue. Le 22 août à l'aube, l'attaque allemande se déclenche, appuyée par des chars. Les 850 maquisards sont jeunes, sans formation militaire, mais ils veulent se battre et possèdent des chefs de qualité. Floege gagne ce jour-là son pseudonyme de « commandant Paul », hommage rendu à sa vaillance.

A la tombée de la nuit, l'ennemi se replie, ayant perdu la partie, incapable d'occuper le terrain. Le fait est exceptionnel. Une troupe de métier n'a pu avoir raison de partisans. Ceux-ci ont eu 8 tués et 15 blessés.

A l'annonce de ce succès, dès le lendemain, de nouveaux volontaires se présentent. Près d'un millier d'hommes, malheureusement

1. Déporté, il rentrera.

pour la moitié sans armes. Les quatre compagnies se transforment en quatre bataillons.

Parmi ceux qui « montent » au Lomont, il est un groupe franc qui, lui, rejoint sur ordre. Ce groupe a derrière lui une longue histoire. On ne le répétera jamais assez : un maquis, c'est d'abord un homme, celui qui le plus souvent l'a créé et le commande. Le chef de ce groupe franc ralliant Lomont le 23 août est un garçon de 26 ans, Henri Bourlier. Il est enfant d'une famille de paysans de Blussangeaux [1], aux vertus patriotiques et républicaines bien assises. Caporal-chef en juin 1940, Bourlier est cité pour son courage au feu sur la Ligne Maginot. Fait prisonnier, il s'évade. De retour chez lui, une seule idée le hante : la revanche. Résistant, il entre en contact avec Joly. Promu sous-lieutenant FFI, il se lance avec quelques camarades sûrs dans les sabotages. Au printemps 1944, toujours avec des fidèles, il crée un petit maquis. Au total, ils sont quarante-huit derrière lui. Ils le suivent aveuglément, lui accordant une confiance absolue devant son audace, son esprit inventif et son adaptation lucide aux formes présentes de la guerre. Un de ses compagnons, le voyant déplacer souvent le campement, lui déclare : « Tu as raison, il faut être prudent. Tu fais comme Tito, en Yougoslavie. Lui aussi a changé son PC de région. »

Tito ! Sans aucune connotation politique, par seule référence à l'habileté du chef des maquis yougoslaves, Bourlier devient Tito. Son maquis adopte cet indicatif et se fait une spécialité : les sabotages sur la voie ferrée Besançon-Belfort.

Le 23, sur ordre, il rejoint le Lomont et devient le corps franc Tito, intégré à la compagnie franche du capitaine Sartout, un ancien officier de Légion [2].

Le Lomont, après avoir repoussé l'attaque allemande du 22 août, représente une tête de pont française de 40 kilomètres carrés adossée à la Suisse. La position brutalement prend une formidable importance stratégique, sur l'axe de repli de la Wehrmacht. Dans la nuit du 24 au 25, du matériel mais aussi des parachutistes français SAS sont largués sur le site. A Londres, s'intéresserait-on au Lomont ?

Au matin de ce parachutage, pour bien montrer aux nouveaux arrivants qu'ils sont sur une terre française, se déroule une cérémonie qui gonfle les cœurs. Les couleurs sont levées avec sonnerie par le caporal clairon Sellier. Sellier est une figure glorieuse de l'armée

---

1. Petit village (100 habitants) de la vallée du Doubs, à 20 kilomètres au sud de Montbéliard.

2. Avec le corps franc des Mohicans, des Sportifs, de Vailly. Au maquis, on ne s'interdit pas un petit côté folklorique...

française. En novembre 1918, il lui a échu l'honneur de sonner un cessez-le-feu synonyme de victoire. A 52 ans, il vient de « monter » au maquis (après la Libération, il signera un engagement volontaire pour la durée de la guerre. Un brave !).

Le 26, se produit un incident tout à fait différent et caractéristique des questions de personnes. On ne saurait les sous-estimer dans l'histoire des maquis. Par exemple, Darciel récusant Descour. Le commandant Barthelet, successeur de Maurin, arrive avec un officier supérieur français désigné pour prendre le commandement du Lomont. « Paul » refuse de s'effacer. L'Américain est en force dans la place. Il s'y maintiendra.

Cet épisode n'estompe pas l'essentiel. Les effectifs augmentent encore. Ils seront bientôt 3 000, plus une centaine de parachutistes. Les journées ne sont pas chômées. Organisation. Instruction. Sorties hors du réduit. Tito ramène un prisonnier.

Une idée flotte de plus en plus dans l'air : réceptionner une division aéroportée. Un tel renfort permettrait de verrouiller définitivement la vallée du Doubs. Les 1re et XIXe armées allemandes seraient prises dans la nasse, leur retraite vers l'Allemagne coupée. L'Alsace serait alors rapidement libérée.

Anticipant cette perspective, le 5 septembre, les parachutistes et Tito tentent de tenir Clerval, dans la vallée du Doubs. Le courage n'est pas suffisant devant les chars de la 11e PD. Pour bloquer l'axe Besançon-Belfort, du monde, avec des blindés, est nécessaire.

« Paul » sait que les Français se rapprochent. Le 5, il se porte personnellement au-devant d'eux. Ce premier contact est une déception. Le colonel de Linarès, commandant le 3e RTA, ne peut s'engager. Il n'a près de lui qu'une avant-garde. Sa division, la 3e DIA, la glorieuse division des trois croissants, est encore loin et manque d'essence. Ah, le manque d'essence ! Cette pénurie arrête Patton en Lorraine. Elle pénalise de même les Français en Franche-Comté. Linarès ne peut donner qu'une assurance. Il fera tout pour soutenir le Lomont si celui-ci est attaqué. Sur ce point, il tiendra parole.

L'ennemi a échoué le 22 août. Il récidive le 6 septembre, car il connaît la valeur du Lomont, position clé. Un bataillon d'infanterie motorisé, un escadron de chars, une compagnie d'infanterie mécanisée se portent à l'assaut du massif. Pour les arrêter, des Sten, des bazookas et des cocktails Molotov.

La situation s'annonce critique lorsque le miracle intervient. Une batterie de 105 de la 3e DIA, avec un canon antichar, surgit, envoyée par Linarès. Les pièces entrent aussitôt en action, avec des salves meurtrières. Sous ce feu inattendu, les Allemands renoncent. Le Lomont ne tombera pas. Dans la nuit, tirailleurs, chasseurs d'Afrique, spahis se présentent à leur tour. Cette fois, le Lomont est une solide position des forces françaises.

Du belvédère du fort du Lomont, de Lattre contemplera la région de Montbéliard et la trouée de Belfort. Il y concevra sa future manœuvre. Il y remontera même par deux fois pour l'expliquer à ses officiers.

Hélas, la logistique ne suit pas. La poursuite engagée depuis la Provence prend fin. Les Allemands se rétablissent, le front s'immobilise devant Belfort. L'offensive française victorieuse ne reprendra que deux mois plus tard, mi-novembre.

*

Certains n'ont pas manqué de se pencher sur « l'occasion perdue du Lomont ». Les perspectives, effectivement, étaient séduisantes. Le commandement FFI local l'avait bien perçu. De là à escompter l'intervention d'une division aéroportée alliée ! Eisenhower avait à cette heure d'autres soucis. Le commandant en chef devait arbitrer le litige Patton-Montgomery. Le Britannique cherchait une gloire qui le fuyait depuis le débarquement. Il finira par l'emporter, guerre de coalition oblige. Il se verra attribuer l'essence et les avions. Ce sera le lourd fiasco d'Arnhem. Par contrecoup, Patton et les autres marqueront le pas, faute de carburant. Le Lomont tenu courageusement par les maquisards n'aura pas joué son rôle potentiel de verrou dans un premier temps, de plate-forme pour déboucher sur l'Alsace dans un second. En fait si, mais avec deux mois de retard.

*

Le Lomont a vécu. Le 15 septembre, son maquis est dissous. Les volontaires s'engagent au RICM [1] ou forment le 7e bataillon de marche du Doubs (futur 1/16e RI) ou le régiment du Lomont (futur 1/121e RI). Avec le Lomont s'arrête pratiquement, à quelques exceptions près, l'Histoire des maquis de la Libération.

La France est libérée, sauf le territoire de Belfort, l'Alsace-Lorraine (partiellement), Dunkerque et les poches de l'Atlantique (Lorient, Saint-Nazaire, La Rochelle, Royan). En trois mois, quel acquis ! Les maquis ont le sentiment légitime d'y avoir contribué.

---

1. Voir chapitre 20, « L'amalgame » (une intégration exemplaire, le GEP du RICM).

Chapitre XIX

PAGES DOUTEUSES

Les maquis, quelques-uns en certaines régions, n'ont pas toujours bonne presse. L'opinion publique leur prête des brigandages, des exactions, des exécutions sommaires. Sans lien avec la Résistance. La politique s'effacerait derrière le strict droit commun, sans être pour cela absolument absente. Des délits, des crimes de 1943-1944 auraient un petit côté revanche de la Commune. Le prolétaire réglant de vieux comptes avec le nanti.

Ce dossier des points troubles des maquis est délicat. Il porte atteinte à l'auréole de la Résistance. Il a été largement étudié, rejoignant celui de l'épuration et de ses débordements. Dans le cas présent, il ne s'agit que de lever un coin du voile au sujet des seuls maquis et de leurs éventuels errements.

*

De retour dans leurs foyers, des maquisards prononceront le terme de contrainte. Ils ne seraient pas partis de leur plein gré. Certes, le réfractaire du STO, le résistant traqué par la police ou la Gestapo ne choisissaient pas leur destin. Les circonstances les poussaient vers le maquis, planche potentielle de salut.

Il y eut effectivement des cas où une pression fut exercée, à côté de ceux qui partirent gaillardement, balluchon sur le dos, pour rejoindre un campement dans la campagne. Des jeunes de vingt ans se sont entendu dire : « Tu viens avec nous, sinon on brûle tout chez toi. » De telles menaces forçaient le récalcitrant à suivre.

Il est aisé de répondre qu'une mobilisation – c'était le cas en juin 1944 – est toujours une contrainte. Le citoyen qui, en temps de guerre, refuse de se rendre sous les drapeaux, tombe sous le coup des rigueurs de la loi. Les maquisards enrôlés contre leur gré ont mauvaise grâce de s'offusquer. Même s'ils sont en droit de déplorer la forme de l'injonction au départ, ils se devaient au service de la Patrie.

*

Une fois le danger disparu, l'inflation des porteurs de brassard tricolore à croix de Lorraine a heurté les vrais maquisards et surpris les Français. Le phénomène a été réel. La courbe des effectifs du maquis Le Loup dans le Morvan, grimpant à vitesse vertigineuse en quelques jours, en fournit une illustration : 1er avril 1944 : 5 maquisards ; 6 juin 1944 : 18 ; 1er juillet : 48 ; 1er août : 353 ; 31 août : 576 ; 11 septembre : 673 ; 30 septembre : 770.

Les parachutages de juillet-août, avec leur apport en armement, peuvent expliquer en partie la montée en puissance de cette époque, avec de surcroît la perspective de la Libération proche. Mais pourquoi passer de 673 à 770 entre les 11 et 30 septembre ? Le 30 septembre, les Allemands ont quitté le Morvan depuis trois semaines. Rares sont les maquis qui n'ont pas connu le même engouement patriotique à retardement. Pourquoi les responsables l'ont-ils toléré ? Sans doute trouvaient-ils quelque intérêt à gonfler leurs états d'effectifs.

*

Les « six galons » ont fait beaucoup jaser. La légende, là, est tenace et outrée. Les maréchaux à « six galons » furent rares et d'entrée peu pris au sérieux [1].

---

1. L'armée française s'arrête aux cinq galons du colonel, le fait est bien connu. Il y eut pourtant, à une certaine époque, six et même sept galons. Le sixième galon a été porté vers 1840 par les généraux de l'armée d'Afrique (six pour les généraux de brigade, sept pour les généraux de division), les indigènes ne comprenant pas que

*

Les « six galons » ne prêtent qu'à hilarité. En revanche, à l'heure de la Libération, des comportements surprennent et choquent les compatriotes, qu'ils soient civils ou militaires. Yves Gras, ancien de la 1re DFL, dépeint les réactions de ses camarades au vu de ce qu'ils constatent dans la région de Nîmes :

> « Ils sont surpris par le spectacle insolite que leur offrent les FFI. On en voit partout, en civil ou déguisés en militaires, mais toujours en armes, comme si le danger était encore au coin de la rue. Circulant à toute vitesse en voiture, debout sur les marchepieds ou couchés sur les ailes dans des postures martiales, contrôlant sans ménagements l'identité des habitants aux terrasses des cafés, poussant devant eux, dans les clameurs de la populace, des femmes tondues ou des hommes au visage ensanglanté et aux mains liées dans le dos.
>
> Les FFL, qui ont dû, à leur arrivée à Nîmes, intervenir pour faire cesser certains excès, se sentent étrangers à ces FFI. Ils les considèrent avec un mélange de dédain et de réprobation. Leurs accoutrements militaires, leurs trop voyants galons, leurs attitudes guerrières, alors que maintenant la guerre est loin, leur paraissent ridicules, leurs prétentions à jouer les justiciers et leurs chasses aux sorcières indignes de vrais combattants. Aussi les FFL ne fraternisent-ils guère avec les FFI locaux, parmi lesquels il y a sans doute beaucoup de bravaches de la dernière heure, mais aussi des hommes qui ont mené le même combat qu'eux [1]. »

Une condamnation identique se retrouve à Châteauroux.

Le 20 août 1944, les Castelroussins se croyaient délivrés du cauchemar de l'Occupation. Ils pensaient pouvoir revivre en paix. Contre toute attente, ils vivent des journées qui ne sont pas sans bavures : réquisitions abusives, arrestations arbitraires, voitures sillonnant la ville en tous sens à folle vitesse. Le colonel Robert, chef de l'AS pour l'Indre, s'en expliquera dans la presse un an plus tard :

---

l'ont perdît ses galons en franchissant un grade supérieur. Cette pratique a été conservée jusqu'à la guerre de 1914. Voir sur ce sujet, du même auteur, chez le même éditeur, *Histoire de l'Armée française*, p. 334.

1. Yves Gras, *La 1re DFL*, ouvr. cité, p. 335.

> (*La Nouvelle République* du 20 août 1945.) – « Je pense que les Castelroussins d'ailleurs ont pu être étonnés de l'afflux de voitures et de la manière dont ont été opérées certaines arrestations et réquisitions : mais il convient de dire que la clandestinité avait imposé des cloisonnements ne permettant pas un commandement véritablement unifié et efficace. Ainsi eurent lieu beaucoup d'exactions qui furent commises par des civils abusivement revêtus d'un brassard et qui ne touchaient ni de près ni de loin aux FFI. »

Les explications de Robert sont fondées et éclairent sur une situation qui se reproduit en maints endroits. Les chefs ne tiennent pas leurs troupes en main. Des éléments douteux profitent du désordre généralisé qui s'est établi. Si à Châteauroux cinq miliciens fusillés le 22 août méritaient certainement leur sort, les comportements décrits par le chef FFI ont une répercussion fâcheuse sur la population. Les « braves gens », passé l'euphorie première, se lassent vite des faux résistants, et même des vrais qui s'accordent une importance exagérée. Châteauroux n'est pas la seule ville dans ce cas. En bien des localités, les CDL, comités départementaux de la Libération, seront baptisés « Club des Loufoques », qualificatif ayant l'avantage d'inciter à l'indulgence....

Les gesticulations de toute nature finiront par se calmer. Sur le fond, elles furent souvent plus folkloriques que scélérates. Elles sont aussi une réminiscence des luttes d'influence remontant à l'époque même des maquis. Les chefs rivalisaient pour étendre leurs zones d'action, s'approprier des hommes et des armes.

Albert Ouzoulias, qui s'est fait un peu l'historien de Pierre Georges, le célèbre « colonel Fabien », rapporte un exemple de ces piratages intermaquis. Dans la nuit du 3 juin 1944, sous une pluie battante, une petite équipe d'un maquis FTP de l'Aube dérobe un stock d'armement récemment parachuté et entreposé pour les lendemains du débarquement. Toujours querelle de l'attentisme ! Une tonne et demie d'armes et de munitions change ainsi de propriétaires [1].

Ces rivalités, politiques ou personnelles, ont-elles été plus loin ? Ce n'est pas impossible. Le fait est grave. Des vies humaines sont cette fois en danger.

Dans la trame souvent tragique de la Résistance et des maquis, se discernent beaucoup d'arrestations suspectes. Les dessous ne seront jamais connus : imprudence, malchance, trahison ou dénonciation volontaire ? Pourquoi ont été arrêtés :

1. Albert Ouzoulias, *Les bataillons de la Jeunesse*, ouvr. cité, p. 337.

– Le commandant Guillaut à Montpellier,
– Le colonel Chambonnet à Lyon,
– Le colonel de Grancey à Limoges,
– Le lieutenant-colonel Pelissier à Toulouse [1] ? Etc.

Et au-dessus d'eux, le général Delestraint, chef de l'AS, les généraux Frère et Verneau, chefs de l'ORA, le général Dejussieu, successeur de Delestraint ?

Ces disparitions de responsables importants laissent trop de places intéressantes à occuper pour ne pas être étranges. On ne peut que le constater.

La vie de la Résistance et des maquis est affectée par ces arrestations. Que se serait-il déroulé au Vercors, si Delestraint avait toujours été en poste ?

*

Voici que doit être abordé ce que certains appelleront pudiquement des bavures. D'autres, au parler plus net, diront des fautes ou des crimes. La palette est large. Du truand reconverti en maquisard, du maquisard se comportant en truand.

Des maquis écumeurs de grand chemin ont déjà été cités. Le maquis des Rhonans, dans le Morvan, en fait partie. Le 1er septembre 1944, il est désarmé sur ordre des responsables locaux. Ses membres semblent avoir ignoré toute discipline et multiplié les réquisitions illégales [2].

Le 6 juillet 1944, deux individus qui rançonnaient au nom de la Résistance sont passés par les armes dans la Meuse. Le communiqué laissé sur place indique : « Les nommés Charton et Hespel, auteurs de nombreux pillages à main armée, ont été fusillés le 6 juillet à 20 heures 30, par les FTP. »

Une unité mal contrôlée, se disant « patrouille rouge », se saisit de 10 prisonniers allemands blessés et soignés à l'hôpital militaire d'Aix-les-Bains (hôtel Bernascou). Malgré la véhémente protestation du médecin-chef, elle les enlève pour les fusiller. Alban-Vistel, qui rapporte ce crime, écrit : « Un tel acte déshonore la Résistance ; la sanction est immédiate ; l'autorité responsable de l'acte est révoquée, la patrouille rouge dissoute [3]. » Peut-être fallait-il aller plus loin...

1. Le chef FFI de R2 (Provence) accusera, pièces à l'appui, d'avoir été dénoncé par un responsable de bord opposé. L'affaire sera classée.
2. Il ne sera jamais homologué comme unité combattante de la Résistance.
3. Alban-Vistel, *La nuit sans ombre*, ouvr. cité, p. 511.

Ce même Alban-Vistel écrira, avant la libération de Lyon : « La discipline n'est pas la qualité de tous nos chefs responsables. » Il est bien placé pour en parler. Il a du mal à se faire obéir.

En juillet 1944, une famille bretonne est soupçonnée d'avoir dénoncé le maquis de Kergoet, où FFI, FTP, paras, SAS ont combattu côte à côte et perdu nombre des leurs. La famille incriminée est-elle vraiment coupable ? Après un interrogatoire serré de six heures, le responsable FTP local conclut à l'innocence. Deux jours plus tard, trois maquisards reviennent. Ils tuent le père, la mère, le fils aîné et violentent la fiancée d'un autre fils. Le plus jeune fils, âgé de 15 ans, parvient à s'enfuir, bien que grièvement blessé. Les trois malfaiteurs seront condamnés par la cour d'assises en 1949.

Comme cette malheureuse famille, d'autres innocents seront injustement frappés. Des suppliciés seront par la suite déclarés « Morts pour la France », ayant été des victimes et non des coupables.

L'historien américain Lottman, dans son ouvrage sur l'épuration, présente un tableau des exécutions sommaires dans la région de Toulouse avant le 20 août 1944 (date où la région est presque entièrement libérée).

Ariège : 88 morts pour 160 000 habitants

Haute-Garonne : 115 morts pour 440 000 habitants

Lot : 90 morts pour 190 000 habitants

Hautes-Pyrénées : 91 morts pour 190 000 habitants

Tarn : 39 morts pour 300 000 habitants

Un chiffre frappe, celui du Tarn. Dans ce département fortement peuplé, il est plus que de moitié inférieur à celui des autres départements. Est-ce parce qu'il était très largement contrôlé par des « maquis blancs » ? La comparaison avec l'Ariège et le Lot, à dominante « maquis rouges », FTP ou guérilleros espagnols, est évidemment curieuse.

Une étude de Pierre Laborie, faite en 1980 dans le cadre du CNRS, donne même 116 exécutions sommaires dans le Lot, le département du FTP Noireau, avant la Libération. Laborie de conclure : « Il est vraisemblable qu'il y a eu un certain nombre de "bavures" et de jugements expéditifs dans ces 116 exécutions qui représentent globalement un chiffre élevé [1]. »

Dans la nuit du 1er au 2 octobre 1943, 79 prisonniers se sont évadés de la prison du Puy. Cinq « trotskistes » font partie du groupe. Arrivés au maquis dans la région de Saint-Julien-Chapteuil, le pays de Jules Romains, à l'est du Puy, ils sont mis à l'écart et soigneusement surveillés. L'un d'eux, Albert Demazière, ayant le pressentiment du

1. Pierre Laborie, *Résistants, Vichyssois et autres*, Editions du CNRS, 1980, p. 316.

sort qui les attendait, s'échappe et gagne la banlieue parisienne. Il survivra. Ses quatre autres compagnons [1] sont liquidés fin octobre. L'appareil du PC les avait condamnés à mort. Appliquant les ordres reçus, les maquisards FTP ont exécuté cet assassinat politique. Ce type d'élimination n'est pas unique.

Impossible de ne pas rappeler le sinistre Le Coz qui, lui, n'est pas un authentique maquisard et dont il est plus simple de rapporter le curriculum vitae officiel :

> « Repris de justice, totalisant 36 condamnations et plus de 90 ans d'interdiction de séjour, il apparaît dans la région lochoise sous le nom de Docteur Jean, séjourne à Beaulieu, à Saint-Hippolyte, ne peut entrer au maquis d'Epernon (32e RI) car il est connu par un rapport des renseignements généraux et un rapport d'enquête du commandant Villeminot. Il s'improvise chef de maquis, recrute 250 hommes de toutes nationalités, Ukrainiens, Polonais, Espagnols, anciens Waffen SS, et des jeunes gens du coin. Alcoolique invétéré, il terrorise toute la région et, suivi d'une vingtaine de femmes qui sont ses maîtresses, veut apparaître comme le justicier des collaborateurs ; en réalité, c'est un bandit de grand chemin, qui pille, vole et assassine. Il occupe Loches du 16 au 20 août, abat sur la place publique l'inspecteur Recco, abandonne la cité lochoise sous la pression de l'armée allemande qui réoccupe la ville jusqu'au 2 septembre.
>
> Au début d'octobre 1944, Le Coz et ses principaux lieutenants partent vers le Jura à l'armée de Lattre, mais il est refoulé, revient à Loches. Le préfet alerté réquisitionne forces militaires, police et gendarmerie, lui fait tendre un guet-apens. Le Coz est arrêté le dimanche soir 21 octobre, emprisonné à Angers où il sera jugé et condamné à mort le 16 octobre 1945, et fusillé seulement en mai 1946.
>
> Bilan des exécutions sommaires de Le Coz (celles qui ont été retenues par le tribunal militaire d'Angers) : 18 [2]. »

On devine aisément la contre-publicité faite au maquis par ce genre d'individu.

Le cas Guingouin est très souvent avancé. Il n'est pas à refaire ici le jugement d'un Compagnon de la Libération. L'Histoire, demain, jugera. Dans cette attente ne demeure qu'une évidence : Guingouin et

1. Pierre Tresso, Abraham Sadek, Jean Reboul, Maurie Sieglmann.
2. R. Aron, *La Libération de la France*, ouvr. cité, p. 641.

son entourage posent problème. Des historiens reconnus écrivent : « Qui de lui ou de ses adjoints a fait fusiller 6 officiers de l'AS [1] ? »

Plus incisif, le colonel du Jonchay, grand résistant, cite le colonel Rémy et ses *Mémoires d'un agent secret de la France Libre* : « Avec ces armes dispersées au hasard, bien des excès et bien des crimes seront commis sous le couvert de la Résistance par des bandits de droit commun ou pour des raisons politiques, notamment ceux commis par Guingouin à Limoges sous prétexte de châtier les "collaborateurs" [2]. »

Pour résumer le dilemme ouvert ne sera posée qu'une seule question : Guingouin a-t-il commandité ou simplement couvert les escarpes qui sévissaient au-dessous de lui ?

*

Prolonger ? A quoi bon établir un minutieux inventaire ? Des actes délictueux et criminels, des faits odieux ont été accomplis. Inutile de le contester. Globalement les erreurs de quelques-uns ne sauraient entacher la mémoire de l'intégralité. Leur responsabilité en incombe le plus souvent aux « maquis rouges » réglant des comptes politiques ou souffrant d'un manque d'encadrement et de discipline [3].

Les faits mentionnés se sont déroulés avant la Libération. D'autres, sous couvert des maquis, interviendront après. Evoquer cet après-Libération, tumultueux et sanglant parfois, serait hors sujet. L'histoire des maquis de la Libération n'est pas celle, souvent décrite, du retour à la légalité républicaine mise à mal en divers endroits par d'anciens maquisards et résistants.

Ces pages noires ne pouvaient être tournées d'un revers. Elles appartiennent à la face honteuse des combats menés pour rendre à la France sa liberté et sa dignité. Si l'Histoire ne les a pas oubliées, elle préfère d'autres images. La France d'aujourd'hui, se remémorant la lutte de ses maquis d'hier, sait qu'il vaut mieux la regarder dans le visage lumineux d'un Tom Morel, l'archange des Glières, et dans le sacrifice de ses compagnons maquisards tombés avant et après lui.

---

1. *Histoire militaire de la France*, tome IV, sous la direction d'André Monteil, PUF, 1994, p. 170.

2. Colonel du Jonchay, ouvr. cité, p. 208. En référence de Rémy, *Mémoires d'un agent secret de la France Libre*, éd. France Empire, tome I. p. 492.

3. « En dépit de l'amnistie qui couvrait les actes accomplis au nom de la Résistance, près d'un millier d'anciens FTP ont été poursuivis comme criminels », Herbert Lottman, ouvr. cité, p. 14.

Chapitre XX

LES LENDEMAINS – AMALGAME [1] OU INTÉGRATION

La Libération, qui à mi-août prend un rythme accéléré, provoque un phénomène aussi heureux qu'inattendu. Des dizaines de milliers de Français, en premier lieu des maquisards, se portent au-devant de leurs compatriotes récemment débarqués et s'annoncent prêts à se joindre à eux, individuellement ou en unités constituées, pour participer à la lutte.

Cet élan massif surprend par son ampleur les responsables français dont les commandants de la 2e DB et de la 1re armée [2]. Il était espéré, sans avoir été imaginé dans de telles proportions. Le sentiment patriotique est donc bien vivant. Les meilleurs des citoyens qui acceptent de risquer leur vie pour la cause nationale le montrent.

Cet élan est le bienvenu car il répond à un réel besoin. Les troupes

1. Amalgame au sens militaire du terme : « Réunion dans un même corps d'unités de recrutement, de constitution, de provenance ou de valeur différents » (Larousse du XXe siècle).

2. Celle-ci s'appelle encore l'armée B. Elle ne devient officiellement 1re armée française que le 25 septembre 1944. Mais c'est sous ce sigle qu'elle est entrée dans l'histoire. Par souci de simplification, c'est sous ce terme qu'elle sera désignée ici.

françaises mises à terre en Normandie ou en Provence se sont constituées outre-mer. Elles en portent obligatoirement la marque. 9e DIC et 1er DFL sont à fort pourcentage d'Africains. 3e DIA, 2e DIM, 4e DMM ont été recrutées en Afrique du Nord à partir d'Européens et de musulmans. Les trois DB, débarquées ou à débarquer, bien qu'à un degré moindre, n'échappent pas à cette empreinte de l'empire colonial [1].

Nombre de ces combattants viennent de vivre de rudes campagnes. Celle d'Italie, après la Tunisie, a été pénible et meurtrière. L'enthousiasme de prendre pied sur la terre de France n'estompe pas l'usure des mois de guerre. L'approche de l'hiver métropolitain crée une inquiétude. Les Africains sont peu aptes à en affronter les rigueurs. Faut-il encore adjoindre les pertes inhérentes aux premiers affrontements sur le sol métropolitain. La bataille pour Toulon a été coûteuse. Bref, les divisons françaises exigent une certaine relève. Elle se présente, permettant de regonfler les rangs.

Outre ces impératifs militaires, devant recevoir solution, des raisons éminemment politiques incitent Charles de Gaulle et le GPRF à se féliciter de cette irruption de bonnes volontés. De Gaulle ne le clame pas, mais il est bon de montrer aux Alliés que les Français, dès que l'opportunité leur en est donnée, accourent afin de participer à l'effort de guerre. La prise en charge par l'armée qui se dessine ne peut que le satisfaire. En outre, les jeunes Français incorporés par Leclerc ou de Lattre seront soustraits à l'influence communiste. Plus même, ils échapperont aux féodalités politiciennes et aux pouvoirs locaux qui, avec la Résistance et la Libération, se sont instaurés en marge de l'autorité gouvernementale. Cette mise au pas des éléments en armes disséminés à travers la France au titre des FFI est du reste l'un des soucis premiers du chef du GPRF.

Paris à peine libérée, les mesures à cet effet tombent. Manifestement, de Gaulle veut briser d'entrée toute velléité d'indépendance ou d'émergence politique de la part des FFI.

Par une note du 26 août, les commandants d'unités, au fur et à mesure de leur avance, sont autorisés à incorporer tout volontaire d'origine FFI dans le but, soit de compléter leurs effectifs, soit de créer des unités supplémentaires (unités de reconnaissance, groupes de choc). Les engagements seront, en principe, souscrits pour la durée de la guerre.

Cette note se situe encore dans un strict domaine militaire. Celle du 28 août a une autre signification et vise les maquisards d'hier :

1. Expression de mise à l'époque.

> « Les éléments des forces formées à l'intérieur pour le combat clandestin et qui sont susceptibles de participer aux opérations ultérieures seront incorporés régulièrement à mesure de la libération des zones du territoire sur lesquelles ils ont agi, pour être affectés ultérieurement soit aux grandes unités de campagne soit aux formations du territoire. Les organismes supérieurs de commandement et les EM des FFI existant à Paris sont dissous à la date du 29 août 1944. Leurs attributions sont exercées par le général gouverneur de Paris. Il en est de même pour les organismes de commandement et EM existant dans les départements libérés et dont les attributions sont exercées par les généraux commandant les régions militaires intéressées. »

Pratiquement, ce texte sonne le glas de tous les commandements plus ou moins parallèles. Les anciens maquisards ne doivent désormais reconnaître qu'une seule hiérarchie : celle des commandants de régions militaires (ou du gouverneur militaire de Paris) dûment intronisés par le GPRF. Ils sont destinés à être affectés au corps de bataille. C'en est fini des particularismes surgis, en principe, pour la « bonne cause ».

Enfin, le 19 septembre, un autre décret institue les FFI encore en opérations [1] partie intégrante de l'armée française. Soumises aux règles générales de l'organisation et de la discipline militaire, elles relèvent du ministère de la Guerre.

Le 12 septembre, devant un large auditoire au Palais de Chaillot, de Gaulle à cet égard s'est montré explicite : « Tous les soldats de France font partie de l'Armée française et celle-ci doit, comme la République, rester une et indivisible [2]. »

Il n'est pas à s'en étonner. La disparition des états-majors FFI, avec ce qu'ils impliquaient de souverainetés locales, déclenche des tollés, en particulier du côté du PC. Le 6 septembre, un certain colonel Michelin [3], de Rennes, adresse un télégramme au général Malleret-Joinville, chef de l'état-major national FFI (et communiste notoire) :

---

1. Cas des maquis des Alpes, de ceux ayant rallié la 1re armée ou œuvrant encore dans le Nord-Est. Et naturellement ceux du Front de l'Atlantique.

2. Charles de Gaulle, *Le Salut*, ouvr. cité, p. 6.

3. De son vrai nom Jaeger, Suisse allemand et cinéaste de métier. Commandant FFI de la région de l'Ouest (11 départements). Référence : Charles de Gaulle, *Mémoires de guerre*, ouvr. cité, tome III, p. 300. Il évoluera. Après la mort du colonel « Fabien » en Alsace, il lui succédera à la tête de la « Brigade de Paris ».

« En attendant des nouvelles de Paris, nous avons tous décidé :
1. De tenir bon et de résister à la dissolution des états-majors FFI ;
2. De suspendre toutes les opérations d'engagement et d'incorporation ;
3. De continuer la lutte contre l'ennemi sans accepter le contrôle des commandements militaires territoriaux [1]. »

Le faible pourcentage des FTP à rallier la 1re armée trouve là une première explication.

Un vent de fronde souffle en quelques régions, comme le Sud-Ouest ou le Midi. Sur quoi débouchera-t-il ? Des maquisards d'obédience FTP se serviront-ils de leurs armes pour imposer leur hégémonie politique contre le GPRF.

D'aucuns y ont songé. On sait aujourd'hui qu'une prise de pouvoir par les communistes en France n'entrait pas dans les vues de Joseph Staline. Le déserteur Maurice Thorez, amnistié, rentre à Paris avec des consignes. La direction du PC, une fois encore, obéit aux ordres de Moscou. De Gaulle, de son côté, fort de son incontournable popularité, se montre habile et ferme pour mettre les frondeurs au pas. Les maquisards communistes ne se dresseront pas contre le GPRF (même si certains profitent des circonstances pour régler des comptes avec des adversaires politiques).

*

Dans son bras de fer avec les communistes, de Gaulle, sur le plan militaire, a des atouts dans son jeu. Le ministre de la Guerre a été nommé par ses soins. Le chef d'état-major des armées est son vieux camarade de promotion, vainqueur du Garigliano, Alphonse Juin, sur lequel il peut s'appuyer. Au-dessous, les têtes d'affiche de l'armée française qui se reconstitue sont des généraux à la fidélité gaulliste éprouvée :

– Koenig, nommé gouverneur militaire de Paris, poste crucial.

1. Des officiers généraux sont nommés à la tête des régions militaires et envoyés rapidement occuper leurs postes dans les secteurs sensibles :

– Collet à Toulouse (le général Collet, le célèbre Collet des Tcherkesses, est Compagnon de la Libération).

– Zeller (ancien chef FFI des Alpes) à Montpellier.

– A Limoges, le général désigné se heurte à l'hostilité de Guingouin, lequel devra finalement se plier devant les décisions parisiennes.

– Leclerc, commandant de la 2e DB ;
– Béthouart, commandant du 1er CA de la 1re armée ;
– Monsabert, commandant du 2e CA de la 1re armée ;
– Larminat, en rupture de ban avec de Lattre et nommé au commandement des Forces françaises de l'Ouest, officiellement créées le 14 octobre 1944.

Et au-dessous, les cadres issus de l'armée d'Afrique ne penchent pas vers l'extrême gauche.

Quant au fougueux de Lattre, il n'a pas intérêt à ruer dans les brancards. De « vieilles casseroles » vichystes le conduiraient vite sur une voie de garage.

Quant aux commandants de régions militaires, ils sont judicieusement choisis. On a vu Collet et Zeller.

Faut-il dire enfin que les Américains ne toléreraient pas des troubles communistes en France, susceptibles de contrarier l'effort de guerre... A la demande de De Gaulle, ils ont manifesté leur puissance militaire dans Paris, au lendemain de la libération de la capitale.

*

Quoi qu'il en soit des effervescences, à la mi-septembre un cadre réglementaire est défini. Avec une rigueur jacobine, il fixe l'avenir administratif des maquisards.

Combien sont-ils, à cette date, ces maquisards éparpillés dans une France en majorité libérée [1] ? Leur courbe a grimpé presque verticalement courant août. Et évidemment se glissent les « faux », ceux de septembre, apparus après la bataille. Il n'est guère sur les effectifs de certitude absolue. Les homologations obtenues après ne sont pas parfaitement probantes, tous ne l'ont pas demandée. Il y eut des complaisances. Un chiffre de 400 000 maquisards en armes paraît une norme raisonnable [2]. Quant aux structures, elles sont éminemment variables. Elles passent du groupe franc d'une centaine d'éléments aux ensembles bien constitués, où le CFP avec ses 12 000 chasseurs fait figure d'exception. Le bataillon de 300 à 400 hommes assure l'ossature principale. Le tout a entraîné une pléthore de galons dits FFI, qui provoqueront débats et contestations à l'heure des régularisations.

1. A la mi-septembre, les Britanniques sont entrés en Belgique, les Américains atteignent Metz et les Français le pied des Vosges. Hormis les poches de l'Atlantique, restent donc à libérer l'Alsace et la Lorraine – et Dunkerque, assez curieusement.

2. Combien dans ce nombre sont déjà rentrés chez eux ? Les Allemands, pour leur part, estiment les maquisards entre 600 000 et 800 000.

*

Sans attendre les décrets ministériels, les divisionnaires confrontés à leurs problèmes ont pris sur eux d'enrôler. Ils ne se sont pas privés d'envoyer des émissaires racoler, dans le meilleur style des sergents recruteurs de l'Ancien Régime. Ils ont pu ainsi combler leurs vides, ıon sans causer de-ci de-là des soubresauts. Des chefs de maquis se sont insurgés de voir les meilleurs de leurs gens leur échapper, pressés de continuer à en découdre avec le « Boche ».

L'irruption courant septembre de volontaires, individuellement ou en groupes constitués, sort du cadre du simple engagement. Un fait nouveau surgit. Comment faire rapidement passer ces cohortes de maquisards de l'état de francs-tireurs à celui de soldats d'une armée régulière ? Comment les utiliser au mieux ? Comment aussi ne pas les décevoir, dans leur désir de se joindre utilement à leurs compatriotes venus d'outre-mer ? Les conditions du moment pour résoudre les difficultés imposent un pragmatisme souvent éloigné de ce qui est écrit. Leclerc et de Lattre, chacun avec son tempérament, s'efforcent de trouver des solutions appropriées.

*

Le cas de Leclerc est le plus simple. Sa 2e DB n'est pas si nombreuse : 16 000 hommes. Ses besoins et possibilités en recrutement sont relativement limités. Il recherche avant tout des spécialistes déjà formés.

Pratiquement, la 2e DB recevra peu de maquisards. Lors de son passage sur Paris, elle englobera des éléments des FFI parisiennes. Elle incorporera trois escadrons qui seront le 8 septembre rattachés chacun à un bataillon du régiment de marche du Tchad. Un peu plus tard, un autre escadron sera affecté au régiment de reconnaissance de la division. Au total, 4 unités seulement, issues des FFI, rejoignent la 2e DB et on ne peut les considérer comme émanant des maquis.

Il en est tout autrement chez de Lattre avec ses 200 000 hommes. Sa route le conduit en pleine zone de maquis. De la Provence au Morvan, par les Alpes et le Midi, il traverse des pôles de maquisards. Son sillage crée un appel, alors que du Sud-Ouest et du Massif central on court au canon contre un ennemi en retraite. De Lattre voit affluer vers lui le maximum de monde.

Les troupes qui se présentent sont, on l'a vu, éminemment disparates. Le commandant de la 1re armée est trop fin pour ne pas en percevoir très vite les sensibilités. Nés dans la clandestinité, forgés par la révolte aussi bien contre l'Etat français que contre l'occupant, les maquis ont rarement connu les fonts baptismaux de la stricte discipline. Les chefs les ont modelés à leur guise, laissant volontiers la bride sur le cou. A cet égard, de Lattre parlera pudiquement de « discipline au moins particulière ». La formule laisse sous-entendre que le règlement de discipline générale n'a guère été ouvert [1]...

Cette troupe jeune, manquant d'instruction, faiblement encadrée [2], pauvrement équipée, est tout autant ardente, généreuse. Elle ne demande qu'à être employée. Après les revers du Mont-Mouchet, du Vercors et de toutes les rencontres perdues devant un adversaire plus puissant, elle possède un violent désir de revanche, en se battant cette fois à armes égales. Toutefois, elle entend souvent conserver sa spécificité, son particularisme. Elle ne veut pas se fondre intégralement dans le creuset de l'armée régulière. Il existe chez certains maquisards et leurs chefs un rejet de l'armée traditionnelle. La défaite de 1940, la passivité de novembre 1942, sont passées par là. D'où l'ambition de ravaler plus que la façade de l'édifice militaire. Le désir d'une armée populaire est manifeste chez les plus politisés, les cadres de l'armée d'Afrique, ne devant, selon eux, leur apporter que leur technicité.

Le général Bouley, chef d'état-major de Monsabert et ancien FFL, écrira sur les difficultés évoquées :

> « Il est exact que le problème FFI est difficile à résoudre, car nous en avons grandement besoin et ces patriotes ont souvent la haine et le mépris de l'armée. Des maquisards ont en effet été marqués par notre déroute honteuse de 1940 et l'inaction de l'armée de l'armistice en novembre 1942. Sans doute, il y a des officiers et des sous-officiers d'active dans les maquis. Ceux des Alpes en particulier ont été formés par des militaires dans la grande majorité des cas. Mais si ces militaires-là sont respectés en tant qu'individus ayant su réagir, cela ne rejaillit pas sur l'armée. Il en est de même des FFL. Ceux qui ont suivi de Gaulle sont respectés et obéis. Ceux d'Italie sont ignorés de la grande masse et pourtant ! Mais c'est là un fait incontestable.
>
> On peut voir combien les troupes de l'Armée d'Afrique auront de difficultés à absorber les FFI. Cela est d'autant plus difficile que les FFI comme nos régiments sont animés

1. Le règlement commençant par les lignes fameuses : « La discipline faisant la force principale des armées... » (ces lignes ont aujourd'hui disparu).
2. Seules les unités relevant de l'ORA échappent généralement à cette carence.

d'une sorte d'esprit de corps qui les pousse à vouloir conserver leur particularisme et leur personnalité.
Il faut cependant combler les vides, remplacer les Sénégalais et augmenter les effectifs de la 1re armée.
C'est un peu la quadrature du cercle !
Au sud de Chalon-sur-Saône, j'ai déjà vu avec Schneider, Pommiès et Redon combien le problème était délicat et ma qualité de FFL m'a été utile [1] ! »

De Lattre a perçu ces différences et ces aspirations. Il doit en tenir compte. La prudence, l'empirisme seront sa règle. Il affichera son intention de respecter la personnalité FFI, mais il est surtout un chef dans la pleine expression du terme : il commande et entend être obéi. Il tancera fortement le colonel Schneider, qui lui donnait l'impression de se comporter en grand féodal. Le tout donnera un discours à double facette, d'autant que le « Roi Jean [2] » n'oublie pas les propos du chef du gouvernement sur une « armée une et indivisible ».

Afin de calmer les appréhensions de ses interlocuteurs, le discours se fait conciliant :

> « Jamais nous ne ferons une absorption pure et simple des FFI... Il est indispensable de conserver leur nom, leur mystique et la fierté de leurs groupements... Etant donné les circonstances actuelles de notre armée en guerre, il ne faut pas changer sa structure. Individuellement ou en corps constitués, les groupes FFI conservant leur particularisme viennent volontairement s'intégrer dans notre armée. Dès que les conditions le permettront, il y aura une synthèse à réaliser avec ce qu'ils représentent et ce que nous représentons, avec la plus généreuse compréhension des uns et des autres... A tous les mérites, à toutes les qualités de combattants qu'ils ont acquis dans la vie du maquis, nous leur demandons d'ajouter un effort d'ordre et de discipline, afin que le pays reconnaisse déjà en eux une part reconstituée de l'armée de demain. »

Et de conclure :

> « A aucun prix, nous ne devons décevoir ces hommes et laisser s'éteindre cette flamme admirable qui s'est allumée.

1. Général de division J. Bouley, *Souvenirs et témoignages de 1915 à 1957*, texte inédit.
2. Le « Roi Jean » : Jean de Lattre.

Par conséquent, tout de suite ces garçons des FFI peuvent former des unités supplétives venant au combat avec notre armée régulière. J'insiste sur ce fait que ce ne peut être une intégration dans l'avenir, mais une synthèse où ils garderont leur particularisme et leur autonomie [1]. »

Sur sa lancée, le commandant de la 1re armée reprend pour illustrer sa pensée un vieux terme révolutionnaire. Face à son problème de levée en masse, la jeune République avait prescrit l'amalgame, soit un regroupement dans le cadre des demi-brigades remplaçant les régiments de la royauté : un bataillon de blancs, c'est-à-dire d'anciens, et deux bataillons de bleus, c'est-à-dire de nouvelles recrues. A l'heure des gros bataillons chargeant résolument baïonnette au canon, ce dosage n'avait pas été sans efficacité, mais la guerre moderne ne saurait s'en satisfaire.

En théorie, de Lattre pratiquera l'amalgame. Dans les faits, par-delà les déclarations d'intention, il visera à une intégration pure et simple dans son armée de tous ceux qui le rejoignent. Refusant d'incorporer des brigades entières, comme il lui était réclamé, il n'accepte que des ensembles de la valeur maximum d'un bataillon [2]. Il sélectionne rigoureusement les cadres FFI et les envoie se former au Valdahon, à Plombières puis à Rouffach, dans le but d'en faire d'authentiques militaires. Les quelques personnalités qu'il se doit de conserver, Fabien, Rol-Tanguy, Malraux... sont « coiffées » par des gens du sérail, ainsi Gandoet, le héros du Belvédère, avec Rol-Tanguy, Jacquot avec Malraux. Au fil des semaines, il impose une terminologie traditionnelle, éliminant les vocables apparus dans la clandestinité. Deviennent :

- Le CFP, le 49e RI,
- Le corps franc Bayard, le 12e dragons,
- Le maquis des Ardennes, le 20e BCP,
- Le bataillon du Louhannais, le 2e BCP,
- Le groupement Marcus, le 3e hussards,
- Le groupement Merlat (renforcé par le CFMN), le 8e dragons,
- Le bataillon de Chaumont, le 1/21e RIC,
- Le bataillon de Chartreuse, le 2/23e RIC,
- Le bataillon de Guyenne, le II/6e RIC,
- La brigade du Languedoc, le 80e RI,
- Le régiment d'Auvergne, le 152e RI, etc.

1. *Histoire de la 1re armée française*, ouvr. cité, p. 180-181.

2. Seules des unités commandées par des officiers d'active et bien encadrées échappent à cette règle : CFP de Pommiès, corps franc Bayard de Dunoyer de Segonzac...

Les bataillons d'infanterie coloniale proviennent des anciens régiments africains « blanchis », qu'il devenait difficile d'appeler bataillons de tirailleurs sénégalais.

Au total, 114 000 anciens des FFI sont intégrés à la 1re armée. On peut estimer qu'à 80 %, ils furent des maquisards de la Libération [1].

D'où proviennent-ils ?

– A 47 %, d'unités mixtes regroupées à la Libération pour poursuivre l'ennemi, ainsi la colonne Schneider ou le 1er régiment du Morvan ;

– A 27,5 %, de l'AS ;

– A 15,5 %, de l'ORA ;

– A 10 %, des FTP. Sans doute le groupe parmi lequel il y a le moins de maquisards. Ils arrivent de la région parisienne (cas de 3 000 hommes du colonel Fabien, qui formeront le 151e RI). En revanche, les anciens bataillons Marc de l'Aveyron ou Ajax de la région toulousaine sont majoritairement issus des maquis.

Dans les rangs de ces anciens maquisards se reconnaissent également des Espagnols de la 1re brigade du Tarn, des Russes du bataillon de Cluny, des Polonais du 2e bataillon d'Auvergne.

Dans cette intégration à la 1re armée, il est un cas d'espèce : la division alpine. Celle-ci se constitue très tôt, sous les ordres du colonel Vallette d'Osia. Elle deviendra le 17 novembre 1944 la 27e division d'infanterie alpine, s'appuyant sur de très solides unités issues des maquis alpins et regroupées en demi-brigades :

– 1re demi-brigade de Savoie du lieutenant colonel de Galbert, avec les deux bataillons des Glières du commandant Godard, nés des traditions du 27e BCA ;

– 2e demi-brigade de la Drôme du lieutenant-colonel de Lassus ;

– 3e demi-brigade de l'Isère du lieutenant-colonel Le Ray, avec le 6e BCA du Vercors ;

– 4e demi-brigade du Rhône et de l'Ardèche du lieutenant-colonel Marielle-Tréhouart [2] ;

– 5e demi-brigade de l'Ain du lieutenant-colonel de Susy.

Ces Alpins issus du maquis ne le cèdent en rien aux formations d'active. Parfaitement encadrés à tous niveaux, convenablement armés, reposant sur un solide recrutement de montagnards, ces 20 000 hommes sont aptes à entrer immédiatement en campagne. Ils le prouvent immédiatement en prenant à leur compte le secteur nord du front alpin, libérant ainsi une division de la 1re armée. Durant tout l'hiver, ils garderont

1. Les non-maquisards sont des engagés volontaires à titre individuel ou ont appartenu aux FFI parisiennes.

2. Futur 159e régiment d'infanterie alpine.

la frontière italienne, livrant en haute montagne de rudes combats contre les Allemands d'Italie.

Plus au sud, l'ex-région R2 (Provence) met également sur pied cinq bataillons alpins. Ceux-là opéreront en Ubaye et Tinée, sous les ordres du commandant Lecuyer, ancien patron des maquis des Alpes-Maritimes.

Ainsi s'élabore relativement vite l'intégration des maquisards au sein de la 1re armée. Oh ! elle ne s'effectue pas sans difficultés, aussi bien psychologiques que techniques, comme déjà en partie évoquées. De Lattre, malgré les apparences, n'est pas si riche. Pour sa logistique, il est tributaire des Américains qui renâclent. La fourniture de matériel, équipement, nourriture pour des contingents aussi importants n'était pas prévue dans leurs plans. Les nouveaux arrivants, pourvus grâce au système D bien français, éprouvent le sentiment d'être traités en parents pauvres. Le moral s'en ressent. Il est des retours au foyer...

Le 1er septembre 1944 est formé à Draguignan à effectifs de 1 500 le régiment des Maures, issu du maquis des Maures et de la brigade des Maures, unités du littoral varois d'obédience FTP. Les officiers sont presque tous d'anciens sous-officiers de réserve. Les sous-officiers, à 60 % d'active, proviennent de la coloniale et de la marine. Les hommes de troupe ont été FTP ou sont de jeunes engagés. Le tiers a moins de 20 ans. Ils n'ont derrière eux que quelques semaines de maquis ou quelques journées de mobilisation à la Libération.

La dominante FTP inquiète le commandement. Les premiers contacts entre 1re armée et FFI de Provence n'ont pas toujours été heureux. Pourtant, le climat est bon entre officiers ORA et officiers FTP. De bonne volonté, ils veulent apprendre le métier.

Inactif, employé surtout à des défilés, le régiment des Maures ne tarde pas à se vider. Le restant, plus d'un millier d'hommes, se demande pourquoi on ne l'envoie pas au front. Seule une compagnie part dans le Queyras, où elle se conduit fort bien avec le 11e BCA.

De déception en déception, le régiment devient une demi-brigade, bataillon de sécurité et finalement régiment puis bataillon de pionniers préposé à des tâches secondaires. A l'été 1945, les engagés sont démobilisés. Quelques soldats et un certain nombre de cadres resteront dans l'armée et y feront difficilement carrière.

Le facteur matériel n'est pas toujours seul en cause. Malgré le recul des années, d'anciens maquisards FTP gardent le sentiment d'avoir été frustrés. Ils ont la dent dure envers leurs dirigeants en particulier et l'armée en général. Un vieux militant n'hésite pas à déclarer en 1985 :

« L'intégration des résistants dans l'armée française, c'était une erreur lamentable, parce que ça a vidé les départements de cadres. On disait aux FTP de quitter les villes, de quitter les régions où ils étaient, où ils étaient connus, où ils étaient aimés, où ils s'étaient couverts de gloire et de s'en aller dans une armée régulière pour y obéir à des enfoirés qui s'étaient planqués pendant toute la guerre et qui redevenaient tout d'un coup des commandants et des généraux. Et nos copains, qu'est-ce qu'ils ont été là-dedans ? Nos copains, ils étaient capitaines, ils se sont retrouvés sergents-chefs ou quelques chose comme ça et on les a fait passer dans des écoles de cadres. Ça a été ça, l'armée de la Libération. Et nos gars qui sont partis dans cette armée, eh bien, ils n'ont servi à rien, sauf à se faire tuer et ça a vidé les départements de possibilités politiques plus importantes. Je ne dis pas qu'il fallait prendre le pouvoir, ce n'était pas pensable, mais il fallait aller plus loin dans les réformes, il fallait obtenir davantage de choses, il fallait bien montrer la réalité de la résistance [1]. »

Quelques échecs, mais beaucoup de succès. Il est des intégrations exemplaires.

LE GEP DU RICM

Les combats sur le Lomont sont terminés. Les maquisards sont disponibles. Pour la majorité d'entre eux, pas question de déposer la Sten au râtelier. « Le Boche » est toujours à Belfort et au-delà. Bien sûr, il y a eu des moments d'euphorie. La traversée des villages libérés au pied du Lomont a été un triomphe pour des garçons de vingt ans. « C'est bien, les petits gars, vous les aurez ! » a lancé un ancien poilu.

Ces instants sont brefs. La guerre continue et exige des bras. Le maquis du Lomont est officiellement dissous le 15 septembre. Le même jour, naît le GEP, le groupement d'escadrons portés, du RICM. Il est le fruit d'une brève rencontre.

Le capitaine Sartout, le patron de la Compagnie franche, s'est présenté au colonel Le Puloch, commandant le RICM. Le Puloch a besoin de fantassins souples et manœuvriers, en accompagnement de ses véhicules blindés. Il conclut vite : « Bien. En principe, je vous prends avec des FFI choisis par vous et dont vous vous portez garant,

1. Interview de Roger Pannequin, recueillie en avril 1985, *Les FTP et la Résistance en Meuse*, ouvr. cité, p. 204.

à concurrence d'un peloton de commandement et de huit pelotons de combat, maximum 30 hommes par peloton. »

Sartout, le légionnaire, abandonne la grenade à sept branches pour l'ancre de marine des Marsouins. 256 officiers, sous-officiers et soldats du maquis du Lomont le suivent et signent un engagement volontaire pour la durée de la guerre. Ils formeront deux escadrons portés. On les appellera ceux du GEP.

Les maquisards d'hier sont fiers d'être acceptés au 1er régiment de France [1]. Un petit mois d'instruction et ils sont opérationnels. A la mi-octobre, ils rejoignent la ligne de front. Ils ont un atout. Enfants du pays, ils en connaissent tous les bois et toutes les sentes. Bourlier, « Tito », commande le 5e peloton. 44 de ses anciens marchent derrière lui.

5 novembre. Pause rapide dans les patrouilles et embuscades.

Les nouvelles recrues reçoivent la fourragère double, Légion d'honneur et croix de guerre, témoignage tangible de leur appartenance au RICM. Bourlier, Bataille, Habourg, Boulier Pierre, Bourguin, du peloton Tito, sont décorés sur le front des troupes. L'intégration est bien totale. Les maquisards du Lomont sont devenus de vrais soldats d'une armée française reconstituée. Ils le prouvent au feu.

Au printemps 1945, après quelques semaines à Rouffach, Bourlier sera promu sous-lieutenant d'active. Bataille, qui le 13 mai 1945, lors de la visite de De Gaulle à Stuttgart, faisait partie de la garde du drapeau du RICM, s'en ira à Coëtquidan pour plusieurs mois avec Challut. Il en sortira sous-lieutenant et finira général. Puis ce sera l'Indochine, où Bourlier sera tué au Tonkin le 25 décembre 1946. De son peloton, 13 sont morts pour la France, en France, en Allemagne, en Indochine, en Algérie.

LE COLONEL FOSSEY-FRANÇOIS

L'armée française s'est vu reprocher de n'avoir pas su accepter les anciens officiers FFI. Incontestablement, inaptitude, orientation politique de l'intéressé en ont écarté plus d'un.

Le colonel Fossey-François prouve qu'un officier maquisard sorti du rang pouvait parfaitement s'intégrer. Rien, au départ, ne prédisposait cet ancien séminariste, devenu instituteur, à la vie militaire. La guerre, la défaite surviennent. Albert Fossey a 26 ans. De suite, il s'affirme l'un des piliers de la Résistance dans la Creuse. Catalogué plutôt à droite dans un département classé à gauche, son intelligence,

1. C'est-à-dire le plus décoré (avec le RMLE).

son caractère le désignent pour les premiers rangs. Le 12 décembre 1943, Albert Fossey (« François ») est nommé chef régional maquis. En juin 1944, il devient patron de l'AS. A la Libération, « François » est chef départemental FFI de la Creuse, nonobstant ses heurts avec les FTP [1]. Le 1er octobre 1944, le lieutenant-colonel FFI Fossey-François part à la tête de la brigade de la Creuse poursuivre la lutte dans le cadre de l'armée régulière.

Compagnon de la Libération, il est « activé » comme chef de bataillon. Passé dans les troupes aéroportées, l'Indochine, l'Algérie feront de lui l'un des chefs de corps parachutistes parmi les plus prestigieux. En février 1957, il succédera au colonel Château-Jobert, « Conan », au commandement du glorieux 2e RCP, le régiment de Saint-Marcel. Il trouvera une mort prématurée dans un accident de saut, alors qu'il commandait la demi-brigade parachutiste d'outre-mer à Bayonne. A 49 ans, ses étoiles l'attendaient.

Envers et contre tout, l'osmose s'effectue. Elle connaîtra son point d'orgue en février 1945, après la prise de Colmar. De Lattre recrée la 14e DI, qu'il commandait en 1940 sur l'Aisne, et la confie au général Salan. Cette 14e DI, « division FFI », terminera la guerre en Allemagne. Elle comprendra alors la 3e demi-brigade de chasseurs à pied [2], le 35e RI [3], le 152e RI [4], le 4e RA et le 12e dragons [5], toutes formations à base d'anciens maquisards. L'intégration sera alors effective.

D'autres unités à large origine FFI seront également constituées, en dehors de la 1re armée : 1re DI du général Cailles, 10e DI du général Billotte

*

En cette fin de la Seconde Guerre mondiale, les Forces françaises de l'Ouest, les FFO, font figure de grands oubliés. L'avenir n'y changera rien. Un sort injuste attribue la gloire d'une armée française reconstituée à la 2e DB et à la 1re armée. Les raisons de cette désaffection sont multiples. Leur chef n'a pas l'éclat d'un Leclerc ou d'un de Lattre, futurs maréchaux de France. Leur front ne bénéficie pas de l'aura de la reconquête de Strasbourg ou Colmar et de la traversée du Rhin. Qui, hormis les enfants du pays, se souvient des poches de l'Atlantique, Royan, La Rochelle, Saint-Nazaire, Lorient ?

---

1. Une place de Guéret porte le nom du colonel « François ».
2. Avec les FFI du Sud-Ouest.
3. Avec les FFI de Bourgogne et de l'Yonne.
4. Avec les FFI d'Auvergne.
5. Avec les FFI du Tarn.

Pourtant, la guerre s'y prolonge jusque en mai 1945. Une guerre en charge essentiellement des maquisards de l'Ouest de la France. Ceux-ci soutiendront, de longs mois d'automne et d'hiver, le gros de l'effort. Ce n'est que pour en finir que des éléments de la 2e DB et de la 1re DFL viendront leur donner la main.

En août 1944, se sont formées quatre poches bien distinctes. Au sud de la Loire, les forces regroupées pour contenir les Allemands dans leurs réduits charentais [1] s'articulent en trois groupements :

– Forces françaises de La Rochelle, colonel Chêne, 10 700 hommes ;

– Forces françaises de Royan, colonel Adeline, 10 000 hommes ;

– Forces françaises de la pointe de Grave, colonel de Milleret, 5 000 hommes.

Face à eux, 25 000 Allemands. Si numériquement la partie paraît égale [2], côté militaire elle ne l'est pas. Les Allemands sont solidement retranchés avec artillerie et abris. Les combattants français sont arrivés des maquis avec un armement hétéroclite et un équipement léger. Les semaines et les mois à venir ne leur apporteront guère d'amélioration. Ils finiront généralement par arborer la tenue du troupier de 1939, grâce à de vieux stocks d'intendance. On verra quelques chars, eux aussi de 40, mais possédant de bons canons.

Avec moins de cérémonial qu'à la 1re armée – il n'est qu'un de Lattre –, fin 1944-début 1945, des régiments traditionnels se forment :

– 8e RI à partir des FFI du Lot ;

– 43e RI à partir des FFI d'Aquitaine ;

– 38e RI à partir des FFI d'Aquitaine et de Haute-Garonne ;

– 50e RI et 108e RI à partir des FFI de Dordogne et Charente ;

– 158e RI à partir des FFI du Gers et des Hautes-Pyrénées (brigade Armagnac) ;

– 114e RI à partir des FFI des Deux-Sèvres ;

– 13e dragons à partir des FFI de la région d'Orléans.

Dans l'ensemble, les cadres et la troupe proviennent des maquis AS et ORA, avec une exception : le 108e RI est à base d'anciens FTP. Pour tous, inexorablement, l'ambition est de faire d'eux, sous la direction de cadres d'active, des soldats d'une armée régulière.

L'amalgame, faute d'une présence effective d'unités de l'armée d'Afrique, n'est pas évoqué. Seule l'intégration, à plus ou moins long terme, est l'issue.

---

1. Ou girondins. La pointe de Grave est en Gironde.

2. Ces effectifs monteront en puissance avec l'arrivée de nouveaux contingents d'anciens maquisards. Ils s'élèveront à 30 000 fin novembre, plus 5 000 en réserve en Gironde.

*

Les poches de Lorient et de Saint-Nazaire connaissent des situations sensiblement identiques à celles de La Rochelle et Royan, à une différence près : les anciens maquisards ne sont pas seuls. Des Américains occupent un créneau devant les positions allemandes [1].

A Lorient, à Saint-Nazaire, la Kriegsmarine dispose de bases sous-marines à l'abri des bombardements aériens. Ces repères d'U-Boot justifient déjà la farouche résistance des défenseurs (25 000 dans chaque poche), animée par deux nazis impitoyables : les généraux Fahrmbacher à Lorient, Jung à Saint-Nazaire.

Devant Lorient, Chenailler a regroupé ses bataillons du Morbihan, plus trois des Côtes-d'Armor et deux du Finistère. Il dispose ainsi d'environ 12 000 hommes appelés à former la 19e DI, dont le général Borgnis-Desbordes viendra prendre le commandement (Chenailler restant son adjoint). A partir du 21 août, les volontaires (10 000) signent un engagement pour la durée de la guerre. Progressivement, ils constitueront trois régiments d'infanterie (41e, 7e et 119e RI, régiments de tradition de la région), un groupe d'artillerie, deux escadrons de chars et des unités de service.

Il en est sensiblement de même sur Saint-Nazaire. Chomel, promu général, vient organiser une 25e DI, où se regroupent sa brigade Charles-Martel, les maquisards du pays de Loire plus des bataillons du Morbihan et des Côtes-d'Armor. Son arrivée met un terme aux antagonismes de chefs (un royaliste, un communiste) et assure, avec l'appoint de ceux que Larminat dénomme des « éléments de métier », la formation d'unités homologues de celles de la 19e DI [2].

Se battre près de Lorient ou Saint-Nazaire rejoint les conditions du combat près de La Rochelle ou Royan : infériorité en hommes et matériel, insuffisance de l'équipement [3], etc. Mués progressivement en soldats d'une armée régulière, les anciens maquisards, jusqu'en mai 1945, feront plus que figure honorable. Larminat, leur ancien patron, écrira d'eux :

---

1. Les DB originelles sont vite relevées par la 94e DI US, dont la première ambition est d'instruire son personnel. Deux de ses RI sont sur Lorient, le troisième sur Saint-Nazaire.

2. Au total, seront formées à l'Ouest trois DI : 19e, 23e, 25e, toutes à fort pourcentage d'anciens maquisards.

3. Les Forces françaises de l'Ouest, appelées ensuite Forces de l'Atlantique, bénéficient heureusement d'un fort soutien aérien et naval (qui ne sera pas sans conséquences dramatiques avec le bombardement américain de Royan).

« Avec le recul du temps, je considère que les FFI que j'eus sous mes ordres en 44-45 constituaient la matière première humaine la meilleure que j'ai eue entre les mains de toute ma carrière, mis à part nos soldats des Forces françaises libres qui étaient une sélection exceptionnelle, et combien réduite...

Le FFI du front – je laisse de côté ceux de l'intérieur – était essentiellement brave, souvent jusqu'à la témérité, dévoué jusqu'à la mort – comme disait Demorny avec son accent rocailleux : « Ces gars-là savent mourir » –, très intelligent et habile, et discipliné quand il avait affaire à des chefs ayant eux-mêmes le sens du commandement et de la discipline [1]. »

L'armistice du 8 mai 1945 voit une armée française victorieuse et reconstituée. Est-elle complètement unie ? Il serait hasardeux de l'affirmer. Des clivages demeurent. Les options d'hier sont encore présentes dans les esprits. Français libres, ex-giraudistes, ex-FFI, anciens prisonniers qui commencent à rentrer, ex-« naphtalinards » même. Autant de mouvances encore bien vivantes qui ont besoin de fusionner et d'oublier ce qui les a divisés. La camaraderie des combats en Indochine brassera les uns et les autres. Des années et des sacrifices seront nécessaires et recréeront l'unité. Mais, hélas, le drame algérien viendra à nouveau diviser les frères d'armes.

Dans cette armée de l'après-guerre, 3 300 anciens officiers dits FFI, en majorité maquisards, choisiront de rester et de faire carrière. André Azeline, l'interlocuteur de Leclerc le 12 août 1944 à Sées, intégré comme capitaine, terminera colonel... Certains, en revanche, qui auraient pu poursuivre, préféreront une autre voie après quelques mois de présence. Archer, le commandant du bataillon d'Auvergne, reprendra son métier de géomètre. Noireau optera pour la vie d'entreprise, où il réussira pleinement.

De simples maquisards graviront par le rang ou les écoles, et plus encore l'épée à la main, les échelles de la hiérarchie. Richard Marillier, le caporal Beky du Vercors, deviendra colonel. Loulou Martin, le maquisard breton, sera l'un des grands noms des parachutistes de la Légion. Pierre Ziegler, autre maquisard breton, verra en 1961 s'interrompre brutalement une carrière prometteuse. Georges Marce, le maquisard FTP de la Drôme, sera l'un des trois officiers du 1er BEP rescapés de la RC4, en octobre 1950. Bataille, on l'a vu, gagnera ses étoiles...

1. Edgar de Larminat, *Chroniques irrévérencieuses*, Plon, 1962, p. 262. Cet éloge n'empêchera pas l'ancien FFL de porter avec son humour caustique des jugements acides sur certains chefs FFI et sur ceux restés à l'intérieur.

Bien des cadres d'Indochine et d'Algérie auront connu, à un moment ou un autre, la vie du maquis. Cette expérience passée les éclairera sur les mobiles et les menées de leurs adversaires. L'armée ne sera pas seule à accueillir dans son sein les anciens maquisards. Ils seront dans la fonction publique, le secteur privé, les sciences, les lettres, les Eglises. Hubert Beuve-Méry, le professeur Schwarzenberg, l'abbé Pierre, Jean-Pierre Chabrol, Jacques Perret furent maquisards. Avec leur talent de conteurs, Chabrol et Perret ont narré leurs souvenirs dans *Un Homme de trop* ou *Bande à part*. Les meilleurs avaient pris le parti et le risque de monter là-haut, « au maquis ». Il n'est pas à s'étonner de leur réussite dans la paix.

Tous ces combattants ont-ils été bien récompensés ? On peut s'interroger. Romans-Petit, Guingouin, Noireau, Fossey-François, Adeline, Milleret, Montpezat, Chenailler... seront Compagnons de la Libération, mais Pommiès, Descour, Vallette d'Osia, Zeller ne le seront pas. Ni Le Ray, ni Lassus, ni Bertrand, ni Chomel, ni Geyer, ni Bulle... Et pourtant, ils avaient derrière eux un autre passé de résistants qu'André Malraux ! La cause de cet ostracisme est éminemment politique : ils n'étaient pas des « gaullistes de sang ». Seul Morel sera reconnu à titre posthume. Hommage hautement mérité rendu au héros des Glières, incarnation de l'idéal maquisard.

Conclusion

Au terme de cet assez long regard sur les maquis de la Libération, une première vision tend à estomper les autres : la férocité, pour ne pas écrire la sauvagerie de la répression allemande. Les images se succèdent, remplies d'horreur et de sang : Tulle, Oradour, Vassieux, La Luire, Rimont, et tant d'autres. Des dizaines, des centaines de noms évocateurs d'une tragédie. Derrière eux, des milliers de victimes affreusement massacrées, maquisards ou civils de tous âges.

Il est toujours facile d'avancer que les maquisards, aux yeux des lois de la guerre, sont en 1940 des francs-tireurs et ont à être traités comme tels. Ces lois de la guerre n'autorisent ni les tortures, ni les déportations, ni les violences aux civils. Mais il faut aller plus loin. La guerre évolue. Elle n'est pas nécessairement l'affrontement traditionnel opposant sur le pré des armées dûment levées. De nouveaux types de combattants, parachutistes, commandos, saboteurs, etc., infiltrés sur les arrières, sont apparus. Les maquisards à grande échelle en font partie. Les conventions de Genève de 1929 ne les avaient ni prévus ni envisagés. A défaut de texte, on pouvait espérer voir entrer en ligne de compte des règles humanitaires respectant les individus. Avec les nazis, il n'en est rien.

Dès l'éclosion des maquis, la France, à l'instar de ce qui s'est passé en URSS ou en Yougoslavie, connaît à leur endroit une longue série d'atrocités allemandes : tortures et exécutions sommaires de prisonniers, massacres de civils, d'otages, de femmes, d'enfants, viols, pillages, destructions, incendies. Des villages, des hameaux, des habitations, sont dévastés par des hordes déchaînées, sans que la hiérarchie s'y oppose. Bien au contraire. Ces monstruosités portent un nom : crimes de guerre, à l'encontre de toutes les lois de la guerre.

Cette sinistre réalité historique ne peut être oubliée. Ne serait-ce que pour prévenir tout retour, en Allemagne ou ailleurs, de régimes similaires au nazisme.

*

Sur les maquis comme sur la Résistance, le débat n'est pas clos. Quel bilan porter à leur actif ?

Deux thèses contradictoires s'opposent. L'une accorde aux maquis et à la Résistance un rôle déterminant. L'autre le juge marginal.

Il est difficile, voire impossible, de différencier les résultats des maquis en particulier de ceux de la Résistance en général. La Résistance commence à se manifester dès 1940. Les maquis apparaissent vraiment en 1943 et trouvent leur épanouissement à la Libération. Les réseaux, les mouvements, les groupes francs œuvraient avant que les maquis n'entrent véritablement en action. Puis tous ont combattu conjointement, souvent étroitement solidaires.

Cette observation n'interdit pas de prendre en compte le commentaire célèbre et souvent cité du général Eisenhower dans son rapport sur les opérations en Europe :

> « Notre état-major avait estimé à priori qu'au cours de la campagne, les FFI équivaudraient à 15 divisions. L'aide considérable qu'ils nous ont apportée lors du débarquement et par la suite en facilitant la rapidité de notre avance a justifié pleinement ce point de vue [1]. »

Ces propos rejoignent ceux déjà mentionnés du même Eisenhower sur le rôle des maquisards dans la libération de la Bretagne. A ces jugements du commandant en chef en Europe peuvent s'adjoindre ces lignes du Britannique Alistair Forbes, publiées dans le *Daily Mail* et rappelées par Guillain de Bénouville dans *Le Sacrifice du matin* :

> « Nous, les Britanniques et les Américains, avant tout, nous devons aux FFI une dette de reconnaissance. Elles ont sauvé par leur action des milliers de vies, épargné à nos troupes

1. *Les Opérations en Europe du Corps expéditionnaire allié*, ouvr. cité, p. 16.

des semaines de durs combats. Nous leur devons ensuite notre admiration, car bien des fois les soldats du maquis ont été les seuls soldats alliés à ne jamais perdre le contact de l'ennemi. Et nous leur devons enfin, à mon avis, des excuses. Nous avons été trop longtemps aveugles à la force de l'arme qui, de l'autre côté de la Manche, était à la disposition de la cause alliée [1]. »

Ces voix autorisées réduisent à néant le dénigrement pratiqué par d'aucuns. La Résistance, et au premier rang les maquis, a pesé dans la bataille.

Ce constat ne permet pas toutefois certaines conclusions. On l'a vu. Affirmer que les maquis ont libéré le sud de la Loire est excessif. Cette large portion du territoire national a été libérée parce que les Allemands, devant la progression des armées alliées, se sont esquivés. Cela admis, on ne peut de bonne foi contester que les maquis, en mettant hors de combat partie ou totalité de ces troupes allemandes se repliant, ont apporté leur contribution à la victoire finale. Il serait injurieux de la gommer.

*

Une armée régulière, à la suite d'une mobilisation générale, arrive en peu de temps à pleine puissance. Les maquis connaissent forcément une évolution. La fin de 1943, le 6 juin 1944, la Libération, septembre 1944 ne se ressemblent pas. Dans cette spirale des effectifs, le chiffre à la Libération est évidemment le plus intéressant.

Eisenhower a avancé 15 divisions pour évaluer l'importance des FFI. Il ne l'a pas fait à la légère. Une division américaine compte 16 000 hommes. 15 divisions donnent donc un total de 240 000. Mais 16 000 maquisards n'ont ni la puissance de feu ni l'efficience militaire de 16 000 GI's. Leur force intrinsèque n'est sans doute que la moitié de celle de leurs camarades d'outre-Atlantique. Alors 240 000 multipliés par deux ? Soit 480 000, à minorer pour obtenir les seuls maquisards. La fourchette oscille autour de 400 000. Là se situe approximativement le nombre de maquisards à la Libération.

Un examen attentif de leur obédience débouche sur une conclusion formelle. Comme dans la Résistance, les communistes au maquis ne sont pas majoritaires. Les maquis FTP sont même très largement minoritaires. Maquis de l'AS, de l'ORA et des divers mouvements de

1. *Le Sacrifice du matin*, ouvr. cité, p. 593.

Résistance non communistes, maquis d'inspiration SOE fournissent près des trois quarts des effectifs. Et, chez les FTP, tous ne seraient pas communistes. 25 % seulement, reconnaissent leurs chefs.

Une étude du SHAT sur 13 départements du Sud-Ouest, dont ceux du Limousin présentés traditionnellement comme bastion FTP, donne comme maquisards à la Libération :

– AS	72 611
– OCM	12 046
– ORA	11 027
– Libé-Nord et divers	4 286
SOUS-TOTAL	99 970
– FTP	50 089 [1]

Soit le rapport de deux tiers/un tiers en faveur des non-FTP [1]. L'écart va croissant dans des régions comme le Morbihan, le Morvan, les Alpes ou la Franche-Comté.

Une autre donnée est intéressante. Les calculs laissent penser que 35 à 40 % de ces maquisards sont des réfractaires du STO. Près de deux maquisards sur trois seraient ainsi « montés au maquis » mus par un seul ferment patriotique. Encore que le refus du STO et du travail au service de l'ennemi soit aussi à classer en élans patriotiques.

Le même SHAT, après un minutieux décompte, situe entre 4 000 et 5 000 tués les pertes infligées aux Allemands par les maquis, du 1er janvier 1944 à la Libération [2]. Soit 2 % des pertes globales des Allemands en France de 1940 à 1945 [3]. Un tel pourcentage peut paraître faible, surtout s'il est comparé à celui de la Russie ou de la Yougoslavie (7 %). Il semblerait donner une certaine justification aux détracteurs de la Résistance, qui n'ont pas manqué parmi les « revanchards de 1944 ». Les circonstances étaient totalement différentes. D'autant que les

1. On ne peut extrapoler à partir des 13 départements du Sud-Ouest. Certaines portions du territoire national sont vides de maquis.

2. Après une étude rigoureuse des comptes rendus de pertes de la Wehrmacht et un décompte des sépultures allemandes en France. Référence : *Historique des Unités combattantes de la Résistance (1940-1944) en 4e région militaire*, SHAT, 1974. Les chiffres donnés font table rase de certaines estimations excessives de l'après-guerre. Ainsi Charles Tillon écrit : « Dans la seule région de Limoges, 22 800 Allemands furent faits prisonniers et plus de 10 000 tués » (in *Les FTP, soldats sans uniformes*, ouvr. cité, p. 229).

3. 40 000 en 1940, 30 000 du 24 juin 1940 au 5 juin 1944, 168 000 en 1944 et 1945.

maquisards français, eux, firent en plus des prisonniers : 20 000, sans compter la colonne Elster. Les maquis français ont en outre réceptionné près de 36 000 ressortissants soviétiques. De ces chiffres, une seule conclusion s'impose : tous ceux-là, disparus ou faits prisonniers, n'étaient pas sur le Rhin pour défendre le Grand Reich.

*

Le prix payé par les maquisards a été lourd. 24 000 tués au combat. Des milliers de prisonniers déportés non rentrés. La France, durant la Seconde Guerre mondiale, a eu 620 000 morts [1] civils et militaires. Les maquisards en représentent 5 % [2].

*

Au fil des pages, sont apparus quelques visages féminins. « Marie-Claire » en Bretagne. Une religieuse, infirmière-major, dans le Morvan. Une infirmière mortellement blessée près du capitaine Leyton, le 10 août 1944. Trois jeunes infirmières massacrées en Haute-Marne...

Des femmes ont partagé la vie aventureuse et risquée des maquis. Agents de liaison, infirmières, chargées de diverses missions, elles ont apporté un concours toujours précieux. Quelques-unes même ont pris le fusil. Une jeune femme commandait un petit groupe de maquisards, se faisant respecter et obéir.

Il eût été anormal de ne pas signaler ce courage aussi souriant que généreux.

*

Parler des maquis, c'est d'abord évoquer des combats et des sacrifices. A raison. Si les armes n'avaient pas parlé, celles des soldats français et alliés, celles des résistants et des maquisards, la France n'aurait pas été délivrée du joug nazi.

---

1. Dont 30 000 fusillés, parmi lesquels des maquisards, 200 000 déportés (politiques, raciaux et travailleurs en Allemagne).

2. 24 000 tués d'un côté, 4 à 5 000 d'un autre. Soit un rapport de six pour un. Un ratio identique se retrouve dans un type de guerre sensiblement identique : en Algérie, les Français annoncent 27 000 morts militaires, le FLN 153 000 (chiffre du ministère algérien des Anciens Moudjahidines). Soit encore un rapport proche de six pour un. Serait-il possible de regarder ce ratio comme celui des pertes dans des affrontements maquis-armée régulière ? Ce serait sans doute prématuré. Mais il rappelle qu'un camp a l'avantage de la puissance de feu.

Ce fait guerrier n'est pas seul à mettre en exergue. Il révèle autre chose. Les maquis sont le témoignage d'un sursaut patriotique. Oh, il fut loin d'être général. La masse, même sympathisante, n'a pas bougé. Néanmoins, plusieurs centaines de milliers de Français ont accepté les aléas et les risques de la vie de maquisards. Il est bon pour l'honneur du pays qu'il en ait été ainsi.

Cornaudric, 1998-1999.

ANNEXES

Chronologie

1940

18 juin : appel du général de Gaulle à Londres
25 juin : armistice franco-allemand
10 juillet : Philippe Pétain chef de l'Etat français

1941

22 juin : offensive allemande contre l'URSS
7 décembre : attaque japonaise contre Pearl Harbor

1942

8 novembre : débarquement allié en AFN
11 novembre : occupation de la zone libre par les Allemands
le général Delestraint est nommé chef de l'AS
27 novembre : dissolution de l'armée de l'armistice
Fin 1942 : apparition des premiers maquis

1943

31 janvier : création de la Milice
5 février : institution du STO
Courant février : création des MUR
2 juin : création de la Franc-Garde
9 juin : arrestation du général Delestraint
21 juin : arrestation de Jean Moulin à Caluire
8 septembre : début de l'insurrection corse
11 novembre : défilé des maquis de l'Ain à Oyonnax

1944

10 mars : mort de Tom Morel
26 mars : attaque allemande contre le plateau des Glières
6 juin : débarquement allié en Normandie
10 juin : tragédie d'Oradour-sur-Glane
10-11 juin : combats du Mont-Mouchet
18 juin : combats de Saint-Marcel
20 juin : combats du réduit de la Truyère
18 juillet : combats du Mont-Gargan
21 juillet : attaque générale allemande contre le Vercors
15 août : débarquement allié en Provence
15 août : reddition de Brive
21 août : reddition de Castres
21-22 août : combat d'Estivareilles

3 septembre : libération de Lyon
6 septembre : jonction 1re armée-maquis du Lomont
11 septembre : reddition de la colonne Elster

1945

8 mai : capitulation allemande

Régions de la Résistance

ZONE SUD

- R1 LYON. Loire – Ardèche – Rhône – Drôme – Isère – Savoie – Haute-Savoie – Saône-et-Loire * – Ain – Jura *
- R2 MARSEILLE. Bouches-du-Rhône – Var – Alpes-Maritimes – Vaucluse – Hautes-Alpes – Alpes de Haute-Provence – Gard
- R3 MONTPELLIER. Pyrénées-Orientales – Aude – Hérault – Lozère – Aveyron
- R4 TOULOUSE. Haute-Garonne – Gers – Ariège – Tarn – Tarn-et-Garonne – Lot – Lot-et-Garonne – Hautes-Pyrénées – Pyrénées-Atlantiques *
- R5 LIMOGES. Corrèze – Dordogne * – Haute-Vienne – Creuse – Indre – Cher * – Vienne * – Charente *
- R6 CLERMONT-FERRAND. Haute-Loire – Cantal – Puy-de-Dôme – Allier *

ZONE NORD

- Région M (Caen puis Le Mans)
  M1 Mayenne – Orne – Sarthe
  M2 Loire-Atlantique – Maine-et-Loire – Vendée
  M3 Côtes-d'Armor – Finistère – Morbihan – Ille-et-Vilaine
  M4 Calvados – Manche – Eure – Seine-Maritime

- Région B (Bordeaux)
  B1 Deux-Sèvres – Vienne * – Vendée – Charente *
  B2 Charente-Maritime – Gironde – Landes – Dordogne * – Pyrénées-Atlantiques *

- REGION A (Amiens)
  A1 Somme
  A2 Seine-Maritime
  A3 Pas-de-Calais
  A4 Nord

- REGION P (Paris)
  P1 Seine
  P2 Seine-Maritime
  P3 Eure-et-Loir – Loiret – Loir-et-Cher – Indre-et-Loire *
  P4 Aube – Yonne

---

* Partie non occupée.

- REGION C (Reims)
  - C1 Marne – Meuse
  - C2 Aisne – Ardennes
  - C3 Moselle – Meurthe-et-Moselle – Bas-Rhin – Haut-Rhin – Vosges

- REGION D (Dijon)
  - D1 Haute-Marne – Côte-d'Or – Saône-et-Loire *
  - D2 Haute-Saône – Doubs – Jura – Territoire de Belfort
  - D3 Nièvre – Allier * – Cher *

---

* Partie non occupée.

Conditions de la reddition de la garnison de Castres

Les troupes de la garnison allemande de Castres acceptent de se rendre aux Forces militaires françaises placées sous le commandement du général de Gaulle aux conditions suivantes.

1. Toutes les armes, les stocks de vivres, le matériel automobile et hippomobile, l'habillement de la garnison allemande seront livrés en parfait état et sans destructions préalables aux Forces militaires françaises.
2. Les hommes de troupe désarmés seront rassemblés :
   a) Les militaires de nationalité allemande seront rassemblés au terrain de Péraudel ;
   b) Les militaires de nationalité non allemande seront rassemblés au terrain de sport de Bonnafé.
3. Les sous-officiers suivront, suivant leur nationalité, le sort des hommes de troupe. Ils seront considérés comme responsables de la tenue et de la discipline des camps de prisonniers.
4. Les officiers seront répartis suivant leur nationalité et leur appartenance à une unité dans les communes de Castres, Mazamet et Vabre. Ils seront libres sous conditions : la troupe et les sous-officiers répondront de leur attitude ; les officiers, sous-officiers et hommes de troupe allemands sont sous la protection des Forces militaires françaises. Les officiers auront droit au port de leurs armes individuelles (revolver), au service de l'ordonnance choisi par eux. Une résidence obligatoire leur sera désignée.
5. Tout prisonnier aura le droit de disposer de ses effets personnels. Le principe d'une indemnité appropriée au travail qui lui sera demandé ultérieurement est admis.
6. Le personnel féminin allemand résidera dans un immeuble désigné par le commandant des Forces militaires françaises qui se réserve de lui donner une affectation appropriée aux qualités professionnelle de ce personnel.
7. La présente note rédigée à 15 heures recevra une réponse à 19 heures et sera appliquée le 21 août dès le lever du soleil pour être réalisée à 9 heures du matin, heure à laquelle les Forces militaires françaises feront leur entrée dans la ville de Castres.

Signés : Hugues (Dunoyer de Segonzac) März

Tous condamnés à mort !

Par l'occupant

Avis à la population française

En vue d'inciter la population à entrer dans les groupes de résistance, les puissances ennemies tentent de répandre dans le peuple français la conviction que les membres des groupes de résistance, en raison de certaines mesures d'organisation et grâce au port d'insignes extérieurs, sont assimilés à des soldats réguliers et peuvent de ce fait se considérer comme protégés contre le traitement réservé aux francs-tireurs.

A l'encontre de cette propagande, il est affirmé ce qui suit : le droit international n'accorde pas aux individus participant à des mouvements insurrectionnels sur les arrières de la puissance occupante la protection à laquelle peuvent prétendre les soldats réguliers. Aucune disposition, aucune déclaration des puissances ennemies ne peuvent rien changer à cette situation. D'autre part, il est stipulé expressément à l'article 10 de la convention d'armistice-franco allemande que les ressortissants français qui, après la conclusion de cette convention, combattraient contre le Reich allemand seront traités par les troupes allemandes comme des francs-tireurs. La puissance occupante, maintenant comme auparavant, considérera, de par la loi, les membres des groupes de résistance comme des francs-tireurs. LES REBELLES TOMBANT ENTRE LEURS MAINS NE SERONT DONC PAS TRAITÉS COMME PRISONNIERS DE GUERRE ET SERONT PASSIBLES DE LA PEINE CAPITALE, CONFORMÉMENT AUX LOIS DE LA GUERRE !

Der Oberbefehlshaberwest

Bibliographie

Ouvrages d'intérêt général

AMOUROUX Henri, *La Grande Histoire des Français sous l'Occupation*, 8 tomes, Robert Laffont.
ARON Robert, *La Libération de la France*, Fayard, 1959.
BELLIER Pierre, *La Vie à Châteauroux, 1940-1944*, Badel, 1987.
BÉNOUVILLE Guillain de, *Le Sacrifice du matin*, Laffont, 1946.
BERNIER Jean-Pierre, *Maquis Rhône-Alpes*, Lavauzelle, 1987.
BOUGEARD Christian, *Histoire de la Résistance en Bretagne*, Gisserot, 1992.
CHAMBARD Claude, *Histoire mondiale des Maquis*, France Empire, 1970.
CHAMMING'S, *J'ai choisi la tempête*, France Empire, 1965.
CHURCHILL Winston, *Mémoires*, 12 tomes, La Palatine, 1954.
CORTA Henry, *Les Bérets Rouges*, Amicale SAS, 1952.
DAINVILLE, colonel de *L'ORA*, Lavauzelle, 1974.
DELPERRIÉ DE BAYAC, *Histoire de la Milice*, Fayard, 1969.
DREYFUS F.-G., *Histoire de Vichy*, Perrin, 1990.
DREYFUS F.-G., *Histoire de la Résistance*, Ed. de Fallois, 1996.
EISENHOWER, général, *Crusade in Europe*, Doubleday et Co, 1952.
EISENHOWER, général, *Les Opérations en Europe du Corps expéditionnaire allié*, Berger-Levrault, 1947.
FRENAY Henri, *La nuit finira*, 2 tomes, 1973.
DE GAULLE Charles, *Mémoires de Guerre*, 3 tomes, Plon, 1954-1959.
JONCHAY, colonel du, *La Résistance et les Communistes*, France-Empire, 1968.
LATTRE DE TASSIGNY, général de, *Histoire de la Première Armée française*, Fayard, 1986.
LOTTMAN Herbert, *L'Epuration*, Fayard, 1986.
MONTAGNON Pierre, *La Grande Histoire de la Seconde Guerre mondiale*, 10 tomes, Pygmalion, 1992-1996.
NOGUÈRES Henri, *Histoire de la Résistance en France*, 5 tomes, Robert Laffont, 1967-1972.
PASSY, colonel, *Missions secrètes en France*, Plon, 1951.
ROBICHON Jacques, *Le Débarquement de Provence*, Robert Laffont, 1962.
SOUSTELLE Jacques, *Envers et contre tout*, 2 tomes, Robert Laffont, 1950.
TILLON Charles, *Les FTP*, Fayard, 1967.
TILLON Charles, *Les Soldats sans uniformes*, Editions Ouest-France, 1991.
VENNER Dominique, *Histoire critique de la Résistance*, Pygmalion, 1995.
YVES Benoît, *Dictionnaire des Ministres*, Perrin, 1990.

Ouvrages spécifiques

ALBAN-VISTEL, *La nuit sans ombre*, Fayard, 1970.
ANGELI Claude – GILLET Paul, *Debout Partisans*, Fayard, 1970.
ARAGON Charles d', *La Résistance sans héroïsme*, Seuil, 1977.
ASTIER Emmanuel d', *Les Grands*, L'Air du Temps, 1961.
BATAILLE, général, *Tito*, Espace Documents, 1998.
BERTAUX Pierre, *Libération de Toulouse et de sa région*, Hachette, 1973.
BESSON André, *Les maquis de Franche-Comté*, France Empire, 1978.
BONNET Guy, *Vichy et l'Occupation (Val de Loire – Berry — Poitou)*, Editions de la Nouvelle République, 1993.
BOULADOU Gérard, *Les maquis du Massif central méridional*, thèse, 2 tomes, doctorat Montpellier, 1975.
BOURDERON R., *La Libération du Languedoc méditerranéen*, Hachette, 1974.
BRETON Philippe, *La France des Maquis*, Denoël, 1964.
BRISSAUD André, *La dernière année de Vichy*, Perrin, 1965.
BROUÉ Pierre – VACHERON Raymond, *Meurtre au maquis*, Grasset, 1997.
CALMETTE André, *L'OCM*, PUF, 1961.
CANAUD Jacques, *Les maquis du Morvan*, Académie du Morvan, 1995.
CERONI, général (CR), *Le Corps Franc Pommiès*, 2 tomes, Editions du Grand Rond, 1980.
CHASTAING René, *FTPF en Limousin*, Editions de la Veytizou, 1999.
CORDESSE H., *Histoire de la Résistance en Lozère*, Reschly, 1974.
COURTOIS Stéphane – PESCHANSKI Denis – RAYTSKI Adam, *Le sang de l'étranger*, Fayard, 1989.
DARNAULT Robert, *Le Maquis en France*, Toulouse, 1982.
DATHANAT Jean, *Histoire du maquis de Saint-Connan, Coat-Mallouen*, Presses Bretonnes, 1994.
DELOTEL Alain, *Le maquis des Glières*, Plon, 1992.
DEMAY H., *Ceux du maquis*, Editions de la Veytizou, 1998.
DENIS Pierre, général (CR), *La Libération de Metz*, Editions Serpenoise, 1986.
DERVILLERS Emile – LANGLOIS Gaston, *Le Premier Bataillon du GIE*, Doc. Edition, 1991.
DREYFUS Paul, *Vercors*, Arthan, 1969.
DURANDET Christian, *Les maquis de Provence*, France Empire, 1974.
ESPINASSE Jean, *Prêtre en Corrèze*, Robert Laffont, 1979.
GUEGUEN – DREYFUS – LE HOUX B., *Résistance Indre et Vallée du Cher*, 2 tomes, Editions sociales, 1972.
GUILLAIN J.-M., *La Libération du Var*, CNRS, 1990.
HASTINGS Max, *La Division Das Reich et la Résistance*, Pygmalion, 1983.
JOUANNEAU M., *Mémoire d'une époque*, Bordel, Châteauroux, 1995.
KEDWARD H.R., *In Search of the Maquis*, Clarendon Press, 1993.
LABORIE Pierre, *Résistants, Vichystes et autres*, CNRS, 1980.
LARMINAT, général de, *Chroniques irrévérencieuses*, Plon, 1962.
LA PICIRELLA J., *Témoignages sur le Vercors*, Rivet, 1986.
LEROUX Roger, *Le Morbihan en guerre*, Joseph Floch, 1981.
LÉVY Gilles – CORDET Francis, *A nous Auvergne !* Presses de la Cité, 1981.
LORAIN Pierre, *Armement clandestin – SOE*, Presse de l'En, 1972.
LORMIER Dominique, *Le Livre d'Or de la Résistance dans le Sud-Ouest*, Sud-Ouest, 1991.
L'épopée du Corps Franc Pommiès, Grancher, 1990.

MARILLIER Richard, *La Section Chabal*, Imprimerie Avenir, 1998.
MARUEJOL René – VIELZEUF Aimé, *Le maquis Bir-Hakeim*, Lacour, 1990.
MAYET Frère, *Soubissergues, terre de sang*, Imprimerie moderne, Clermont-Ferrand, 1945.
MAZELINE, commandant, *Clandestinité*, Editions Firésias, 1994.
MUSARD François, *Les Glières*, Robert Laffont, 1965.
NOIREAU R., *Le temps des partisans*, Flammarion, 1978.
OUZOULIAS Albert, *Les bataillons de la Jeunesse*, Editions sociales, 1967.
PICARD Raymond – CHAUSSADE Jean, *Ombres et espérances en Quercy*, Privat, 1980.
POITAU, capitaine, *Guérilla en montagne*, Allier/Grenoble, 1952.
RAVANEL Serge, *L'Esprit de Résistance*, Seuil, 1995.
RAVIER André, *Lieutenant Tom Morel*, Fayard, 1990.
ROMANS-PETIT, *Le maquis de l'Ain*, Hachette, 1974.
RUFFIN Raymond, *Ces chefs de maquis qui gênaient*, Presses de la Cité, 1980.
La Résistance normande face à la Gestapo, 1977.
SCHARFF J., *La Libération de l'Est de la France*, 1975.
SYLVESTRE Paul, *Chronique des maquis de l'Isère,* Quatre Seigneurs, Grenoble, 1978.
TANANT Pierre, commandant, *Vercors*, Arthaud, 1948.
TROUILLÉ Pierre, *Journal d'un préfet pendant l'Occupation*, Gallimard, 1964.

Ouvrages à caractère collectif

La Résistance et les Français. Lutte armée et maquis, Colloque international Besançon, 1995.
FFI Tarn CFL 10, De la Chouette au Merle Blanc, 1994, Imprimerie Artistique, Lavaur 81500.
La France et son Empire dans la guerre, 3 tomes, Editions Littéraires de France, 1997.
« Le Mur d'Auvergne », *Histoire du Premier Corps Franc d'Auvergne*, Watel, Brioude, 1981.
Association des rescapés du plateau des Glières, *Guide de la bataille des Glières*, ATRA, 1974.
Résistance et libération de la Corse (50e anniversaire), CRDP/Corse, 1993.
L'Indre dans la Seconde Guerre mondiale, CRDP/Indre, 1981.
Ordre de bataille de l'ex-Wehrmacht, SHAT, 1975.
Historique des Unités combattantes de la Résistance en 4e région militaire, général de La Barre de Nanteuil, SHAT, 1974.
Historique des Unités combattantes de la Résistance (Indre, Indre-et-Loire, Deux-Sèvres, Vendée, Corrèze, Creuse, Haute-Loire, Haute-Vienne, Yonne, Cher, Jura, Cantal, Puy-de-Dôme, Allier), SHAT, 1974-1985.
La Résistance en Haute-Marne, 3 tomes, Association nationale des Anciens de la Résistance (section de Langres), SHAT 1974-1985.

Remerciements

L'auteur tient à remercier tous ceux qui ont bien voulu apporter leur pierre à son ouvrage ou répondre à ses questions :

Monsieur le colonel (ER) Archer, fils de Georges Archer, commandant du bataillon La Fayette au Mont-Mouchet.

Monsieur le général (CR) Bataille, ancien des maquis de Franche-Comté.

Monsieur Raymond Billard, ancien des maquis du Morvan.

Monsieur Chevallier, fils du lieutenant Chevallier, mort pour la France au maquis de Vabres, le 5 août 1944.

Monsieur le capitaine (ER) Michel Coulon.

Madame Jacqueline Dassonville.

Monsieur le commandant (ER) Pierre Francoville, ancien des maquis d'Auvergne et de Haute-Marne.

Monsieur Jérôme Kerferch, historien des Compagnons de la Libération.

Monsieur le colonel (ER) Richard Marillier, ancien des maquis du Vercors.

Madame Solange Mariotat, épouse de Raymond Mariotat, ancien des maquis de l'Indre.

Monsieur le professeur Daniel Potron.

Monsieur le capitaine (ER) Claude Pouilloux.

Monsieur Roland Pourinet, ancien des maquis de l'Indre.

Madame Marie-Claire Ruet, documentaliste du musée de la Résistance de Besançon.

Monsieur le commandant (ER) Pierre Ziegler, ancien des maquis des Côtes-d'Armor.

Index

TABLE

Achevé d'imprimer en février 2000
sur presse Cameron
par ***Bussière Camedan Imprimeries***
à Saint-Amand-Montrond (Cher)

N° d'édition : 624. N° d'impression : 000482/4.
Dépôt légal : février 2000.

Imprimé en France